URBANISMO
SUSTENTÁVEL

O Autor

DOUGLAS FARR, arquiteto e desenhista urbano, é sócio-fundador e diretor da firma Farr Associates. Sua atuação profissional também inclui a co-presidência da Environmental Task Force do Congresso para o Novo Urbanismo, a presidência do AIA Chicago Committe on the Environment e a presidência do Comitê Central do sistema de certificação LEED para o Desenvolvimento de Bairros (LEED-ND) do U. S. Green Building Council.

Farr Associates é uma firma de Chicago (EUA), focada no projeto sustentável de arquitetura e urbanismo. Fundada em 1990, a Farr Associates foi o primeiro escritório de arquitetura do mundo a projetar duas edificações que receberam a certificação LEED Platinum – Chicago Center for Green Technology e Center for Neighborhood Technology – ambas de Chicago. A firma projetou seu próprio escritório no icônico Edifício Monadnock, como um projeto-piloto para a certificação LEED para Interiores Profissionais.

F239u	Farr, Douglas.
	Urbanismo sustentável : desenho urbano com a natureza / Douglas Farr ; tradução: Alexandre Salvaterra. – Porto Alegre : Bookman, 2013.
	xx, 326 p. : il. color. ; 25 cm.
	ISBN 978-85-8260-079-5
	1. Arquitetura – desenho. 2. Urbanismo. 3. Sustentabilidade. I. Título.
	CDU 72.012:911.375.5

Catalogação na publicação: Ana Paula M. Magnus – CRB 10/2052

DOUGLAS FARR

URBANISMO SUSTENTÁVEL
DESENHO URBANO COM A NATUREZA

Tradução:
Alexandre Salvaterra
Arquiteto e Urbanista pela Universidade Federal do Rio Grande do Sul

2013

Obra originalmente publicada sob o título
Sustainable Urbanism: Urban Design With Nature
ISBN 9780471777519 / 047177751X

Copyright © by John Wiley & Sons, Inc.
All Rights Reserved. This translation published under license with the original publisher John Wiley & Sons, Inc.

Gerente editorial: *Arysinha Jacques Affonso*

Colaboraram nesta edição:

Coordenadora editorial: *Denise Weber Nowaczyk*

Capa: *VS Digital* (arte sobre capa original)

Imagem da capa: *planta de situação do Vale do Coiote, San Jose, Califórnia; imagem ©WRT-Solomon E.T.C.*

Leitura final: *Amanda Jansson Breitsameter*

Editoração: *Techbooks*

Reservados todos os direitos de publicação, em língua portuguesa, à BOOKMAN EDITORA LTDA., uma empresa do GRUPO A EDUCAÇÃO S.A.
Av. Jerônimo de Ornelas, 670 – Santana
90040-340 – Porto Alegre – RS
Fone: (51) 3027-7000   Fax: (51) 3027-7070

É proibida a duplicação ou reprodução deste volume, no todo ou em parte, sob quaisquer formas ou por quaisquer meios (eletrônico, mecânico, gravação, fotocópia, distribuição na Web e outros), sem permissão expressa da Editora.

Unidade São Paulo
Av. Embaixador Macedo Soares, 10.735 – Pavilhão 5 – Cond. Espace Center
Vila Anastácio – 05095-035 – São Paulo – SP
Fone: (11) 3665-1100   Fax: (11) 3667-1333

SAC 0800 703-3444 – www.grupoa.com.br

IMPRESSO NO BRASIL
PRINTED IN BRAZIL

Dedico esta obra a Gail, Will, meus colegas inspiradores da Farr Associates e ao bom Reino de Upnot

Agradecimentos

Como muitos projetos que vão adiante, este livro começou como um modesto panfleto. O objetivo inicial era estabelecer normas para coordenar o trabalho dos planejadores urbanos e arquitetos da Farr Associates. Essa ideia inicial cresceu em escopo, complexidade e envolvidos e passou a incluir mais de 15 pessoas em nosso escritório e mais de 50 especialistas e envolvidos com estudos de caso ao redor do mundo. Um projeto dessa magnitude emprega uma multidão. Lamento não ter como agradecer a cada uma das muitas, muitas pessoas cujas contribuições e trabalho duro foram fundamentais para o sucesso desta obra.

Este livro não teria acontecido sem Kevin Pierce, ex-diretor da Farr Associates; agradeço-lhe profundamente pelos contatos e por ter percebido esta oportunidade. E agradeço a John Czarnecki, nosso editor na Wiley, por sua paciência durante nossas muitas distrações ao longo deste projeto.

Este livro não teria sido possível sem a ajuda de muitos dos talentosos e esforçados membros, atuais e antigos, da Farr Associates. Joyce Coffee, Elizabeth Lindau, Elena Disbato e Renee McGurk supervisionaram o projeto durante sua longa gestação. Leslie Oberholtzer, Christina Anderson, James Gwinner, April Hughes, Carolee Kokola, Adam Lund, Jamie Simone e Christian Schaller contribuíram com seus talentos para dar forma ao conteúdo desta obra. Meghan Bogaerts, Genevieve Borich, Erica Burt e Ben Smith, colaboradores do livro, levaram este projeto até o fim, e ainda atribuo a Genevieve a clareza da tese deste livro. Annalise Raziq, Jonathan Boyer e Leslie Oberholtzer merecem individualmente um agradecimento muito especial tanto por suas contribuições críticas quanto por ajudar a conduzir o navio nessa odisseia.

Embora o conceito de urbanismo sustentável tenha nascido em nosso escritório, boa parte do conteúdo deste livro é o trabalho de outras pessoas de fora de nossa firma. Sou profundamente grato àqueles que nos ofereceram os parâmetros, a todos os líderes em suas respectivas áreas e às equipes de estudos de caso que participaram neste projeto. Devo a essas pessoas e agradeço por sua generosidade em compartilhar seu trabalho e sabedoria para a realização deste livro.

As raízes do meu interesse pelo urbanismo sustentável e pelos benefícios de trabalhar em equipes interdisciplinares surgiram com o Project Clear, um estudo sobre o uso do solo e a qualidade da água conduzido na Estação Biológica da Universidade de Michigan. Sou eternamente grato aos competentíssimos membros de minha equipe e amigos: Dr. Art Gold, diretor de projeto; Mark Paddock, administrador; Linda Geer e Marion Secrest, biólogas; Michael Tilchin, geólogo; Stanley Pollack, advogado, e Dr. Seth Ammerman.

Scott Bernstein, Diretor do Center for Neighborhood Technology (CNT), tem sido meu mentor, colaborador e amigo por mais de 25 anos. Embora nenhuma contribuição formal sua apareça aqui, suas ideias e as de seus muitos colegas na CNT, incluindo os amigos Michael Freedberg e Jackie Grimshaw, permeiam este livro.

Agradeço aos antigos membros do Comitê sobre o Meio Ambiente do American Instittute of Architects de Chicago, incluindo Steve Blonz, Pat Dolan, Mike Iverson, Helen Kessler e Carol McLaughlin, que juntos aprenderam e debateram os princípios da construção sustentável e da sustentabilidade urbana anos antes do LEED. Agradeço a Scot Horst e aos membros do Comitê Geral dos Trabalhos do LEED, cujo debate contínuo sobre essas questões reforçou muitos argumentos aqui apresentados.

Ao longo de mais de 15 congressos, o comitê diretor, a equipe e os membros do Congresso para o Novo Urbanismo (CNU) contribuíram para o conteúdo deste livro. David Hudson, Heather Smith, Steve Filmanowicz, Payton Chung, Nora June Beck e Lee Crandell ajudaram, todos, generosamente. Quatro membros do comitê merecem agradecimento especial: Dan Solomon, meu professor de arquitetura na Universidade de Columbia, por ser meu mentor, por sua excelência em projeto e por me apresentar ao CNU; John Norquist, por sua compreensão sobre o valor inerente do urbanismo; Susan Mudd, por sua dedicada liderança ambiental na CNU, e Andrés Duany, por sua inteligência, generosidade e defesa incansável do urbanismo, e especialmente por conceber o transecto urbano-rural.

Este livro não existiria se eu não houvesse atuado como Diretor do projeto do LEED para o Desenvolvimento de Bairros. Embora o sucesso possa ter muitos responsáveis, atribuo à tróica formada por Kaid Benfield, Christine Irvin e Shelley Poticha o crédito por colocar essa importante iniciativa em prática, e a Nigel Howard, Peter Templeton e Bill Browning pelo apoio desde o começo no U.S. Green Building Conuncil (USGBC). Os últimos quatro anos foram como um doutorado para mim, ao servir como diretor dos talentosíssimos membros do Comitê Central, que desenvolveram o esboço de normas do LEED para o Desenvolvimento de Bairros: Dana Beech, Kaid Benfield, Victor Dover, Sharon Feigon, Rebecca Flora, Daniel Hernandez, Bert Gregory, Jessica Cogan Millman, Michael Pawlukiewicz, Tom Richman, Susan Mudd, John Norquist, Elizabeth Schilling, Laura Watchman e Sandy Wiggins. Agradeço a cada um por compartilhar sua sabedoria no que espero não ser um processo de colaboração interdisciplinar isolado, cujos frutos aparecem tanto no LEED-ND quanto neste livro.

Kaid Benfield, meu co-presidente, merece crédito por pacientemente me ensinar a história, os valores e as conquistas do movimento do crescimento urbano inteligente, e por me ajudar a contar a história dessa pioneira reforma. Rob Watson – colega de Kaid no Natural Resources Defense Council e "pai do LEED" – completou a história do USGBC e do LEED.

Agradeço a Tim Beatley por seu livro pioneiro sobre o urbanismo sustentável europeu e ao German Marshall Fund por permitir que eu visse a Europa "sustentável" em primeira mão. Agradeço a Joe Van Belleghem, empreendedor da Dockside Green, por fazer o empreendimento de urbanismo sustentável parecer fácil, e a John Knott, por sua fé e coragem ao assumir toda a pauta na Noisette. Também quero mencionar o trabalho de Elliot Allen, um planejador e analista brilhante, por ser o primeiro a me mostrar como, de maneira elegante, mapear e quantificar atributos e benefícios do urbanismo sustentável aparentemente impossíveis de identificar, e o trabalho de Hilary Brown, por ser pioneira na área de infraestrutura de alto desempenho.

Inúmeros amigos merecem agradecimento por sua generosidade como "caixas de ressonância" e seus ouvidos críticos: Ellen Dunham-Jones, Ellen Greenberg, Jen Henry, Rick Mosher, Knute Nadelhoffer, David Pott, Annalise Rasiq, Jill Riddell, Janette Sadik-Kahn, Jeff Speck, Susie Spivey e Alison True. Agradeço também ao Dr. Howard Frumpkin e ao Dr. Andrew Dannenberg dos Centros de Controle de Doenças.

Finalmente, este livro não teria acontecido sem o apoio de Chicago e Illinois. Agradeço à minha querida esposa, Gail Niemann, pelo apoio incansável, trabalho duro de edição e sincero interesse pelo assunto deste livro. Agradeço ao meu filho, Will, que me estimulava ao perguntar diariamente o quanto eu havia escrito. Agradeço à minha irmã, Anne Farr, por sua ajuda generosa, e a Jonathan Black, cuja colaboração editorial de última hora reforçou bastante o poder do texto. Agradeço à fundação Chicago Green Brain Trust: Jim Patchett, David Yocca, Howard Learner, Jim Slama e Craig Sieben. Agradeço a Chris Koos, prefeito de Normal, Illinois, e aos cidadãos do Condado de McLean, Illinois, por permitirem que testássemos pela primeira vez muitas das ideias urbanistas sustentáveis deste livro. Agradeço a David Reynolds e a Bill Aboldt e Sadhu Johnston, encarregados, do Departamento do Meio Ambiente de Chicago por seu mecenato e apoio para colocar o urbanismo sustentável em prática. Enfim, agradeço ao prefeito de Chicago, Richard M. Daley, que, ao adotar o urbanismo sustentável como marca registrada de sua gestão, encarregou sua administração de implementar a tese deste livro.

Apresentação

> Chegou a hora, disse a Morsa,
> De falar de muitas coisas:
> De sapatos – e navios – e lacres
> De repolhos – e reis
> E por que o mar é tão quente
> E se porcos têm asas.
>
> *Lewis Carroll (1872)*
> *Alice Através do Espelho*

Realmente chegou a hora. Este foi o ano em que o relatório do Painel sobre Mudanças Climáticas convergiu com *Uma Verdade Inconveniente*. As fronteiras do nosso campo de esportes se tornaram visíveis. O jogo vasto e divertido chamado o Estilo de Vida Norte-Americano tem limites, enfim!

O que devemos fazer agora?

Bem, após 40 anos de publicações especializadas, não há dúvidas de que temos disponível muito conhecimento. Por exemplo, na estante "sustentável" de meu escritório, a edição de 1963 de *Design with Climate*, de Olgyay, fica a um metro da edição do ano passado de *Solar Living Sourcebook*, de Schaeffer. Minha coleção pode impressionar – já eu, nem tanto. Quando conto quantos desses livros realmente consegui estudar, a resposta honesta seria...*apenas um*: *Uma Linguagem de Padrões*, de Christopher Alexander.

Isso, com certeza, não é inteiramente minha culpa, pois tenho fama de ser um leitor disciplinado e interessado.

O problema talvez esteja nos próprios livros. Parece que, quando tento ler as obras exortativas, entendo a mensagem bem antes da última página; e os livros técnicos são simplesmente tediosos demais para que os leia inteiramente. Além disso, esses dois tipos de livros geralmente são muito especializados, com cada autor sugerindo que a sua bala de prata particular é a melhor para lidar com os problemas ambientais do mundo.

E tem sido assim por décadas: milhares de livros afirmando a importância de proteger o habitat; ou o perigo da poluição atmosférica; o abandono da qualidade da água; os temidos buracos na camada de ozônio; a necessidade de conservação, reciclagem ou energia alternativa; a urgência de restabelecer uma agricultura local e orgânica; ou a edificação sustentável. Juntos esses livros oferecem um corpo completo de conhecimentos, mas nenhum volume foi holístico (ou legível) o suficiente para induzir à minha especialização... com a única exceção de *Uma Linguagem de Padrões*.

Então por que, se já temos o livro de Alexander, deveríamos acolher o de Doug Farr? Pode ser, ironicamente, por *Uma Linguagem de Padrões* ser bonito demais; uma obra de arte. É um épico, digno de ser o mito fundador de uma grande civilização ética, inteligente e agradável – da qual eu adoraria fazer parte. Infelizmente, porém, a maioria dos norte-americanos não confia mais na intuição para embasar suas ações. Nossos líderes acreditam na técnica, não no misticismo. Eles exigem "estudos" que lhes forneçam "dados" que justifiquem a "obrigatoriedade de prestar contas". Felizmente, o manual de Doug Farr tem uma boa resposta para essa situação. Embora se pareça com o de Alexander ao propor uma gama completa de elementos necessários para um futuro sustentável, convence muito mais porque o faz tecnicamente.

Também, como *Uma Linguagem de Padrões*, este manual estabelece o padrão de assentamento humano – e não apenas de moradia – como a variável fundamental na equação ambiental. Isso faz uma enorme diferença, uma vez que a ausência da escala da comunidade na literatura ambiental tem sido disfarçada pela recente obsessão com edificações "sustentáveis" – a bala de prata mais atual. Mas esta é uma longa história, a começar pelo antigo *Design with Nature* de Ian Mc Harg, que não faz uma proposta sobre o que seria construído após a escolha do local.

A primazia do padrão de assentamento é demonstrada por meio do que pode acontecer quando é ignorado: pense nas sedes com implantação sustentável até as quais todos os empregados precisam dirigir por longas distâncias; ou o Wal-Mart sustentável que depende de uma área de comércio de 56 km; ou a chique casa "modelo" no deserto, com paredes de vidro "solar" de preço exorbitante. Com este manual, tais absurdos são apresentados pelo que são.

Sem dispensar as técnicas envolvidas, Farr corrige a equação. O livro apresenta uma interessante preferência pelo prático e pelo agradável, e também evita estudos de caso que dependem do tipo de subsídios sociais que desqualifica muitos modelos europeus maravilhosos que têm influência generalizada nos Estados Unidos. Além disso, ele tem experiência prática o suficiente para evitar a imposição de austeridades e inconveniências como uma condição para a garantia de uma habitação sustentável. Os norte-americanos não irão tolerar sofrimento voluntariamente.

Mas não há nada neste manual que recomende um pesadelo neomedieval. O livro talvez defenda a simplificação, mas isso poderia levar a uma vida mais agradável, elegante e significativa, livre do pano mortuário espiritual decorrente dos danos que causamos ao planeta que nos acalenta.

Andrés Duany

Prefácio

"Este livro celebra o poder mágico do desenho urbano e do novo padrão de assentamento humano – o Urbanismo Sustentável –, o qual promete reforçar a interdependência de toda a vida na Terra. Nós, humanos, somos agora uma "super espécie", fazendo escolhas pessoais e nacionais que juntas irão determinar o mundo que será herdado por nossos filhos e o futuro das outras espécies na Terra. Muitos líderes progressistas agora concebem e defendem um equilíbrio, do qual todos saem ganhando, entre as necessidades da humanidade, tanto sociais quanto econômicas, e as necessidades da natureza. Um número crescente desses líderes reconhece o poder do urbanismo consciente para induzir as pessoas a escolher um estilo de vida mais humanista e sem alto consumo de recursos naturais. Um número pequeno mas crescente de líderes está começando a reconhecer as oportunidades para aprimorar a sustentabilidade inerente de um urbanismo diverso, com espaço para as pessoas caminharem, integrado com edificações e infraestrutura de alto desempenho.

Este livro é um esforço pioneiro para entender e documentar este emergente movimento de desenho urbano chamado urbanismo sustentável. Ele surgiu da questão com a qual nós da Farr Associates nos deparamos ao tentar cumprir a missão de nossa firma de desenhar ambientes humanos sustentáveis. Começou como um projeto modesto para desenvolver um manual prático que reuniria as diferentes escalas dos esforços de sustentabilidade praticados pelos nossos planejadores urbanos e arquitetos incrivelmente dedicados e talentosos. Esse projeto aumentou e passou a envolver os melhores projetistas, desenhistas urbanos, consultores, pesquisadores e empreendedores dos Estados Unidos e do exterior. Apesar dos conhecimentos e da alta qualidade do trabalho representado aqui, é difícil não pensar neste livro como um rascunho, destinado a ser reescrito muitas e muitas vezes à medida que aumentam nossos conhecimentos, conquistas e senso de urgência coletivos.

Este livro é um pedido estratégico de liderança no desenho e na urbanização dos lugares onde os norte-americanos vivem, trabalham e se divertem. Toda sustentabilidade é local. Os líderes responsáveis pelos ambientes construídos nos Estados Unidos estão descentralizados e são milhares de pessoas. Incluem, entre outros, governadores, prefeitos, vereadores, funcionários de prefeituras, reguladores governamentais, empresas, investidores, arquitetos, planejadores urbanos, engenheiros, empreendedores, empreiteiros, empreiteiros sustentáveis, urbanistas, ambientalistas, fazendeiros, empresas de serviços públicos, eleitores, vizinhos e grupos NIMBY*. A ideia deste livro é ser um abrangente ma-

---

* N. do T.: Acrônimo no idioma inglês que corresponde às iniciais da expressão "not in my backyard" ("não no meu quintal"), empregado para se referir aos grupos resistentes a mudanças, em suas comunidades ou bairros, que eles consideram negativas.

nual prático e roteiro de implementação para vencer os desafios organizacionais criados por essa liderança ampla e descentralizada.

Este livro busca criar uma marca, uma pauta e padrões para um movimento emergente e crescente de reforma no desenho urbano: o urbanismo sustentável, que é a urbanização servida pelo transporte público e que permite às pessoas caminharem, integrada com edificações e infraestrutura de alto desempenho. Está relacionado à iniciativa do LEED para o Desenvolvimento de Bairros (LEED-ND), que o autor deste livro preside há muitos anos. O livro complementa o LEED-ND ao tentar acelerar as reformas paralelas necessárias para a criação de um ponto de virada que suporte a adoção generalizada desta abordagem.

Este livro fornece uma perspectiva histórica das normas e regulamentações que frequentemente impedem a reforma. Centenas de normas nacionais separadas (e provavelmente milhões de regulamentações locais) interagem para aumentar a resistência a mudanças e dificultar, ou até tornar ilegal, o urbanismo sustentável. Um conhecimento prático de quando e por que certa regulamentação foi primeiramente adotada é essencial para criar um argumento persuasivo para modificá-la.

Este livro é um chamado urgente para a ação no que diz respeito ao projeto dos lugares onde os norte-americanos vivem, trabalham e se divertem. Estamos apenas começando a entender algumas verdades terríveis sobre as escolhas de estilo de vida feitas pelo norte-americano típico. Depois de séculos de aumento da longevidade, a expectativa de vida nos Estados Unidos pode estar baixando, em sua maior parte, devido ao estilo de vida sedentário e em ambientes fechados. Nossa afluência permite que acumulemos uma quantidade enorme de objetos e precisemos construir habitações cada vez maiores para guardá-los. Considerando os conhecidos danos ambientais que resultam do nosso estilo de vida, nossa incapacidade de mudar resulta em um plano de fato para sobrecarregar nossos filhos e netos com os custos enormes da adaptação a uma mudança climática global. Linhas de tempo comunicam, imediatamente, os eventos-chave que levam à transição gradual para o urbanismo sustentável.

Este livro apoia o princípio da precaução, uma pedra fundamental da cortesia entre gerações. O princípio da precaução estabelece que qualquer ação ou política que possa causar danos públicos severos ou irreversíveis deve passar pela mais detalhada análise. Os defensores dessas ações ou políticas não testadas têm a obrigação de provar que não haverá dano. O modo de ocupação do solo e a infraestrutura – as estruturas fundamentais para sustentar como vivemos, trabalhamos e nos divertimos – devem passar por esse tipo de análise porque o desenho urbano inconsequente já está associado aos impactos adversos à saúde humana e às mudanças climáticas. Embora o uso do solo e a infraestrutura talvez sejam os atributos mais duradouros e determinantes dos assentamentos humanos, o debate atual sobre as mudanças climáticas tende a deixá-los de lado, favorecendo soluções mais rápidas. Chegou a hora de adotar as reformas do urbanismo sustentável. O princípio da precaução exige a reforma do uso do solo e da infraestrutura como parte de uma abrangente pauta de reforma nas questões mais importantes de saúde e clima.

Como Usar Este Livro

O objetivo deste livro é estimular a adoção do Urbanismo Sustentável para que se torne o padrão de assentamento humano no ano de 2030. O livro está organizado para alcançar esse ambicioso objetivo de maneira abrangente e gradual.

Parte Um: O Porquê do Urbanismo Sustentável

A implementação do urbanismo sustentável exigirá a participação de várias das próximas gerações de profissionais do urbanismo. A primeira parte deste livro funciona, essencialmente, como um esquema geral para cursos de planejamento urbano, arquitetura, engenharia, estudos ambientais e empreendimentos sustentáveis interdisciplinares que poderia servir para treinar profissionais do urbanismo, servidores públicos e funcionários da prefeitura em sua prática emergente de urbanismo sustentável. Postula que o estilo de vida norte-americano coloca a sociedade e o planeta no caminho errado e propõe o urbanismo sustentável, uma reforma completa do ambiente construído, como uma possível solução. Esta primeira parte do livro narra e quantifica a magnitude do problema, fornece uma história das reformas pioneiras, faz uma defesa convincente do urbanismo sustentável e resume uma pauta de reformas estratégicas que levem à dominância do urbanismo sustentável.

Parte Dois: A Implementação do Urbanismo Sustentável: Um Método Passo a Passo para Transformar Meia Dúzia de Pessoas em um Movimento de Massa

O urbanismo sustentável representa uma mudança de postura nas gerações relativa a como os assentamentos humanos são projetados e empreendidos. Sua adoção como uma norma social exige que todos os muitos envolvidos no processo de planejamento e urbanização do ambiente construído trabalhem como um único organismo para atingir um propósito compartilhado. A Parte Dois deste livro foi desenvolvida para servir como um sistema operacional para coordenar o trabalho conjunto de indivíduos autônomos de modo que alcancem grandes benefícios. A seção sobre liderança detalha passos específicos para que prefeitos, planejadores municipais, bancos, corretores de imóveis, governos estatais, agências de transporte público, empresas de serviços públicos, associações, o Congresso Nacional, agências municipais de finança, arquitetos, empreendedores, entre outros, implementem gradualmente o urbanismo sustentável. A seção sobre o processo descreve detalhadamente os passos necessários para esta implementação por meio de projetos individuais de planejamento e desenho urbano. Também fornece padrões para a seleção de projetistas, tipos de projetos e equipes de execução qualificados. Por último, fornece uma estrutura de comunicação e marketing para a divulgação do conceito, dos benefícios e das sinergias do urbanismo sustentável. Esta seção também apresenta o transecto – uma ferramenta poderosa de comunicação para ilustrar o espectro de tipos de lugares criados para os seres humanos e sua capacidade de sustentabilidade.

Parte Três: Os Parâmetros Emergentes do Urbanismo Sustentável

Para facilitar a adoção generalizada do urbanismo sustentável, parâmetros para o desenho e o empreendimento de um projeto de urbanismo são fundamentais. A Parte Três apresenta cerca de 30 parâmetros emergentes de urbanismo sustentável. Cada um é um resumo da análise feita por especialistas norte-americanos a respeito do provável ou possível desempenho através de um grande espectro de sistemas humanos e naturais. Os parâmetros podem servir aos projetistas como objetivo de desempenho em projetos, o que é particularmente útil em conjunção com a norma do LEED para o Desenvolvimento de Bairros, ou para embasar para o desenvolvimento de normas ainda mais completas. As normas abrangem cinco áreas gerais de preocupação: densidade, corredores, bairros, biofilia e edificações e infraestrutura de alto desempenho. Juntas, elas constituem uma das oportunidades mais desafiadoras para o projeto integrado no urbanismo sustentável.

Parte Quatro: Estudos de Caso do Urbanismo Sustentável

Este portfólio de estudos de caso captura um único momento no gênesis de um movimento de desenho urbano revolucionário e poderoso. A Parte Quatro deste livro documenta um movimento internacional diverso e maduro de projetos visionários na escala do bairro – tanto os já construídos quanto os que ainda o serão – que tenham uma abordagem de urbanismo sustentável. Instigantes estudos de caso dos Estados Unidos, Canadá, México, da Europa, Austrália e China integram urbanismo que permite às pessoas caminharem, *habitats* naturais e infraestrutura e edificações de alto desempenho. Os projetos de renovação urbana e ocupação de áreas não urbanizadas integram infraestrutura, construção e sistemas naturais em graus e níveis variáveis de visibilidade. A liderança sustentável por trás de cada projeto é descrita de forma narrativa para servir como modelo para projetos futuros. Os parâmetros de projeto, incluindo os parâmetros-chave e um resumo dos sistemas de sustentabilidade, também fornecem objetivos e orientações para o desenho.

Sumário

Parte Um		**O Porquê do Urbanismo Sustentável**
	3	**Capítulo 1: O Ambiente Construído: Nossa Situação Atual**
	3	O estilo de vida norte-americano no caminho errado
	13	Reformas pioneiras: Preparando o terreno para o urbanismo sustentável
	27	**Capítulo 2: O Urbanismo Sustentável: Aonde Precisamos Ir**
	27	O urbanismo sustentável: A grande unificação
	41	Os três passos do urbanismo sustentável
Parte Dois		**A Implementação do Urbanismo Sustentável**
	57	**Capítulo 3: Liderança e Comunicação**
	57	Tópicos de discussão do LEED para o urbanismo sustentável
	59	O poder das opções contrastantes
	62	Pautas de implementação para líderes
	64	**Capítulo 4: O Processo e as Ferramentas para a Adoção do Urbanismo Sustentável**
	64	Como comprovar a qualificação de profissionais urbanistas sustentáveis
	66	O estabelecimento de padrões de sustentabilidade municipal: o Plano Urbanístico Sustentável de Santa Monica
	69	Registrando a preferência da comunidade por forma e sustentabilidade: Pesquisa de Preferências de Imagens (IPS)
	70	Exemplos de categorias de Pesquisas das Preferências de Imagens (IPS)
	71	Conduzindo uma *charrette*
	74	Criando bairros sustentáveis com o Protocolo de Análise dos Bairros Inteligentes (SNAP) de Toledo
	76	Um plano de bairro do urbanismo sustentável: o Protocolo de Análise dos Bairros Inteligentes (SNAP) de Toledo
	79	Plano diretor e código de edificações baseado na forma
	83	Incorporando a sustentabilidade por meio de Códigos, Convenções e Restrições (CCR)
	87	Como comprovar o desempenho de um empreendedor do urbanismo sustentável

Parte Três	**Os Parâmetros Emergentes do Urbanismo Sustentável**
94	**Capítulo 5: O Aumento da Sustentabilidade por meio da Densidade Urbana**
94	Explicando a densidade
95	Ilustrando a densidade
98	O transecto do dia a dia
100	A água e o debate da densidade
103	Densidades que sustentam o transporte público
105	**Capítulo 6: Corredores de Sustentabilidade**
105	O corredor de sustentabilidade
106	A integração entre transporte, uso do solo e tecnologia
112	Corredores de biodiversidade
118	**Capítulo 7: Bairros Sustentáveis**
118	Diagramas de vizinhança
120	A definição de bairro
126	Um bairro completo
128	Habitação no bairro
132	A habitação livre de automóveis
134	O comércio de bairro
140	Os benefícios econômicos das lojas de propriedade local
142	Terceiros lugares: Onde as pessoas se encontram, confiam e formam associações
144	Bairros saudáveis
147	Vias e redes permeáveis ao pedestre
150	Ruas completas
154	A acessibilidade básica e universal às moradias
157	A gestão da demanda do transporte (TDM)
165	Sistemas de automóveis compartilhados
168	**Capítulo 8: Biofilia**
168	Espaços abertos
171	Escuridão pública
174	Sistemas de gestão de água pluvial
177	A produção de alimentos
181	O tratamento de esgoto ao ar livre
185	O tratamento de esgoto em ambiente fechado
190	**Capítulo 9: Edificações e Infraestrutura Urbana de Alto Desempenho**
190	O impacto do planejamento no consumo de energia de uma edificação
195	O desafio comunitário para 2030
197	A infraestrutura de alto desempenho
201	Grandes sistemas de geração de energia na escala do distrito
206	O desafio comunitário para 2030: Crescimento econômico com urbanismo sustentável

Parte Quatro		**Estudos de Caso do Urbanismo Sustentável**
	215	**Capítulo 10: As Lições Aprendidas com o Urbanismo Sustentável**
		Projetos construídos em vazios urbanos
	216	BedZED: Sul de Londres, Inglaterra
	220	Glenwood Park: Atlanta, Geórgia, Estados Unidos
	224	Bairro Holiday: Boulder, Colorado, Estados Unidos
	228	Christie Walk: Adelaide, Austrália
	232	Newington: Sydney, Austrália
	238	High Point: Seattle, Washington, Estados Unidos
		Empreendimentos construídos em áreas não urbanizadas
	244	Upton: Northampton, Inglaterra
	250	Distrito de Kronsberg Hannover, Alemanha
	254	Projeto de Loreto Bay: Sul da Baixa Califórnia, México
	258	Civano: Tucson, Arizona, Estados Unidos
	262	Poundbury: Dorchester, Inglaterra
	266	**Capítulo 11: O Urbanismo Sustentável de Última Geração**
		Projetos não construídos para vazios urbanos
	266	Dockside Green: Vitória, Colúmbia Britânica, Canadá
	271	Projeto Lloyd Crossing: Portland, Oregon, Estados Unidos
	276	Z-Squared: Londres, Inglaterra
	280	New Railroad Square: Santa Rosa, Califórnia, Estados Unidos
	286	Projeto de Renovação Urbana de Uptown Normal: Normal, Illinois, Estados Unidos
		Projetos não construídos para áreas não urbanizadas
	292	Ecocidade Dongtan: Xangai, China
	297	Reserva Natural da Bacia Galisteo: Santa Fe, Novo México, Estados Unidos
	302	Cidade de Pulelehua: Maui, Havaí, Estados Unidos
	307	Vale do Coiote: San Jose, Califórnia, Estados Unidos
	313	Escalas de intervenção
	315	Epílogo
	315	Glossário
	323	Índice

PARTE UM

O PORQUÊ DO URBANISMO SUSTENTÁVEL

Capítulo 1
O Ambiente Construído: Nossa Situação Atual

O estilo de vida norte-americano no caminho errado

"Encontramos o inimigo: somos nós."
Pogo, de Walt Kelly

É típico dos norte-americanos celebrar a grande variedade de escolhas de vida. Sentem orgulho de poder escolher onde trabalham, com quem vivem, onde compram e como se divertem. Decidem quem os governa. Sacralizam o direito de votar. Por séculos acreditam que o resultado final dessas decisões muito pessoais irão levá-los a uma sociedade ideal, que uma comunidade evolui melhor com cada indivíduo buscando seu próprio autointeresse "racional" e progressista. Esse pressuposto agora passa por um teste rigoroso – e muitos afirmariam que ele falhou gravemente. Em suma, o estilo de vida norte-americano está no caminho errado.

A evidência está por todos os lados. O estilo de vida que nós, a classe-média norte-americana, escolhemos levou a uma séria deterioração da saúde pública. Tornamo-nos uma população sedentária, que não se exercita, e o resultado é uma crescente incidência da obesidade. Em 1991, os quatro estados com os níveis mais elevados de obesidade em adultos tiveram índices entre 15 e 19%.[1] Apenas 15 anos depois, a proporção de todos os adultos, *nacionalmente*, maiores de 20 anos com obesidade atingiu o chocante índice de 30%, representado na **Figura 1.1**.[2] Para dar outra perspectiva: problemas de saúde relacionados ao peso equivalem a 9,1% de todas as despesas em assistência à saúde nos Estados Unidos.[3] Porém, segundo um estudo realizado pelos Institutos Nacionais de Saúde o maior preço que a sociedade poderá pagar pela obesidade nas próximas décadas, se permanecermos neste caminho, é uma expectativa de vida reduzida em até cinco anos.[4]

Por que nos tornamos obesos? Muitas razões podem ser encontradas no ambiente construído que criamos para nós mesmos. Edificações sem elevadores de quatro, cinco ou até seis pavimentos eram comuns na maioria das gran-

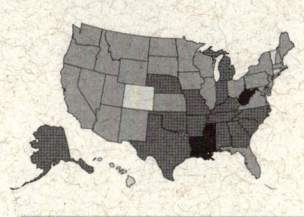

Figura 1.1
Em média, 30% dos norte-americanos são obesos. Adaptação de "U.S. Obesity Trends 1985–2005", com base no Sistema de Controle dos Fatores de Risco Comportamentais dos Centros de controle de Doenças. Disponível em http://www.cdc.gov/nccdphp/dnpa/obesity/trend/maps

da esquerda para a direita

Figura 1.2
Um adesivo de pára-choques vai direto ao ponto [Teu Veículo Utilitário Esportivo Te Faz Parecer Gordo]. Imagem © Laura Koppon.

Figura 1.3
Os códigos de edificação de todos os Estados Unidos tornam praticamente ilegais as belas escadas abertas e com iluminação natural.

Figuras 1.4a e 1.4b
Ao atingir a idade de 25 anos, o norte-americano médio já terá passado um ano dentro de um automóvel.

Uma infância passada nos interiores consolida o estilo de vida sedentário.
Figura 1.4a © 2007 Jennifer Stefankiewicz
Figura 1.4b © Alexander H. Faurot

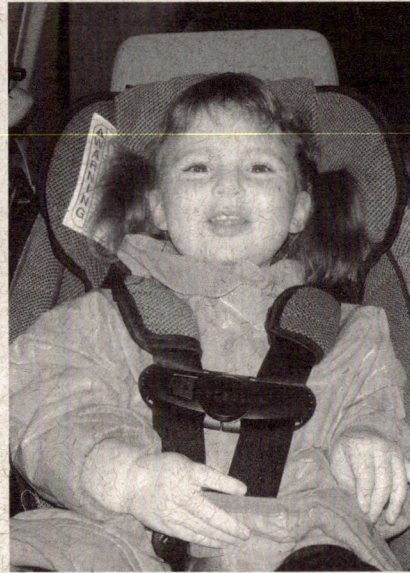
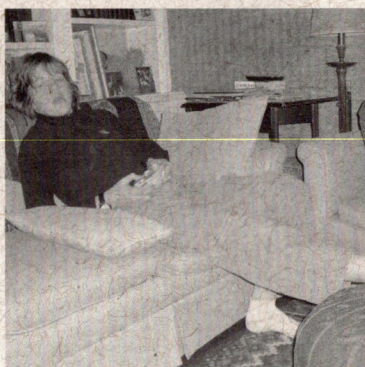

des cidades norte-americanas durante o século XIX. O uso de escadas tem sido ativamente desestimulado pelas exigências de escadas de emergência enclausuradas presentes nos códigos de edificações dos séculos XX e XXI. Houve uma época em que a maioria dos norte-americanos se deslocava a pé; muitos nunca se distanciavam demais de suas casas em toda a sua vida. As pessoas nasciam e viviam na mesma cidade; se fixavam em um lugar e lá permaneciam. Não necessitavam de meios mecânicos para atravessar a cidade até um supermercado. As crianças caminhavam até a escola. Abraham Lincoln, como se sabe, caminhava 10 km para ir à biblioteca e voltar; alguns de nós caminhamos apenas uma média de quatro minutos por dia.[5]

Não apenas somos sedentários, mas escolhemos uma vida que cada vez mais se limita a ambientes fechados. Um bebê nascido nos Estados Unidos passará quase 87% de sua vida em ambientes fechados e os outros 4% em meios de transporte de massa fechados (veja as Figuras 1.4 A e B e a Tabela 1.1).[6] O motivo? Tornamo-nos especialistas na criação de ambientes fechados com níveis cada vez maiores de conforto. A possibilidade de refrigerar um cômodo com um ar-condicionado se tornou realidade nos anos 60. Logo edifícios inteiros se fecharam com ventilação mecânica conectada à rede pública de energia elétrica. Janelas abertas era coisa do passado. O agradável vento frio de um ar-condicionado no verão tem ocultado o preço que pagamos em custos de saúde; a Agência de Proteção ao Meio Ambiente dos Estados Unidos estima que o ar em ambientes fechados é duas a cinco vezes mais poluído que em ambientes abertos por causa dos cigarros, da combustão nos interiores, da emissão de gases dos materiais e do mofo.[7] As crianças correm um risco ainda maior que os adultos, pois sua respiração é mais rápida, seus níveis de atividade são maiores e seus pulmões e outros tecidos ainda estão em desenvolvimento.

Figura 1.5
O excesso de iluminação contribui para os distúrbios do sono e nos desconecta da natureza. Imagem © Clanton & Associates

Há, também, um fator econômico. Ao substituir por meios mecânicos o que antes era gratuito na natureza, uma parte significativa da energia consumida por uma edificação padrão é utilizada para a circulação de ar oxigenado, o que costumava ser a função das janelas abertas.

Também pagamos um preço psicológico. Ao escolhermos ser uma espécie que vive em ambientes fechados, nos desvinculamos do mundo natural, ficando cada vez mais alheios ao que fazemos com o entorno imediato externo. Pátios privados e vias públicas são asfaltados, excessivamente iluminados (Figura 1.5) e têm aparelhos mecânicos quentes e barulhentos (Figura 1.6). Embora os condensadores de ar condicionado proporcionem conforto e segurança para as pessoas em ambientes fechados, resultam em um plano de fato para manter as pessoas lá dentro. As características desagradáveis dos espaços abertos de hoje são especialmente danosas em ambientes urbanos densos, chegando a fazer com que as pessoas evitem ficar na rua, reforçando a tendência de permanecerem do lado de dentro, com as janelas fechadas. Tal negligência pouco surpreende considerando que adultos norte-americanos passam cinco vezes mais horas diri-

Figura 1.6
Os condensadores quentes e barulhentos de ar-condicionado estimulam as pessoas a entrar em casa e fechar as janelas.

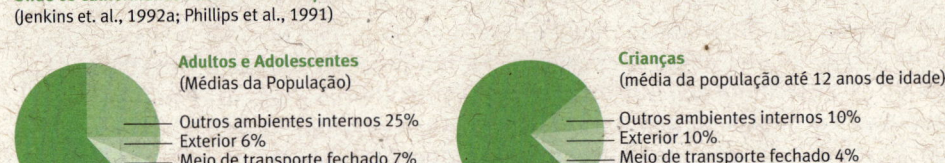

Onde os Californianos Passam seu Tempo
(Jenkins et. al., 1992a; Phillips et al., 1991)

Adultos e Adolescentes
(Médias da População)
- Outros ambientes internos 25%
- Exterior 6%
- Meio de transporte fechado 7%
- Dentro de casa 62%

Crianças
(média da população até 12 anos de idade)
- Outros ambientes internos 10%
- Exterior 10%
- Meio de transporte fechado 4%
- Dentro de casa 78%

Tabela 1.1 Esta tabela confirma que o ser humano é uma espécie de interiores. Fonte: From *Indoor Air Pollution in California*, page 2, California Air Resources Board, July 2005. Images © California Air Resources Board

gindo um carro do que se exercitando ou praticando esportes.[8] Em outras palavras, passamos mais tempo nos locomovendo, geralmente de carro, de edifício em edifício do que aproveitando os ambientes abertos que existem entre eles.

"Descobrimos que um homem branco padrão, vivendo em uma comunidade compacta com lojas e serviços próximos pode pesar cinco ou seis quilos a menos que seu correlato em um loteamento de uso apenas residencial de baixa densidade." – Lawrence Frank, professor titular na Escola de Planejamento Comunitário e Regional da Universidade da Colúmbia Britânica.

Não é de surpreender, talvez, que quanto mais tempo ficamos em ambientes fechados, mais espaço interno exigimos. Não só os norte-americanos estão engordando, mas suas casas também. De 1970 a 2000, o tamanho de uma família média nos Estados Unidos diminui de 3,14 para 2,62 pessoas,[9] enquanto o tamanho da típica casa norte-americana aumentou de 129 m² para 199 m², um crescimento de 54% **(veja a Figura 1.7)**.[10]

Todo esse tempo gasto em ambientes fechados priva os seres humanos dos benefícios físicos e mentais proporcionados por caminhadas, exercícios em ambientes abertos e imersão na natureza. Muitos dos novos empreendimentos imobiliários são criados para desestimular a vida ao ar livre. As novas passagens

Figura 1.7 A casa do norte-americano "obeso".

urbanas são hostis aos pedestres e desestimulam o deslocamento a pé. As edificações novas são projetadas para a vida enclausurada, para terem ar-condicionado em vez de janelas abertas e portas que levem as pessoas para a rua. Essas escolhas de desenho urbano contribuem diretamente para a nossa epidemia de obesidade e provavelmente têm impacto em nossa saúde mental. Segundo o *Wall Street Journal*, um estudo recente de gerontologia concluiu que "apenas três horas semanais de exercício aeróbico aumentaram o volume de massa cinzenta (o número de neurônios existentes) e de massa branca (conexões entre neurônios) do cérebro... para o nível de pessoas três anos mais novas".[11]

A falta de contato humano com a natureza nos tornou acostumados e provavelmente nos cegou para os danos terríveis que causamos ao nosso planeta. A sociedade de consumo moderna, por exemplo, explora os recursos naturais em uma taxa que a Terra não tem como sustentar. Nosso apetite por petróleo, eletricidade, mobilidade, espaços internos e bens materiais é enorme e incessante. Um consenso científico internacional inequívoco confirma que, passadas poucas gerações desde a era do petróleo, o aumento populacional resultante e o crescente impacto per capita das atividades humanas mudaram o clima na Terra.[12] Este, o pior de todos os problemas resultantes de nosso estilo de vida, é também o mais difícil de resolver, uma vez que o dano se materializa lentamente **(Figura 1.8)** e não apresenta o tipo de ameaça externa iminente contra a qual a história confirma que a humanidade é capaz de se unir.[13]

A metáfora da "pegada ecológica" nos dá uma boa noção e ilustra visualmente a capacidade dos sistemas naturais de suportar as demandas do estilo de vida contemporâneo. Ela categoriza as exigências humanas sobre o solo em termos de comida, bens e serviços, transporte, moradia, consumo de energia, localização, práticas sustentáveis e renda. De acordo com uma pesquisa realizada pela WWF e apresentada na **Figura 1.9,** a partir de aproximadamente 1977 as demandas humanas por recursos excederam a capacidade que o planeta tem de fornecê-las.[14] De longe, a descoberta mais surpreendente e instigante refere-se

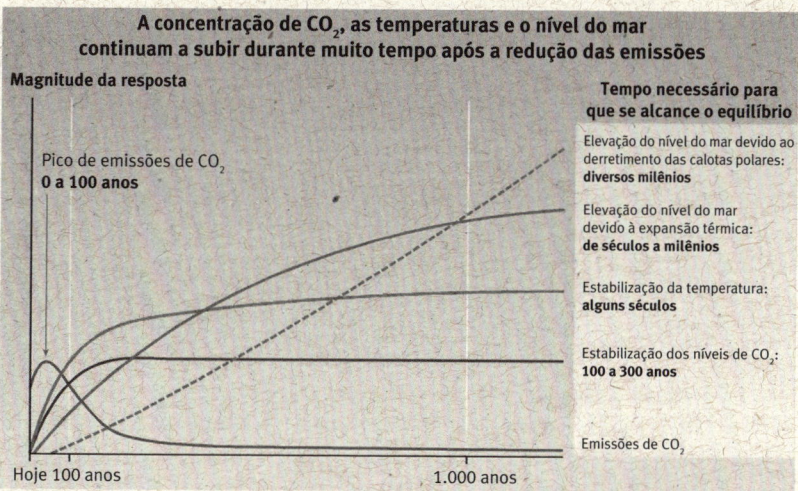

Figura 1.8   Nosso estilo de vida atual resultará em mudanças climáticas de longo prazo. Imagem © Painel Intergovernamental Sobre Mudanças Climáticas.

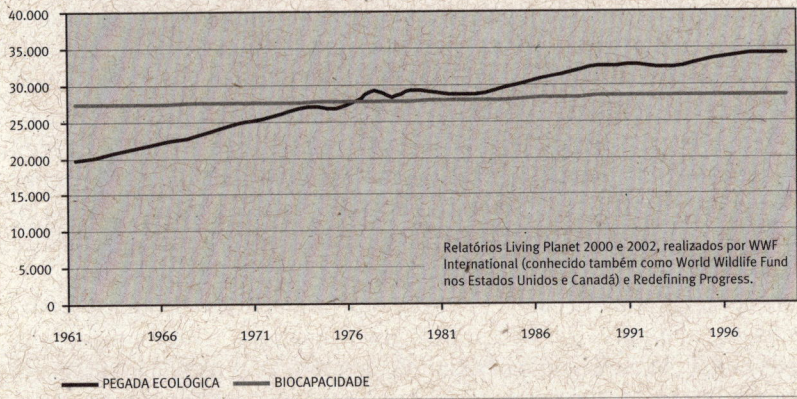

Figura 1.9 Ultrapassamos a capacidade da Terra de sustentar nosso estilo de vida por volta de 1977. Imagem © Redefining Progress, www.rprogress.org

ao alto consumo de energia da produção de comida para os norte-americanos. Segundo Michael Pollan, autor de *The Omnivore's Dilemma*, a comida norte-americana "pinga combustível fóssil",[15] refletindo tanto o alto consumo de energia do agronegócio quanto a distância estimada de 2.390 km pela qual um prato de comida precisa ser transportado nos Estados Unidos.[16]

Um dos grandes vilões nisso tudo, e um estilo de vida escolhido desde cedo e raramente questionado, é o nosso amor pelos automóveis. Tornamo-nos viciados em dirigir. A maioria dos norte-americanos depende de carros para satisfazer suas necessidades mais básicas. Adoramos a "liberdade da estrada" e a resguardamos com um zelo tal que a faz parecer parte da Constituição. Os norte-americanos dirigem mais do que qualquer outra sociedade na Terra e se encontram presos a isso ao escolherem viver, trabalhar e comprar em lugares afastados que os obrigam a dirigir. Uma família decide comprar uma casa grande em um novo loteamento no limite da cidade porque sabe que pode chegar lá de carro. Um emprego do outro lado da cidade, longe de onde vivem e sem serviço de transporte público, é tão bom quanto um trabalho perto de casa. Qualquer pessoa, para fazer compras, dirige quilômetros até um supermercado, ignorando inúmeras lojas locais que vendem os mesmos produtos, apenas para economizar alguns centavos por cada item.

Pessoas que escolhem esses estilos de vida são dependentes de automóveis. Como resultado, quase dois terços de todo o petróleo consumido nos Estados Unidos é transformado em combustível para transporte.[17] Embora os norte-americanos possam reconhecer a importância do petróleo e da dependência do automóvel em nosso país – até mesmo George W. Bush declarou que os Estados Unidos são "viciados em petróleo"[18] – a maioria está demasiadamente acostumada com esta situação para vê-la como um vício (veja a Figura 1.10).

O vício conjunto em automóveis e petróleo tem um custo extremamente alto para indivíduos e famílias. O preço médio de ter, utilizar e fazer manutenção de um carro novo é estimado atual-

Figura 1.10
Vícios sociais são mais fáceis de enxergar em culturas diferentes das nossas. Imagem © Coleção de Frank e Frances Carpenter, Biblioteca do Congresso

mente em sete mil dólares por ano.[19] O veículo médio roda mais de 19 mil quilômetros por ano, o equivalente a meia volta na Terra.[20] O lar norte-americano típico tem 2,6 membros e viaja 34,4 mil km por ano.[21] Isso significa que toda família norte-americana roda uma distância equivalente a 90% da circunferência da Terra todo ano.

Essas médias ocultam os índices variados de propriedade de carros por família em uma região metropolitana. O custo de propriedade de um carro incide desproporcionalmente nos moradores dos subúrbios e das áreas semirrurais, onde algumas famílias têm um ou mais carros por adulto. Essas diferenças metropolitanas ficam evidentes na Figura 1.11, mostrando que o morador padrão da área rural ou suburbana de Atlanta dirige oitos vezes mais por dia (64 km *versus* oito km) que o morador padrão da região central de Atlanta.[22]

Um estacionamento tem seu custo próprio para as empresas, o governo e o ambiente. A construção de redes viárias e estacionamentos custa caro. Em 1973, o planejador urbano Victor Gruen estimou que todo carro nos Estados Unidos tem direito a quatro vagas de estacionamento, o equivalente a um índice de ocupação de 25% para as quase um bilhão de vagas norte-americanas.[23] Essa estatística assustadora ainda é mencionada pelo reconhecido especialista em estacionamentos Doug Shoup, professor de planejamento urbano na UCLA. Se todos os estacionamentos fossem de superfície, cobririam quase todo o estado de Maryland.[24] O custo de construção de um estacionamento é alto, de 2.500 a 5 mil dólares para uma vaga de superfície e de 30 mil a 50 mil dólares para vagas de subsolo – um investimento capital nacional de 5 trilhões a 10 trilhões de dólares. Apesar desse investimento enorme em estacionamento, geralmente ele é oferecido de graça (veja a Figura 1.12), pago pelo setor privado por meio do aumento de preços e pelo setor público com tributos. Donald Shoup destaca o estacionamento grátis como, possivelmente, o mais poderoso incentivo para adquirir e dirigir carros no ambiente construído, um vínculo suprendente, mas

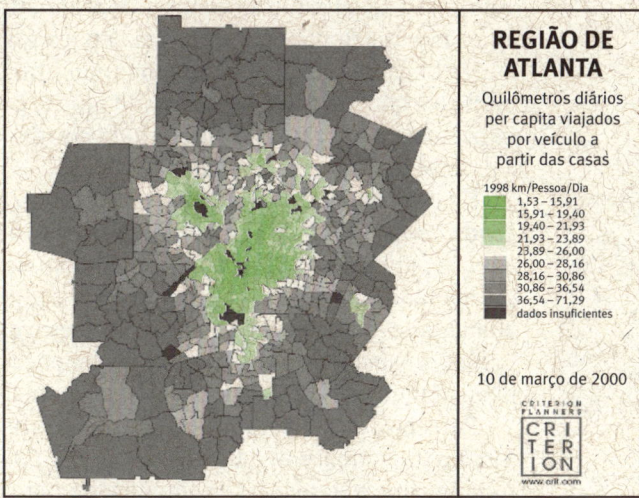

Figura 1.11 Você é o lugar que você vive: os moradores dos subúrbios de Atlanta dirigem em média oito vezes mais que os moradores urbanos. Criterion Planners, Análise do Impacto do Crescimento Urbano Inteligente e Planejamento do Uso do Solo, Georgia Regional Transportation Authority, Atlanta, GA, April 2000. Imagem © 2000 Elliot Allen, Criterion Planners

Figura 1.12
A abundância de estacionamentos *gratuitos* gera demanda pelo uso de automóveis.

Figura 1.13
A própria pavimentação é feita de produtos derivados do petróleo ou carvão mineral e produz escoamentos tóxicos.

Figura 1.14
Os longínquos subúrbios dependentes de automóveis exigirão um replanejamento completo para possibilitarem um estilo de vida urbana sustentável.

essencial para o nosso vício em automóveis e petróleo (veja a Figura 1.13).[25]

Nossos subsídios e incentivos para dirigir não acabam aí. Existem 13.308.227 km de faixas de rolamento de autoestradas, rodovias e ruas nos Estados Unidos, e quase todas são gratuitas para os motoristas.[26] Menos de 1% dessas vias cobra pedágio,[27] e os impostos sobre a gasolina pagam a maioria dos custos de construção e manutenção das autoestradas, enquanto a grande maioria das rodovias locais é paga com tributos locais.[28] Pronto para mais más notícias? O investimento em automóveis e rodovias nos Estados Unidos resultou em um índice de uso do solo sem precedentes. Durante a última geração, os norte-americanos urbanizaram 10 vezes mais que o índice de aumento populacional.[29] O dano externo causado por esse modelo de empreendimento é o uso de áreas não urbanizadas anteriormente, que poderiam fornecer um habitat natural ou território para agricultura. Internamente, esse empreendimento de baixa densidade aumenta a distância entre qualquer destino (veja a Figura 1.14), tornando muito maior a possibilidade de que as pessoas utilizem automóveis.

Esse empreendimento de baixa densidade resulta nas mais altas demandas per capita sobre sistemas e *habitats* naturais. Em uma análise comparativa entre dois projetos em Sacramento, Califórnia (Figura 1.15), os projetos de urbanização de menor densidade resultaram em aumentos per capita gerais em coberturas impermeáveis do solo, quilômetros rodados, uso de água, uso de energia, poluição do ar e produção de gases com efeito estufa.[30] Em um dos extremos do espectro do estilo de vida sustentável estão as famílias de Manhattan, que vivem em apartamento compactos, não têm espaço excessivo para acumular bens de consumo, caminham ou utilizam o transporte público e não possuem um gramado para regar ou fertilizar. Infelizmente, o padrão do estilo de vida norte-americano foi para a direção exatamente oposta.

É perturbador como o modesto progresso que estamos fazendo em economia de energia não consegue acompanhar nosso apetite por casas e carros maiores. Embora os códigos de energia adotados por estados e municípios nos últimos anos tenham aumentado a economia de energia por metro quadrado em edificações, o tamanho da casa padrão norte-americana parece estar aumentando mais rapidamente, anulando qualquer economia.

Para piorar, os Estados Unidos têm presenciado, desde 1988, um aumento anual constante de 2,5% em quilômetros rodados que não tem sido compensado por ganhos de economia de energia.[31] Os padrões da Corporate Average Fuel Economy (CAFE) têm se mantido os mesmos desde 1972, o que é agravado por uma brecha que permite que os veículos utilitários esportivos (Figura 1.16) não se enquadrem nos padrões.

Comparação do Transecto Ambiental em Sacramento, Califórnia

Contexto de Desenho Urbano		Antelope		Praça Metro	
	Área Suburbana				Área Urbana
Densidade Residencial (unidade de habitação/ha líquido)	0,08	2,83		8,09	14,16
Espaço Aberto (% área total do solo)	20,00	0,00		10,00	5,00
Proximidade ao Emprego (empregos em um raio de 1,6 km – 1 milha)	10,00	35,00		29.266,00	30.000,00
Densidade das Ruas (km de eixo/km²)	1,00	10,00		20,00	25,00
Proximidade ao Transporte Público (média de metros entre a unidade de habitação e a parada mais próxima)	7.620,00	7.163,00		203,00	122,00
Uso de Automóvel (total de km viajados por veículo/capita/dia)	56,00	35,00		18,00	16,00
Desempenho Ambiental					
Consumo do Solo (ha bruto/capita)	4,05	0,02		0,01	0,004
Uso de Água (l/capita/dia)	755,00	605,00		386,00	190,00
Uso de Energia (milhões de BTU/capita/ano)	200,00	176,00		110,00	100,00
Impermeabilidade (ha impermeáveis/unidade de habitação)	0,08	0,02		0,01	0,01
Poluentes de Fontes Não Pontuais (kg/capita/ano)	0,04	0,03		0,02	0,01
Poluentes Aéreos Relativos (kg/capita/ano)	363,00	342,00		88,00	91,00
Gases com Efeito Estufa (toneladas/capita/ano)	12,00	10,00		5,50	4,00

Figura 1.15 Os impactos ambientais per capita, na tabela, diminuem com o aumento da densidade. De E. Allen "Measuring the Environmental Footprint of the New Urbanism", *New Urban News* 4, 6 (1999). Imagem © Criterion Planners

Além desses impactos ambientais adversos, a infraestrutura pública necessária para sustentar esse empreendimento de baixa densidade tem construção e manutenção caras. A infraestrutura é composta de equipamentos e serviços públicos que são necessários para sustentar a vida em uma comunidade: equipamentos como vias, tubulações e fiações, e serviços como educação, polícia e proteção contra incêndio. O custo da construção e manutenção da infraestrutura é dividido entre o número de pessoas que a utilizam, apresentado como custo per capita. Estudos norte-americanos demonstram que o empreendimento de baixa densidade aumenta o custo da infraestrutura pesada – e, juntamente, da carga tributária – em áreas urbanizadas em uma média de 11%.[32]

Figura 1.16
Este "caminhão leve" faz menos de 4,2 km por litro de gasolina.

Agora deve estar claro que nossas escolhas de estilo de vida, nossas decisões "racionais" de viver no conforto e ter acesso ao trabalho e ao comércio por meios mecânicos, alteraram inexoravelmente nosso ambiente construído. Estamos pagando um preço terrivelmente alto em saúde individual, noção geral de bem-estar e felicidade. Alienamo-nos da natureza, da qual precisamos para nos sustentar. O pior de tudo, talvez, seja que estamos colocando o nosso clima global em risco e não entendemos bem as causas.

A visão norte-americana convencional é considerar as cidades como a fonte da poluição causadora das mudanças climáticas. De fato, por unidade territorial, as cidades geram uma grande quantidade de poluição **(veja a imagem tradicio-**

nal de uma cidade grande na Figura 1.17). Porém, os moradores urbanos geram, per capita, a menor quantidade de CO_2 **(veja a imagem emergente de uma cidade grande na Figura 1.17).** O sonho norte-americano de uma casa grande em um terreno grande nos subúrbios é o maior responsável por cozinharmos o planeta.

Para corrigir esses erros, precisamos analisar fria e seriamente alguns de nossos hábitos mais arraigados e confortos prediletos. Precisamos ter a coragem de desafiar o caminho que escolhemos, cujos sintomas estão em formação há muito tempo e parecem muito resistentes a mudanças. Mas este não é um esforço opcional. Há muita coisa em jogo. Se tomarmos as atitudes certas, se nos permitirmos explorar e confrontar essa resistência a mudanças, os benefícios podem ser incalculáveis. Nosso plano não é focar os erros do passado; é preparar um futuro promissor.

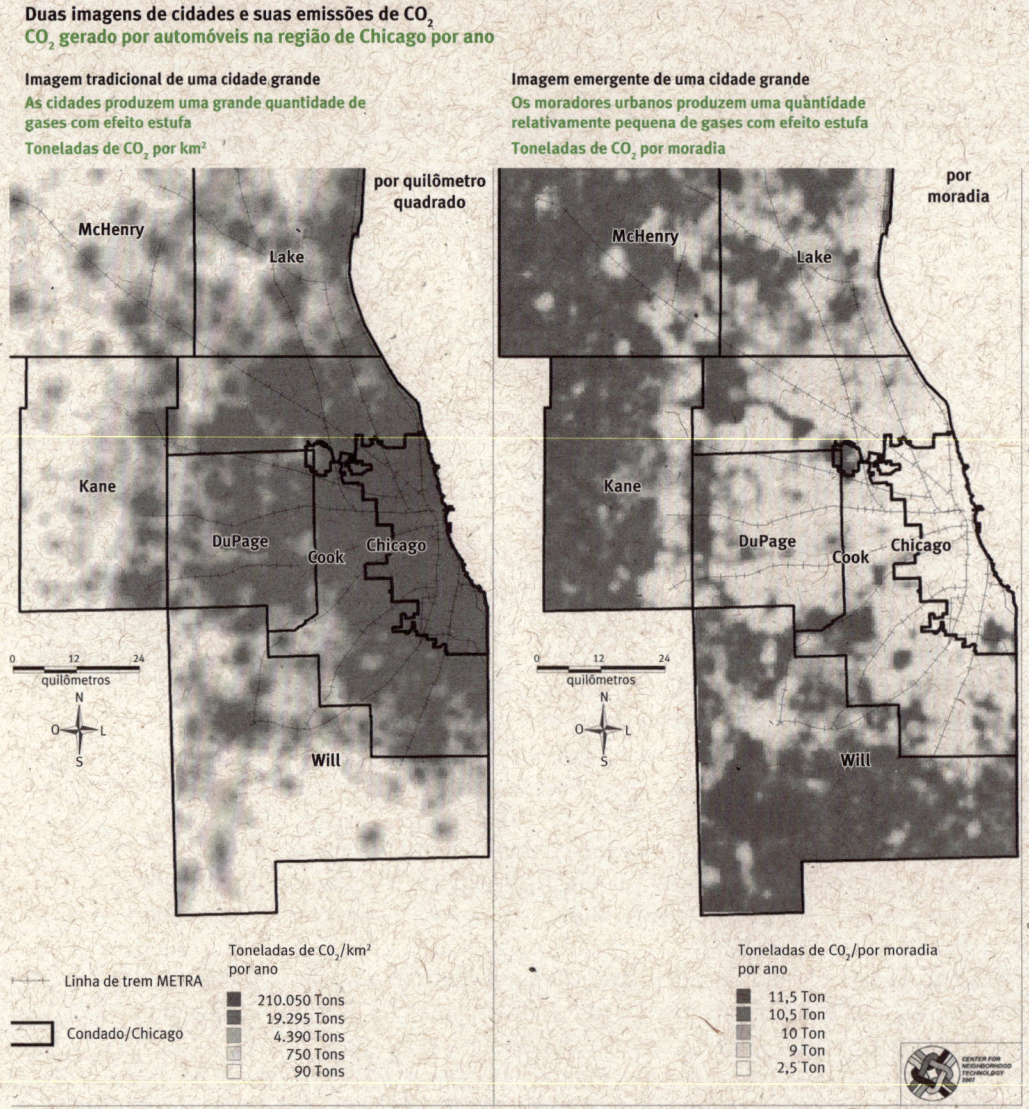

Figura 1.17 A imagem emergente das cidades e o CO_2. Imagem © Center for Neighborhood Technology 2007

Reformas pioneiras: Preparando o terreno para o urbanismo sustentável

"Os Estados Unidos estão prontos para virar a página. Estão prontos para um novo conjunto de desafios." Barack Obama, Senador de Illinois[33]

O urbanismo sustentável chama atenção para a oportunidade enorme de redesenhar o ambiente construído de uma maneira que sustente uma maior qualidade de vida e promova um estilo de vida saudável e sustentável para os norte-americanos. A base para essa transformação do ambiente construído é síntese do urbanismo – a tradição milenar de assentamentos humanos – com o ambientalismo do final do século XX, que começou com *Silent Spring*, de Rachel Carson. A junção dessas duas histórias intelectuais e práticas exige um novo consenso sobre o papel dos seres humanos na natureza. A melhor forma de iniciar essa discussão é com *Design with Nature*,[34] um livro influente escrito em 1969 pelo arquiteto paisagista escocês Ian McHarg.

Embora desconhecido por muita gente, esse livro foi o primeiro a explicar para um público relativamente amplo os sistemas de informação geográfica (GIS), o transecto natural (Figura 1.18) e outros princípios ecológicos. *Design with Nature* também conta a história da dura reação de McHarg, quando jovem, contra a poluição, a feiúra e a falta de vegetação de Glascow, sua cidade natal, o que instilou nele, e em muitos de sua geração, uma eterna relação entre cidades e patologia. O subtítulo deste livro, *Desenho Urbano com a Natureza (Urban Design with Nature)*, foi escolhido para dar crédito a McHarg por seu trabalho influente, mas também para refutar seu preconceito em relação a cidades, seu descaso por sistemas humanos e seu foco em áreas virgens, sem seres humanos.

Considerando o quanto McHard criticava o desenho das cidades, é irônico que *Design with Nature* tenha ignorado a tarefa de tentar melhorar as cidades integrando melhor seu desenho com os sistemas naturais. Ao perguntarem por que seu livro desconsiderou as cidades e os "sistemas sociais", McHard respondeu: "Eu passei quatro anos na graduação de Harvard, predominantemente nas ciências sociais, e concluí que a maior parte da minha graduação, especialmente a economia, era antitética à ecologia, enquanto o resto, incluindo a sociologia, a

Oceano	Praia	Duna Primária	Zona Interdunar	Duna Secundária	Zona Pós-Dunar	Costa da Baía	Baía
Tolerante	Tolerante	Intolerante	Relativamente Tolerante	Intolerante	Tolerante	Intolerante	Tolerante
Recreação intensiva Sujeito a controles de poluição	Recreação intensiva Nada de construção	Nada de passagem, invasão ou construção	Recreação limitada Edificações limitadas	Nada de passagem, invasão ou construção	Mais adequada para ocupação	Nada de aterro	Recreação intensiva

Figura 1.18 Desenho do transecto natural feito pelo escritório de Wallace, Roberts, McHarg & Todd, por volta de 1970. Imagem © Wallace Roberts & Todd, LLC

Figura 1.19
Um empreiteiro do Novo Urbanismo que constrói sob encomenda joga fora uma quantidade de material equivalente a uma casa a cada cinco construídas.

história, o governo e as leis, ignorava o meio ambiente. Como eu não podia reconciliar as ciências sociais com a ecologia, simplesmente excluí o assunto". Embora não sejam os únicos, os antolhos que McHarg colocou em si mesmo são um indicativo da longa dicotomia entre ambientalistas focados na natureza e urbanistas focados nos seres humanos. Esse descaso por sistemas humanos influenciou as contribuições urbanísticas de McHarg – basicamente subúrbios dependentes de automóveis e com bom tratamento paisagístico – que ainda são vistas como empreendimentos sustentáveis.

O urbanismo sustentável deriva de três movimentos de reforma do final do século XX que transcenderam o ambientalismo antissocial de McHarg e passaram a ressaltar os benefícios da integração dos sistemas humanos e naturais. Os movimentos do crescimento urbano inteligente, do Novo Urbanismo e das construções sustentáveis fornecem as bases filosóficas e práticas para o urbanismo sustentável. Embora os três compartilhem o interesse por reformas econômicas, sociais e ambientais abrangentes, eles têm histórias, defensores, abordagens e focos muito diferentes.

Cada um desses movimentos, extremamente valiosos por si sós, sofreu de certo bairrismo, o que resultou em uma miopia no que diz respeito à busca por soluções de longo prazo. Além disso, existe uma tendência compreensível porém infeliz por autoafirmação, que resulta em uma falta de vontade de se envolver com uma pauta maior e abrangente. Uma edificação sustentável certificada, por exemplo, não é positiva para o meio ambiente quando se encontra cercada por um imenso estacionamento pavimentado; um bairro onde se pode caminhar é difícil de ser sustentado se suas casas são construídas com desperdício de materiais e gasto de energia.

O urbanismo sustentável tenta unir esses três movimentos importantes e entrelaçá-los em uma filosofia de desenho urbano que permita e crie ambientes humanos realmente sustentáveis.

Crescimento urbano inteligente: A consciência ambiental do urbanismo sustentável

Figura 1.20
O presidente norte-americano mais ambiental, Richard M. Nixon. Imagem cedida por cortesia dos Arquivos Nacionais e Administração de Registros.

O Crescimento Urbano Inteligente (Smart Growth) tem suas raízes no movimento ambiental dos anos de 1970, que foi reforçado pela pauta legislativa com foco ambiental do então Presidente Richard Nixon. Com o apoio dos dois principais partidos do país, Nixon criou uma legislação que até hoje serve como espinha dorsal da política ambiental norte-americana **(Figura 1.20)**. Ela inclui a Lei da Água Limpa, a Lei do Ar Limpo, a Lei das Espécies Ameaçadas, a Lei da Proteção Ambiental (NEPA), a Lei de Manutenção da Zona Costeira, assim como a criação da Agência de Proteção Ambiental.

Em meio a esse surto singular de ambientalismo federal, o senador Henry "Scoop" Jackson incluiu a Lei Nacional da Política do Uso do Solo de 1970.[35] Criada como um apoio para a NEPA, tinha como objetivo estimular os estados a desenvolverem planos de uso coordenado do solo estatal e propunha uma nova agência federal e um novo banco de dados de planejamento do uso do solo. A lei foi aprovada duas vezes pelo Senado dos Estados Unidos, mas foi rejeitada pelo Congresso Nacional, e depois deixada de lado em meio às turbulências do segundo mandato de Nixon. Apesar do fracasso da lei, a proposta de planejamento de uso do solo dividido por estados foi adotada por vários governadores pioneiros nesse meio tempo.

Em Oregon, o governador Tom McCall propôs uma lei para controlar, no estado, o aumento populacional e o uso do solo, adequando-se à longa tradição de Oregon de conservação do solo e interesse pela preservação de suas belezas naturais. Em 1973, o poder legislativo do estado aprovou uma lei exigindo que todos os municípios estabelecessem Limites de Crescimento Urbano (UGBs), anéis além dos quais a urbanização não seria permitida.[36] Esses limites foram criados para serem expandidos de maneira controlada à medida que cada anel de solo fosse ocupado. Entretanto, continuam sendo seriamente debatidos. Os UGBs tiveram êxito em controlar o escopo da urbanização, preservando, assim, as riquezas naturais do estado, mas fez pouco para assegurar a qualidade da urbanização dentro do UGB, o que resultou em uma má urbanização bem localizada, ou que se poderia chamar de "urbanização dispersa inteligente".

Outros estados tiveram abordagens diferentes para regular o uso do solo. Judy Corbett, da Comissão de Governo Local, explicou que Roy Romer, governador do Colorado, usou o termo pela primeira vez em 1995, quando, preocupado com a urbanização dispersa no Estado do Colorado, propôs uma nova visão, a qual chamou de 'Crescimento Urbano Inteligente' (Smart Growth). Parris Glendening, ex-governador de Maryland, adotou e popularizou o termo. Lá, a lei estadual de uso do solo foi baseada em boa administração – extensão da infraestrutura financiada pelo estado às áreas cujos custos para a provisão de serviços municipais eram mais baixos. A lei de Maryland, o Programa de Crescimento Urbano Inteligente e Conservação de Bairros, foi sancionada em 1997 e estabeleceu as áreas de crescimento urbano que poderiam receber infraestrutura estatal. Embora a lei não tenha durado depois de Glendeling sair do poder em janeiro de 2003, essa estratégia influenciou outros estados a seguir o exemplo, especialmente New Jersey. Esses critérios de urbanização ajudaram a influenciar a criação de critérios parecidos no LEED para o Desenvolvimento de Bairros (veja o Capítulo 2).

O movimento do crescimento urbano inteligente adotou uma pauta mais ampla em 1996, com a criação de 10 princípios de crescimento urbano inteligente (veja o Quadro a seguir), iniciada por Harriet Tregoning, então Diretora de Empreendimento Urbano, Comunidade e Meio Ambiente na Agência de Proteção Ambiental dos Estados Unidos. Nessa época, muitos ambientalistas eram simplesmente anticrescimento urbano e viam todo empreendimento, basicamente sem distinção, como hostil ao meio ambiente. Os princípios tiveram êxito em unir um movimento original descentralizado de cidadãos ativistas locais e regionais e líderes municipais sob a bandeira do Crescimento Urbano Inteligente. Contudo, a imprecisão dos padrões e a decisão do movimento do Crescimento Urbano Inteligente de emprestar seu nome a projetos de urbanização que às vezes geravam melhorias graduais mínimas acabaram desvalorizando

> **Os 10 princípios do crescimento urbano inteligente**
> 1. Crie uma gama de oportunidades e escolhas de habitação.
> 2. Crie bairros nos quais se possa caminhar.
> 3. Estimule a colaboração da comunidade e dos envolvidos.
> 4. Promova lugares diferentes e interessantes com um forte senso de lugar.
> 5. Faça decisões de urbanização previsíveis, justas e econômicas.
> 6. Misture os usos do solo.
> 7. Preserve espaços abertos, áreas rurais e ambientes em situação crítica.
> 8. Proporcione uma variedade de escolhas de transporte.
> 9. Reforce e direcione a urbanização para comunidades existentes.
> 10. Tire proveito do projeto de construções compactas.

a sua "marca". Ainda assim, essa coalizão nacional de organizações regionais e sem fins lucrativos tem membros dedicados, que promovem a reurbanização e políticas consistentes de conservação do solo. Os pragmáticos líderes locais que formam a ampla base de membros do movimento do crescimento urbano inteligente são os soldados de infantaria do urbanismo sustentável – e são fundamentais para o seu sucesso.

O Congresso para o Novo Urbanismo: O movimento de desenho urbano da sustentabilidade

O Congresso para o Novo Urbanismo (CNU) foi fundado por seis arquitetos – Peter Calthorpe, Andrés Duany, Elizabeth Moule, Elizabeth Plater-Zyberk, Stephanos Polyzoides e Daniel Solomon – e ocorreu pela primeira vez em Alexandria, Virginia, em 1993. Vários de seus seis fundadores estavam ligados à Universidade Prince e colaboraram no projeto do Playa Vista, um empreendimento grande e de uso misto na Califórnia, além de participarem da criação dos Princípios Ahwahnee para Comunidades Eficientes em Recursos em 1991. Eles se uniram em torno de uma visão comum de promover o urbanismo tradicional como um antídoto para a urbanização dispersa convencional e criaram uma organização *ad hoc* para convocar quatro congressos anuais.

Para entender melhor o CNU, devemos voltar 75 anos até a fundação do Congrès Internationale d'Architecture Moderne, ou Congresso Internacional de Arquitetura Moderna (CIAM), em 1928. Como o CNU, o CIAM era um movimento de reforma no desenho urbano cujo foco declarado era melhorar a saúde pública e o desenho urbano por meio do aprimoramento das cidades e moradias. Em seu núcleo, o movimento do CIAM era uma tentativa humanitária e essencial de melhorar a saúde e o saneamento humanos. Naquela época, muitas partes das cidades europeias mais antigas eram lugares perigosos e insalubres para se morar, especialmente para as classes mais baixas. A análise do CIAM captou com precisão a gravidade do problema, citando "um índice de mortalidade que chega a 20%" em alguns bairros.[37]

"Você não promove mudanças lutando contra o que já existe. Para mudar algo, construa um modelo novo que torne o existente obsoleto." R. Buckminster Fuller

O movimento de reforma do CIAM reuniu muitos dos principais arquitetos modernistas europeus como Gropius, Le Corbusier, Sert e Aalto. Ao longo de quase 30 anos, eles conduziram um programa ambicioso de encontros anuais, estudos de projeto e declarações, com o objetivo de estabelecer uma pauta abrangente para a reforma do ambiente urbano construído. A filosofia do CIAM combinou três correntes intelectuais diferentes: (1) reformas humanistas relativas à provisão de habitações dignas, melhor saneamento e saúde; (2) adoção entusiasta do uso de automóveis, o que exige um replanejamento do ambiente construído; e (3) preocupação com estilos arquitetônicos modernistas e soluções racionais (de "tamanho único").

A análise de 33 cidades feita pelo CIAM tornou-se a base para sua Carta de Atenas, publicada em 1943, "pela qual o destino das cidades será corrigido".[38] Uma declaração típica que refletia o problema das cidades afirmava: "Os núcleos das cidades antigas eram geralmente preenchidos com edificações muito densas e sem espaços abertos. Em compensação, espaços com vegetação eram facilmente acessíveis, logo após os portões da cidade, gerando ar de boa qualidade por perto".[39]

Essa ideia de que as cidades careciam de "pulmões" foi o que moldou a abordagem do CIAM em relação ao projeto e à implantação de edificações individuais. Em seu terceiro congresso em Bruxelas, em 1930, ocorreu uma mudança radical na história do CIAM: os participantes prepararam estudos de projetos de alternativas habitacionais, concluindo que moradias em torres resolveriam a maioria dos problemas de todas as cidades: "Edificações altas condizem com esse propósito [a aeração da cidade] uma vez que permitem um aumento considerável dos espaços abertos, que podem se tornar reservas de árvores e vegetação…" Essas reservas no entorno das moradias irão transformar o desfrute da natureza em uma prática diária, não apenas um prazer opcional de domingos."[40]

Realmente, esse congresso do CIAM serviu, sozinho, como fonte para o padrão de empreendimento habitacional público do tipo "torres no parque", muito difundido nos Estados Unidos após a Segunda Guerra Mundial (Figura 1.21) e em grande parte abandonado desde então fora da cidade de Nova York.

É particularmente notável, na Carta de Atenas, a voz confiante dada às necessidades – alguns diriam direitos – dos motoristas de dirigir em alta velocidade sem quaisquer condicionantes. Em detrimento dos pedestres e do traçado urbano com grão pequeno, essa passagem eleva a aceleração e o freio ineficientes de carros antigos como base fundamental para o

Figura 1.21
As reformas do CIAM inspiraram este conjunto habitacional público de estilo soviético, agora praticamente abandonado. Imagem © 2002 Carolee Kokola

desenho das ruas: "Antes de atingir sua velocidade de cruzeiro normal, veículos mecanizados precisam dar partida e acelerar gradualmente. Frear bruscamente só causa desgaste acelerado de partes importantes. É preciso calcular um valor razoável de diferença entre o ponto de partida e o ponto em que é necessário frear. As interseções de ruas atualmente... não são adequadas à operação apropriada de veículos mecanizados. Deveriam ser separadas por intervalos de 200 a 400 metros."[41]

Os fundadores do CNU descobriram vínculos diretos entre a visão do CIAM sobre a chamada cidade racional e a dependência de automóveis e a ocupação segregada do solo nos subúrbios norte-americanos do pós-guerra. Projetos de ruas de alta velocidade, segregação da ocupação do solo e edificações com recuos em todos os lados eram exigidos em posturas municipais padrão que até hoje são a causa do uso disperso do solo. Além disso, a ascendência da formação arquitetônica modernista basicamente eliminou todos os conhecimentos sobre técnicas de planejamento urbano anterior ao CIAM.[42] Assim, quando o CNU começou a promover o planejamento urbano tradicional como uma alternativa à dispersão, foi praticamente forçado a começar do zero.

Um objetivo na fundação do CNU foi a criação de uma carta que refutaria o CIAM e sua Carta de Atenas e serviria como o documento coordenador desse movimento de reforma. A versão final da Carta do CNU foi criada por meio de uma colaboração intensa entre os fundadores ao longo de quase um ano. Foi debatida, revisada e adotada por mais de 300 pessoas no quarto congresso, em Charleston, South Carolina, em 1996. A Carta **(veja o Quadro a seguir)** tem um preâmbulo e três seções, cada uma com nove artigos, organizados por escala, começando por região, metrópole, cidade pequena, até atingir bairro, via, bloco e edificação.

Felizmente, para o CNU, naquela época, Henry Cisneros, então secretário do Departamento de Habitação e Empreendimento Urbano dos Estados Unidos, estava entre os assinantes da carta. Os princípios do CNU foram adotados como peça central do programa HOPE VI de revitalização de habitações públicas, que visou, corretamente, demolir e reconstruir loteamentos habitacionais públicos do pós-guerra inspirados no CIAM. Esse forte programa de habitação e reconstrução de comunidades se mostrou vital, introduzindo nacionalmente os princípios do Novo Urbanismo para a indústria imobiliária e criando um mercado para empreendimentos novo urbanistas.

Durante a década de 1990, o Novo Urbanismo se tornou parte cada vez maior da prática convencional dos empreendimentos urbanos, apesar de ter sido refutado por alguns que o consideravam um urbanismo instantâneo artificial. Sua estatura foi reforçada por *The New Urbanism* (1994),[43] um livro de imagens muito interessante que apresentava áreas periféricas não urbanizadas caras e

A carta do Novo Urbanismo (Introdução)

"O Congresso para o Novo Urbanismo considera a falta de investimento em cidades centrais, a difusão da urbanização dispersa e sem caráter, o aumento da segregação de raças e classes sociais, a deterioração do meio ambiente, a perda de terras agrícolas e de áreas silvestres e a erosão da herança construída da sociedade como um só desafio de comunidade e construção relacionadas entre si."

resorts, e que mais tarde foi promovido pela decisão da Disney de construir a cidade de Celebration, na Flórida, usando princípios do Novo Urbanismo. O setor imobiliário adotou a linguagem e o espírito do Novo Urbanismo por meio da nova roupagem dada à obra desse movimento pelo Urban Land Institute como "comunidades com planos diretores" ou "centros de estilo de vida".

O ponto mais forte do CNU tem sido sua excelência em projeto e domínio retórico ao comunicar o vocabulário do urbanismo à medida que se aplica aos projetos dos clientes. Ele tem sido muito eficaz no empreendimento de bairros de uso misto e na criação de vilarejos com transporte público, incluindo centros urbanos, traçados urbanos com grão pequeno nos quais se pode caminhar e um conjunto altamente diversificado de edificações tradicionais e estilos arquitetônicos. Como os projetos são frequentemente considerados ilegais por leis de zoneamento local e vão contra a maioria das práticas de empreendimento, os novos urbanistas são pioneiros em novas técnicas de aprovação (especialmente a *charrette* de planejamento urbano).[44] O desejo de controlar a implantação e o projeto de longo prazo de construções levou à criação de códigos baseados na forma das edificações, uma alternativa de alto desempenho quando comparada ao zoneamento Euclideano convencional **(Figura 1.22)**.

O Novo Urbanismo também tem desenvolvido novas abordagens significativas de planejamento regional, além de ferramentas para a sua execução. Esta

Como o zoneamento define o parcelamento de uma quadra
Especificação de densidade, uso, coeficiente de ocupação do lote, recuos obrigatórios, exigências de estacionamento e altura(s) máxima(s) permitida(s).

Como as diretrizes de projeto definem o parcelamento de uma quadra
Especificação de densidade, uso, coeficiente de ocupação do lote, recuos obrigatórios, exigências de estacionamento, altura(s) máxima(s) permitida(s), frequência de aberturas e articulação de superfícies.

Como os códigos baseados na forma definem o parcelamento de uma quadra
Especificação de tipos de ruas e edificações (ou mistura de tipos), alinhamentos obrigatórios, número de pavimentos e percentual de área construída com acesso pela rua principal.

Figura 1.22 Três formas de regramento da ocupação urbana: zoneamento convencional, diretrizes de projeto e códigos baseados na forma. Imagem © Peter Katz and Steve Price

é uma área particularmente desafiadora, devido à falta de governo regional e autoridade de planejamento nos Estados Unidos. Entre suas conquistas está a estratégia inovadora de Peter Calthorpe, exemplificada pelo processo Envision Utah, que sua firma utilizou com sucesso para planejar um grande número de regiões metropolitanas importantes. Os mais bem-sucedidos desses planos têm se mostrado eficaz em influenciar decisões de investimento em grandes regiões, como financiamento do sistema de transporte público, alinhamentos de vias e estradas e padrões gerais de urbanização.

Duas outras inovações do Novo Urbanismo, o transecto urbano-rural e o Código Inteligente, ambos desenvolvidos por Andrés Duany, diretor da Duany Plater-Zyberk, têm também a capacidade de moldar regiões. O transecto natural **(Figura 1.23),** desenvolvido na Alemanha do século XIX e mencionado anteriormente neste capítulo juntamente a Ian McHarg, é um desenho longitudinal utilizado em ecologia para descrever os nichos ecológicos singulares encontrados através de uma paisagem. O transecto urbano-rural **(Figura 1.24)** aplica essa estrutura ecológica à descrição de assentamentos humanos ou tipos de lugares através de um espectro de intensidade de ocupação que vai das áreas silvestres aos centros urbanos densos.

O Código Inteligente é baseado na forma das edificações e no transecto e visa substituir os códigos de zoneamento existentes por códigos novos de extrema clareza e simplicidade. Combina aspectos dos códigos de zoneamento convencionais, dos códigos de subdivisão e dos distritos sobrepostos em um documento integrado. O Código Inteligente é uma estrutura aberta que estabelece critérios a serem "calibrados" localmente. Em poucos anos, foi adotado por inúmeras cidades e condados como base de seus controles de urbanização.

Entretanto, apesar de suas muitas conquistas, o CNU tem se mostrado apenas parcialmente bem-sucedido em reformar as práticas estatais ou nacionais. Isso ocorre, em boa parte, porque o CNU tem voltado seu foco para o convencimento de reguladores locais para criar exceções às práticas convencionais e permitir a aprovação de projetos individuais. Ainda que seja eficaz em determinados casos, esta abordagem pragmática tem deixado intacta uma fundação de padrões de problemas específicos, assim como um ambiente construído que permanece dominado pela urbanização dispersa que contribui para mudanças climáticas.

É necessária uma perspectiva mais ampla, que vá além da revisão e debate de dezenas de projetos exemplares que os membros criam a cada ano. Até agora, nenhuma organização nacional atendeu ao chamado para derrubar sistematicamente as regulamentações e os subsídios que geram urbanização dispersa, mais conhecidos para os membros que trabalham nas linhas de frente do CNU. Nem mesmo o CNU foi além de sua autoidentificação como uma organização composta por uma "elite" de indivíduos criativos, recusando-se a concordar com quaisquer padrões para não limitar seu processo criativo. Ainda assim, devido à sua eficácia em projeto, persuasão e venda, os membros da CNU terão um papel decisivo na implementação do urbanismo sustentável.

USGBC: Um movimento de desempenho e certificação de edificações da sustentabilidade

As crises do petróleo na década de 1970 aceleraram um movimento pela economia de energia e construção de edificações com calefação solar e energia fotoe-

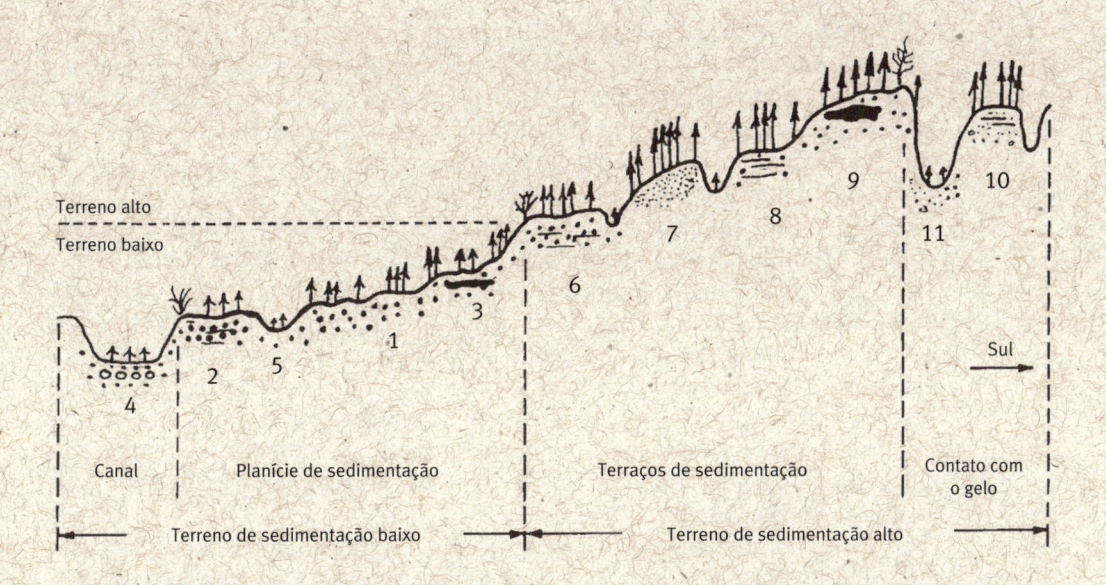

Figura 1.23 Este transecto ecológico registra o solo, o terreno e a vegetação. Utilizado com permissão de B. V. Barnes, Universidade de Michigan, e com a permissão de John Wiley & Sons, Inc.

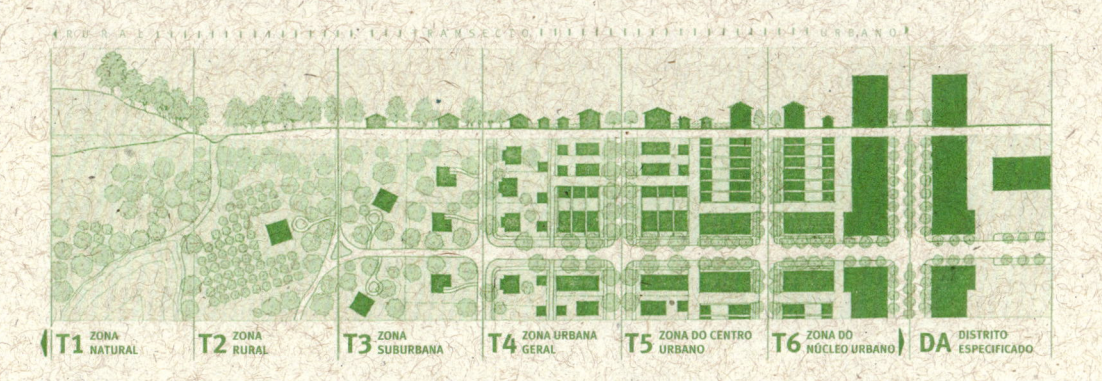

Figura 1.24 O Transecto Urbano-Rural distribui um espectro de tipos de lugares. Imagem cortesia de Duany Plater-Zyberk.

létrica. Infelizmente, esses movimentos não conseguiram atrair muito apoio de políticas governamentais durante a década de 1980 e receberam pouco impulso. Entretanto, em 1993, o Comitê Sobre o Meio Ambiente do American Institute of Architects, inspirado pela Cúpula da Terra do Rio de Janeiro de 1992, publicou *The Environmental Resource Guide*. Esse catálogo abrangente sobre a teoria, a prática e a tecnologia das edificações "sustentáveis" se baseou, em grande parte, no trabalho pioneiro que o precedeu.

A mesma confluência inspirou a criação da terceira reforma fundadora do urbanismo sustentável, o U.S. Green Building Council (USGBC). O USGBC foi fundado em Washington D. C., em 1993, por três profissionais do setor imobiliário:

David Gottfried, Richard Fedrizzi e Michael Italiano.[45] Eles também se inspiraram na Cúpula da Terra do Rio de Janeiro e estavam muito preocupados com a mesma base intelectual explorada no *The Environmental Resource Guide*. O USGBC tomou duas atitudes muito inteligentes para acelerar a adoção de práticas de edificação ambiental ou sustentável: expandiu seu público para além dos profissionais de arquitetura e buscou mobilizar o setor privado.

Logo após sua fundação, o USGBC estabeleceu normas pioneiras para a edificação sustentável, completando uma versão "final" em 1995. O nome Leadership in Energy and Environmental Design (LEED) foi adotado em 1996.[46] O USGBC lançou a versão piloto em 1998 e seu sistema de certificação em 2000. A norma do LEED combina pré-requisitos, com créditos opcionais que geram pontos, que resultam em um escore total. À medida que o escore de um projeto aumenta, ele recebe a certificação do LEED em níveis de desempenho crescentes que vão de Certificado, no mais baixo, a Platinum, no mais alto. Essa flexibilidade funciona bem no mercado, permitindo que um projeto incorpore somente estratégias adequadas de edificação sustentável.

O USGBC estabeleceu o objetivo inicial de certificar, com o seu programa LEED, 5% do mercado norte-americano de construções novas como edificações sustentáveis. Um avanço inicial que o ajudou foi a decisão tomada pela Administração de Serviços Gerais dos Estados Unidos de adotar as normas do LEED como exigência para todas as edificações executadas pelo governo ou de propriedade deste. Essa lei administrativa criou, sozinha, um mercado para edificações certificadas pelo LEED e continua a produzir um grande número de metros quadrados de projetos certificados a cada ano. Como resultado, o LEED se tornou uma força cada vez mais corrente que deu um novo foco para toda a indústria da edificação, visando práticas mais sustentáveis. Ao final de 2006, havia mais de 40 mil Profissionais Acreditados pelo LEED – quase um estádio de baseball **(veja a Figura 1.26)** – e números crescentes de prefeituras, universidades e empreendedores do setor privado adotando o LEED como norma para seus portfólios de edificações.

A principal causa do sucesso do LEED tem sido a capacidade do U.S. Green Building Council de aumentar seu número de funcionários e de operações de certificação em um ritmo geométrico, sem perder a qualidade e a integridade. Esse sucesso é fruto da capacidade do USGBC de mobilizar e aproveitar uma quantidade enorme de esforços voluntários de centenas de profissionais. Por enquanto, o LEED tem conseguido encontrar um meio termo entre os argumentos discordantes de que sua documentação, por um lado, é rigorosa demais e, por outro, já não é de ponta.

Um segundo promotor da prática da construção sustentável é o conceito do projeto integrado: trabalhar em equipes interdisciplinares para otimizar o desempenho geral das edificações sem que isto implique custos adicionais de construção. Equipes de projeto integrado têm tido êxito em deslocar orçamentos existentes para conseguir fazer uma edificação de maior desempenho, em grande parte priorizando o desempenho dos sistemas em relação aos componentes.

O exemplo clássico de projeto integrado é o aumento do desempenho energético das vedações de uma edificação, que, em troca, possibilita a instalação de um sistema mecânico menor e mais eficiente.

O sistema LEED tem, atualmente, duas deficiências significativas e não relacionadas. A primeira se refere ao número de edificações que realmente consegue a certificação pelo sistema. Em 2006, seis anos após o lançamento do LEED, menos de mil edificações já haviam obtido algum nível de certificação (veja a Figura 1.27). Isso está muito aquém dos objetivos ambiciosos do USGBC de penetração no mercado e representa um número insignificante se comparado à estimativa de 150 mil edificações novas construídas a cada ano nos Estados Unidos. O índice baixo de certificação do LEED impõe um desafio para o USGBC, que quer aumentar o número de projetos certificados e, ao mesmo tempo, aumentar os critérios para a redução das emissões de carbono. Para atingir seu objetivo, o USGBC provavelmente terá que aderir às adoções municipais do LEED como código para alavancar um número significativo de edificações com alta economia de energia.

Figura 1.25
Um projeto de edificação sustentável neste local poderia atingir o LEED Platina – o nível mais alto de certificação – apesar de seu acesso depender do uso de automóveis. Imagem © William T. Cook, Mauser Harmony with Nature Foundation

A segunda deficiência do LEED é o seu foco centrado na edificação, valorizando pouco a localização e o contexto de um projeto, particularmente no que se refere à dependência de automóveis. A unidade de reforma predominante no sistema LEED ainda é a edificação isolada. Os pré-requisitos e pesos relativos dos créditos da primeira versão do LEED – o qual foca muito a edificação em si – estão praticamente intocados desde 2000. No icônico LEED-NC (LEED para Novas Construções), não há pré-requisitos para localização ou contexto, e apenas cerca de 6% dos créditos abordam a questão.[47] Isso limita muito o poder das certificações do LEED para edificações individuais de ter qualquer efeito em seu entorno imediato (veja a Figura 1.25). Aqueles que escreveram a primeira versão do LEED podem ser perdoados por não terem conseguido adotar critérios mais rigorosos de uso do solo e implantação, uma vez que nenhum dos dois existia naquela época. Iniciativas subsequentes sugerem uma mudança voltada para uma visão mais abrangente. Em 2002, o Comitê de Diretores do USGBC inaugurou o sistema de certificação do LEED para o Desenvolvimento de Bairros em parceria com o Congresso para o Novo Urbanismo e o Conselho de Defesa dos Recursos Nacionais dos Estados Unidos. Espera-se que isso influencie o resto do LEED, provavelmente aumentando o peso dado às preocupações referentes ao uso do solo e ao transporte. Em 2005, um sinal significativo de sua intenção de ir além da edificação isolada foi a modificação feita pelo comitê do USGBC em sua missão para abordar tanto edificações quanto a comunidade. Devido à sua visão empresarial e sua base enorme de Profissionais Acreditados pelo LEED, o USGBC está em boas condições de ser um exército virtual ecológico de urbanistas sustentáveis.

Figura 1.26 Com as taxas de crescimento atuais, os Profissionais Acreditados pelo LEED ocuparão todos os assentos de uma partida de futebol de um mega-estádio em 2015. Dados cedidos por cortesia do U.S. Green Building Council.

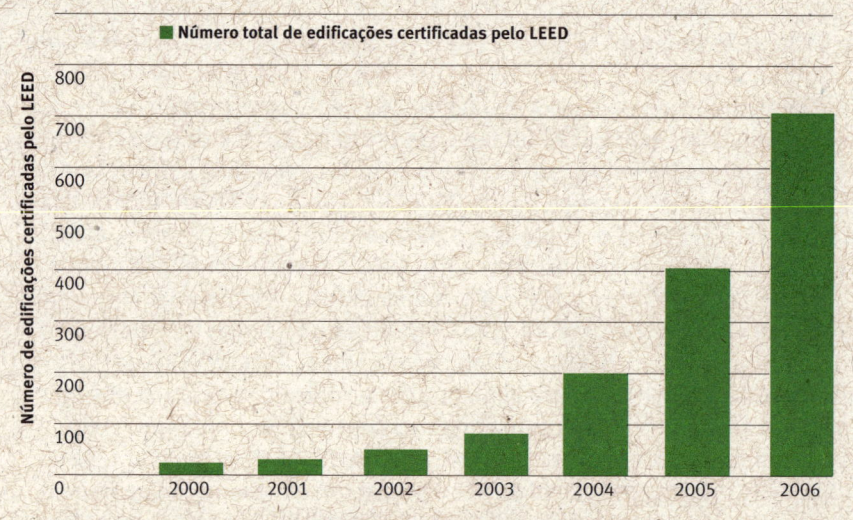

Figura 1.27 Em cerca de sete anos de funcionamento, o USGBC certificou menos de mil edificações LEED. Dados cedidos por cortesia do U.S. Green Building Council.

Notas

1. Centers for Disease Control and Prevention, "Overweight and Obesity: Obesity Trends: U.S. Obesity Trends 1985–2005," http://www.cdc.gov/nccdphp/dnpa/obesity/trend/maps/index.htm (acessado em 29 de setembro de 2006).

2. Centers for Disease Control and Prevention, "Overweight and Obesity: Home," http://www.cdc.gov/nccdphp/dnpa/obesity (acessado em 2 fevereiro de 2007).

3. Centers for Disease Control and Prevention, "Overweight and Obesity: Economic Consequences," http://www.cdc.

gov/nccdphp/dnpa/obesity/economic_consequences.htm (acessado em 29 de setembro de 2006).

4. "Obesity Threatens to Cut U.S. Life Expectancy, New Analysis Suggests," NIH News, http://www.nih.gov/news/pr/mar2005/nia-16.htm (acessado em 5 de fevereiro de 2007).

5. T. Keith Lawton, "The Urban Structure and Personal Travel: An Analysis of Portland, or Data and Some National and International Data," Rand Corporation, http://www.rand.org/scitech/stpi/Evision/Supplement/lawton.pdf (acessado em 2 de fevereiro de 2007).

6. James A. Wiley, John P. Robinson, Yu-Teh Cheng, Tom Piazza, Linda Stork, and Karen Pladsen, "Study of Children's Activity Patterns," California EPA Air Resources Board, #94-6, April 1994, summarized as "California's Children: How and Where They Can Be Exposed to Air Pollution, http://www.arb.ca.gov/research/resnotes/notes/94-6.htm (acessado em 2 de fevereiro de 2007).

7. Consumer Product Safety Commission and Environmental Protection Agency, "The Inside Story: A Guide to Indoor Air Quality," http://www.cpsc.gov/cpscpub/pubs/450.html (acessado em 13 de fevereiro de 2007).

8. Alisa Tanphanich, "U.S. TV Time Far Exceeds Time Spent on Exercise," *Daily Californian*, March 31, 2004, relatório resumido de um estudo do National Human Activity Pattern Survey (NHAPS) publicado no *International Journal of Behavioral Nutrition and Physical Activity*, 2004.

9. U.S. Census Bureau, Current Population Survey, março: 1970 a 2000.

10. National Association of Home Builders, NAHB Public Affairs and NAHB Economics, "Housing Facts, Figures and Trends," March 2006, http://www.nahb.org/fileUpload_details.aspx?contentTypeID=7&contentID=2028 (acessado em 2 de fevereiro de 2007), p. 14.

11. Sharon Begley, "How to Keep Your Aging Brain Fit: Aerobics," *Wall Street Journal*, November 16, 2006.

12. Elisabeth Rosenthal and Andrew C. Revkin, "Science Panel Says Global Warming Is 'Unequivocal,'" *The New York Times*, February 3, 2007.

13. Intergovernmental Panel on Climate Change, "CO_2 Concentration, Temperature, and Sea Level Continue to Rise Long After Emissions Are Reduced," Climate Change 2001 Synthesis Report (SYR), Figure 5-2, http://www.ipcc.ch/present/graphics.htm (acessado em 19 de fevereiro de 2007).

14. WWF, Living Planet Report 2002, http://www.panda.org/news_facts/publications/living_planet_report/lpr02 (acessado em 5 de fevereiro de 2007).

15. Michael Pollan, *The Omnivore's Dilemma: A Natural History of Four Meals* (New York: Penguin, 2006), p. 182.

16. Rich Pirog, "Checking the Food Odometer: Comparing Food Miles for Local Versus Conventional Produce Sales to Iowa Institutions," Leopold Center for Sustainable Agriculture, Iowa State University, July 2003, http://www.leopold.iastate.edu/pubs/staff/files/food_travel072103.pdf (acessado em 19 de fevereiro de 2007).

17. "U.S. Oil Demand by Sector, 1950–2004," Annual Energy Review, Tables 5.12a and 5.12b, U.S. Department of Energy, http://www.eia.doe.gov/pub/oil_gas/petroleum/analysis_publications/oil_market_basics/dem_image_us_cons_sector.htm (acessado em 3 de fevereiro de 2007).

18. George W. Bush, State of the Union Address, January 31, 2006, http://www.whitehouse.gov/stateoftheunion/2006 (acessado em 5 fevereiro de 2007).

19. American Automobile Association, "Your Driving Costs 2005," http://aaanewsroom.net/Assets/Files/Driving_Costs_2005.pdf (acessado em 5 de fevereiro de 2007), p. 4.

20. Energy Information Administration, "Energy Efficiency," Energy Kid's Page, http://www.eia.doe.gov/kids/energyfacts/saving/efficiency/savingenergy.html#Transportation (acessado em 5 de fevereiro de 2007).

21. Marilyn A. Brown, Frank Southworth, and Therese K. Stovall, Towards a Climate-Friendly Built Environment, Pew Center on Global Climate Change, June 2005, p. 39, http://www.pewclimate.org/docUploads/Buildings%5FFINAL%2Epdf (acessado em 5 de fevereiro de 2007).

22. Criterion Planners, "Impact Analysis of Smart Growth Land-Use Planning," relatório preparado para a Georgia Regional Transportation Authority, Atlanta, abril de 2000.

23. Victor Gruen, *Centers for the Urban Environment: Survival of the Cities* (New York: Van Nostrand Reinhold, 1973), p. 89.

24. Cálculo do autor: um bilhão de vagas, cada uma com 32,5 m² (incluindo os espaços para circulação) = 32.515 km².

25. Donald C. Shoup, *The High Cost of Free Parking* (Chicago: Planners Press, 2005).

26. U.S. Department of Transportation, Federal Highway Administration, Conditions and Performance Report, Exhibit 2-7, 2002. http://www.fhwa.dot.gov/policy/2002cpr/Ch2b.htm.

27. World Bank Group, "Toll Roads and Concessions," http://www.worldbank.org/transport/roads/toll_rds.htm (acessado em 5 de fevereiro de 2007).

28. Todd Litman, "Whose Roads? Defining Bicyclists' and Pedestrians' Right to Use Public Roadways," Victoria Transport Policy Institute, November 30, 2004, http://www.vtpi.org/whoserd.pdf (acessado em 5 de fevereiro de 2007), p. 6.

29. Henry Diamond and Patrick Noonan, "Change in Metropolitan Population and Developed Land Area, 1970-1990," *Land Use in America,* Washington D.C.: Island Press, 1996.

30. E. Allen, "Measuring the Environmental Footprint of the New Urbanism," *New Urban News,* December 1999.

31. U.S. Department of Transportation, Federal Highway Administration, "Air Quality Trends Analysis," http://www.fhwa.dot.gov/environment/vmt_grwt.htm (acessado em 5 de fevereiro de 2007).

32. *Costs of Sprawl—2000,* TCRP Report 74, Transit Cooperative Research Program, Transportation Research Board, National Research Council, 2002, http://onlinepubs.trb.org/onlinepubs/tcrp/tcrp_rpt_74-a.pdf (acessado em 5 de fevereiro de 2007). Cálculo feito pelo autor com dados das p. 222, 249.

33. Barack Obama, transmissão de Manchester, New Hampshire, autografia de livros, National Public Radio, 10 de dezembro de 2006.

34. Ian L. McHarg, *Design with Nature* (New York: John Wiley and Sons, 1992 [1969]), p. v.

35. Government Law Center, Albany Law School, "Smart Growth and Sustainable Development: Threads of a National Land Use Policy," spring 2002, http://www.governmentlaw.org/files/VLRSmart_growth.pdf (acessado em 13 de fevereiro de 2007), p. 4.

36. Oregon State Senate, Oregon Land Use Act (SB 100), enacted 1973, http://www.oregon.gov/LCD/docs/bills/sb100.pdf (acessado em 5 de fevereiro de 2007).

37. Le Corbusier, *The Athens Charter* (New York: Viking, 1973 [1943]), p. 54.

38. *Ibid.,* p. 25.

39. *Ibid.,* p. 54.

40. *Ibid.,* p. 20.

41. *Ibid.,* p. 81.

42. John Norquist, presidente, Congresso para o Novo Urbanismo, discurso, janeiro de 2004, Condado de McLean, Illinois.

43. Peter Katz, *The New Urbanism: Toward an Architecture of Community* (New York: McGraw-Hill, 1994).

44. Bill Lennertz and Aarin Lutzenhiser, *The Charrette Handbook: The Essential Guide for Accelerated, Collaborative Community Planning* (Chicago: American Planning Association, 2006).

45. David Gottfried, *Greed to Green: The Transformation of an Industry and a Life* (Berkeley, CA: WorldBuild, 2004).

46. Rob Watson, "What a Long Strange Trip It's Been," apresentação em PowerPoint, Greenbuilding Conference, Atlanta, 2005.

47. LEED for New Construction, Version 2.2, October 2005, U.S. Green Building Council, https://www.usgbc.org/ShowFile.aspx?DocumentID=1095 (acessado em 24 de fevereiro de 2007).

Capítulo 2
O Urbanismo Sustentável: Aonde Precisamos Ir

O urbanismo sustentável: A grande unificação

A atualidade oferece uma oportunidade histórica para que a sociedade repense onde e como vive, trabalha, se diverte e compra. O caminho para um estilo de vida sustentável se constrói com base nos princípios do crescimento urbano inteligente, do Novo Urbanismo e das edificações sustentáveis. Caso tenha êxito, não só reduzirá drasticamente os danos ambientais como também oferecerá melhorias assombrosas à qualidade de vida atual. O contexto desse estilo de vida é o urbanismo sustentável, a criação e a sustentação de comunidades cujo projeto é tão bem direcionado a uma vida de alta qualidade que as pessoas optarão, com prazer, por satisfazer suas necessidades diárias a pé e utilizando o transporte público. Em comparação com o estilo de vida norte-americano que conhecemos, a vida no urbanismo sustentável é mais saudável, agradável, independente e, além disso, mais longa. Não parece ótimo? **(Veja a Figura 2.1.)**

Nossa escolha de estilo de vida, essa teimosa aderência ao caminho errado, ainda constitui uma barreira significativa à melhoria da saúde e da prosperidade de indivíduos e famílias, bem como ao futuro viável das nossas comunidades e do nosso país. Além disso, há o prospecto assustador das mudanças climáticas no planeta. O trabalho e os princípios dos grupos e movimentos mencionados anteriormente – crescimento inteligente, Novo Urbanismo e edificações sustentáveis como representado pelo USGBC e o LEED – são avanços inspiradores. Trata-se do caminho das pedras essencial. Contudo, individualmente, nenhum deles pode solucionar os desafios que enfrentamos. Apenas com um esforço conjunto, apenas unindo suas inúmeras iniciativas com uma cooperação total, podemos forjar uma nova estrutura que apóie um estilo de vida verdadeiramente sustentável.

Em outras palavras, as regras que constituem o desenvolvimento sustentável são aqui modificadas ou, mais especificamente, estabelecidas pela primeira vez. Já não é aceitável construir uma edificação de alto desempenho em uma área ainda não urbanizada, em um contexto dependente de automóveis e certificá-la como sustentável. Já não é suficiente fazer um empreendimento com uma implantação responsável e construir um bairro admirável, que res-

Figura 2.1
Ruas vibrantes acomodam diversos usos do solo e escolhas de mobilidade.

peite os pedestres e tenha usos mistos se o nível de recursos necessários para a construção e a manutenção das edificações for ignorado. A época das meias-medidas já passou.

A questão não é que tais conquistas de sustentabilidade sejam insignificantes ou pouco louváveis, e sim que elas estão otimizando os componentes de um padrão de empreendimentos sem saída, dependentes de automóveis ou que desperdiçam recursos. Cientes dos benefícios do projeto integrado, líderes comprometidos com o urbanismo sustentável agora podem e preferirão não construir com implantações ruins ou em contextos sem usos mistos e que não permitam o deslocamento a pé, ou sem a integração de edificações e infraestrutura de alto desempenho. A atualidade exige que o projeto e o empreendimento dos assentamentos humanos possam buscar uma visão panorâmica e trabalhar duro nos detalhes.

A definição de urbanismo sustentável

Reduzido aos seus princípios mais básicos, *o urbanismo sustentável é aquele com um bom sistema de transporte público e com a possibilidade de deslocamento a pé integrado com edificações e infraestrutura de alto desempenho*. A compacidade (densidade) e a biofilia (acesso humano à natureza) são valores centrais do urbanismo sustentável. A estrutura do urbanismo tradicional é sinônimo da estrutura do urbanismo descrito na carta do Congresso para o Novo Urbanismo. Engloba três elementos essenciais: bairros, distritos e corredores. De acordo com a Carta do Novo Urbanismo, os bairros são "compactos, respeitam os pedestres e têm uso misto".[1] Os distritos, como os bairros, deveriam ser compactos e respeitar os pedestres, mas ter, normalmente, uso único – tal como um campus universitário ou parque industrial. Os corredores, variando de "bulevares e linhas de metrô a rios e estradas parque, intercomunicam bairros e distritos".[2]

Para a população norte-americana, o aspecto mais atraente do urbanismo sustentável é, certamente, o bairro sustentável. Tendo como base a tradição norte-americana da rua principal e do planejamento de bairro desenvolvido pelos novos urbanistas, este livro define rigorosamente o bairro sustentável a fim de permitir sua compreensão e seu projeto, e de apoiar o estabelecimento de expectativas de desempenho. O urbanismo sustentável enfatiza que o apelo pessoal e os benefícios sociais da vida no bairro – satisfazer necessidades diárias a pé – são maiores em bairros que integram cinco atributos: definição, compacidade, totalidade, conexão e biofilia. Compacidade e biofilia, que também são atributos essenciais do corredor de sustentabilidade, serão discutidas mais adiante neste estudo, bem como edificações e infraestrutura de alto desempenho. A terceira parte deste livro, "Parâmetros Emergentes de Urbanismo Sustentável", oferece parâmetros potenciais e regras práticas para o projeto de bairros e corredores de sustentabilidade. Examinemos cada atributo do bairro individualmente.

Centro e limite bem definidos

Desde a antiguidade, os bairros têm sido a unidade básica dos assentamentos humanos. A primeira menção a *neighborhood* (bairro) no *Oxford English Dictionary* é anterior à chegada de Colombo à América. A palavra é definida em termos sociais, espaciais e de caráter, incluindo "comunidade", "pessoas que vivem perto de determinado lugar" e "uma parte de uma cidade ou condado frequentemente considerada com referência ao caráter ou às circunstâncias dos seus habitantes". Uma definição de bairro mais fundamentada em desempenho utilizada por novos urbanistas é o assentamento que tenha centro e limites definidos, respeite os pedestres e seja diversificado com relação a tipos de edificação, pessoas e usos. O exemplo clássico que define o bairro da era moderna é a unidade de vizinhança de Clarence Perry, desenvolvida inicialmente em 1924 e publicada posteriormente no *Regional Plan of New York and Its Environs*.[3] Defendia uma área ideal de bairro de 65 hectares, delimitada por vias principais; uma mistura de usos comerciais, empresariais, cívicos e de parques, conectados por uma rede de vias, e com uma população suficientemente numerosa que possa sustentar uma escola de ensino fundamental acessível a pé **(veja a Figura 7.1)**. O diagrama de unidade de vizinhança de Perry foi muito influente para os novos urbanistas na década de 1990, servindo como uma unidade ideal para o planejamento e os estudos preliminares de projetos novo urbanistas em grande escala. Contudo, o ideal nem sempre correspondeu à realidade dos empreendimentos, com inúmeros "bairros" assim autodeclarados, pequenos demais para suportar qualquer variedade de uso do solo ou grandes demais para serem considerados viáveis para pedestres. Victor Dover aborda esse problema ao propor um limite de tamanho para o bairro de, no mínimo, 16 hectares e, no máximo, 80 hectares, com o centro do bairro totalizando entre 6 e 10% do território total (veja o Capítulo 7).

Dentre os muitos benefícios dos bairros bem definidos está uma rede social finita. Os passeios e as quadras pequenas típicas dos bairros urbanos estimulam a sociabilidade. O tamanho limitado de um bairro aumenta as chances de uma pessoa ser reconhecida ou de encontrar algum amigo – de ser conhecida. As pessoas aumentam seus círculos de relações por meio do contato cotidiano nas ruas, varandas e outros lugares, e de organizações e atividades locais. Essa maior rede de amigos e conhecidos pode aumentar o bem-estar e o capital social – a vantagem resultante da localização de uma pessoa na estrutura das relações.

Há tantos norte-americanos transitórios – se mudando para ir à escola, conseguir um emprego melhor ou encontrar uma moradia mais adequada às suas necessidades – que, em média, nos mudamos 11 vezes durante a vida inteira.[4] Embora as mudanças de moradia possam expandir as redes sociais, também podem aumentar a dificuldade de manter relações com pessoas que não moram mais por perto. Bairros que contêm uma grande variedade de tipos de habitação ao menos permitem que indivíduos e famílias "envelheçam no local", oferecendo habitações adequadas a todas as fases da vida. As relações duradouras e as conexões sociais profundas que acompanham o envelhecimento no local, segundo o campo emergente da pesquisa sobre a felicidade, têm sido correlacionadas ao aumento de saúde, felicidade e longevidade **(veja a Figura 2.2)**.[5]

O tamanho limitado de um bairro também serve para aumentar a conveniência e o valor das relações e transações que ocorrem *dentro* dele, estimulando uma mudança no comportamento. Atualmente, por exemplo, as pessoas avaliam custo, conveniência e qualidade ao decidirem onde e como querem fazer compras. Um foco em custo pode levar ao Wal-Mart; em

Figura 2.2
Um bairro bem definido e completo estimula redes sociais fortes.

Figura 2.3
Bulevares ecológicos podem definir bairros, permitir o cultivo de alimentos e processar resíduos.

conveniência, à Internet, e em qualidade, a uma loja menor que ofereça serviços personalizados. Porém, muitas pessoas fazem compras com base apenas no custo, sem se dar conta ou se importar que suas decisões minam a viabilidade dos negócios locais. Em uma situação ideal, um bairro bem definido aumenta a possibilidade de que os moradores desenvolvam relações pessoais com comerciantes locais e vice versa, promovendo a fidelização de clientes, criando valor e conveniência, e alterando a forma como as pessoas decidem onde fazer compras.

Como descreve a Carta do CNU, bairros bem definidos "formam áreas identificáveis que estimulam os cidadãos a se responsabilizarem por sua manutenção e evolução".[6] O urbanismo sustentável acredita que um bairro bem definido deve desempenhar um papel fundamental ao cobrir a distância até a qual podem alcançar as principais preocupações sociais e ambientais.

O urbanismo sustentável expande o papel do bairro para atender à sua respectiva participação nas necessidades sociais e ambientais da sociedade. Por exemplo, quase todo mundo concorda que os Estados Unidos precisam abrigar seus cidadãos mais pobres, idosos e enfermos, mas muitos cidadãos de resto sensatos se juntam em grupos NIMBYs ("não no meu quintal") para impedir que certas populações morem por perto ou para evitar algum novo empreendimento. Embora não seja uma negligência intencional como os exemplos anteriores, a atitude "o que os olhos não veem, o coração não sente" de muitos norte-americanos em relação às águas pluviais e ao esgoto também deve ser mencionada. As pessoas estão mais preocupadas com a saída das águas pluviais e esgotos de suas casas ou região do que com onde vão parar. O comprometimento do urbanismo sustentável com a absorção de toda a sua água pluvial dentro do bairro e das áreas abertas que o circundam atribui uma clara responsabilidade aos bairros **(veja a Figura 2.3).** O bairro sustentável bem definido é a manifestação física da frase popularizada pelo ambientalista David Brower: "Pense globalmente, aja localmente".

Compacidade: Aumentando a eficácia da sustentabilidade

Figura 2.4
As baixas densidades e os usos segregados do solo na urbanização dispersa impedem destinos acessíveis a pé.

O urbanismo sustentável é simplesmente impossível em baixas densidades, inferiores a uma média de 17,5 ou 20 unidades de habitação por hectare.[7] Christopher Leinberger, da Brookings Institution, confirma isso: coeficientes de ocupação do lote (o percentual de solo coberto pelo equivalente a edificações térreas) entre 0,05 e 0,30, típicos dos atuais empreendimentos suburbanos cujo acesso é feito com automóveis, "não suportam transportes públicos de modo eficiente" e resultam em bairros onde "geralmente não há destinos que possam ser acessados a pé no dia a dia" **(veja a Figura 2.4).**[8] Por essas razões, o urbanismo sustentável exige densidades urbanas mínimas quase quatro vezes mais altas que o novo padrão norte-americano de cinco unidades de habitação por hectare.

Embora o mercado imobiliário acabe determinando a densidade urbana, esses limites de densidade são possíveis em projetos na escala do bairro em todo o país. Isso é feito por meio da oferta de tipos variados de habitação em um mesmo bairro, que vão de habitações multifamiliares a casas unifamiliares isoladas em grandes lotes. Dentro de um bairro, faz sentido concentrar a densidade no centro, com habitações nos pavimentos superiores e locais de trabalho nos pavimentos inferiores, agregando a vitalidade e o poder de compra dos pedestres.

O aumento da densidade populacional de um bairro também possibilita uma melhoria no serviço de transporte público. A frequência do serviço e o número de tipos de transporte (ônibus, metrô, etc.) aumentam à medida que cresce o mercado de pessoas dispostas e aptas a caminhar até o ponto ou a estação. A concentração da densidade urbana nos pontos de transporte público e em seu entorno e nas áreas adjacentes aos corredores de transporte maximiza essa população. O aumento da densidade reduz a distância caminhada e pode reduzir a compra e o uso de automóveis (quilômetros rodados por família) e substituir o deslocamento de carro pelo deslocamento a pé, em alguns casos radicalmente. Segundo o pesquisador John Holtzclaw, "a densidade maior e os transportes melhores em San Francisco reduziram as distâncias suficientemente para permitir que 1,6 km [rodado] em transportes públicos substituísse 10,5 km rodados em automóveis", em comparação com os subúrbios adjacentes **(veja a Figura 2.5)**.[9]

Figura 2.5
A densidade desta rua agradável possibilita que muitos destinos sejam acessíveis a pé.

O aumento populacional nas áreas acessíveis a pé no centro de um bairro também aumenta a área de mercado primário de bens e serviços. Uma população maior em um bairro aumenta o poder de compra de bens e serviços e melhora a sustentabilidade desses empreendimentos comerciais.

O urbanismo sustentável pretende criar negócios em bairros sustentáveis por meio da integração desses negócios com um mercado permanente que tenha densidade residencial no entorno. Isso contraria as práticas de empreendimento atuais de comércio em bairros, que dependem demais da passagem de automóveis pelo bairro em vez de clientes a pé.[10] Essa prática convencional pode isolar o comércio de bairro dos clientes pedestres. Isso, junto com o excesso de bairros comerciais, desestimula o comércio dentro dos bairros. Bairros que combinam uma grande quantidade de usos com uma alta densidade residencial criam no seu interior oportunidades comerciais viáveis e de longo prazo.

O urbanismo sustentável também reconhece que as oportunidades de integração do projeto de infraestrutura aumentam com a densidade. Em densidades suficientemente altas, a urbanização concentrada e de uso misto pode permitir que haja sistemas distritais de geração de energia, reduzindo as emissões de dióxido de carbono em 30% e o consumo de energia em até 50%.[11] O comprimento per capita de dutos e valas necessário para os sistemas distritais diminui à medida que a densidade sobe, aumentando sua viabilidade. Em comparação com casas unifamiliares isoladas no terreno, a área de vedações reduzida das casas multifamiliares em fita (com paredes meias) pode reduzir a energia exigida para a calefação e refrigeração em 30 a 35%.[12]

Empreendimentos compactos também são bons para a natureza. Aumentar a população de um local já urbanizado ajuda a proteger áreas virgens e sensí-

Figura 2.6
Um bairro completo inclui usos comerciais e de vários tipos de habitação.

veis por meio da concentração urbana em uma só parte de uma bacia hidrográfica e serve para manter um *habitat* viável no resto da região. Pode também reduzir a área pavimentada por pessoa, melhorando a qualidade da água. O desenvolvimento compacto, se comparado ao convencional, é essencial para que os possíveis benefícios do urbanismo sustentável para comunidades, regiões e o planeta sejam alcançados.

Completude: Serviço público diário e de longo prazo

Bairros existem para satisfazer tanto às necessidades diárias quanto às necessidades que surgem ao longo da vida. Para satisfazer a essas necessidades de curto e longo prazo e para possibilitar opções de vida saudáveis, os bairros precisam incluir uma grande variedade de usos do solo, tipos de edificação e tipos de moradia **(veja a Figura 2.6)**.

Bairros são lugares onde é possível satisfazer a todas as necessidades diárias a pé. O urbanismo sustentável transforma essa capacidade em uma expectativa de que, com um excelente desenho urbano, as pessoas irão *preferir* satisfazer a essas necessidades a pé. O ideal é que, desde o momento em que as pessoas levantam da cama pela manhã até irem dormir à noite, possam desfrutar uma vida de alta qualidade sem necessitar de um carro para isso. O estímulo para caminhar até o centro de um bairro está na presença de uma loja na esquina, uma creche, uma banca de jornal, uma cafeteria, uma delicatessen, um armazém, um ponto de transporte público, escritórios e oficinas. Um número crescente e uma variedade de usos comerciais no centro de um bairro aumentam sua completude e seu poder de atrair os transeuntes. Inclua em um bairro uma praça, um posto dos correios, uma escola ou um local de culto e então ele se torna o local cívico escolhido para os eventos da comunidade. Essa possibilidade de satisfazer às necessidades diárias a pé cria uma independência universal em todas as faixas etárias – beneficia tanto os jovens que ainda não podem dirigir quanto os idosos que não podem mais dirigir. Com um detalhamento cuidadoso, o mesmo ambiente pode promover independência para pessoas com problemas de mobilidade.

Completude também se refere à diversidade de tipos de habitação necessária para acomodar as necessidades variadas de moradia ao longo de uma vida. Jovens que deixam a casa dos pais frequentemente alugam um apartamento pequeno e de baixo custo. À medida que sua situação financeira melhora, passam a alugar um apartamento melhor ou talvez até adquiram uma unidade em um condomínio. Se eles se casam e têm filhos, talvez comprem uma primeira moradia bastante simples. À medida que sua renda e sua família aumentam, se mudam para uma casa maior. Quando seus filhos saem de casa, os pais talvez se mudem para um condomínio com serviços para idosos ou um lar para idosos. A manutenção de relações duradouras com a família e os amigos tem se mostrado um fator que beneficia a saúde e a longevidade.[13] O envelhecimento no local permite que as relações sejam mantidas por meio do deslocamento a pé, evitando o gasto e consumo de energia de automóveis e aviões. Um bairro que fornece tipos variados de habitação permite que as pessoas e as famílias permaneçam nele mesmo quando suas necessidades mudam.

Conectividade: Integração de transporte e uso do solo

O urbanismo sustentável visa a promoção abundante de oportunidades para as pessoas caminharem, andarem de bicicleta e até utilizarem cadeiras de rodas pelo bairro, assim como terem acesso a um bom serviço de transporte público para os bairros adjacentes e destinos regionais **(veja a Figura 2.7)**. Para que a conectividade interna seja possível, o bairro inteiro precisa de passeios nos dois lados das ruas, e a distância entre as interseções precisa ser relativamente curta, de preferência não mais de 900–1.200 metros. A maior parte do traçado urbano deve ser desenhada para uma velocidade máxima de 40–50 km por hora, e a rua mais larga não deve ter mais de duas faixas carroçáveis entre os meios-fios **(veja a Figura 2.8)**. Essas ruas de baixa velocidade têm muitos benefícios e uma importância vital – não só são mais seguras para os pedestres e permitem o compartilhamento do traçado urbano, mas também têm uma capacidade maior para a movimentação dos veículos **(veja a Figura 2.9)**.

As crianças podem fazer seu exercício diário e conquistar certa independência ao se deslocarem a pé até a escola em uma rede de vias seguras e estreitas. O percentual de crianças em idade escolar que vão para a escola a pé ou de bicicleta nos Estados Unidos atingiu uma baixa sem precedentes de apenas 31% para aquelas que vivem a menos de dois quilômetros da escola e 15% para todos os estudantes.[14] Para reverter essa tendência, as escolas de ensino fundamental deveriam estar localizadas no centro de bairros com população suficiente para sustentá-las, ou estar entre bairros adjacentes.

Figura 2.7
A conectividade, antídoto para a dependência de automóveis, promove possibilidades de mobilidade para as pessoas dentro de seu bairro e corredor.

Figura 2.8
As bicicletas podem compartilhar as faixas de trânsito em ruas de baixa velocidade.

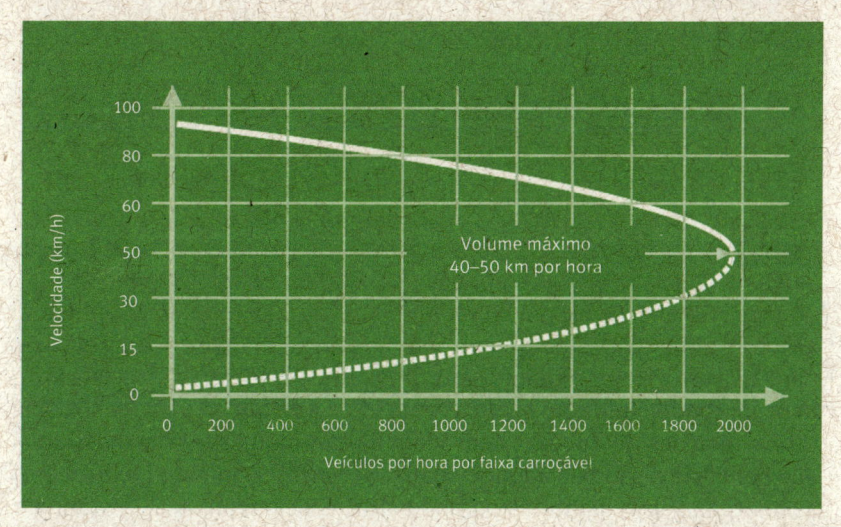

Figura 2.9 Redes de vias estreitas, com duas faixas carroçáveis, têm maior capacidade de conciliar pedestres e automóveis. Fonte: *Special Report 209: Highway Capacity Manual*, © 1985, by the Transportation Research Board, National Research Council, Washington, D.C., Figura 7.2. Reimpressa com permissão de TRB.

Corredores de sustentabilidade

Os corredores de transporte público são a espinha dorsal do urbanismo sustentável, conectando bairros com distritos e outros destinos regionais **(veja a Figura 6.1)**. Empreendimentos urbanistas sustentáveis devem ocorrer em corredores de transporte já existentes ou propostos com densidade suficiente e distribuídos de modo apropriado para possibilitar uma grande quantidade de serviços de ônibus, corredores de ônibus, bondes, ônibus elétricos ou metrô leve. Um princípio fundamental do urbanismo sustentável é o seu comprometimento em integrar fortemente a tecnologia de transporte – metrô, bonde, ônibus – com a densidade e a distribuição dos usos do solo adjacente; um padrão urbanístico essencial para um estilo de vida independente de automóveis.

O urbanismo sustentável também reconhece que os norte-americanos exigem transportes públicos seguros para que decidam mudar seu estilo de vida e viver em um corredor de sustentabilidade, dependendo de menos automóveis ou nenhum. Eles precisam estar certos de que os percursos dos transportes não serão modificados nem o serviço de transporte público será abandonado, uma segurança que só pode haver com grandes investimentos em transporte público, corredores de alta densidade e/ou transportes de percurso fixo. Os corredores de sustentabilidade também possibilitam diversos tipos de infraestrutura de serviços públicos e podem oferecer corredores de vida silvestre conectando *habitats* dentro e através de uma região.

Shelley Poticha, especialista norte-americana em desenvolvimento urbano orientado pelo transporte público (TOD), enfatiza o papel dominante que os corredores desempenham em sistemas de transporte viáveis por todo o país. Mais de três décadas de pesquisa retrospectiva sobre as áreas com transporte público existentes, realizadas por Jeffrey Zupan, John Holtzclaw e Reid Ewing, entre outros, documentam a correlação-chave entre a densidade urbana e os níveis de serviço de transporte público. Esse conjunto de pesquisas concluiu que a densidade urbana mínima de um empreendimento com corredor necessária para sustentar um serviço básico de ônibus é de 17,5 unidades de habitação por hectare líquido, e um mínimo de 37,5 a 50 unidades habitacionais por hectare é necessário para sustentar um serviço de bonde ou ônibus elétrico.[15] O urbanismo sustentável adota esses valores mínimos como o vínculo integrador entre padrões de uso do solo e transporte viável.

A preparação para o transporte público inclui:

1. Implantar o projeto em um corredor de transporte público aprovado com um equilíbrio planejado entre residências e locais de trabalho.
2. Entrar em um programa de garantia de transporte público com uma agência regional de transporte.
3. Satisfazer as garantias da agência de transporte público, que provavelmente exigem uma densidade mínima de corredor de 17,5 unidades de habitação por hectare, com provisões que permitam uma densidade das vias para aumentar para 37,5 ou mais o número de unidades de habitação por hectare.
4. Reunir densidades em alinhamentos propostos e perto de paradas de transporte público.

Os padrões de uso do solo evoluíram junto com os transportes públicos nas décadas de 1920 e 1930, o que é possível perceber pela densidade linear gerada pelos embarques contínuos permitidos em um corredor de bonde.[16] A tendência desse legado de corredores de transporte público tem sido conservar sua configuração de uso do solo adjacente mesmo quando o sistema de transporte público é posteriormente removido. Muitos dos sistemas de metrô leve mais bem-sucedidos construídos nos últimos anos ocupam partes de antigos corredores de bonde. Porém, a maioria dos novos subúrbios norte-americanos foi urbanizada quando o uso do solo já não estava integrado aos corredores de transporte público, o que resultou em uma distopia dependente de automóveis. Consequentemente, o atual planejamento do transporte público tem seu foco em amarrar os destinos significativos dentro de uma região – por exemplo, o metrô leve de Denver – com paradas bastante espaçadas localizadas em nós de urbanização concentrada.

O urbanismo sustentável adota, por pragmatismo e necessidade, ambas as abordagens. Ao longo da próxima geração, a demanda por urbanização servida por transporte público excederá bastante a oferta.[17] Se o urbanismo sustentável se tornar o padrão dominante de empreendimento norte-americano por volta de 2030 (como se imagina), muitos projetos do urbanismo sustentável deverão ser do tipo "pronto para o transporte público". A preparação para oferecer transporte público não pode ser feita posteriormente, por empreendimentos autônomos. Ela exige que a urbanização ocorra nos corredores que se conectam a locais de trabalho e satisfazem as garantias de transporte público – a densidade e configuração urbana que incitarão as agências de transporte público a expandir o serviço de transporte. O renomado planejador urbano regional Peter Calthorpe acredita que são os corredores, e não os bairros ou municípios, a escala urbana na qual se conciliam trabalhos e habitações.[18] O urbanismo sustentável também adota essa abordagem.

Outra função dos corredores é a integração dos serviços públicos. Redes convencionais de eletricidade, gás e esgoto devem estar localizadas nos corredores e coordenadas com os usos do solo adjacente. O mesmo se aplica à tubulação para serviços de calefação, refrigeração e águas servidas na escala dos distritos.

Biofilia: Conectando os seres humanos à natureza

A vida humana não é viável e a saúde humana não é possível sem os inúmeros serviços gratuitos prestados pela Terra. A Terra recebe luz solar, limpa a água, produz oxigênio e gera plantas que alimentam os seres humanos e os outros animais. Os seres humanos evoluíram ao ar livre, imersos em *habitats* naturais com vegetação e expostos à luz do sol, ao ar puro e à água. *Biofilia* é o nome dado ao amor dos homens pela natureza com base na interdependência intrínseca entre os seres humanos e os outros sistemas vivos **(veja a Figura 2.10)**.

Figura 2.10
Para as pessoas, o benefício do contato diário com a natureza é imenso.

Embora não haja uma estimativa exata do tamanho da população humana nativa da América do Norte na época da chegada de Cristóvão Colombo, a maioria dos historiadores estima que havia entre um milhão e 12 milhões de pessoas.[19] Considerando o enorme território da América do Norte, essas primeiras populações estavam distribuídas em uma vasta área selvagem. Os seres humanos faziam parte dos ciclos da natureza, uma relação que podia ser sustentada indefinidamente com populações humanas diluídas. Embora uma parte da população fosse migratória, movendo-se sazonalmente entre áreas localizadas perto de campos de cultivo ou caça, outras partes eram assentadas em aldeias semipermanentes. O assentamento Cahokia era considerado o maior assentamento pré-colonial ao norte do rio Rio Grande, localizado onde hoje fica o estado de Illinois, bem a nordeste da atual cidade de Saint Louis, com uma população estimada de oito mil a 40 mil pessoas em seu apogeu, logo antes de Colombo chegar à América.[20] Mesmo sendo o maior assentamento, vivia-se majoritariamente ao ar livre e em contato direto com a natureza.

A propriedade privada do solo, um conceito introduzido na América do Norte pelos europeus, favoreceu a criação de colônias e assentamentos fixos permanentes. Durante as décadas da industrialização, antes e depois da virada do século XX, empreendedores privados transformaram as cidades pequenas em grandes com uma rapidez vertiginosa. Florestas e campos foram desmatados, pântanos foram drenados, córregos e rios foram canalizados, e a preocupação com o lucro desestimulava o uso do solo para parques. O carvão mineral e as indústrias que geravam muita fumaça poluíam o ar das cidades. O escoamento e o esgoto não tratado contaminavam os corpos de água superficial. A iluminação pública bloqueava a visão do céu.

Diferente da antiga vida ao ar livre e em contato direto com a natureza, a natureza nas cidades industriais consistia em gramados, ruas arborizadas e parques públicos. Apesar dos muitos benefícios que o urbanismo traz à Terra, o urbanismo convencional elimina praticamente todos os sistemas naturais com os quais entra em contato.

Subúrbios dependentes de automóveis fazem o mesmo, mas sem os benefícios do urbanismo. Os subúrbios convencionais do pós-guerra tinham uma abordagem de ocupação do solo e infraestrutura similar à das cidades industriais, porém com densidades muito mais baixas, bem inferiores àquelas necessárias para possibilitar o deslocamento a pé ou com transporte público. Embora essas densidades mais baixas permitissem um percentual mais elevado de áreas verdes, boa parte era residual e cercada em pequenos lotes privados, desvalorizando a utilidade desse solo não urbanizado tanto para o desfrute humano quanto para o habitat não humano.

Como consequência dessa tendência de todos os tipos de assentamentos humanos a suprimir natureza, a maioria das pessoas vive sem contato diário com sistemas naturais. Elas não fazem ideia de onde vêm a água, a energia ou o alimento que consomem nem para onde seus resíduos líquidos ou sólidos vão. Como não são informadas sobre os sérios danos que seu estilo de vida causa à natureza, seguem sua vida cotidiana praticamente ignorando o assunto.

Cada vez mais considera-se que essa falta de conexão com natureza provoca inúmeros problemas psicológicos, como o aumento do estresse e o transtorno de déficit de atenção e hiperatividade (TDAH).[21] Em vez de restabelecermos o contato com a natureza, tentamos, cada vez com mais frequência, resolver essas necessidades psicológicas não satisfeitas com produtos farmacêuticos. Um estilo de vida sedentário – com poucas atividades físicas inseridas no dia a dia – também é um fator agravante de nossa tão conhecida epidemia de obesidade.

O urbanismo sustentável visa conectar as pessoas à natureza e aos sistemas naturais, mesmo em densos ambientes urbanos. Para os seres humanos, os benefícios passivos da luz natural do dia e do ar fresco *dentro* de ambientes fechados são praticamente desprezíveis quando comparados à realização de estratégias para uma vida ativa *na rua*. A probabilidade de deslocamento a pé é três vezes maior em rotas para pedestres com vegetação.[22] A cobertura que as árvores adultas proporcionam pode estimular ainda mais as atividades cotidianas ao ar livre, por reduzir as temperaturas do verão nas ruas de três a seis graus Celsius.[23] As árvores também podem aumentar o valor dos imóveis adjacentes em 3–6%.[24] Caminhadas regulares podem reverter a deterioração do cérebro causada pela idade.[25] Vegetações densas proporcionam um habitat viável para aves canoras, além do benefício auditivo. Juntos, os benefícios aos humanos da vida próxima à vegetação e *habitats* naturais são imensos e são registrados por estudos que documentam o interesse dos compradores de imóveis em pagar até 24% a mais por uma casa cujo terreno está voltado para um parque ou para uma área natural.[26]

Embora as pessoas possam se beneficiar e sentir prazer imediato ao verem paisagens e áreas naturais, a maioria dos outros aspectos da interdependência entre os seres humanos e a natureza não são visíveis nem imediatamente reconhecíveis. Como os fluxos de recursos que sustentam nossos estilos de vida estão ocultos de nossa visão, não deveríamos nos surpreender se nosso estilo de vida não é sustentável. Para reforçar a interdependência entre seres humanos e sistemas naturais, o urbanismo sustentável acredita que os assentamentos humanos precisam ser planejados e projetados para que os fluxos de recursos se tornem visíveis e sensíveis. Por exemplo, um sistema de reúso de água servida que extraia nutrientes para o cultivo de alimentos em um bairro cria um incentivo para que não se jogue elementos químicos tóxicos pelo ralo. A possibilidade de ver e sentir onde os recursos são produzidos e para onde vão depois de serem usados promove um estilo de vida mais integrado com os sistemas naturais.

Por fim, o urbanismo sustentável está comprometido com a preservação de espécies não humanas localizadas em *habitats* próximos aos assentamentos humanos. Embora reconheça o dano causado pela interferência humana em *habitats* naturais, também reconhece o benefício maior de aproximar uma natureza envolvente que possa ser acessada a pé em uma distância razoável dos assentamentos humanos. O urbanismo sustentável adota a relação cruzada de corredores ripários e de vida silvestre entre os bairros e através deles (veja a Figura 2.11). Cruzar corredores de *habitats* em assentamentos humanos exige a criação de passagens inferiores rurais (passagens para animais – veja a Figura 2.12). As vias – a intervenção humana mais letal para os animais – devem estar elevadas ou subter-

Figura 2.11
Esta planta conceitual de um campus é organizada em volta de um anel de biodiversidade que inclui passagens inferiores rurais.

Figura 2.12
Passagens inferiores rurais separadas por grades são essenciais quando há interseções entre corredores de *habitats* e vias.

râneas aos corredores de *habitats* para que haja conectividade para as espécies não humanas. Como uma cortesia básica entre espécies, as áreas periféricas dos corredores devem ter vegetação e ser cercadas ou mesmo separadas por grades, para impedir que os animais circulem livremente dentro de um bairro.

Duas preocupações adicionais: Infraestrutura de alto desempenho e projeto integrado

Além dos cinco atributos essenciais dos bairros urbanistas expostos anteriormente, há duas áreas relacionadas que merecem atenção: a infraestrutura de alto desempenho e o projeto integrado.

A infraestrutura de alto desempenho é um campo emergente que combina muitas correntes de reforma: a preocupação do crescimento urbano inteligente com o ônus financeiro imposto pela nova estrutura necessária para sustentar a urbanização de áreas virgens, o desejo dos novos urbanistas de que os projetos de infraestrutura sejam humanitários e na escala do pedestre e o foco do movimento da construção sustentável em tornar os recursos "ecológicos" e em reduzir seu consumo (veja o Capítulo 9). Estudos de mais de 15 anos sobre crescimento urbano inteligente têm mostrado que a urbanização de baixa densidade e dependente de automóveis resulta em custos per capita de infraestrutura e serviço mais altos que a urbanização mais compacta.[27] Um modelo de infraestrutura compacto conserva os materiais físicos necessários para sua construção, além dos recursos físicos necessários para financiá-la e mantê-la.

O Novo Urbanismo tem demonstrado os benefícios da eficácia da infraestrutura em relação à simples eficiência. Um sistema de ruas com *cul-de-sac* permite, de forma eficiente, acesso ao maior número de lotes por metro de rua, e a ausência de vielas reduz a pavimentação per capita. Contudo, por formarem ruas sem saída e reduzir a conectividade, os *cul-de-sacs* aumentam a quilometragem por veículo, e a ausência de vielas leva à necessidade de acessos para automóveis em pátios frontais e ao acúmulo de lixo, comprometendo a circulação de pedestres.

A infraestrutura de propriedade do Estado – ruas, parques, escolas, redes de esgoto, ônibus, árvores, bacias de detenção, etc. – frequentemente representa os ativos mais valorizados de um município. Até pouco tempo, não era obrigatório incluir esses ativos nos balanços financeiros auditados. Em 1999, o comitê de Normas de Contabilidade do Governo dos Estados Unidos (GASB) publicou a Norma 34, que exige, pela primeira vez, que os municípios prestem contas sobre o custo de construção e manutenção de sua infraestrutura.[28] Espera-se que essa mudança na prestação de contas comece a promover uma reforma no projeto e na manutenção constante da infraestrutura governamental e a introduzir a análise do ciclo de vida na prestação de contas sobre infraestrutura.

A preocupação da edificação sustentável com as ilhas térmicas urbanas, a filtragem da água pluvial, os conteúdos reciclados e locais e os custos de ciclo de vida também está começando a alterar as práticas de infraestrutura convencionais. As superfícies impermeáveis, um aspecto inevitável da urbanização humana, são nocivas ao meio ambiente por alterarem a hidrologia nativa, causarem erosão e agravarem os alagamentos e a poluição da água. Essas superfícies pavimentadas são frequentemente escuras e absorvem calor, contribuindo para o fenômeno das ilhas térmicas urbanas. A Agência de Proteção Ambiental dos

Estados Unidos estima que o efeito de ilha térmica aumenta as temperaturas ambientais de um bairro de um a seis graus Celcius.[29] Uma prática emergente resolve esses problemas com novas abordagens de projeto e manutenção da superfície e do leito das vias públicas, incluindo ruas com sistemas de filtragem da água pluvial e pavimentos que duram 50 anos. Outras inovações significativas nas vias públicas incluem a pouca iluminação do céu urbano à noite e redes públicas que não implicam a abertura de valas. O pioneiro *High Performance Infrastructure Guidelines*, publicado recentemente pelo Departamento de Projeto e Construção da Cidade de Nova York, é a primeira documentação desse campo emergente **(veja a Figura 2.13).**[30]

Figura 2.13
Uma rua de alto desempenho em filtragem de água pluvial. Imagem © Mathews Nielsen Landscape Architects PC, Nova York, NY; High Performance Infrastructure Guidelines, outubro de 2005, Design Trust for Public Space, www.designtrust.org., and New York City Department of Design and Construction.

Edificações de alto desempenho

A norma da edificação sustentável do LEED, do U.S. Green Building Council, é uma das muitas normas de liderança voluntárias para a melhoria do desempenho ambiental das edificações. Para ganhar aceitação do mercado, a maioria dos programas de edificação sustentável nos Estados Unidos combina exigências mínimas de desempenho fixo com um menu opcional de práticas de edificação sustentável. Isso significa que um prédio pode ser certificado como "sustentável" mesmo que não consiga ter um bom desempenho em uma determinada categoria, incluindo a economia de energia. Um estudo de 2003 sobre edificações certificadas pelo LEED concluiu que elas eram, em média, de 25 a 30% mais econômicas em consumo de energia que as edificações convencionais, mas reconheceu que há uma grande variabilidade de desempenho.[31] O urbanismo sustentável promove normas de liderança voluntárias, como o LEED, como um passo de transição essencial para desenvolver conhecimentos especializados e apoio para o conceito de futuras exigências obrigatórias de alto desempenho.

O urbanismo sustentável conclui que a sociedade irá, inevitavelmente, passar a exigir edificações de alto desempenho (HPB). Define-se uma HPB por padrões de desempenho obrigatório per capita estabelecidos por códigos públicos ou privados – convenções e restrições – em níveis muito acima dos códigos de edificações convencionais. Na Califórnia, o Título 24 e a Norma 189 da ASHRAE – o primeiro código norte-americano de edificações de alto desempenho, que está sendo desenvolvido atualmente – estabelecem exigências que estão acima dos códigos convencionais. Praticamente como todos os códigos do país, esses dois códigos de energia medem o consumo de energia com base na área construída, permitindo comparações fáceis entre edificações de tipo e tamanho parecidos.

Porém, o objetivo global de reduzir a emissão de dióxido de carbono exige um foco em reduções per capita. O aumento constante do tamanho das casas nos Estados Unidos, sem falar do índice crescente de norte-americanos que são proprietários de suas residências, parece superar todos os ganhos do aumento da economia de energia por metro quadrado. A medição da economia de energia por metro quadrado também produz a situação anômala e indefensável de que a casa semissubterrânea de mais de seis mil metros quadrados de Bill Gates talvez possa ser considerada mais eficiente em consumo de energia que uma casa unifamiliar modesta na qual habita o mesmo número de pessoas.

O urbanismo sustentável só conseguirá obter economias de energia per capita em edificações por meio da economia por metro quadrado e da economia por espaço per capita. Paredes externas e pavimentos compartilhados, característicos das moradias multifamiliares encontradas em contextos urbanos, reduzem o uso de energia por metro quadrado (veja as Figuras 9.2 e 9.3). Além disso, os custos imobiliários mais altos e os lotes menores típicos do urbanismo limitam o tamanho per capita das moradias e estimulam o uso de equipamentos comunitários. A redução das vedações e das áreas dos pavimentos do urbanismo sustentável provavelmente irá emergir como estratégias de projeto integrado de baixo custo para atender aos futuros códigos de edificações de alto desempenho.

O projeto integrado

O projeto integrado é a marca registrada do movimento da edificação ecologicamente sustentável. Ao otimizar o desempenho de uma edificação como um sistema inteiro, essa abordagem de projeto pode melhorar o desempenho de uma edificação com baixo ou nenhum custo adicional simplesmente redistribuindo o dinheiro dentro do projeto. Isso exige um alto nível de trabalho interdisciplinar em equipe e de disciplina orçamentária. Um exemplo clássico é redirecionar o orçamento da construção de um prédio para se ter um isolamento térmico mais elevado e janelas melhores e compensar alguns ou a maioria desses custos construindo um sistema mecânico menor e mais barato. As edificações resultantes implicarão certo custo extra de construção, mas produzirão um retorno aceitável pelo investimento extra, com gastos em energia e operação muito mais baixos.

O urbanismo sustentável é, na verdade, um pedido pela integração de todos os sistemas humanos e naturais que formam um bairro ou corredor (veja a Figura 2.14). Assim como no projeto integrado de edificações, o aumento dos benefícios é possível com baixo ou nenhum custo adicional. A diferença entre o aperfeiçoamento dos sistemas de uma única edificação e o aperfeiçoamento dos sistemas de um bairro ou corredor inteiro está no número, na complexidade e na falta geral de compreensão sobre muitos sistemas humanos. Os parâmetros descritos neste livro são uma tentativa de compilar, para propósitos de projeto integrado, muitos dos sistemas sociais, econômicos e ecológicos que dão suporte a bairros e corredores completos.

Uma condição prévia ao projeto integrado é uma grande quantidade de pessoas vivendo dentro dos limites de um bairro completo. A densidade de um bairro pode aumentar as escolhas disponíveis: uma escola de ensino fundamental que pode ser acessada a pé se torna possível dentro do bairro; sistemas de calefação, refrigeração e geração de energia distritais mais eficientes se tornam viáveis; as próprias edificações multifamiliares típicas da urbanização de alta densidade são mais eficientes em energia; os valores mais altos do solo associados à urbanização mais intensa estimulam a construção de habita-

Figura 2.14
O urbanismo sustentável reúne profissionais de diversas disciplinas para integrar, de forma eficiente, os sistemas humanos e naturais em larga escala.

ções menores e usos mais eficientes do espaço interno; serviços de transporte público melhores e em maior quantidade podem ser suportados. Cada incremento adicionado à densidade urbana pode ser responsável por proteger da urbanização as áreas virgens e sensíveis.

As implantações com maior potencial de integração por todo o sistema são densas, de uso misto e têm serviço de transporte público. No urbanismo tradicional, lugares assim eram densamente urbanizados e sem estacionamentos nas ruas, pois os usos eram parte integrante de suas implantações. Essas implantações e empreendimentos atraem pessoas que se deslocam a pé ou usando o transporte público e que têm ou utilizam menos carros ou nenhum. Hoje em dia, é comum que novos empreendimentos implantados a poucos passos de uma estação de transporte público precisem oferecer estacionamento na rua em uma mesma distância, como se os serviços de transporte público não estivessem lá. Essa falha na integração contribui para a oferta excessiva de estacionamentos, reduz a densidade urbana e aumenta seu custo e reduz o deslocamento a pé e o uso de transporte público, aumentando o uso de automóveis e a poluição do ar. A integração entre o transporte público e o uso do solo criará um lucrativo nicho de empreendimento imobiliário de venda ou aluguel de habitações ou escritórios livres de carros e com custos mais baixos para a parte da população que estiver disposta a se deslocar a pé, usando o transporte público ou em carros compartilhados.

As vias públicas têm um potencial significativo de integração melhor **(veja a Figura 2.15)**. Historicamente, os assentamentos urbanos eram feitos com pouca ou nenhuma infraestrutura. As vias públicas e os sistemas de serviços públicos altamente complexos de hoje são uma adição de séculos de diferentes sistemas de infraestrutura posteriores. O Santo Gral do projeto integrado é quando as economias permitem que sistemas inteiros sejam eliminados. É possível que benefícios econômicos e ambientais imensos resultem da integração entre sistemas de alto desempenho de transporte, água, esgoto, iluminação e energia elétrica e edificações de alto desempenho que consumam pouco ou nenhum recurso e produzam pouco ou nenhum resíduo.

Figura 2.15
As vias públicas, mesmo as agradáveis, são sistemas complexos tanto em cima quando embaixo do solo.

Os três passos do urbanismo sustentável

Embora ainda esteja longe de se tornar convencional, o urbanismo sustentável é uma norma possível para todos os Estados Unidos. Ao longo da próxima década, duas gerações de norte-americanos – a geração *baby boom* (os nascidos entre 1946 e 1964) e seus descendentes, chamados de Geração X – irão buscar estilos de vida urbanos, gerando uma inevitável demanda demográfica pela vida urbana. Além disso, a Geração X – também conhecida como *millenials*, os 77 milhões de norte-americanos nascidos entre 1977 e 1988, aproximadamente – foi educada sobre reciclagem e outros valores ambientais. Na próxima geração, os *millenials* se tornarão uma força social poderosa, votando e comprando imóveis. Tendo tanto a sustentabilidade quanto o pragmatismo como seus principais valores, certamente a sustentabilidade fará parte de suas escolhas de consumo e de estilo de vida. Seu poder aquisitivo já está levando o mercado a oferecer urbanismo sustentável com cada vez mais projetos que combinam o Novo Urbanismo com casas e edificações sustentáveis.

Como eleitores que pagam tributos, pagando a conta de todo o custo das consequências sombrias das ações equivocadas da geração anterior no ambiente construído, é provável que os *millenials* também adotem o urbanismo sustentável. Pense, por exemplo, na política norte-americana do petróleo. Os Estados Unidos são "viciados em petróleo",[32] do qual 66% é utilizado para automóveis.[33] Considerando que esse padrão de uso do solo que está cozinhando o planeta está também contribuindo para a epidemia de obesidade, a urbanização de baixa densidade com desperdício de solo, o isolamento social, os níveis mais altos de poluição, os tributos mais altos e a expectativa de vida mais baixa, é difícil imaginar que o urbanismo sustentável não passará a ocupar o centro da política e governança da Geração X.

Como foi provado pelo número crescente de projetos que parecem adotar o urbanismo sustentável, incluindo os quase 200 exemplos analisados neste livro, o movimento tem avançado rapidamente. Os 20 estudos de caso que aparecem aqui (veja os Capítulos 10 e 11), selecionados dessa quantidade muito maior de projetos, indicam uma grande criatividade e heterogeneidade de tamanho, implantação e abordagem. Internacionalmente, milhares de projetos também aspiram integrar o urbanismo voltado para o pedestre e servido por transporte público a edificações e infraestrutura de alto desempenho. Em um nível mais amplo, as reformas do urbanismo sustentável já estão acontecendo em muitas comunidades norte-americanas.

Apesar desse progresso, o urbanismo sustentável crescerá muito lentamente até se tornar, em uma geração, norma nos Estados Unidos se não tivermos um plano estratégico de 20 anos. A urbanização dispersa que contribui para as mudanças climáticas e o sistema relacionado de financiamento, uso do solo, transportes e infraestrutura necessário para perpetuá-la levaram mais de duas gerações para serem gerados. Só podemos esperar que a implementação do urbanismo sustentável dure, pelo menos, o mesmo tempo. A rapidez das mudanças climáticas não nos permite demorar tanto para reagir, e os Estados Unidos fingem correr atrás, com mais de 10 anos de atraso em relação aos principais

---

"Tributary, no oeste de Atlanta, é um empreendimento imobiliário com plano diretor de quase 650 hectares, construído com muitos dos princípios do Urbanismo Sustentável. Discussões em grupo identificaram o projeto de comunidade, a qualidade arquitetônica e as casas EarthCraft (sustentáveis) como três das cinco principais razões para a aquisição de suas habitações. Visando o mercado primário dos compradores da Geração X e sua mentalidade "faço do meu jeito", um *slogan* comum em Tributary é "Reformular as Possibilidades", isto é, escolher um estilo de vida apropriado para os valores e desejos dos jovens compradores. Em Vickery, um bairro de desenho tradicional em Atlanta, a história é parecida. Lá os compradores querem viver onde possam ir a pé até a Associação de Jovens Cristãos e suas crianças possam ir a pé até a escola, onde haja as atrações de um centro urbano e casas eficientes em consumo de energia. Os corretores de imóveis afirmam que os compradores escolhem Vickery porque "é a coisa certa a se fazer" e estão dispostos a pagar 25% a mais para isso."

Jackie Benson, guru de marketing do Desenho de Bairros Tradicionais e Diretora Executiva de Milesbrand Atlanta

países europeus na abordagem desse problema. Os aspectos que causam mudanças climáticas, no estilo de vida norte-americano, resultam mais da urbanização dispersa dominada por automóveis que os do estilo de vida europeu, fazendo com que neste caso os princípios do urbanismo sustentável sejam ainda mais imperativos. Para abordar essa necessidade, as próximas seções descrevem três passos distintos de reforma para acelerar a adoção do urbanismo sustentável como norma nos Estados Unidos dentro de uma geração.

Primeiro passo: Acordar pesos e medidas: Criar um mercado para o urbanismo sustentável

A história da economia mostra o papel importante desempenhado por pesos e medidas acordados na formação de um mercado de bens e serviços. Após certo tempo, a demanda reprimida por um bem ou serviço pode deslanchar com a introdução de padrões reconhecíveis com um selo de aprovação adequado. Em *The Tipping Point*, Malcolm Gladwell explica que há "uma máxima na área da publicidade de que um anúncio precisa ser visto pelo menos seis vezes para que uma pessoa possa lembrá-lo".[34] No setor de edificações sustentáveis, as normas LEED criaram uma identidade de marca tão reconhecível que elas têm ajudado a acelerar o interesse pelo conceito de construções sustentáveis e a adoção de tecnologias e práticas específicas.

Há uma demanda reprimida por comunidades e empreendimentos que integrem as características e os benefícios do urbanismo com as do ambientalismo. A criação de normas consensuais tem sido retardada porque urbanistas resistem à ideia de desempenho ecológico e ambientalistas se opõem ao empreendimento urbano. A urgência com que precisamos levar adiante as reformas necessárias mostra que não temos tempo para perder com essa velha rixa. Os pesos e as medidas do urbanismo sustentável que atingem um equilíbrio apropriado têm potencial para produzir algo extraordinariamente positivo a partir da integração aparentemente impossível de opostos. O setor imobiliário percebe a demanda reprimida, e a sociedade percebe que chegou a hora de confrontar os desafios de sustentabilidade criados pelo nosso estilo de vida. Ambos precisam com urgência de um padrão reconhecível de urbanismo sustentável.

O LEED para o Desenvolvimento de Bairros talvez seja essa norma. É baseado no reconhecimento da marca do LEED para edificações sustentáveis, mas leva o foco além da escala da edificação individual para abordar edificações múltiplas, infraestrutura e empreendimentos inteiros na escala no bairro. Muito próximo ao assunto deste livro, o LEED para o Desenvolvimento de Bairros é uma norma para liderança voluntária para definir o que constitui um urbanismo inteligente e sustentável. O LEED para o Desenvolvimento de Bairros foi criado por meio de uma parceria única entre o Congresso para o Novo Urbanismo, o Conselho de Defesa dos Recursos Naturais dos Estados Unidos (representando o movimento do Crescimento Urbano Inteligente) e o United States Green Building Council **(veja a Figura 2.16)**. Iniciada em 2003, essa norma estará totalmente submetida a um projeto piloto e entrará em vigor por volta de

Figura 2.16
O LEED para o Desenvolvimento de Bairros conseguiu combinar as pautas de três movimentos de sustentabilidade por meio de uma estreita colaboração.

2009. Essa parceria tríplice se deve tanto à riqueza da norma quanto ao longo ciclo de desenvolvimento. Ela criará uma marca para o urbanismo sustentável que se mostrará essencial para sua ampla adoção.

As normas são organizadas em três divisões. Embora haja muitas sobreposições, as três divisões correspondem aproximadamente às preocupações principais de cada jurisdição. A implantação de um projeto em uma região – *onde* ele se localiza – é uma das maiores preocupações do movimento do Crescimento Urbano Inteligente e é abordada na divisão de Implantação Inteligente e Conexão do LEED para o Desenvolvimento de Bairros. A priorização do pedestre, os usos do solo, o desenho urbano e a arquitetura de lugar – *o que* acontece ali – são alguns dos focos principais do Congresso para o Novo Urbanismo e são temas abordados na divisão de Padrão e Projeto de Bairro. Por fim, a sustentabilidade ecológica da construção e a operação de um empreendimento – *como* é construído e administrado – são umas das preocupações principais do U.S. Green Building Council e são abordadas na divisão de Construção e Tecnologia Sustentável.

Mais da metade das áreas de discussão abordadas no plano piloto do LEED para o Desenvolvimento de Bairros são novas para a família do LEED, aumentando bastante a pauta do movimento da edificação sustentável. Pela primeira vez, questões sociais como diversidade de habitação, habitação subsidiada, comunidades não cercadas, acessibilidade para todos – incluindo aqueles com necessidades especiais – e participação comunitária fazem parte do LEED. As normas do LEED para o Desenvolvimento de Bairros também são pioneiras na criação de parâmetros para o desempenho de atributos do desenho urbano como a priorização de pedestres, a conectividade e os usos mistos. O padrão aplica estratégias de projeto por muito tempo associadas à edificação sustentável, como a filtragem da água pluvial, a eficiência em energia e conteúdo local e reciclado, ao projeto de infraestrutura e de empreendimentos inteiros na escala do bairro.

Provavelmente, os aspectos mais exigentes do esboço do LEED para o Desenvolvimento de Bairros são os que se referem a dois pré-requisitos particulares (exigências para qualquer projeto que busque a certificação do LEED para o Desenvolvimento de Bairros): Implantação Inteligente e Urbanização Compacta. A Implantação Inteligente exige que projetos sejam implantados em vazios urbanos, renovações urbanas ou terrenos adjacentes a áreas já urbanizadas. Embora ofereça certa flexibilidade, geralmente impede que os "saltos da rã" (vazios urbanos) e empreendimentos descontínuos em áreas não urbanizadas recebam certificação. Esses mesmos critérios também excluem o que os novos urbanistas chamam de "cidades novas" – empreendimentos com plano diretor em áreas não urbanas – mesmo que muitas sejam planejadas para se tornarem, com o tempo, bairros completos, com locais de trabalho, escolas e serviços.

O pré-requisito da Urbanização Compacta exige que os projetos tenham uma densidade residencial ou comercial mínima, tanto para reduzir a taxa de consumo do solo da urbanização quanto para concentrar a população a fim de criar mercados. O Comitê Central do LEED para o Desenvolvimento de Bairros estabelece o nível mínimo de compacidade de 17,5 unidades de habitação por hectare de solo apto para construção ou a densidade comercial equivalente, que é a densidade mínima de urbanização exigida para sustentar o transporte público básico e lojas que possam ser acessadas a pé. Este pré-requisito que exige densidade é um distanciamento radical das normas contemporâneas de urbanização; nos Estados Unidos, o novo empreendimento em áreas não urbanizadas tem uma média inferior a cinco unidades de habitação por hectare.[35]

A criação do LEED para o Desenvolvimento de Bairros é um grande avanço na campanha para fazer do urbanismo sustentável a norma nacional. É uma ferramenta de fonte aberta que está disponível gratuitamente para todos, e terá muitas aplicações. Tem também o apoio de três organizações nacionais que se comprometeram, todas, a manter sua integridade e operação no futuro próximo. Este é um investimento precioso e insubstituível que levará mais de seis anos para ser completado. Embora o LEED para o Desenvolvimento de Bairros ainda possa, sem dúvida, ser melhorado, é uma ferramenta nova e poderosa com vantagens difíceis de serem copiadas.

Se a evolução do LEED para edificações serve como indicador, o LEED para o Desenvolvimento de Bairros irá gerar um mercado para desenhistas urbanos e empreendedores que possam oferecer projetos que irão satisfazer o nível exigido de certificação. Atualmente, poucos profissionais dominam as diversas áreas de especialização em desenho urbano abordadas pelo urbanismo sustentável. Precisamos de uma onda de profissionais interdisciplinares de desenho e planejamento urbano que consigam entender rapidamente as complexidades do sistema do LEED para o Desenvolvimento de Bairros.

Ao combinar três áreas vitais de preocupação – urbanismo tradicional, edificações de alto desempenho e infraestrutura de alto desempenho – o urbanismo sustentável e o LEED para o Desenvolvimento de Bairros representam um mercado que pode ser imenso. O objetivo deste livro, e o desafio que os Estados Unidos buscam enfrentar, é tornar o urbanismo sustentável a norma por todo o país em uma geração. Para tanto, o setor imobiliário inteiro precisa estar de acordo com esse único padrão de excelência. Todas as pessoas interessadas em sustentabilidade – especialmente aquelas afiliadas ao crescimento urbano inteligente, ao Novo Urbanismo e à edificação sustentável – devem promover esse padrão o máximo possível. Os esforços coordenados de um grande número de pessoas buscando o mesmo objetivo podem gerar benefícios imensos.

"Os componentes da urbanização dispersa não se anunciam como tais."
John Norquist, Presidente e Diretor Executivo do Congresso para o Novo Urbanismo

Segundo passo: Derrubar as barreiras da era do petróleo ao urbanismo sustentável

A urbanização dispersa causadora das mudanças climáticas nos foi forçada por um sistema abrangente, mas geralmente invisível, de normas, regulamentações e subsídios que reforçam a si mesmos. Pense, por exemplo, nas regras atuais de zoneamento e uso do solo, que frequentemente segregam os usos do solo residenciais, comerciais e de serviços, forçando as pessoas a dirigir de um espaço a outro. As normas de projeto de rodovias estão focadas quase exclusivamente em levar carros a longas distâncias e em altas velocidades. A construção de artérias novas e largas que possibilitam a urbanização dispersa se justifica por previsões, que se concretizam devido ao esforço próprio, de demanda futura de trânsito e congestionamento preparadas por planejadores de trânsito que, por sua especialização profissional, não têm autoridade para regular os padrões fundiários. Ou considere que quase toda a urbanização dispersa nos Estados Unidos se deu por meio de planos de uso do solo legalmente adotados, muitos preparados por membros do American Institute of Certified Planners (AICP).

As instituições na escala do bairro estão em declínio em toda a sociedade há décadas. Escolas de ensino fundamental acessadas a pé, o núcleo tradicional de um bairro, foram substituídas por escolas superdimensionadas, localizadas, inevitavelmente, no lado oposto de uma rua grande e movimentada. A maioria dos estados contribui para esse problema ao exigir uma área de terreno mínima bastante alta para a construção de novas escolas – chegando a 20 hectares para uma escola de ensino médio –, o que obriga as novas escolas a serem construídas fora dos bairros, em antigos terrenos industriais ou na periferia da cidade. O comércio de bairro e centro perdeu a força devido à concorrência com as redes de varejo nacionais, que oferecem estacionamentos gratuitos que atraem consumidores de uma grande área. Esses hipermercados em avenidas não só vão contra os esforços para a construção de bairros completos, mas são os condutores-chave do crescente número de quilômetros percorridos por veículo. Até mesmo a agência dos correios, uma âncora tradicional na rua principal de muitos bairros, passou a ser considerada centro de distribuição e se mudou para a periferia da cidade. Visto que a maioria dos consumidores norte-americanos faz a maior parte de suas compras em hipermercados, os inimigos dos bairros, é preciso que haja uma mudança nos padrões de compra para reconstituir os bairros.

Essas normas e padrões exacerbam a dependência de automóveis e o vício do petróleo do país, minando a capacidade dos norte-americanos de suprir suas necessidades diárias sem depender de um carro. Para um indivíduo, o sistema é quase inevitável. Contudo, uma iniciativa recente conduzida pelo Congresso para o Novo Urbanismo pode servir como modelo para derrubar o aparato invisível da urbanização dispersa. Os departamentos estatais de transporte têm sido particularmente destrutivos ao urbanismo ao construírem grandes rodovias de alta velocidade entre, ao redor e através de cidades por todo o país **(veja a Figura 2.17)**. O CNU se uniu ao Institute for Traffic Engineers (ITE – Instituto de Engenheiros de Trânsito), uma organização comercial independente fundada em 1930 que desenvolve normas consensuais para o projeto de rodovias, e juntos eles produziram um manual preliminar de projeto chamado *Context Sensitive Solutions in Designing Major Urban Thoroughfares for Walkable Communities* (Soluções Sensíveis ao Contexto no Projeto de Grandes Vias Urbanas para Comunidades nas quais se Pode Caminhar).[36] Esse manual fornece orientações para o projeto de traçados urbanos que priorizam o pedestre e faz parte de um esforço para ressuscitar o bulevar como um tipo de rua viável e merecedor de verbas públicas. Esse projeto semicompleto de 10 anos para derrubar essa parte particular do aparato da urbanização dispersa tem sido trabalhoso e lento,

Figura 2.17
Os pedestres são uma consideração secundária na engenharia de trânsito convencional.
Imagem © Departamento de Trânsito de Wisconsin

mas é um marco importante e deve servir como modelo para várias outras reformas urgentes.

Compreensivelmente, faltam na negociação complexa sobre a reforma das rodovias as ideias emergentes de infraestrutura de alto desempenho, como o custo do ciclo de vida, a filtragem das águas pluviais ou os padrões de céus escuros. Muitas das barreiras à implementação do urbanismo sustentável resultam de regulamentações fragmentadas que não conseguem envolver um conjunto de preocupações mais completo. Por isso, o projeto do CNU-ITE deveria ser considerado uma reforma de primeira geração do urbanismo sustentável, sujeita a aprimoramentos futuros. Realmente, chegou a hora de reexaminar as isenções concedidas, na Lei da Água Limpa, à filtragem do escoamento superficial de vias públicas e terras agrícolas. Esse direito de poluir é, sem dúvida, uma visão antiga diante das práticas emergentes relativas a águas pluviais, vias e vielas, partes cada vez mais comuns nos projetos urbanistas sustentáveis **(veja a Figura 2.18).**

Figura 2.18
As ruas com canteiros de chuvas filtram suas próprias águas pluviais dentro da via pública.

É chocante perceber que, embora lastimemos a urbanização dispersa – assim como o papel que desempenha nas guerras que envolvem as reservas de petróleo e como está acelerando as mudanças climáticas –, ninguém se dá ao trabalho de evitá-la ou desfazê-la. Esperar que o CNU, uma organização com apenas três mil membros, seja o Davi que luta contra o Golias da dispersão é um sintoma do quão pouco a nossa sociedade tem se importado com esse desafio. Por outro lado, o projeto do CNU-ITE demonstra como é possível, com uma liderança paciente e persistente, reverter sistematicamente a situação.

Terceiro passo: Uma campanha nacional pela implementação do urbanismo sustentável

Para que o urbanismo sustentável avance e ganhe ímpeto, é fundamental que seja visto como um movimento que desempenha um papel integral na resolução das questões-chave de nosso tempo. Atualmente, ocorre o contrário. O maior debate sobre política urbana da nossa geração, o das mudanças climáticas, tem misteriosamente deixado de lado a ideia de mudança no ambiente construído. Até *Uma Verdade Inconveniente* (2006), o documentário que parece ser a mensagem histórica dos Estados Unidos sobre as mudanças climáticas, evitou qualquer menção à calamidade que é o transporte e o uso do solo em nosso país. Além de sugerir duas atitudes que uma pessoa poderia tomar em relação aos automóveis – clubes de automóveis ou sistemas de compartilhamento – o mais próximo que chegou foi esta recomendação: "Reduza o número de quilômetros que você dirige o seu carro caminhando, andando de bicicleta, compartilhando seu automóvel ou transporte de massa sempre que possível".[37] Essa frágil orientação parece revelar uma sensação de resignação e impotência no que se refere a agir sobre o ambiente construído onde vivemos, trabalhamos e nos divertimos.

Talvez os roteiristas de *Uma Verdade Inconveniente* só tenham sido realistas ao não listarem ideias radicais e darem foco ao que é fácil de ser feito aqui e agora. Infelizmente, esse ponto de vista é tragicamente míope. O diálogo sobre as mudanças climáticas, até agora, tem apenas abordado reparos técnicos – lâmpadas, eletrodomésticos, carros ou edificações de melhor qualidade – uma resposta essencial, porém insuficiente. Segundo cientistas confiáveis que estudam as mudanças climáticas, as mudanças provocadas pelo ser humano já são bem percebidas e terão consequências por dezenas e centenas de anos. Esses cientistas afirmam que temos no máximo uma geração para reverter a situação drasticamente antes que surjam resultados cada vez mais catastróficos.[38] Os Estados Unidos continuam negando que precisamos mudar o nosso estilo de vida em vez de acreditar que uma bala de prata, como um combustível melhor ou um reparo técnico – carros movidos a hidrogênio ou etanol, para citar dois exemplos –, irá compensar. Se o país continua se recusando a enfrentar as causas principais das mudanças climáticas, é pouco provável que consiga reagir a essa ameaça com urgência suficiente para satisfazer o cronograma acordado. Em vez de acreditar em probabilidades mínimas, é preciso, por precaução, buscar todas as estratégias viáveis para tratar das mudanças climáticas.

Precisamos começar a exigir tanto a melhoria de pequenas coisas *quanto* o urbanismo sustentável agora – vejamos o porquê. Instalar uma iluminação que economize mais energia é essencial e é algo que se pode fazer em um ano ou menos. Com o investimento em estanqueidade e em janelas melhores, as edificações existentes podem economizar energia em poucos anos. Por causa de uma crise nacional de energia nas décadas de 1970 e 1980, a troca da frota nacional de veículos por modelos que economizavam mais combustível levou aproximadamente 10 anos. A substituição por eletrodomésticos mais econômicos energeticamente pode ser feita em uma ou duas décadas, o mesmo tempo que os estoques levam para serem substituídos. Reformas maiores em edificações que visem a melhorar os sistemas de consumo de energia para aumentar a economia energética e reduzir as emissões de carbono são feitas uma vez ao longo de uma geração. Por outro lado, os empreendimentos imobiliários são extremamente persistentes, com padrões de infraestrutura pública e de parcelamento do solo que duram por gerações e até por séculos. Considere que o imperativo das mudanças climáticas talvez exija a transformação dos subúrbios dependentes de automóveis em lugares nos quais se possa caminhar – uma tarefa que leva décadas. É assustador pensar que os Estados Unidos podem permitir mais cinco, 10 ou 20 anos de urbanização dispersa, sabendo que talvez precise ser abandonada ou destruída em um futuro relativamente próximo. A adoção generalizada do urbanismo sustentável, com a sua capacidade de mudar voluntariamente o caminho do estilo de vida norte-americano, emerge como uma ferramenta central poderosa na campanha urgente contra as mudanças climáticas.

A questão passa a ser, então, como vender algo tão complexo, tão resistente a frases curtas de impacto, para uma sociedade norte-americana essencialmente confortável e resistente a mudanças que pergunta "Quais são os benefícios? O que eu ganho com isso?" Será que é possível se comunicar com um país tão exigente por conforto para, além do comodismo de produtos melhores (lâmpadas, eletrodomésticos, carros e edifícios), colocar o foco nos bairros ou corredores?

Surpreendentemente, o urbanismo sustentável é uma verdade conveniente e é mais fácil de vender que uma lâmpada econômica. Uma lâmpada dessas permite que uma família economize alguns dólares por ano em eletricidade, mas oferece poucos benefícios adicionais ao indivíduo. O urbanismo sustentável promove uma alta qualidade de vida com benefícios econômicos, ambientais e de saúde tangíveis a indivíduos e famílias. Ele promove um modo de vida que as pessoas estão escolhendo por interesse próprio.

O urbanismo sustentável soluciona a desconexão palpável que há, nos Estados Unidos, entre o tipo de vida que as pessoas realmente levam e a vida exigida pelas questões conjunturais. A próxima "viagem à lua" norte-americana não será extraterrestre – será uma redescoberta dos prazeres e benefícios de viver localmente.

Para acelerar a taxa de mudança no estilo de vida norte-americano, este livro introduz uma proposta para organizar uma campanha nacional pela adoção do urbanismo sustentável. Criada com base no recém lançado Desafio de Arquitetura 2030 – um programa de aumento da eficiência energética nas edificações resultando em edificações neutras em carbono em 2030 –, o Desafio Comunitário para 2030 propõe uma estrutura flexível de metas graduais de desempenho para a implementação do urbanismo sustentável (veja o Capítulo 9). Embora a questão limitada e quantificável do uso de energia em edificações tenha se mostrado especialmente adequada para esse formato de campanha, a mesma abordagem também pode estabelecer parâmetros para a complexidade do urbanismo sustentável.

Esta campanha irá acelerar a adoção do urbanismo sustentável durante a próxima geração, utilizando uma estratégia de implementação "de baixo para cima". O foco principal será a criação de uma liderança informada e persuasiva que apoie o urbanismo sustentável. Isso, por sua vez, deve revigorar as práticas locais de planejamento e zoneamento e torná-las mais rigorosas, além de promover a adoção de leis estaduais e federais necessárias que permitam a adoção do urbanismo sustentável. Se isso for feito de maneira estratégica, o Desafio Comunitário para 2030 organizará, com os cidadãos – de líderes de associações de bairro a empreendedores e governadores –, um grande exército para implementar os três "ganchos" do urbanismo sustentável: o treinamento, os projetos-modelo e os planos e códigos.[39]

Comecemos pelo treinamento. Muitos dos tomadores de decisão que determinam o padrão de empreendimento nos Estados Unidos são voluntários sem treinamento para a prática da urbanização. Essas tropas potenciais do urbanismo sustentável, principalmente as que se encontram nas linhas de frente da rápida urbanização dispersa, estão, muitas vezes, mal equipadas para combater o aparato oculto da dispersão, de forma que sua derrota não surpreende. Há uma enorme oportunidade para mudarmos esse resultado, educando esses tomadores de decisão sobre os benefícios do urbanismo sustentável e seus impedimentos.

Há poucas ferramentas poderosas de reforma local além de excelentes projetos-modelo. Existe, na maioria dos municípios, uma enorme oportunidade para que os melhores e mais capazes empreendedores locais que trabalham junto com as autoridades e líderes locais promovam um modelo de empreendimento do urbanismo sustentável. Na verdade, a maioria dos estudos de caso neste livro é resultado de uma visão apoiada pelos municípios implementada por uma equipe de empreendedores igualmente dedicada. A seção de implementação deste livro (Capítulos 3 e 4) descreve exatamente como abordar essa tarefa tanto por parte da prefeitura como da equipe de empreendedores. Os estudos de caso incluídos neste livro (Capítulos 10 e 11) demonstram a variedade de escala e ambição evidente nesses projetos. Os parâmetros dos estudos de caso tornam mais específico o processo de elevar o padrão de qualidade do empreendimento.

Como já observado, praticamente toda a urbanização dispersa que contribui para as mudanças climáticas e que é hostil aos pedestres nos Estados Unidos foi desenvolvida legalmente e de acordo com planos abrangentes e zoneamento. Por outro lado, a abordagem do urbanismo sustentável – que aumenta a expectativa de vida, reduz os tributos e pode salvar nosso planeta –, como demonstrado pelo LEED para o Desenvolvimento de Bairros, é ilegal em todo o país. Frequentemente, a densidade urbana exigida para sustentar o transporte público excede o máximo permitido pelos códigos de zoneamento, que determinam níveis mínimos de estacionamento, e as regras exigem ruas perigosamente largas. Isso deve mudar – provavelmente muito rápido. As leis estaduais que outorgam poderes aos municípios para a preparação e atualização dos planos abrangentes frequentemente exigem que a proteção da saúde, da segurança e do bem-estar dos moradores sejam alguns dos seus objetivos.[40] Considerando os vínculos bem documentados entre a dispersão urbana e a possibilidade de redução das expectativas de vida e aumento da obesidade e das ameaças à Terra, planos abrangentes que possibilitem a dispersão urbana devem, em um futuro próximo, ser vetados por lei. Com uma maior conscientização sobre como a dependência de automóveis pode fazer mal ao bem-estar humano, os planos do urbanismo sustentável podem, em poucos anos, se tornar a norma.

Notas

1. Carta do Congresso do Novo Urbanismo, 2001.

2. *Ibid.*

3. Guide to the Clarence Arthur Perry Lantern Slides, Collection Number 3442, Division of Rare and Manuscript Collections, Cornell University Library, http://rmc.library.cornell.edu/EAD/htmldocs/RMM03442.html (acessado em 24 de fevereiro de 2007).

4. Factoid Central, Casale Media, http://www.factoidcentral.com/facts/people.html (acessado em 5 de fevereiro de 2007).

5. Reid Ewing and Richard Kreutzer, "Understanding the Relationship between Public Health and the Built Environment: A Report Prepared for the LEED-ND Core Committee," May 2006, https://www.usgbc.org/ShowFile.aspx?DocumentID=1480 (acessado em 6 de abril de 2007), p. 92.

6. *Ibid.*

7. LEED for Neighborhood Development requires a minimum of seven dwelling units per acre. U.S. Green Building Council, LEED for Neighborhood Development Rating System (Pilot Version), Neighborhood Pattern and Design Prerequisite 2: Compact Development, http://usgbc.org/ShowFile.aspx?DocumentID=2310 (acessado em 24 de fevereiro de 2007).

8. Christopher B. Leinberger, "Back to the Future: The Need for Patient Equity in Real Estate," Brookings Institution, January 2007, http://www.brookings.edu/metro/pubs/200701226_patientequity.htm (acessado em 24 de fevereiro de 2007), p. 3.

9. John Holtzclaw, "Using Residential Patterns and Transit to Decrease Auto Dependence and Costs," National Resources Defense Council, 1994, http://www.smartgrowth.org/library/cheers.html (acessado em 24 de fevereiro de 2007), p. 8.

10. Steven Lagerfeld, "What Main Street Can Learn from the Mall" (interview with Robert Gibbs), *Atlantic Monthly*, November 1995, p. 8.

11. Federal Energy Management Program, Combined Heat and Power Program Overview, U.S. Department of Energy,

2004, http://www1.eere.energy.gov/femp/pdfs/chp_prog_overvw.pdf (acessado em 24 de fevereiro de 2007), p. 1.

12. Alan Chalifoux, "The Impact of Site Design and Planning on Building Energy Usage: Building Energy Usage: A Primer Threshold on Energy Efficiency". Veja o Capítulo 9 deste volume.

13. Ewing and Kreutzer, "Understanding the Relationship Between Public Health and the Built Environment," p. 92.

14. U.S. Department of Health and Human Services, Centers for Disease Control and Prevention, "Kids Walk-to-School: Resource Materials," http://www.cdc.gov/nccdphp/dnpa/kidswalk/resources.htm#resentation (acessado em 24 de fevereiro de 2007).

15. Jeffrey Zupan, "Where Transit Works in 2006," Exhibit 6.4, http://www.reconnectingamerica.org/pdfs/BriefingbookPDF/Zupan%20Where%20Transit%20Works.pdf (acessado em 24 de fevereiro de 2007), p. 5.

16. Scott Bernstein, "How Streetcars Helped Build America's Cities," in Gloria Ohland and Shelley Poticha, *Street Smart: Streetcars and Cities in the Twenty-first Century* (Oakland, CA: Reconnecting America, 2006), p. 13–19.

17. Center for Transit Oriented Development, "Hidden in Plain Sight: Capturing the Demand for Housing Near Transit," Oakland, California, Setembro 2004, p. 7.

18. Peter Calthorpe, entrevista feita pelo autor na Conferência sobre Edificações Sustentáveis, Denver, Colorado, 15 a 17 de novembro de 2006.

19. John D. Daniels, "The Indian Population of North America in 1492," *William and Mary Quarterly* 49, 2 (1992): 298–320.

20. Cálculo de densidade feito pelo autor com base em http://en.wikipedia.org/wiki/Cahokia (acessado em 25 de fevereiro de 2007).

21. Richard Louv, *The Last Child in the Woods: Saving Our Children from Nature-Deficit Disorder* (Chapel Hill, NC: Algonquin Books, 2005), p. 104–5.

22. Veja Melanie Simmons, Kathy Baughman McLeod e Jason Hight, "Bairros Saudáveis," Capítulo 7 deste volume.

23. Center for Urban Horticulture, University of Washington, College of Forest Resources, "Urban Forest Values: Economic Benefits of Trees in Cities," November 1998, http://www.cfr.washington.edu/research.envmind/Policy/EconBens-FS3.pdf (acessado em 25 de fevereiro de 2007).

24. *Ibid*.

25. News Bureau, University of Illinois at Urbana-Champaign, "Exercise Shown to Reverse Brain Deterioration Brought on by Aging," November 20, 2006, http://www.news.uiuc.edu/news/06/1120exercise.html (acessado em 25 de fevereiro de 2007).

26. Andrew Ross Miller, "Valuing Open Space: Land Economics and Neighborhood Parks," master's thesis, Department of Architecture, Massachusetts Institute of Technology, http://dspace.mit.edu/handle/1721.1/8754 (acessado em 26 de fevereiro de 2007).

27. *Costs of Sprawl—2000*, TCRP Report 74, Transit Cooperative Research Program, Transportation Research Board, National Research Council, 2002, http://onlinepubs.trb.org/onlinepubs/tcrp/tcrp_rpt_74-a.pdf (acessado em 5 de fevereiro de 2007), Tables 7.8 and 8.4.

28. Government Accounting Standards Board, "GASB Releases New Standard that Will Significantly Change Financial Reporting by State and Local Governments," June 30, 1999, http://www.gasb.org/news/nr63099.html (acessado em 25 de fevereiro de 2007).

29. U.S. Environmental Protection Agency, "Heat Island Effect," http://yosemite.epa.gov/oar/globalwarming.nsf/content/ActionsLocalHeatIslandEffect.html (acessado em 25 de fevereiro de 2007).

30. Transportation Research Board, "High-Performance Infrastructure Guidelines: Best Practices for the Public Right-of-Way," October 2005, http://trb.org/news/blurb_detail.asp?id=5549 (acessado em 25 de fevereiro de 2007).

31. Greg Kats, "The Costs and Financial Benefits of Green Buildings: A Report to California's Sustainable Building Task Force," October 2003, http://www.cape.com/ewebeditpro/items/O59F3259.pdf (acessado em 25 de fevereiro de 2007), p. 19.

32. George W. Bush, State of the Union Address, January 31, 2006, http://www.whitehouse.gov/stateoftheunion/2006 (acessado em 25 de fevereiro de 2007).

33. Energy Information Administration, U.S. Department of Energy, "Oil Market Basics: U.S. Consumption by Sector," http://www.eia.doe.gov/pub/oil_gas/petroleum/analysis_publications/oil_market_basics/demand_text.htm#U.S.%20Consumption%20by%20sector (acessado em 25 de fevereiro de 2007).

34. Malcolm Gladwell, *The Tipping Point* (Boston: Little, Brown, 2000), p. 92.

35. U.S. Environmental Protection Agency, "Protecting Water Resources with Higher-Density Development," December 15, 2005, http://www.epa.gov/smartgrowth/pdf/protect_water_higher_density.pdf (acessado em 25 de fevereiro de 2007), p. 2.

36. Institute of Transportation Engineers, *Context Sensitive Solutions in Designing Major Urban Thoroughfares for Walkable Communities*, 2006, http://ite.org/bookstore/RP036.pdf (acessado em 25 de fevereiro de 2007).

37. "What Can You Do *An Inconvenient Truth* website, http://www.climatecrisis.net/takeaction/whatyoucando/index5.html (acessado em 12 de janeiro de 2007).

38. Edward Mazia, Architecture 2030, "The 2030 °Challenge," http://www.architecture2030.org/open_letter/index.html (acessado em 27 de fevereiro de 2007).

39. Pew Center on Global Climate Change, "Toward a Climate Friendly Built Environment," June 2005, p. vi.

40. Extrato da introdução do Comprehensive Plan, Ramsey, Minnesota, 2002.

PARTE DOIS

A IMPLEMENTAÇÃO DO URBANISMO SUSTENTÁVEL

Um método passo a passo para transformar meia dúzia de pessoas em um movimento de massa

O urbanismo sustentável representa a mudança de uma geração no que se refere a como os assentamentos humanos são projetados e construídos. Sua adoção como norma social exige que todos os muitos atores do processo de planejamento e desenvolvimento do urbanismo desempenhem tarefas bem específicas e com extrema coordenação. Tais indivíduos incluem administradores municipais, empreendedores, profissionais de desenho urbano e o público em geral. Este livro sugere que o urbanismo sustentável seja implementado continuamente, em termos interdisciplinares, trabalhando em todas as escalas, em cada projeto, um de cada vez. Para tornar isso fácil, esta seção introduz o estabelecimento de parâmetros – a base da melhoria gradual – e a *charrette* – o modelo de trabalho interdisciplinar da sustentabilidade. A seção fornece modelos de formulários para a seleção de profissionais de desenho urbano qualificados, a iniciação de projetos urbanistas sustentáveis e o pedido de propostas de empreendimentos urbanistas sustentáveis. A fim de garantir que o empreendimento resultante terá o desempenho almejado, o Capítulo 4 faz um resumo das tendências emergentes nas ferramentas de controle de empreendimentos ligadas ao urbanismo sustentável – códigos, convenções e restrições.

O urbanismo sustentável é um movimento de reforma poderoso, mas invisível. O movimento tem um exército potencial de reformistas, hoje provavelmente ativos e ligados a reformas pioneiras, como o crescimento urbano inteligente, o Novo Urbanismo e a edificação sustentável. O objetivo dos próximos capítulos é facilitar a atuação desses atores comprometidos, que ainda não estão ligados ao urbanismo sustentável, para que desempenhem um papel coordenado na adoção de suas reformas. Para alcançar esse objetivo, cada contribuição detalha passos específicos para senadores, governadores, prefeitos, câmaras de vereadores, reguladores, empreendedores, banqueiros, planejadores urbanos, engenheiros, arquitetos, agências de financiamento e outros, para implementar o urbanismo sustentável com uma ação de cada vez. Essa estratégia tem potencial para criar um valor imenso simplesmente coordenando o trabalho que as pessoas de qualquer modo teriam de fazer e, assim, adotando uma visão mais ampla. Ao estudar a lista inteira, os indivíduos verão como as suas ações se encaixam nas outras reformas. O que se espera é que, depois de uma geração de esforço coordenado, o urbanismo se torne a norma.

Fora das páginas deste livro, "urbanismo sustentável" é um termo extremamente ambíguo, sem nome reconhecido nem força como movimento de reforma. Como é definido aqui, *o urbanismo sustentável usa os conhecimentos dos sistemas humanos e naturais para integrar o urbanismo que prioriza o pedestre e o transporte público com edificações de alto desempenho e a infraestrutura de alto desempenho*. Embora essa definição ampla descreva o que deve ser feito, sua complexidade pode ser uma barreira para o entendimento e a ação. O objetivo é acelerar esse movimento de reforma do ambiente construído e posicionar o urbanismo sustentável como meio para gradualmente mudar o estilo de vida norte-americano rumo à sustentabilidade. Esta seção do livro foca em como alcançar esse objetivo ambicioso, oferecendo diversas dicas práticas. Elas incluem ferramentas para facilitar a comunicação e a liderança, e uma receita de processos, que descreve em linhas gerais os primeiros passos da implementação.

Uma estratégia essencial na adoção do urbanismo sustentável é a criação de uma mensagem simples e clara que descreva essa tarefa complexa. Para que uma pauta de políticas seja amplamente adotada, ela precisa ser formulada em inúmeros formatos escritos para complementar esse documento do tamanho de um livro: uma frase de efeito, uma "mensagem de elevador" de 15 segundos e uma lista de pontos para discussão descrevendo as estratégias e benefícios do urbanismo sustentável. Uma vez que seu foco é o nexo do estilo de vida norte-americano e o ambiente construído, o urbanismo sustentável é extremamente visual. O transecto urbano-rural introduzido neste capítulo é uma poderosa ferramenta de comunicação para ilustrar a variedade de tipos de lugares criados para os seres humanos e sua respectiva sustentabilidade. Para comunicar a viabilidade de agregação de valor por meio da oferta de opções urbanistas sustentáveis, esta seção inclui um menu de novas opções de urbanização, se contrapondo à urbanização dispersa.

Capítulo 3
Liderança e Comunicação

Tópicos de discussão do LEED para o urbanismo sustentável

Jim Hackler, ex-diretor do LEED para Moradias do USGBC e do programa EarthCraft House de Atlanta, e Irina Woelfle, do IWPR Group

Ideias complexas como o urbanismo sustentável são particularmente difíceis de transmitir nesta era de frases prontas e déficits de atenção. Porém, a indústria da comunicação tem ideias que podem ser utilizadas para transmitir uma mensagem clara. Os desafios e as oportunidades são muitos. O urbanismo sustentável é relevante para muitas tendências diferentes e acontecimentos atuais: mudanças climáticas, qualidade de vida, meio ambiente, setor da construção, redução de tributos, etc.

Profissionais da comunicação desenvolveram métodos para enfrentar esses desafios:

- *Defina a sua missão.* Decida quem você é e quais são os seus objetivos.
- *Defina o público.* Pessoas influentes? Parceiros? Possíveis parceiros? Clientes?
- *Esqueça o jargão.* A expressão "urbanismo sustentável" só serve para um público técnico. Para o grande público, considere a definição de um leigo: bairros onde você prefere ir a pé para todos os lugares (para ver pessoas, aproveitar os parques), com ruas arborizadas e edificações ecológicas.
- *Colete estatísticas a seu favor.* Este livro é uma boa fonte; apenas não sobrecarregue seu público com excesso de fatos e números.
- *Defina a sua mensagem para cada público.* Por exemplo:
  - Membros dos comitês de planejamento precisam saber que a infraestrutura de alto desempenho reduz os tributos.
  - Possíveis moradores precisam saber que suas edificações consomem pouca energia e ajudam a reduzir o aquecimento global.
  - Grupos de pessoas resistentes a mudanças em suas comunidades ou bairros (NIMBYs) precisam saber que o uso misto reduz o tráfego.
- *Use uma mensagem positiva.* Divirta-se! Enfatizar os aspectos positivos pode atrair mais pessoas do que fazer previsões catastróficas.

- *Use sinônimos*. Para se conectar com o público, você pode querer usar termos relacionados que talvez sejam mais familiares que Urbanismo Sustentável: "crescimento urbano inteligente", "urbanismo verde", "ecocidades", "cidades ecológicas", "LEED para o Desenvolvimento de Bairros (LEED-ND)", "bairros saudáveis", "comunidades que priorizam pedestres".

A tabela a seguir lista tópicos para discussão que abordam os três passos rumo ao urbanismo sustentável.

Tabela 3.1

Os três passos do urbanismo sustentável	Cidadão/morador/eleitor	Planejador/empreendedor	Representante eleito
1 Acordar os pesos e as medidas: criar um mercado para o urbanismo sustentável	Ter uma norma para um bairro certificado saudável onde as pessoas possam caminhar agrega valor, como um selo de aprovação.	Posso usar o LEED para o Desenvolvimento de Bairros (LEED-ND) para construir, empreender e comercializar os melhores projetos possíveis para os meus clientes.	A criação de incentivos como o licenciamento rápido ou a redução das taxas de impacto pode estimular mais empreendimentos sustentáveis que adotam sistemas de certificação como o LEED-ND.
2 Derrubar as barreiras da era do petróleo ao urbanismo sustentável	Subsídios e leis de zoneamento estão beneficiando grupos específicos e não são adequados a toda minha comunidade.	Densidade já não é um palavrão e, na verdade, oferece oportunidades para o transporte de massa que podem libertar as pessoas de seus automóveis.	Os códigos de edificação atuais estão ultrapassados e isolam as comunidades norte-americanas, forçando as pessoas a usar o automóvel.
3 Uma campanha nacional para implementação do urbanismo sustentável	Envolver-me em uma campanha nacional, como o Desafio Comunitário para 2030, me faz sentir como se estivesse contribuindo para algo maior.	O Desafio Comunitário para 2030 é bom para os negócios e para o planeta.	O Desafio Comunitário para 2030 pode conservar nossas limitadas verbas e favorecer o meio ambiente. É simplesmente uma questão de boa administração.

Os quatro principais desafios/oportunidades na comunicação sobre urbanismo sustentável

1. A dificuldade do público em reconhecer o termo e entender sua complexidade.
2. A falta de foco do público em como o ambiente construído afeta a saúde e a qualidade de vida.
3. A necessidade de distinguir, desde o início e com frequência, os empreendimentos urbanos sustentáveis da urbanização dispersa que está contribuindo para as mudanças climáticas.
4. Fazer as pessoas perceberem que o atual estilo de vida norte-americano reduz a harmonia em nossos lares, nossas vidas e nosso mundo.

O poder das opções contrastantes

Uma das melhores formas de transmitir a vantagem de escolher uma abordagem de urbanismo sustentável é justapô-la com a prática urbanista convencional. Quando uma alternativa de urbanismo sustentável se difere visivelmente de uma prática convencional, fotografias ou representações gráficas são um meio eficaz de apresentar as opções. Porém, como nem todos os benefícios do urbanismo sustentável são visíveis, é necessário oferecer ao observador informações relativas às diferenças em desempenho.

As imagens a seguir exemplificam como transmitir informações sobre o urbanismo sustentável. Elas demonstram o aspecto e o espírito dos espaços, enquanto as legendas informam os dados. O ideal é que os dados abordem os benefícios econômicos, sociais e ambientais.

Opções de investimentos em transporte público

Os Estados Unidos investiram centenas de bilhões de dólares ao longo das duas últimas gerações para criar o sistema de rodovias federais, que ajudou a provocar a atual urbanização dispersa e as consequentes mudanças climáticas. Nesta geração, o país precisa redirecionar os dólares investidos em transporte para reduzir a quantidade de uso de automóveis. Por exemplo, uma cidade de tamanho médio poderia ter um sistema de bonde com cerca de sete quilômetros pelo mesmo custo de dois trevos rodoviários.

Qual investimento público em transporte oferece maiores benefícios?

Figura 3.1a
Nos Estados Unidos, uma interconexão rodoviária como esta custa entre 10 e 30 milhões de dólares. Ela promove a instalação de hipermercados, que são pouco interessantes do ponto de vista do urbanismo sustentável e que somente podem ser acessados de automóvel.

Figura 3.1b
Esta linha de bonde ajuda no desenvolvimento de comunidades de uso misto e com alto padrão de vida, nas quais os moradores podem caminhar. Os bondes reduzem o uso de veículos particulares e aumentam o número de caminhadas, melhorando a saúde da população.

A escolha de onde morar

A escolha mais fundamental que os norte-americanos fazem é onde morar; esta decisão determina muitas das consequências imprevistas de nosso estilo de vida.

Onde eu deveria morar se quisesse melhorar minha saúde e reduzir meu impacto nas mudanças climáticas?

Figura 3.2a
A urbanização dispersa que provoca as mudanças climáticas: uma comunidade dependente dos automóveis na qual a família média dirige 38.400 km por ano e que tem uma densidade de 7,5 moradias por hectare.

Figura 3.2b
O urbanismo sustentável: uma comunidade conectada, com densidade de 40 moradias por hectare e destinos que podem ser acessados a pé, na qual a família média dirige apenas 14.400 km por ano.

De que modo uma linha de bonde poderia mudar o corredor de nossa comunidade mais dependente dos automóveis?

Figura 3.3a As artérias dominadas por automóveis têm velocidades de trânsito hostis aos pedestres, de até 80 km/h. Predominam os deslocamentos através da cidade, resultando em pouca atividade comercial ao longo da rua. Imagem © 1998 urban-advantage.com

Figura 3.3b A mesma rua, servida por uma linha de bonde, modera o tráfego para uma velocidade média de menos de 50 km/h. Predominam os deslocamentos locais, aumentando as vendas do comércio de bairro. Imagem © 1998 urban-advantage.com

Os critérios para a condenação da propriedade privada

Muitos estados outorgam aos municípios a autoridade de condenar a propriedade privada, a fim de promover o desenvolvimento econômico e a saúde, a segurança e o bem-estar públicos. Esta autoridade foi atribuída pela primeira vez como parte do movimento de renovação urbana das décadas de 1950 e 1960. Na definição do *The American Heritage Dictionary of English Language*, degradação (*blight*) é "algo que prejudica o crescimento, embota as esperanças e ambições ou impede o progresso e a prosperidade". Ainda vemos nos códigos de edificações de muitos estados norte-americanos os critérios antiurbanos originais, sobre que urbanismo condenar, inspirados nos CIAMs.

Quais dos critérios abaixo deveria servir de base para condenações?

Figura 3.4a
Esta área de um bairro, com uso misto, poderia ser considerada degradada, uma vez que corresponde a vários dos critérios atuais para definição da degradação urbana: equipamentos de estacionamento inadequados, cobertura do solo excessiva, alta concentração de edificações e falta de pátios e recuos laterais.

Figura 3.4b
As seguintes características da urbanização dispersa deveriam ser consideradas como um novo tipo de degradação urbana: falta de equipamentos para pedestres, presença de tipos de vias com altas taxas de mortalidade (ruas com caixa com mais de 10 m de largura), excesso de áreas de estacionamento ao ar livre e falta de diversidade nos usos do solo, resultando na dependência dos automóveis.

Pautas de implementação para líderes

Tornar o urbanismo sustentável o padrão dominante de ocupação do solo em todo o país é, na verdade, muito mais fácil do que se imagina. Lembre-se de que os benefícios dessa abordagem são enormes e atrairão o grande público. O truque é ver todas as mudanças no ambiente regulatório e construído e nos estilos de vida das pessoas como uma oportunidade para implementar o urbanismo sustentável. Podemos e precisamos fazer escolhas diferentes. Adquire-se força de verdade quando as ações são combinadas, otimizando o efeito de apenas uma atividade individual. A mentalidade precisa ser de que o país está pronto para uma mudança, que isso representa uma oportunidade enorme de avanço social, econômico e ambiental, e que a razão pela qual a mudança ainda não ocorreu é a falta de visão comum e liderança coordenada.

Esta seção é um primeiro esforço para criar uma pauta de ação para os muitos determinantes-chave do processo de urbanização e do ambiente construído. Todos têm um papel a desempenhar. Cada ação catalisadora listada a seguir sugere um conjunto de passos que podem ser tomados para a rápida promoção do movimento do urbanismo sustentável, com um projeto de cada vez. Pense nele como um movimento da contra cultura, uma propaganda boca a boca. Leve este livro para reuniões e mostre as diferentes seções para seus amigos, vizinhos, prefeitos, vereadores e empreendedores imobiliários para fazê-los entender que todos os projetos empreendidos na sua cidade ou município podem adotar o urbanismo sustentável.

Tabela 3.2   Pauta de implementação para líderes

Ação catalisadora	Pauta de implementação
Promova o urbanismo sustentável	Consulte o *Capítulo 3: Pontos de Discussão de Liderança* quanto a formas de divulgar os vários benefícios do urbanismo sustentável. Mantenha atualizados os progressos obtidos em termos de sustentabilidade.
	Patrocine uma série de palestras de um urbanista sustentável para aumentar a conscientização e criar a capacidade de integrar o urbanismo sustentável a cada projeto. Veja o *Capítulo 4: Conduzindo uma Charrette*.
Contrate profissionais urbanistas sustentáveis	Baseie-se no *Capítulo 4: Como Comprovar a Qualificação de Profissionais do Urbanismo Sustentável* para informações sobre a contratação de pessoal e uma equipe de empreendimento com uma perspectiva do urbanismo sustentável.
	Exija que um urbanista sustentável experiente seja incluído em cada equipe de projeto.
Selecione e apoie empreendedores urbanistas sustentáveis	Use o *Capítulo 4: Como Comprovar o Desempenho de Empreendedores do Urbanismo Sustentável* para a seleção de equipes de empreendimento.
	Use o *Capítulo 4: Como Comprovar o Desempenho de Empreendedores do Urbanismo Sustentável* como critério para avaliar o nível de apoio público para um projeto.

Tabela 3.2   Pauta de implementação para líderes   *(continuação)*

Ação catalisadora	Pauta de implementação
Estabeleça os objetivos de sustentabilidade	Use o *Capítulo 4: Estabelecendo Padrões de Sustentabilidade Municipal* para desenvolver padrões para os objetivos de sustentabilidade de um município. Acompanhe regularmente o progresso rumo a esses padrões.
	Modifique as leis de planejamento urbano geral para exigir iniciativas sustentáveis e o estabelecimento de todos os objetivos da sustentabilidade em futuros planos municipais de uso do solo.
Revise regulamentações ultrapassadas	Substitua os valores mínimos de recuos entre estacionamentos, iluminações e edificações por valores máximos.
	Para exemplos detalhados consulte o *Capítulo 8: Escuridão Pública*.
	Substitua os índices máximos de altura permitida, densidade e automóveis compartilhados por índices mínimos. Adote normas que abordem variáveis múltiplas em uma escala variável per capita.
Inicie um projeto de urbanismo sustentável catalisador	Consulte o *Capítulo 11: Escalas de Intenção* para encontrar um projeto modelo de tamanho apropriado para inspirar a sua cidade.
	Inicie um programa de uso compartilhado de automóveis. Os planejadores municipais devem fazer uma análise do sistema de informação geográfica dos bairros para determinar uma área viável para sustentar o compartilhamento de automóveis.
	Aumente essa área em 5% por ano. Veja o *Capítulo 7: Sistemas de Automóveis Compartilhados*.
	Desenvolva um projeto de habitações livres de automóveis. Veja o *Capítulo 7: Habitações Livres de Automóveis*.
Desenvolva um bairro sustentável	Desempenhe um Protocolo de Análise do Crescimento Urbano Inteligente (SNAP). Veja o *Capítulo 4: Criando Bairros Inteligentes*.
	Avalie se o bairro está completo segundo as normas estabelecidas por Victor Dover e Eliot Allen. Veja o *Capítulo 7: Definição e Completude de Bairro*.
	Os planejadores municipais devem mapear os bairros em termos de zonas dependentes de automóveis, zonas de pedestres e zonas mistas. Busque aumentar as zonas de pedestres em 5% por ano.
Desenvolva um corredor de sustentabilidade	Prepare um plano diretor para o uso do solo identificando corredores de transporte, de infraestrutura e de vida silvestre e áreas de influência adjacentes.
	As agências de transporte público devem adotar "garantias de transporte público no corredor" que exijam a provisão de serviços de transporte público quando a ocupação do solo em um corredor apresenta densidades mínimas.
	Supra a demanda por empreendimentos voltados para o transporte público com o planejamento de corredores regionais. Veja o *Capítulo 6: Integração de Transporte, Uso do Solo e Tecnologia*.
	Integre os corredores de vida silvestre na rede regional e os proteja da urbanização. Veja o *Capítulo 6: Corredores de Biodiversidade*.

Capítulo 4
O Processo e as Ferramentas para a Adoção do Urbanismo Sustentável

Como comprovar a qualificação de profissionais urbanistas sustentáveis

Figura 4.1
Os profissionais do urbanismo sustentável são identificados por meio de características específicas.

O passo mais importante na busca de uma abordagem de urbanismo sustentável é a seleção de um profissional ou equipe com o entendimento e as habilidades adequados. Para superar as inacreditáveis barreiras legais, políticas e de empreendimento, a prática do urbanismo sustentável exige uma combinação singular de atributos. Só a prática de planejamento novo urbanista já exige uma grande variedade de talentos em análise, comunicação visual, persuasão interpessoal e debate. Além disso, um urbanista sustentável precisa ter comprometimento tanto com edificações de alto desempenho quanto com infraestrutura de alto desempenho e precisa ter especialização em ambas as áreas. A seguir, apresentamos uma lista de critérios para seleção de planejadores urbanos e firmas de planejamento/desenho urbano qualificados.

Entendimento e comprometimento

- Adesão comprovada aos princípios descritos na Carta do Congresso para o Novo Urbanismo (veja http://cnu.org/charter). Os registros de planejamento e desenho urbano refletem um entendimento de que a falta de investimento em cidades centrais, a segregação econômica e racial, a difusão da urbanização dispersa sem o espírito de lugar, a perda de áreas agrícolas e silvestres, a degradação ambiental e a erosão de nossa herança construída são problemas que se relacionam entre si e que precisam ser abordados simultaneamente e com urgência.
- Entendimento detalhado do custo e dos benefícios da edificação sustentável, como a capacidade de abordar questões de mudanças climáticas, energia, conservação de água e recursos, qualidade nos ambientes internos e redução de resíduos sólidos por meio do projeto integrado.

Liderança

- Capacidade de envolver e persuadir com eficácia os colegas, funcionários públicos e clientes que não têm familiaridade com a teoria e a prática do planejamento novo urbanista e sustentável ou que se opõem a elas.
- Sucesso comprovado como representante de uma minoria dentro do espectro mais amplo de planejamento e empreendimento convencional. Experiência em divulgar os princípios novo urbanistas para a mídia e o público.
- Capacidade de estabelecer relações com outros profissionais do urbanismo para convencê-los do valor de uma abordagem que apresenta abrangência, sustentabilidade, crescimento urbano inteligente e Novo Urbanismo integrados com edificações de alto desempenho e infraestrutura de alto desempenho.

Experiência

- Participação comprovada em projetos de Novo Urbanismo como empreendimentos voltados para o transporte público (TOD), empreendimentos de uso misto, empreendimentos de bairros tradicionais e códigos de edificações baseados na forma, que também incorporam edificações e infraestrutura de alto desempenho.

Habilidades

- Fluência para falar em público, publicações profissionais e competência em desenho.
- Vontade de trabalhar em ambientes e comunidades diversas; capacidade de tomar iniciativas individuais e em equipe. Ter sido bem-sucedido em contexto de equipe multidisciplinar nos quais arquitetos, engenheiros, funcionários públicos, planejadores urbanos e ativistas da comunidade trabalhem juntos.

Especialização

- Especialização profissional em um ou mais subtópicos do urbanismo sustentável – por exemplo, e de preferência, empreendimentos sustentáveis, desenho da rede viária, ocupação de vazios urbanos, preservação de espaços abertos, habitação popular, mercado imobiliário, zoneamento e políticas, engenharia de águas pluviais, etc.
- Mestrado em planejamento ou desenho urbano, administração pública, políticas públicas, ciências sociais, arquitetura ou engenharia, com exposição acadêmica a toda a variedade de teorias de projeto e planejamento urbano.
- Acreditação profissional por meio de múltiplas organizações de liderança, incluindo o programa LEED do U.S. Green Building Council e o American Institute of Certified Planners e, como talvez seja oferecido no futuro, por meio do Congresso para o Novo Urbanismo e o LEED para o Desenvolvimento de Bairros.

O estabelecimento de padrões de sustentabilidade municipal: o Plano Urbanístico Sustentável de Santa Monica

A cidade de Santa Monica, na Califórnia, encomendou seu Programa Urbanístico Sustentável em 1994. Seu principal objetivo era assegurar que Santa Monica estava suprindo suas atuais necessidades – ambientais, sociais e econômicas – sem comprometer a capacidade das gerações futuras de fazer o mesmo. O programa alcançou esse objetivo abordando as principais causas dos problemas em vez dos sintomas e criando critérios de avaliação dos impactos de longo prazo das decisões da comunidade. Muitas das metas iniciais foram alcançadas ou superadas nos anos seguintes.

Em 2001, sua Força-Tarefa no Meio Ambiente começou com a revisão e atualização do programa, basicamente propondo mudanças significativas nas indicações iniciais e criando novas. O processo resultante, conhecido como o Plano Urbanístico Sustentável de Santa Monica, foi baseado em 10 princípios orientadores – incluindo o princípio de precaução – e tem como foco oito áreas de objetivos. Cada área de objetivo tem um conjunto de objetivos específicos, que, por sua vez, têm um conjunto de indicadores específicos. As metas para cada indicador foram criadas para o ano de 2010, usando 2000 como base de referência.

Metas de Santa Monica

A matriz ao lado lista todos os indicadores do Plano Urbanístico da Cidade no lado esquerdo. São apresentadas metas de desempenho para cada área de objetivo.

Tabela 4.1 Metas de sustentabilidade municipal de Santa Monica
(Metas selecionadas do plano urbanístico sustentável de Santa Monica revisado em 24 outubro de 2006)

Indicadores – Nível dos sistemas	Metas
Conservação de recursos	
Consumo de água • Consumo total em toda a cidade • % local *versus* importado • Potável *versus* não potável	• Reduzir o consumo total em 20% até 2010. Da quantidade total de água consumida, a não potável deve ser maximizada. • Aumentar o percentual de água potável obtida localmente em 70% do total até 2010.
Emissões de gases com efeito estufa • Emissões totais em toda a cidade (também registrar per capita, por fonte e por setor)	• Pelo menos 30% abaixo dos níveis de 1990 até 2015, para as intervenções da prefeitura. • Pelo menos 15% abaixo dos níveis de 1990 até 2015, em toda a cidade.
Pegada ecológica de Santa Monica	• Tendência de redução
Construção "ecológica" • Número total de edificações certificadas pelo LEED™ em Santa Monica como percentual de construções novas.	• 100% de todas as edificações > 930 m^2 e 50% de todas as edificações < 930 m^2 qualificadas para a certificação do LEED™ construídas até 2010 devem atingi-la ou o seu equivalente. Daquelas > 930 m^2, 20%, 10% e 2% devem obter certificação Silver, Gold ou Platinum do LEED™ ou equivalente, respectivamente.
Transporte	
Divisão • Número de deslocamentos por tipo, em toda a cidade • *Taxa média de uso de veículos* (AVR) das empresas de Santa Monica com mais de 50 empregados	• Tendência de aumento no uso de modais sustentáveis de transporte (ônibus, bicicleta, a pé, trem) • AVR de 1,5 até 2010 para as empresas de Santa Monica com mais de 50 empregados
Ciclovias e ciclofaixas • % dos quilômetros totais de vias arteriais com ciclofaixas na cidade • Quilômetros totais de ciclovias em Santa Monica	• 35% até 2010 • Sem redução líquida
Propriedade de veículos • Número médio de veículos por pessoa em idade de dirigir em Santa Monica • Número total de veículos por pessoa • % do total de veículos qualificados como *de baixa emissão/com combustível alternativo*	• Redução de 10% no número médio de veículos por pessoa até 2010 • Tendência de aumento na % de veículos qualificados como de baixa emissão / com combustível alternativo

(continua)

Tabela 4.1   Metas de sustentabilidade municipal de Santa Monica   *(continuação)*

Indicadores – Nível dos sistemas	Metas
Desenvolvimento econômico	
Equilíbrio entre locais de trabalho e habitação • Razão entre o número de locais de trabalho em Santa Monica e a quantidade de habitações • % dos moradores empregados na cidade	• A razão deve se aproximar de 1 • Tendência crescente
Educação e participação cívica da comunidade	
Participação de eleitores • % de eleitores registrados que votam em eleições regulares. Comparar à taxa de participação dos eleitores nos níveis regionais/nacionais.	• Aumentar a participação dos eleitores de Santa Monica para 50% em eleições em anos alternados até 2010
Envolvimento da comunidade sustentável • % dos moradores da cidade que estão cientes da Pegada Ecológica de Santa Monica e que entendem sua contribuição para ela	• 25% até 2010
Dignidade humana	
Necessidades básicas – oportunidade econômica • % dos moradores de Santa Monica que trabalham mais de 40 horas por semana para suprir suas necessidades básicas	• Tendência de redução

Tabela adaptada do Plano Urbanístico de Santa Monica disponível em:
http://santa-monica.org/epd/scp/pdf/SCP_2006_Adopted_Plan.pdf

Registrando a preferência da comunidade por forma e sustentabilidade: Pesquisa de Preferências de Imagens (IPS)

Christina Anderson
Farr Associates

Um passo vital na criação de um plano de urbanismo sustentável e, em última análise, de um código para pôr em prática esse plano é uma pesquisa de preferências de imagens. Esta é uma ferramenta poderosa para identificar as preferências de grupo quanto ao caráter e à aparência da comunidade. Visto que esse método de pesquisa se baseia no registro individual das preferências quantitativas dos participantes em um formulário, os resultados são considerados justos e neutros, o que ajuda a gerar um consenso dentro da comunidade. A discussão sobre as imagens logo depois da pesquisa permite que os participantes ressaltem e debatam as características de uma fotografia.

Em uma pesquisa de preferências de imagens, mostra-se aos participantes uma série de eslaides de PowerPoint, cada um apresentando um par de fotografias de diversas categorias temáticas **(veja as Figuras 4.2, 4.3, 4.4)**. As categorias se diferem com base nas necessidades da comunidade e podem incluir temas gerais como primeiras impressões, paisagem urbana e centros dos bairros, assim como localizações geográficas específicas dentro da área de estudo do projeto.

O objetivo dessa ferramenta é coletar as preferências sobre o caráter da comunidade, as quais irão, mais tarde, orientar o plano e o código de zoneamento. Assim, a fotografias devem ser selecionadas cuidadosamente e incluir tanto imagens locais quanto de fora da comunidade. A coleção de fotografias não deve apenas ilustrar exemplos óbvios de empreendimentos apropriados ou inapropriados; deve, acima de tudo, fornecer aos participantes uma gama de opções que possam ser executadas por toda a comunidade ou apenas em locais específicos dentro da comunidade. Fotografias que ilustram, claramente, exemplos de empreendimentos bons ou ruins estabelecem uma base de referência, enquanto fotografias que ilustram opções de empreendimento bom ou apropriado permitem que a própria comunidade crie um plano e um código.

Uma pesquisa de preferências de imagens para um projeto de urbanismo sustentável inclui imagens de formas e implantação de edificações, tipos de espaços abertos e tipos de vias. Essas fotografias fornecem uma gama de opções que a comunidade pode selecionar para criar um ambiente construído que promova bairros ativos nos quais se possa caminhar. A pesquisa também incluiria imagens de elementos ecologicamente sustentáveis de alto desempenho, como opções de iluminação externa ou sistemas de águas pluviais. Essas imagens de urbanismo sustentável expandem as opções de caráter e desempenho dos empreendimentos. A informação coletada com essa pesquisa determina as atividades da *charrette* e influencia o plano e o código finais.

Exemplos de categorias de Pesquisas das Preferências de Imagens (IPS)

Padrões de Uso do Solo
Figuras 4.2a, 4.2b   A maioria das comunidades tem inúmeros exemplos de empreendimentos voltados para os automóveis e esteticamente ruins, como este centro comercial linear à esquerda. Este tipo de imagem pode ser contrastado com a imagem de um prédio de uso misto construído sem recuos frontais e configurando as esquinas. Muitas vezes os participantes apenas se dão conta dos problemas oriundos de padrões de empreendimentos convencionais quando veem ilustrações de exemplos melhores.

Tipologias de Edificação
Figuras 4.3a, 4.3b, 4.3c   Para ilustrar possíveis formas e implantações para as edificações, imagens como estas três podem ser apresentadas para esclarecer as opções em termos de alturas, recuos, níveis de transparência nas fachadas e tipos de cobertura.

Tipos de Vias
Figuras 4.4a, 4.4b, 4.4c   Dependendo do tamanho do estudo para o projeto, as plantas e o código de edificações deveriam permitir uma variedade de tipos de via. A inclusão destas ilustrações permite que os participantes considerem que um tipo de rua talvez não seja apropriado a todos os empreendimentos urbanos.

Conduzindo uma *charrette*

Bill Lennertz, National Charrette Institute
Direitos autorais ©2006 American Planning Association

O urbanismo sustentável adota a *charrette* como a estratégia mais eficaz para o planejamento de bairros e comunidades. Uma *charrette* é o evento catalisador no processo de planejamento. É uma oficina colaborativa, ou uma série de oficinas, de desenho e planejamento urbano, e seu objetivo é produzir um plano viável que se beneficia do apoio de todos os envolvidos. As *charrettes* podem ser usadas para praticamente qualquer tipo de projeto de planejamento, principalmente aqueles que são controversos e complicados. São feitas *in loco* e incluem todas as partes afetadas pelos tópicos importantes de decisão. *Charrettes* de planejamento de comunidade têm um histórico comprovado de atrair um grande número de pessoas, incluindo muitas que normalmente não participam de eventos de planejamento do terreno. (*The Charrette Handbook*, criado pelo National Charrette Institute e publicado pela American Planning Association, é a melhor fonte sobre este assunto.)

Como idealizada pelo National Charrette Institute (NCI), uma *charrette* dura de quatro a sete dias consecutivos, dependendo do tamanho e do escopo do projeto. Seu objetivo é juntar todos os envolvidos nas tomadas de decisão por um período limitado de tempo para a criação de uma solução na qual todos saem ganhando, tornando-a uma das técnicas mais poderosas à disposição do planejador. A *charrette* é organizada como uma série de ciclos de retroalimentação por meio dos quais os envolvidos discutem tópicos importantes de decisão. Esses tópicos são discutidos nas reuniões principais dos envolvidos, em diversas reuniões públicas e, eventualmente, durante os dias para visitação livre – todos no decorrer da *charrette*. Esses ciclos de retroalimentação fornecem à equipe da *charrette* a informação necessária para a criação de um plano viável. Além disso, e igualmente importante, permite que os envolvidos se tornem coautores do plano, assim é mais provável que o apoiem e o adotem.

Todos os passos e as tarefas esboçados em uma *charrette* do NCI ainda precisam ser desempenhados em um projeto de urbanismo sustentável. Porém, no urbanismo sustentável, *charrettes* também podem ser conduzidas como uma série de oficinas mais curtas distribuídas por um período de tempo mais longo. Uma vantagem dessa abordagem alternativa é que possibilita períodos e os ciclos de retroalimentação mais longos associados a novas abordagens pioneiras de arquitetura e infraestrutura. Outra vantagem é que uma série de múltiplas oficinas pode favorecer consultores locais e regionais de firmas nacionais, uma **direção preferível** para o futuro a fim de promover a especialização regional e reduzir as múltiplas demandas de deslocamento.

Figura 4.5 As ideias geradas em uma *charrette* são aperfeiçoadas por meio de reuniões públicas. Imagem © 2006 American Planning Association.

Figura 4.6
Planejadores, arquitetos, engenheiros e especialistas em políticas sociais se reúnem em uma *charrette* de revitalização urbana após o Furacão Katrina atingir New Orleans.

Figura 4.7
Em uma *charrette*, os membros da comunidade podem se dividir em grupos para discutir as possibilidades de um empreendimento.

O **National Charrette Institute estimula todos os participantes no processo dinâmico de planejamento, seja nos estágios de coleta de dados, de** *charrette* **ou de implementação, a internalizar os cinco valores seguintes:**

Saúde da comunidade. Os processos holísticos de planejamento baseados em valores locais produzem soluções que sustentam comunidades saudáveis. As comunidades saudáveis melhoram o bem-estar social, econômico e físico de seus moradores, lugares e ambientes naturais.

Colaboração. A contribuição de cada indivíduo ajuda a produzir o melhor resultado. Quando os patrocinadores de um projeto mantêm este valor, os atores são vistos como membros de uma equipe maior que têm contribuições valiosas e são essenciais para a implementação.

Transparência. A clareza nas regras, nos processos e nos papéis é essencial para a colaboração. Os envolvidos sabem se um processo é genuinamente colaborativo e qualquer falta de transparência irá rapidamente minar sua crença no processo. Todas as informações relevantes para as decisões devem estar disponíveis para os envolvidos.

Aprendizado compartilhado. O aprendizado compartilhado exige o envolvimento de todos os pontos de vista relevantes no processo de tomada de decisão. Facilita um novo entendimento, que pode levar a uma mudança nas percepções e posições das pessoas.

Comunicação direta, honesta e oportuna. O trabalho colaborativo, baseado no aprendizado compartilhado, exige comunicação e retroalimentação frequentes entre os patrocinadores do projeto e os envolvidos. Esses ciclos de retroalimentação fornecem a todas as partes o raciocínio por trás das decisões e os conhecimentos de como a sua contribuição afetou o resultado.

Criando bairros sustentáveis com o Protocolo de Análise dos Bairros Inteligentes (SNAP) de Toledo

Carolee Kokola
Farr Associates

Os critérios de classificação do Protocolo de Análise dos Bairros Inteligentes (SNAP) constituem uma estratégia-chave para o planejamento em prol de uma maior qualidade de vida dentro de um contexto urbano existente. Embora tenha sido criado com base nos estudos de caso dos bairros de Toledo, o SNAP pode ser aplicado na orientação de esforços de renovação urbana em outras cidades, com mínimos ajustes. O objetivo dos critérios de classificação do SNAP é avaliar bairros existentes em áreas urbanas e projetos propostos de renovação de vazios urbanos de acordo com os princípios do urbanismo sustentável. O SNAP inclui um método para a priorização de empreendimentos imobiliários que resultem em bairros inteligentes e, ao mesmo tempo, maximizem os esforços de renovação urbana de uma cidade, aumentando os benefícios de um investimento futuro.

O SNAP ajudará os líderes e cidadãos de Toledo a reconhecer os pontos fortes de suas comunidades e determinar como aprimorar seus ativos de modo que resultem em opções de empreendimento que agreguem mais valor, sejam mais atraentes e mais sustentáveis. O SNAP pode ser usado por moradores de bairros, grupos da comunidade, funcionários da prefeitura ou outros envolvidos para inventariar os ativos de um bairro e visar tipos de empreendimento apropriados. Com o passar do tempo, esse inventário pode ser revisto para avaliar quanto os esforços de empreendimento de um bairro progrediram.

Os envolvidos da comunidade, chamados "construtores de bairros", coletam informações sobre seu bairro, incluindo as opiniões dos participantes sobre os pontos fortes e motivos de orgulho do bairro para que sejam aprimorados, assim como as características que precisam de melhoria (veja as Figuras 4.5 e 4.6).

O SNAP estimula os envolvidos a pensar em características específicas de seus bairros com mais profundidade do que normalmente o fazem. Esse exercício inclui uma "visita ao terreno", envolvendo o registro de dados à medida que cada participante caminha pelo bairro. Os participantes podem fazer as suas próprias visitas ao terreno em grupos pequenos ou sozinhos. Alguns dados podem ser coletados antecipadamente, utilizando os conhecimentos dos participantes de onde certas características específicas se encontram ou até mesmo utilizando a internet.

Capítulo 4 O Processo e as Ferramentas para a Adoção do Urbanismo Sustentável

Análise da área do bairro Uptown: Principais características do terreno

- As escolas, a biblioteca e a área de uso misto na Adams Street no histórico corredor de bonde são nós de atividade.
- Diversos "distritos" se sobrepõem: Uptown Neighborhood, Arts and Entertainment District e Avenue of the Arts.
- Os usos residenciais são multifamiliares ou em cima de espaços comerciais.
- Os usos públicos, de indústrias leves e de escritórios são significativos; muitos estúdios e oficinas de artistas se localizam no norte da rua Adams.
- Os usos exclusivamente comerciais orientados para os automóveis localizam-se, em sua maioria, na Monroe Street.
- O bairro é bem servido por múltiplas linhas de transporte público, embora as vias de mão única restrinjam o fluxo do trânsito.

Abaixo, um exemplo de folha de análise de terreno.

Primeiro Passo: Identificação da Lógica das Características do Terreno

Uma avaliação das características do terreno e dos usos gerais do solo lançará as bases para a análise do bairro.

Identificação das Características Existentes

Localize as seguintes características no mapa-base, da maneira apropriada. Esta página servirá como chave para a Prancha #1.

Nós de Atividade

Utilizando um marcador preto, circule todos os lugares que costumam ser movimentados com pedestres, como escolas, estações de transporte público, interseções onde se cruzam várias linhas de ônibus, centros comunitários, etc.

Exemplos de nós de atividade: Estação de transporte público (à esquerda) e zona comercial em um bairro (à direita)

Limites

Utilizando um marcador preto, desenhe uma linha dentada ao longo de quaisquer barreiras ou elementos naturais que serviam de limites ao bairro, como as rodovias ou um curso de água.

Exemplos de limites: Trilhos ferroviários (à esquerda) e uma via arterial larga e movimentada (à direita).

Marcos Urbanos

Desenhe uma estrela em sobre todos os marcos ou monumentos proeminentes, como locais de culto ou edifícios históricos importantes para a comunidade.

Exemplos de marcos: Uma igreja em uma interseção proeminente (à esquerda) e uma mansão histórica (à direita)

Figura 4.8 As instruções para o SNAP (Protocolo de Análise dos Bairros Inteligentes) têm como objetivo guiar os atores da comunidade através daquele que talvez seja seu primeiro exercício de planejamento de comunidade.

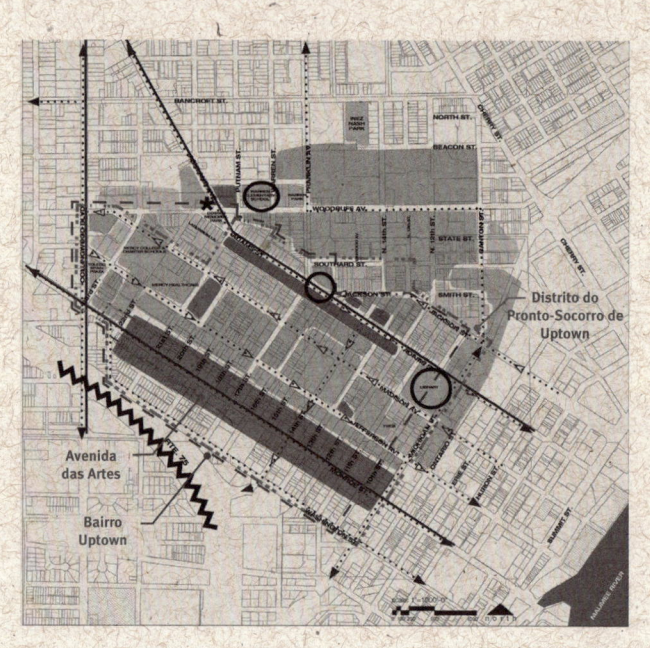

Figura 4.9 Esta prancha, que mostra o uso dos símbolos da Figura 4.5, ilustra o primeiro de uma série de exercícios elaborados para a coleta de percepções dos atores da comunidade quanto a seus bairros.

Um plano de bairro do urbanismo sustentável: o Protocolo de Análise dos Bairros Inteligentes (SNAP) de Toledo

Carolee Kokola
Farr Associates

Para uma introdução ao SNAP, veja "Criando Bairros Sustentáveis com o Protocolo de Análise dos Bairros Inteligentes (SNAP) de Toledo" neste capítulo.

Incorporando os resultados do SNAP no plano de um bairro

Os resultados do Protocolo de Análise dos Bairros Inteligentes (SNAP) deve ser usado para orientar o plano de renovação de um bairro. Um exemplo de um plano de empreendimento recomendado para o bairro Uptown é mostrado nas Figuras 4-10 e 4-11. Ele tira partido dos terrenos oportunos identificados, preenche os vazios urbanos nas áreas de comércio e aumenta a densidade para sustentar os usos comerciais recomendados. Os usos que estão faltando no bairro como um todo devem ser propostos para o seu centro de atividades. O resultado é um bairro com planejamento inteligente e um centro onde se pode caminhar e com uma ocupação de vazios apropriada – fatores que aumentam a qualidade de vida.

Embora alguns elementos do plano recomendado talvez não sejam viáveis em última análise, o conceito geral e algumas das recomendações específicas devem ser usados para orientar os esforços de renovação urbana. Qualquer edificação cívica ou pública deve ser projetada de acordo com as normas do LEED para Novas Construções do U.S. Green Building Council.

Análise adicional

O bairro existente pode também ser avaliado com as seções aplicáveis do LEED para o Desenvolvimento de Bairros, que pode complementar o SNAP, ao orientar sobre elementos específicos de construção e características de terreno para um empreendimento. A implantação recomendada e o empreendimento proposto estão de acordo com os objetivos do LEED-ND.

Resumo do SNAP: Principais recomendações para empreendimentos futuros

- Os limites do bairro identificado e o Arts and Entertainment District são maiores que a escala do bairro na qual se pode caminhar (**veja a Tabela 7.1**); uma área prioritária de renovação foi identificada, com foco no nó de comércio mais forte.
- A interseção entre as ruas Franklin, Adams e 17th pode se tornar um ponto focal chave e um centro de atividades com a construção de novas edificações de uso misto para complementar o bairro existente.
- O plano propõe aproximadamente dois mil metros quadrados de lojas de bairro.
- Os tipos de unidades residenciais recomendados incluem apartamentos/condomínios, unidades residenciais em cima de lojas e edifícios de apartamentos baixos e sem recuos laterais; a densidade deve se concentrar na Adams Street.
- Os novos parques oferecem espaços abertos em uma distância que pode ser percorrida a pé em três minutos de todas as residências. Ao menos um parque com recursos de drenagem urbana deve se localizar em uma área de alta visibilidade.
- Os veículos utilizados em um esquema de compartilhamento de automóveis se encontrariam, idealmente, em um lugar visível, adjacente a novas construções de uso misto.

Inventário de Um Bairro Ideal

Uso	Localização	Vazios
Loja de conveniência	1	a
Restaurante familiar	2	
Cafeteria	3	b
Banco	4	
Lavanderia/Lavagem a seco	5	
Farmácia		c
Consultório médico/odontológico	6	d
Creche	7	e
Escola de ensino fundamental	8	
Biblioteca	9	
Centro comunitário	10	f
Local de culto	11	
Correios/serviços públicos	12	g
Parque/parque com equipamentos de drenagem urbana	13	h
Linhas de transporte público	– – –	
Veículos compartilhados		i

Total: 16 de 16 usos-chave

Escore: 100%

Legenda
- Usos existentes
- Usos recomendados

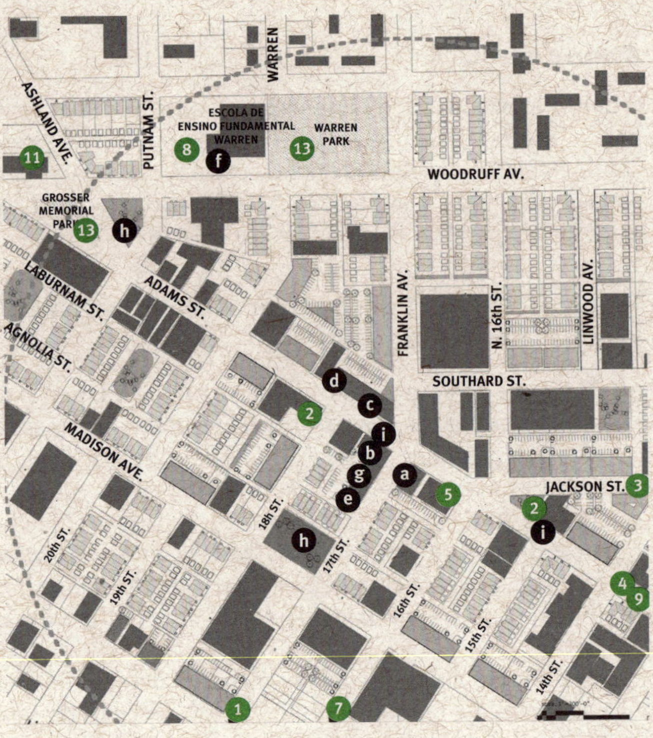

Figura 4.10
Um inventário ideal para bairro incluiria uma boa heterogeneidade nos usos, a fim de criar um forte nó de atividade.

Figura 4.11
Este exemplo de plano de desenvolvimento urbano para o bairro Uptown ilustra tanto as localizações atuais dos diferentes usos do solo como as localizações recomendadas para o futuro.

Plano diretor e código de edificações baseado na forma

Christina Anderson
Farr Associates

O zoneamento convencional geralmente ignora a forma das edificações e foca apenas no uso. O resultado tem sido edificações genéricas que carecem de caráter e não adequadas aos empreendimentos existentes e às preferências da comunidade. Os códigos baseados na forma focam na forma da edificação e como ela afeta os espaços públicos. Ao voltar as edificações para as ruas e os espaços públicos em vez de para estacionamentos e pátios privados, os espaços públicos são redefinidos da escala orientada para automóveis para a escala orientada para os seres humanos. Esse foco permite que os códigos baseados na forma orientem a criação de bairros ativos e sustentáveis. Aqui estão alguns dos aspectos mais importantes desses códigos.

Foco na forma

No mínimo, cada tipo de edificação terá detalhadas sua implantação, a do estacionamento, as exigências de fachada e uso, e a altura. As regulamentações frequentemente incluem variações aceitáveis, como alturas mínimas e máximas ou a substituição de um recuo por uma zona do terreno que deve ser ocupada. Essas variações permitem que o empreendimento tenha flexibilidade, e o nível de previsibilidade que elas oferecem se reforça. Uma vez que cada código é criado com base nas preferências da comunidade, os códigos se diferem entre as cidades e entre os bairros das cidades. Baseadas nessas preferências, as exigências de fachada irão variar, especialmente, no seu nível de detalhamento. No mínimo, características destinadas à priorização dos pedestres, como a localização das entradas, o nível de transparência, o tipo de base (tratamento da fachada principal do pavimento térreo) e o tipo de coroamento (incluindo o tipo de cobertura), serão reguladas, e uma cidade pode optar por incluir exigências adicionais.

Figuras 4.14a, 4.12b Os códigos de edificações baseados na forma podem preservar o caráter de um bairro ao estabelecer padrões baseados em empreendimentos pré-existentes, prevenindo intervenções fora da escala do tecido urbano consolidado, como o sobrado do tipo rural à esquerda, na primeira fotografia.

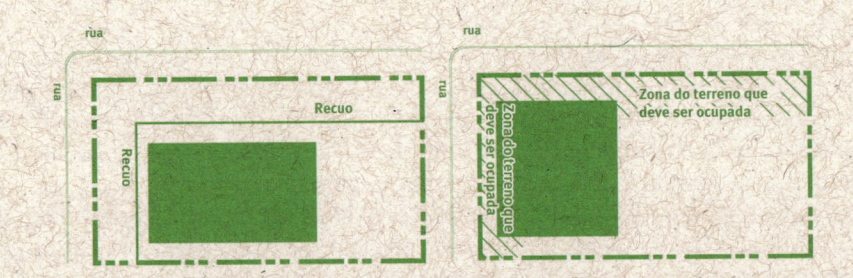

Figura 4.13 Um recuo estabelece o limite que a edificação não deve ultrapassar e é comum em códigos convencionais. Uma zona do terreno que deve ser ocupada oferece uma variação aceitável na qual a fachada de uma edificação pode ser implantada.

Plano diretor

Assim como um código convencional, distritos são criados, cada um permitindo o empreendimento de pelo menos um tipo de edificação ou de espaço aberto. Cada distrito é mapeado no plano diretor, o qual é semelhante ao mapa de zoneamento convencional; porém, isso é feito por meio da análise de cada lote e quadra individualmente e é promovido em códigos baseados na forma sem o estabelecimento de grandes faixas de um tipo de distrito. Além de mapear os tipos de edificações e de espaços abertos, o plano diretor também detalha como os tipos de vias são desenvolvidos de acordo com os tipos de edificação e de espaço aberto

Representação visual dos códigos baseados na forma

Uma vantagem dos códigos baseados na forma é que eles se fundamentam em ilustrações claramente identificadas para explicar cada norma. As ilustrações podem ter diversas formas, dependendo da norma a ser detalhada, incluindo plantas, cortes, elevações e perspectivas. Além de serem bem ilustrados, esses códigos baseados na forma são bem organizados; as informações mais relevantes se encontram em um só lugar, facilitando o entendimento por parte dos funcionários da prefeitura, empreendedores e moradores.

Normas de paisagismo, estacionamento, iluminação e sinalização gráfica

Códigos baseados na forma focam a criação de bairros ativos e sustentáveis, restabelecendo a conexão entre edificações, vias e espaços abertos. Para garantir seu êxito, normas de zoneamento relacionadas, como as de paisagismo, iluminação e sinalização gráfica, também precisam ser reescritas para aprimorar o ambiente imaginado. Por exemplo, as exigências de estacionamento devem ser reescritas para corresponderem melhor ao tipo de empreendimento proposto, e lojas de bairro e lojas em grandes vias distribuidoras demandam abordagens diferentes. As normas tradicionais de estacionamento geralmente ignoram o estacionamento na rua e as oportunidades de compartilhar as vagas entre os usos, sem falar na proximidade ao transporte público e a popularidade crescente das empresas de automóveis compartilhados.

Um conjunto completo de posturas para empreendimentos

Um código baseado na forma é uma parte do conjunto de normas de ocupação do solo necessário para que um município promova o empreendimento sustentável. Normas de loteamento e de administração também devem ser criadas juntamente com um código de zoneamento baseado na forma. O ideal é que esses três elementos sejam reunidos em um só documento, para facilitar o uso. As regulamentações de loteamentos detalham como o solo deve ser loteado e ocupado e podem incluir padrões de quadras, conexões com bairros existentes, técnicas de gestão de águas pluviais, redes de serviços públicos e materiais permitidos para superfícies impermeáveis. A administração das normas de zoneamento e loteamento inclui definições e deve também descrever os processos a serem seguidos para a ocupação do solo, como o rezoneamento, a aprovação da implantação do imóvel e as licenças para uso especial. Assim como outras posturas municipais, o processo de aprovação de projetos deve ser bem organizado e descrito para facilitar o uso por parte dos funcionários da prefeitura, empreendedores e moradores.

Localização da Edificação

Figura 3.07-2: Exigências de Altura e Uso

Exigências para a Fachada

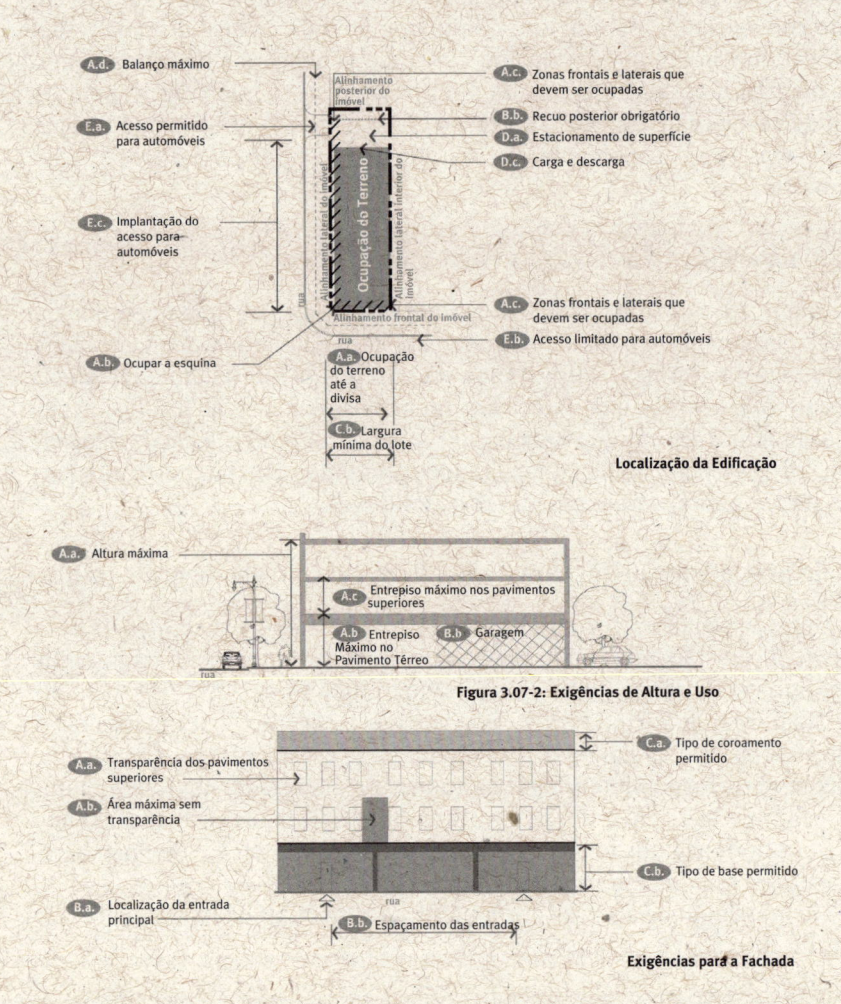

Figuras 4.14A, 4.14B Em um código baseado na forma das edificações, as normas são ilustradas utilizando-se uma variedade de formatos para assegurar que as exigências fiquem claras para qualquer pessoa que use o documento.

Incorporando a sustentabilidade por meio de Códigos, Convenções e Restrições (CCR)

Daniel K. Slone
McGuireWoods LLP

Os envolvidos em comunidades com plano diretor frequentemente almejam garantias que os projetos serão executados como foram planejados e prometidos e que os componentes sustentáveis não serão abandonados proposital ou acidentalmente ao longo do tempo. Tais compromissos podem ser difíceis, se não impossíveis, de serem assumidos ou exigidos no processo regulatório normal. Códigos, convenções e restrições (CCR) aplicados a propriedades privadas podem funcionar juntamente com o zoneamento e outras regulamentações para garantir o resultado desejado. Ao mesmo tempo, compradores e empreendedores precisam de flexibilidade para corresponderem às mudanças nas condições do mercado e nas tecnologias e às novas formas de pensar na sustentabilidade. Por ser extremamente difícil de modificá-los uma vez adotados, os códigos, convenções e restrições podem se tornar uma norma opressiva, mais limitante que as regulamentações ambientais e de zoneamento.

Os códigos, convenções e restrições devem conter o DNA do leiaute da comunidade e os seus programas de sustentabilidade, explicando o que são e como devem ser organizados. Devem auxiliar a comunidade a entender o resultado desejado, os direitos e as obrigações relativos dos envolvidos e os mecanismos para a manutenção das características desejadas depois que são empreendidas. Eles podem incluir elementos prescritivos detalhados, mas em cada caso deve haver uma declaração da norma de desempenho pretendida. Isso permite a adição de elementos não aceitos explicitamente, uma vez que condizem com as normas de desempenho.

Os CCR sempre são registrados, para que possam ser aplicados aos próximos moradores. Os "códigos" aos quais os CCR se referem não precisam ser especificados nos documentos registrados; podem ser códigos detalhados ou catálogos de padrões separados desses documentos, uma vez que os mecanismos de exigibilidade são descritos nos documentos registrados. Um exemplo de provisão de código é uma norma exigindo que os barris e as cisternas de águas pluviais tenham tampas de segurança apropriadas. As "convenções" são promessas ou obrigações detalhadas nos CCR – por exemplo, um compromisso de pagar os custos da manutenção de uma trilha para bicicletas que se estende por uma área ripária de transição. As "restrições" são os limites para as atividades que são permitidas dentro de um projeto – um exemplo seria a proibição de fogueiras dentro de espaços abertos preservados. Outras restrições importantes no processo de construção ou relativas à preservação de áreas de recursos particularmente importantes podem estar detalhadas nas ações, em vez de nos CCR.

Parte Dois: A Implementação do Urbanismo Sustentável

Linha do tempo: A Evolução dos CCR

- **Direito Romano** — Direitos de uso do solo de outras pessoas, para cruzamentos, acesso à água, etc.
- **Common Law Primitiva** — Acrescenta o direito de uso de terras comunitárias.
- **Revolução Industrial** — Regulamentação das vias públicas, dos direitos sobre a água e da proteção das propriedades privadas contra usos indesejados depois de adquiridas.
- **Hoje** — Regulamentação da vida, arquitetura, etc. da comunidade.

Considere o seguinte ao criar os CCR. Eles devem:

- Ser escritos em linguagem simples
- Usar o termo *deve(m)* quando as orientações são obrigatórias e *deveria(m)* quando são voluntárias
- Ser detalhados ao fornecerem instruções, mas não excessivamente (lembre que cidades de verdade geralmente prosperam sem regras excessivas)
- Criar recursos para o aprendizado das regulamentações, em vez de deixá-las sem explicação
- Estabelecer as diretrizes ou a visão do estado final
- Ser claros no que diz respeito às normas de desempenho, e flexíveis em relação aos mecanismos
- Contemplar a possibilidade de que nem tudo do projeto dará certo desde o começo
- Refletir o transecto urbano-rural e ajustar as exigências conforme a zona do transecto
- Fornecer mecanismos para a solução de conflitos
- Respeitar as leis estaduais que limitarem as regulamentações dos CCR

A seguir, uma tabela descrevendo as práticas sugeridas para os CCR.

Tabela 4.2 O transecto: prática sugerida para os CCR do setor privado

Exemplos	T1 Área de Preservação Rural	T2 Reserva Rural	T3 Área Sub-Urbana	T4 Área Geral Urbana	T5 Centro Urbano	T6 Centro da Cidade	DD Distrito Designado
Preservação de espaços abertos							
Área de valor histórico ou cênico	●	●					
Proteção dos recursos históricos (inclui as zonas de transição)	●		●	●	●	●	●
Proteção das reservas ecológicas (inclui as zonas de transição)	●		●	●			
Gestão de florestas sustentáveis	●	●					
Gestão de terras agrícolas – proteção de terras agrícolas mais produtivas	●	●					

Tabela 4.2 O transecto: prática sugerida para os CCR do setor privado *(continuação)*

Exemplos	T1 Área de Preservação Rural	T2 Reserva Rural	T3 Área Sub-Urbana	T4 Área Geral Urbana	T5 Centro Urbano	T6 Centro da Cidade	DD Distrito Designado
Proteção solar					●	●	
Restrições							
Limites no uso de químicos e pesticidas	●	●	●				
Limites de veículos fora de estradas	●	●					
Limites no uso das florestas (evitar a fragmentação destas)	●	●					
Céu Escuro		●	●	●	●	●	●
Normas							
Desenho Urbano			●	●	●	●	●
Ruas características de bairros tradicionais, ajustar os tamanhos, estacionamentos nas ruas			●	●	●	●	●
Orientação para pedestres no desenho dos lotes			●	●	●	●	●
Edificações							
Arquitetura			●	●	●	●	●
Construção sustentável			●	●	●	●	●
Abordagens sustentáveis em relação aos resíduos	●	●	●	●	●	●	●
Normas de eficiência em energia	●	●	●	●	●	●	●
Oportunidades para energias alternativas	●	●	●	●	●	●	●
Paisagem							
Espaços comunitários sustentáveis	●	●	●	●	●	●	●
Abordagem sustentável em relação ao descarte de resíduos nos jardins privados			●	●			

(continua)

Tabela 4.2 O transecto: prática sugerida para os CCR do setor privado *(continuação)*

Exemplos	T1 Área de Preservação Rural	T2 Reserva Rural	T3 Área Sub-Urbana	T4 Área Geral Urbana	T5 Centro Urbano	T6 Centro da Cidade	DD Distrito Designado
Infraestrutura							
Infraestrutura sustentável	•	•	•	•	•	•	•
Normas sustentáveis para o conserto ou manutenção	•	•	•	•	•	•	•
Abordagens sustentáveis em relação à geração de energia	•	•	•				
Abordagens sustentáveis em relação à gestão de águas pluviais							
Valas de drenagem gramada			•	•			
Barris e cisternas de águas pluviais			•	•	•		
Coberturas verdes				•	•	•	•
Abordagens sustentáveis em relação à gestão do esgoto			•	•	•	•	•
Abordagens sustentáveis em relação à gestão dos resíduos sólidos			•	•	•	•	•
Transporte			•	•	•	•	•
Oportunidades de transporte multimodal			•	•	•	•	•
Bens de uso comum							
Manutenção das águas pluviais			•	•	•	•	•
Manutenção de imóveis construídos sem recuos			•	•			
Redes de serviços públicos			•	•	•	•	•

Fonte: Susan F. French, "Design Proposal for the New Restatement of the Law of Property Servitudes", 21 *U.C. Davis L. Rev.* 1213, 1214 (1988).

Como comprovar o desempenho de um empreendedor do urbanismo sustentável

O Urbanismo Sustentável pode ser implementado com muita eficácia por empreendedores da iniciativa privada. Ter os critérios adequados para a seleção de empreendedores é um passo inicial muito importante. Exigir um nível específico de desempenho por meio do LEED para o Desenvolvimento de Bairros pode servir como um critério mínimo eficaz. Os critérios descritos a seguir – que totalizam 300 pontos e foram desenvolvidos pela cidade canadense de Vitória, na Columbia Britânica, para a criação da comunidade Dockside Green – são uma ferramenta eficaz para a seleção de um empreendedor do urbanismo sustentável.

Tabela 4.3

Critérios	Pontos possíveis	Critérios/questões
1. Recuperação proposta para o terreno		
A. Consistência no conceito de empreendimento em relação à gestão de recuperação e risco		
Ambiental	Sim/Não	O plano proposto irá atender às exigências atuais estabelecidas pela Lei da Gestão Ambiental da Colúmbia Britânica e os Regulamentos para os Lotes Confinados (Canadá)?
Econômica	Sim/Não	Os custos associados ao plano proposto de recuperação atendem ao objetivo de ponto de equilíbrio da cidade?
Econômica	15	Que riscos de recuperação são assumidos pelo proponente?
2. Uso do solo proposto		
A. Consistência no conceito do empreendimento em relação aos usos mistos		
Social	10	O empreendimento permite o uso misto (residencial, comercial, industrial leve, etc.)? Até que ponto?
Social	5	A área residencial oferece uma mistura que satisfaça as necessidades de uma grande variedade de faixas etárias e estágios de vida, assim como diferentes faixas de renda e unidades de aluguel/propriedade?
Econômica	5	Quantos empregos serão gerados depois da construção nos usos industriais e comerciais dos terrenos urbanizados?
Ambiental	5	O uso misto é oferecido de modo que as preocupações ambientais como o barulho e a poluição do ar sejam consideradas no projeto tanto no terreno como fora dele?

(continua)

Tabela 4.3

Critérios	Pontos possíveis	Critérios/questões
B. Consistência no conceito do empreendimento em relação à densidade ou ao coeficiente de área de piso		
Social	10	A densidade geral proposta do empreendimento dos terrenos varia em relação à densidade recomendada no conceito do empreendimento? Como o equilíbrio entre a densidade e o coeficiente de área de piso proposto gera espaço e espaço de atrações/suporte?
Social	5	A gama de densidade proposta varia em relação à densidade recomendada no conceito do empreendimento de terreno em terreno?
Econômica	2	A densidade/o coeficiente de área de piso proposto exige um aumento da infraestrutura cívica maior do que o sugerido?
3. Desenho urbano		
A. Respostas contextuais		
Sociais	10	A volumetria, a forma e o caráter da edificação coincidem com o que está estipulado pelo conceito do empreendimento? A volumetria proposta da edificação corresponde ao tecido urbano do contexto do empreendimento? Ela sustenta e serve como uma progressão natural/de transição do porto até a silhueta das edificações?
Econômicas	2	A qualidade da construção proposta é consistente com o conceito do empreendimento em termos de volumetria, forma e caráter?
Ambientais	15	O desenho dos volumes, das formas e do caráter leva em consideração e de modo positivo vento, luz e sombra, e linhas de visão?
B. Considerações ambientais (LEED)		
Ambientais	10	As edificações localizadas em áreas de risco do desenho em termos de implantação incluem barreiras de vapor do solo ou outros controles de vapor projetados aprovados?
Ambientais	20	Qual percentual de espaço construído poderá ser certificado pelo LEED e em que nível?
C. Circulação		
Social	10	Como a circulação estimula a conectividade, o senso de lugar e comunidade, tanto na área urbanizada quanto na comunidade do entorno?
Econômica	2	Os modais de transporte são mantidos e prestam serviço de modo sustentável, atualmente e no longo prazo?
Ambiental	10	Até que ponto a proposta estimula formas alternativas de transporte?
D. Exigências de esfera pública		
Sociais	10	As ruas são convidativas e podem ser frequentadas por pedestres, e os elementos ou espaços das edificações são desenhados em uma escala humana?

Tabela 4.3

Critérios	Pontos possíveis	Critérios/questões
Sociais	10	Corresponde às exigências de Prevenção de Crimes através do Desenho Ambiental?
Econômicas	4	Como os custos de operação e manutenção propostos serão abordados, atualmente e no longo prazo? Os custos operacionais/de capital são razoáveis? A proposta feita ao empreendedor para que faça a manutenção os elementos de esfera pública no longo prazo são à custa dele?
Ambientais	10	Qual é a proposta de proteção e/ou melhoria dos recursos naturais?
E. Provisões negociáveis/opcionais		
Sociais	10	O que o proponente está oferecendo que, na opinião dele(a), atende às necessidades locais?
Econômicos	5	Qual é a proposta de abordagem dos custos de operação e manutenção, atualmente e no longo prazo? Os custos operacionais/de capital são razoáveis? A proposta para que o empreendedor mantenha os elementos da esfera pública no longo prazo está à custa do empreendedor?
Ambientais	10	Quais são os benefícios ambientais das provisões propostas?
4. Valor líquido atual		
A. Valor da oferta		
	Sim/Não	Deve atingir o ponto de equilíbrio do valor líquido atual de compra. Isto não inclui o custo de remediação ou das amenidades.
Econômicos	50	Fórmula para o cálculo de pontos a ser determinada. Calculados com base no valor líquido atual, incluindo o valor líquido atual da proposta de recuperação.
B. Projeções de receita de tributos para a cidade		
Econômicos	10	Calculados com base na receita de tributos projetada, com base na proposta de ocupação de parcelas do solo ainda não urbanizadas e na análise de valor/uso padrão ou no valor de mercado estimado. Calculados com a ajuda de um especialista.
Subtotal do Escore do Proponente		
Sociais	100	
Ambientais	100	
Econômicos	100	
Total	300	

Reimpressão cortesia da cidade de Vitória, Colúmbia Britânica, Canadá. Texto completo disponível em www.city.victoria.bc.caa/cityhall/pdfs/currentprojects_dockside_rfp100904.pdf

PARTE TRÊS

OS PARÂMETROS EMERGENTES DO URBANISMO SUSTENTÁVEL

Nos últimos 25 anos, grandes planejadores e desenhistas urbanos aprimoraram sua capacidade de criar e vender empreendimentos urbanos com planos diretores ou para vazios urbanos. Contra todas as expectativas, diante da desenfreada urbanização dispersa, eles têm conseguido convencer empreendedores e prefeitos a criar um excelente urbanismo. Os projetos geralmente incluem redes de ruas estreitas, uso misto de habitações, diferentes tipos de edificações e uma variedade de parques até os quais se pode caminhar e abordam estacionamentos para automóveis de formas criativas. As ideias expressas nesses grandes projetos surgem lentamente, elevando o nível da indústria e oferecendo alternativas comprovadas e bem-sucedidas à urbanização dispersa. Chegamos ao Nirvana, não é mesmo?

Não. O urbanismo fornece a base para todos os assentamentos humanos sustentáveis; porém, os espaços urbanos antigos e históricos que inspiram o aspecto e o senso de boa parte da prática urbanista atual não eram nada sustentáveis. Tanto o antigo quanto o novo urbanismo lidaram com os muitos problemas de sustentabilidade fechando os olhos e ignorando-os: as águas pluviais e o esgoto eram e continuam canalizados – frequentemente em um mesmo cano – enterrados ou escondidos de outra forma. Há muitos outros exemplos de problemas de sustentabilidade ignorados: edificações ineficientes no consumo de energia e recursos, escoamento pluvial superficial não filtrado, ilhas térmicas urbanas, resíduos não reusados e uma total dependência das redes públicas globais de energia, alimentos e recursos. A sustentabilidade inerente da forma urbana pode ser muito aprimorada por meio do urbanismo sustentável. Mas por que isso importa?

Ao longo dos próximos 45 anos, 100 milhões de novos norte-americanos – sem falar nos outros 2,6 bilhões de pessoas no mundo inteiro[1] – terão suas casas construídas em novos empreendimentos em vazios urbanos e áreas rurais.

[1] Nota

Primeiro valor: Crescimento populacional previsto pelo Censo dos Estados Unidos, http://www.census.gov/population/projections/nation/summary/np-t1.txt

Segundo valor: revisão de 2004 das estimativas e projeções de população oficiais das Nações Unidas, Divisão de População do Departamento de Questões Econômicas e Sociais, http://www.un.org/News Press/docs/2005/pop918.doc.htm

Todo esse empreendimento precisa se basear em princípios urbanistas sustentáveis. Mas uma coisa é ser um dos primeiros a desenhar e desenvolver projetos individuais de acordo com o LEED para o Desenvolvimento de Bairros, e outra completamente diferente é todos os projetos no país fazerem o mesmo. Como milhares de prefeitos, vereadores, empreendedores, planejadores urbanos e arquitetos em todo o país podem esperar integrar os sistemas humanos e naturais do urbanismo sustentável se as regras que orientam esses sistemas não foram escritas?

Esta seção, chamada Parâmetros Emergentes de Urbanismo Sustentável, é dedicada a desvendar essas regras. Mais de 30 grandes especialistas norte-americanos propõem parâmetros ou regras práticas para o desenho e desenvolvimento do urbanismo sustentável. Esses parâmetros dimensionais ou relacionais se baseiam na avaliação especializada do que irá satisfazer a "regra dos 80%", orientações aplicáveis na maioria das vezes e em diversas condições. Todos os parâmetros são interdisciplinares, e isso é necessário. Pense, por exemplo, em apenas uma estratégia, o carro compartilhado. Ele pode, e provavelmente deve, reduzir a necessidade de estacionar fora das ruas (em estacionamentos) e aumentar a densidade permitida de empreendimento. Quando completamente integrada, essa estratégia pode enriquecer o bairro, reduzir o custo de vida e aumentar sua qualidade.

A organização desses parâmetros em cinco categorias busca voltar o foco para os principais desafios de integração do urbanismo sustentável: aumento da sustentabilidade com o aumento da densidade urbana, corredores de sustentabilidade, bairros sustentáveis, biofilia, edificações e infraestrutura de alto desempenho.

Por meio de um comprometimento contínuo com o desenho urbano e o empreendimento, lugares que integram sistemas humanos e naturais com o empreendimento convencional evoluirão rapidamente para o urbanismo sustentável.

Capítulo 5
O Aumento da Sustentabilidade por meio da Densidade Urbana

Explicando a densidade

"Há duas coisas que os norte-americanos não gostam: densidade e dispersão." Ditado novo urbanista

A densidade é o tema principal do urbanismo sustentável. Por um lado, é uma bala de prata de sustentabilidade, permitindo reduções indiscriminadas no uso per capita de recursos. Essas reduções ocorrem proporcionalmente ao aumento da densidade urbana. Melhor ainda, essa mesma bala de prata da densidade fornece benefícios locais, regionais e globais. Por exemplo, o dióxido de carbono e outros gases que contribuem para as mudanças climáticas produzidos por atividades humanas não respeitam fronteiras geográficas, combinando cada contribuição individual em um grande problema global. A redução da produção per capita dos gases com efeito estufa é uma estratégia essencial para que o aumento da densidade local gere um benefício global.

Por outro lado, a densidade também é um motivo frequente de hostilidade proporcional ao seu grau. Os benefícios globais da redução de quilômetros viajados por veículo parecem estar em conflito direto com os benefícios locais. Os vizinhos se mobilizam para fazer oposição ao empreendimento denso, considerando-o uma ameaça à sua qualidade de vida. Contudo, os ânimos ficam mais acirrados quando se trata do trânsito e dos estacionamentos, e, às vezes, do bloqueio à luz solar, do que quando se trata da densidade populacional em si. Bairros densos que contêm uma mistura ampla de bens e serviços geram menos deslocamentos per capita que lugares dependentes de automóveis. Porém, aqueles que se opõem ao projeto não sofrem reduções per capita do tráfego, mas aumentos do tráfego por hectare (veja a Figura 5.1). Paradoxalmente, a estratégia "Pense Globalmente, Aja Localmente", às vezes, pode parecer ser mais difícil de aplicar à questão extremamente importante da densidade.

Densidade populacional *versus* densidade de deslocamentos

Local	Densidade populacional	Deslocamentos por pessoa (por dia)	Densidade de deslocamentos (por dia)
Healdsburg	12,5 pessoas/hectare	48 km/pessoa	600 km/ha
Berkeley, Califórnia	75,0 pessoas/hectare	16 km/pessoa	1.200 km/ha
Centro de San Francisco	625,0 pessoas/hectare	6,4 km/pessoa	4.000 km/ha

Figura 5.1 Morar em comunidades mais densas reduz o uso de veículos particulares. Imagem © Martin Wachs.

Para esfriar os ânimos aquecidos com a discussão sobre densidade, o urbanismo sustentável precisa encontrar o equilíbrio certo entre os impactos locais e os benefícios globais. A densidade dos novos empreendimentos nos Estados Unidos é de cerca de cinco unidades de habitação por hectare – muito baixa para permitir destinos a pé. Esse uso do solo dependente de automóveis não tem futuro e precisa mudar. Este capítulo se dedica à densidade urbana – sua aparência, seus benefícios e o papel crucial que desempenha ao suportar tanto os sistemas humanos quanto os naturais.

Ilustrando a densidade

Ilustrações de John Ellis, WRT/Solomon E.T.C.

A maioria dos norte-americanos não pensa em termos de densidade numérica de um lugar nem entende muito bem qual é a aparência ou o custo de construção de diferentes densidades. As pessoas acham mais fácil analisar a escala dos empreendimentos, seja visitando-os ou por imagens.

Os empreendedores, por outro lado, precisam lucrar e estão extremamente atentos tanto à densidade quanto ao custo do empreendimento. Nas diversas densidades urbanas, o custo de construção de um projeto geralmente aumenta conforme a densidade. Isso significa que, para um empreendedor poder construir em altas densidades, os preços dos aluguéis e vendas também precisam ser mais altos para suportar o projeto. Ao mesmo tempo, há lugares de custo mais baixo que conseguem criar um equilíbrio adequado entre as exigências de zoneamento e construção dos códigos, os custos da construção e os lugares para interiorizar os estacionamentos. A **Figura 5.2** ilustra uma gama de densidades urbanas e seus respectivos custos.

Parte Três: Os Parâmetros Emergentes do Urbanismo Sustentável

Casas unifamiliares com recuos
Dois pavimentos, em vias locais
Olmsted, Seattle, WA — WRT/Solomon E.T.C.
25 unidades de habitação/ha
1 carro/habitação
Tipo V – construção com estrutura de madeira
1,00

Casas unifamiliares geminadas
Dois ou três pavimentos, em vias locais
Orenco Station, Seattle, WA — WRT/Solomon E.T.C.
37,5 unidades de habitação/ha
1 carro/habitação
Tipo V – construção com estrutura de madeira
0,95

Edifícios com oito apartamentos e pátio de estacionamento
Dois ou três pavimentos
Belmont Courts, San Francisco, CA — WRT/Solomon E.T.C.
50–62,5 unidades de habitação/ha
1 carro/habitação
Tipo V – construção com estrutura de madeira
0,90

Casas urbanas com garagens no térreo
Dois ou três pavimentos, em vias locais
Palm Court, San Jose, CA — WRT/Solomon E.T.C.
62,5–75 unidades de habitação/ha
1 carro/habitação
Tipo V – construção com estrutura de madeira
0,90

Blocos habitacionais baixos no meio da quadra e em vias locais
Dois ou três pavimentos, com acesso direto pela rua
Fulton Grove, San Francisco, CA — WRT/Solomon E.T.C.
112,5 unidades de habitação/ha
1 carro/habitação
Tipo V – construção com estrutura de madeira
0,90

Índice de Custo da Construção

Capítulo 5 O Aumento da Sustentabilidade por meio da Densidade Urbana 97

Edifícios de apartamentos com garagem + quatro pavimentos

Cinco pavimentos, garagem de um andar no pódio

125-375 unidades de habitação/ha
1 carro/habitação
Tipo V – construção com estrutura de madeira sobre pódio de concreto
1,60

Edifícios de apartamentos lineares, do tipo "rosquinha do texas"

Edificação de cinco pavimentos no perímetro da quadra – garagem independente com múltiplos/vários andares

125-375 unidades de habitação/ha
1 carro/habitação
Tipo V – construção com estrutura de madeira com garagem de concreto
1,60

Edificação híbrida – edifícios de apartamentos baixos e sem recuos laterais

Cinco pavimentos sobre o estacionamento no pódio

250 unidades de habitação/ha
1 carro/habitação
Tipo III – estrutura de madeira sobre garagem de concreto
2,00

Torre de apartamentos de altura média, com baixo risco para a saúde

Máximo de oito pavimentos – garagem de dois andares no pódio

187,5-375 unidades de habitação/ha
1 carro/habitação
Tipo I – construção com estrutura de concreto
2,00

Torre de apartamentos alta, com risco para a saúde

Mais de oito pavimentos – garagem com múltiplos andares no pódio

Mais de 375 unidades de habitação/ha
1 carro/habitação
Tipo I – construção com estrutura de concreto
2,50

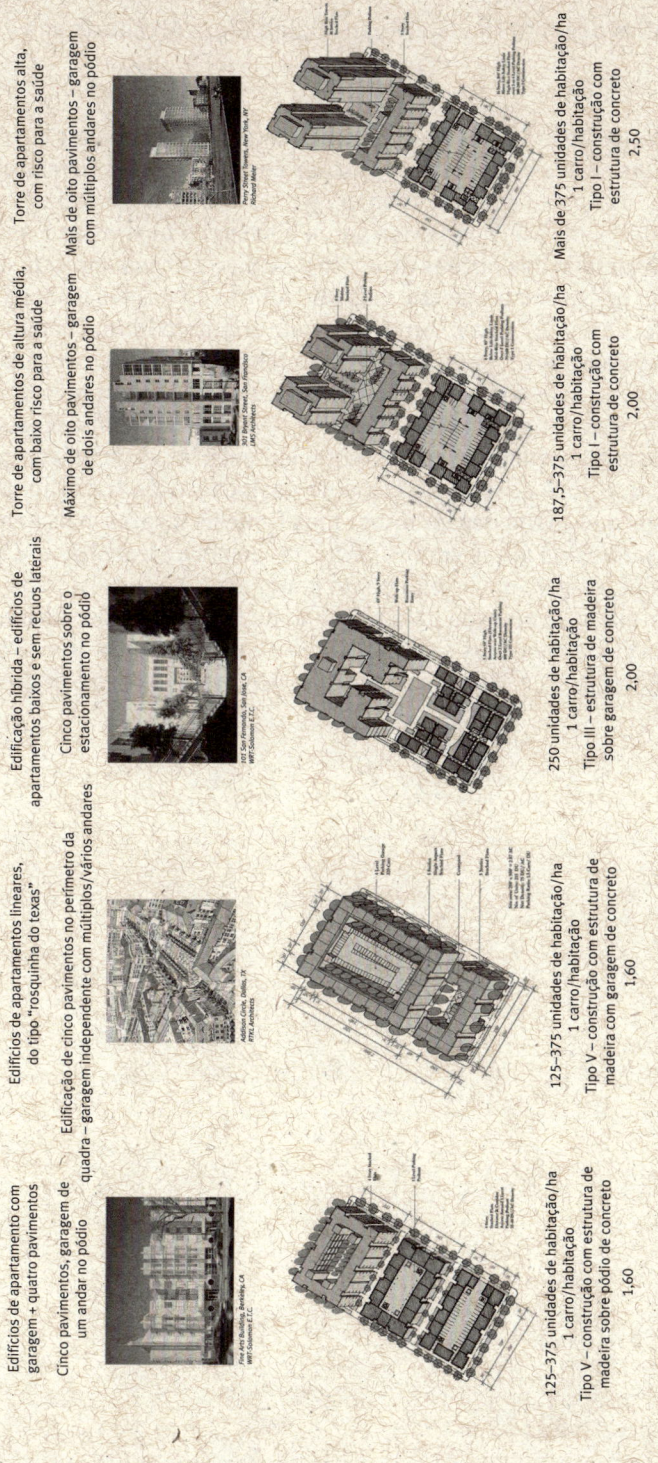

Figura 5.2 Esta figura ilustra e documenta padrões de assentamento humano em uma gama abrangente de densidades. Imagem © John G. Ellis

O transecto do dia a dia

Fotografias de Dhiru Thadani, Ayers/Saint/Gross Architects and Planners

O transecto urbano-rural descreve as escalas, as densidades e os caracteres variados dos tipos de lugares, de cidades centrais a áreas silvestres. Além de determinar o impacto que tem sobre a Terra, o tipo de lugar onde as pessoas vivem exerce uma influência poderosa sobre a saúde, o bem-estar e as opções disponíveis. A maioria das opções de estilo de vida e de consumo está disponível para qualquer pessoa no transecto, mas têm formas diferentes em lugares diferentes. As Figuras 5.3 a 5.7 foram fornecidas pelo arquiteto Dhiru Thadani. Elas ilustram como o caráter dos lugares se difere ao longo do transecto e como as pessoas e as empresas adaptam seu comportamento ou sua abordagem a cada contexto. As diferenças variam do incrivelmente trivial, como a raça do seu cachorro e o tipo de sapatos que usa, ao sustentavelmente importante, como a quantidade de solo que você consome e como se desloca para o trabalho. Uma conclusão inevitável que se tira dessas fotografias é que os lugares mais densos, por terem menos jardins ou áreas verdes para criar zonas de transição ou barreiras entre os prédios, exigem um investimento maior em projeto e estética. Estas imagens também chamam atenção para a dignidade sustentável da família de moradores urbanos cujos membros se deslocam a pé ou por transporte público, não possuem automóveis e vivem em apartamentos menores que o padrão.

Capítulo 5 O Aumento da Sustentabilidade por meio da Densidade Urbana   99

Figura 5.3 *(primeira linha de imagens)*
Transecto: Edificações. Imagem © Dhiru A. Thadani

Figura 5.4 *(segunda linha de imagens)*
Transecto: McDonald's. Imagem © Dhiru A. Thadani

Figura 5.5 *(terceira linha de imagens)*
Transecto: Starbucks. Imagem © Dhiru A. Thadani

Figura 5.6 *(quarta linha de imagens)*
Transecto: Washington, D.C.
Imagem © Dhiru A. Thadani

Figura 5.7 *(quinta linha de imagens)*
Transecto: Passageiros Pendulares.
Imagem © Dhiru A. Thadani

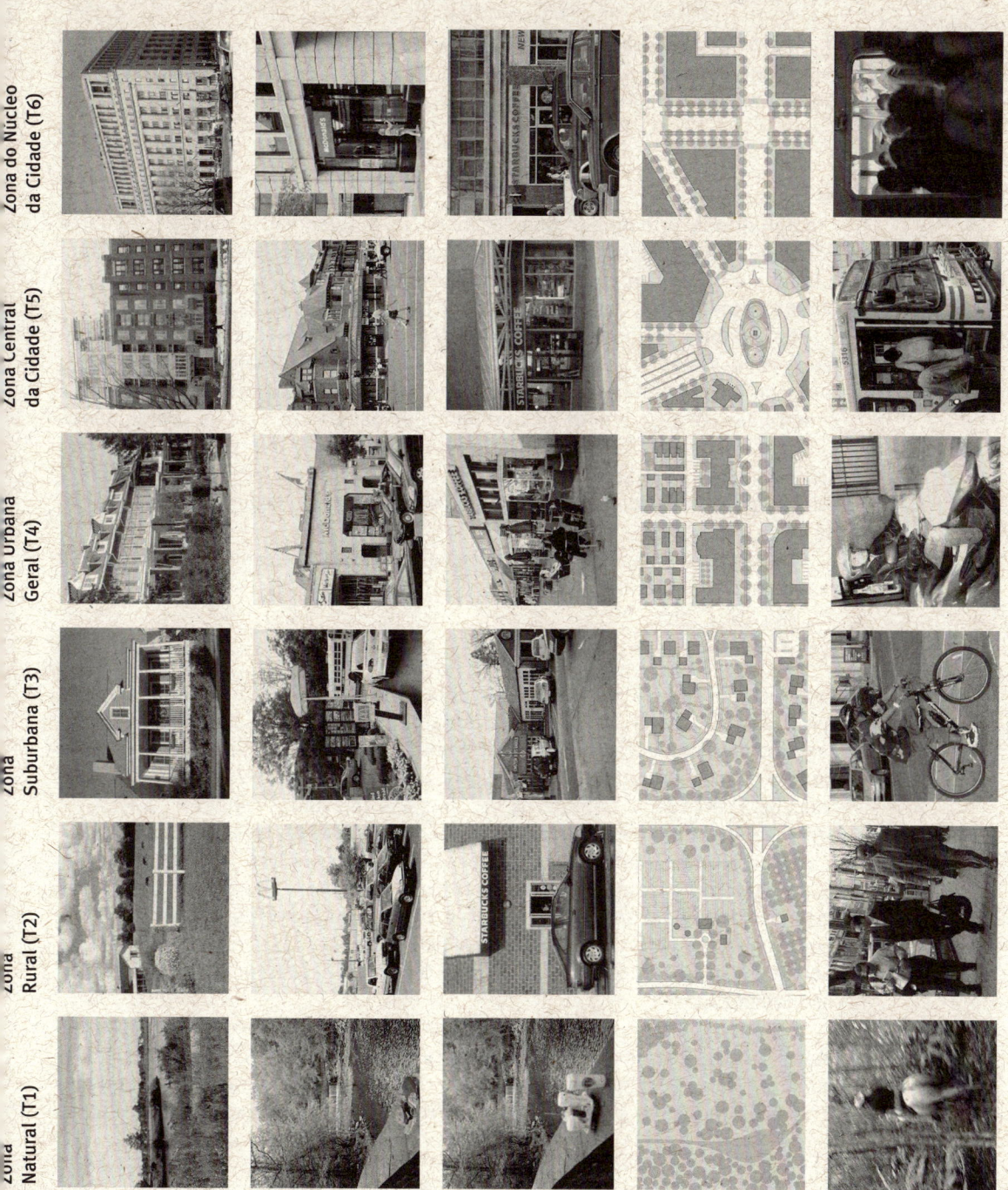

A água e o debate da densidade

Lynn Richards
Agência de Proteção Ambiental (EPA) dos Estados Unidos

O material deste capítulo é adaptado de "Protecting Water Resources with Higher-Density Development", EPA Publication 231-R-06-001, e "Water and the Density Debate", *Planning*, June 2006.

Há muitos componentes na proteção de bacias hidrográficas, como a implantação apropriada do empreendimento na bacia, a preservação do espaço aberto adequado e a proteção das características ambientais essenciais. Além disso, o lugar e a forma com que as comunidades escolhem se estabelecer e crescer podem desempenhar um papel crucial na proteção das bacias hidrográficas.

Nos Estados Unidos, a área de ocupação do solo da maioria das regiões, cidades grandes, cidades pequenas e bairros está crescendo, e talvez sua população também. Todos os dias, novas edificações e casas são propostas, planejadas e construídas. O crescimento urbano tem seus benefícios, mas as comunidades também estão enfrentando os desafios gerados por ele – por exemplo, o impacto sobre as fontes de água. Para proteger essas fontes, as prefeituras estão adotando uma grande variedade de estratégias de uso do solo, incluindo a urbanização de baixa densidade.

Mas essa estratégia estaria equivocada? Pesquisas recentes mostram que a resposta talvez seja sim.

O que as pesquisas mostram

Praticamente todas as áreas metropolitanas nos Estados Unidos expandiram nas últimas décadas. Segundo o Inventário dos Recursos Nacionais do Departamento da Agricultura dos Estados Unidos, a quantidade de áreas urbanizadas no país quase quadruplicou entre 1954 e 1997, passando de 7,5 milhões de hectares para cerca de 30 milhões de hectares nos 48 estados contíguos. De 1982 a 1997, período durante o qual a população desses estados cresceu cerca de 15%, a área urbanizada aumentou 10 milhões de hectares, ou 34%.

A maior parte desse crescimento ocorre na periferia das áreas urbanizadas inseridas em zonas rurais ou semirrurais, o que inclui florestas, campinas, pastagens e áreas agrícolas. Em uma análise de licenças emitidas em 22 áreas metropolitanas entre 1989 e 1998, cerca de 95% das licenças foram para áreas ainda não urbanizadas.

Segundo o Levantamento Habitacional Norte-Americano de 2000, 35% das novas habitações são construídas em lotes de 0,8 a dois hectares, e o tamanho médio do lote é cerca de apenas 0,2 hectare. Alguns códigos de zoneamento locais estimulam ou exigem lotes relativamente grandes, em parte porque os governos locais acreditam que essa abordagem ajude a proteger a qualidade da água. Eles têm o apoio de pesquisas que mostram que pavimentos impermeáveis podem diminuir a qualidade da água. Estudos mostram que uma bacia hidrográfica pode começar a ficar prejudicada com uma impermeabilidade de 10%, e piora conforme a impermeabilidade aumenta.

Essa pesquisa tem levado muitas comunidades a adotar o zoneamento de baixa densidade e um limite de impermeabilidade no nível do terreno, especificando um percentual máximo a ser coberto por superfícies impermeáveis como casas, garagens e acessos de automóveis. Esses tipos de normas de zoneamento e empreendimento se opõem aos empreendimentos de alta densidade porque maior densidade geralmente produz mais pavimentos impermeáveis no nível do terreno.

Mas isso é tudo? As abordagens de baixa densidade realmente protegem nossas fontes de água?

Veja as premissas

Um departamento de planejamento urbano geralmente analisa os impactos sobre o escoamento pluvial de uma proposta de empreendimento com base no número de hectares, e não no número de unidades de habitação sendo construídas. Usando um modelo de quatro mil metros quadrados (um acre), as comunidades talvez concluam que a baixa densidade urbana minimiza o escoamento superficial porque o escoamento superficial de uma casa em um terreno com quatro mil metros quadrados (um acre) é quase a metade do escoamento de oito casas nessa mesma área.

Contudo, deve-se levar em consideração onde as outras sete casas e seus ocupantes estariam localizados. Quase sempre, elas ficam em algum lugar dentro da mesma região – frequentemente dentro da mesma bacia hidrográfica. Essas moradias "deslocadas" também têm impacto sobre a água pluvial.

Para entender melhor os impactos que a urbanização com baixa densidade tem sobre o escoamento pluvial, os impactos de casas originais e deslocadas precisam ser considerados. Essa abordagem tem duas vantagens. Reconhece que a escolha não é entre receber mais uma, 20 ou 10 mil casas, mas onde e como acomodar o crescimento previsto para a região, seja ele qual for. Também enfatiza que a impermeabilidade e o escoamento totais devem ser minimizados dentro de uma região ou bacia hidrográfica, não em terrenos específicos.

Para explorar essa dinâmica de maneira mais completa, a Agência de Proteção Ambiental modelou cenários em três escalas – quatro mil metros quadrados (um acre), o terreno do empreendimento e a bacia hidrográfica – e em três períodos de tempo diferentes de ocupação de áreas ainda não urbanizadas, para examinar a premissa de que a urbanização com densidade mais baixa protege melhor a qualidade da água. O escoamento superficial da água da chuva foi examinado em três densidades urbanas diferentes, para determinar a diferença comparativa entre os cenários (veja a Tabela 5.2).

Algo interessante que descobrimos é que os cenários de densidade mais alta geravam menos escoamento pluvial por moradia em todas as escalas e períodos. Descobrimos que:

- Com uma urbanização mais densa (20 moradias por hectare), os índices de escoamento superficial da chuva por moradia diminuem cerca de 74% em relação à densidade de 2,5 moradias por hectares.
- Para o mesmo número de moradias, a urbanização mais densa produz menos escoamento superficial e menos cobertura impermeável que a urbanização de baixa densidade.
- Para determinada quantidade de crescimento urbano, a urbanização de densidade mais baixa ocupa uma parte maior da bacia hidrográfica.

Juntos, esses resultados indicam que a urbanização de baixa densidade frequentemente não é a melhor estratégia para reduzir o escoamento superficial da água da chuva. Além disso, indicam que densidades mais altas podem proteger melhor a qualidade da água, principalmente nos níveis do lote e da bacia hidrográfica **(veja a Figura 5.8)**. A urbanização de densidade mais alta consome menos solo, embora acomode a mesma quantidade de moradias da urbanização de densidade mais baixa. Consumir menos solo significa criar menos coberturas impermeáveis.

Embora o aumento das densidades por região possa proteger melhor as fontes de água em um nível regional, a urbanização de densidade mais alta pode criar mais cobertura impermeável no nível do terreno, o que pode aumentar os problemas de qualidade da água em corpos de água próximos ou adjacentes. Inúmeras técnicas no nível do terreno estão disponíveis para tratar desse problema. Quando usadas junto com as técnicas regionais, podem prevenir, tratar e armazenar o escoamento e os poluentes associados. Muitas dessas práticas incorporam técnicas de urbanização de baixo impacto como valas de drenagem gramada, áreas de biorretenção e biodigestores **(veja a Figura 5.9 e o Capítulo 8: Sistemas de Gestão da Água Pluvial)**. Outras práticas vão mais longe e mudam as estratégias de desenho urbano – por exemplo, reduzindo os espaços de estacionamento, estreitando as ruas e eliminando os *cul-de-sacs*.

Figura 5.8
O urbanismo compacto, como ilustrado por esta fotografia, é a melhor ferramenta para proteger a qualidade da água. Imagem © U.S. EPA

Figura 5.9
Biodigestor na escala da rua. Imagem © U.S. EPA

Tabela 5.2

Cenário	Área urbanizada (m²)	Cobertura impermeável (%)	Escoamento superficial da água da chuva total (m³/ano)	Escoamento superficial da água da chuva por unidade (m³/ano)	Economia de uma moradia por 4.000 m² (1 acre) de escoamento superficial da água da chuva por unidade (%)
Nível de 4.000 m² (1 acre): Densidades diferentes de urbanização em 4.000 m² (1 acre)					
A: Uma moradia/acre	4.000 (1 acre)	20	530	530	0
B: Quatro moradias/acre	4.000 (1 acre)	38	680	176	67
C: Oito moradias/acre	4.000 (1 acre)	65	1.120	140	74

Em geral, sabemos que, para proteger completamente as fontes de água, as comunidades precisam pôr em prática uma grande variedade de estratégias de uso do solo baseadas em fatores locais. Entre estas, está construir em densidades urbanas variadas, incorporando o espaço aberto adequado, preservando as áreas ecológicas e de transição importantes e minimizando a perturbação do solo.

Algumas estratégias específicas do terreno têm efeitos secundários. Elas podem melhorar o senso de lugar de um bairro, aumentar o caráter da comunidade e economizar o dinheiro dos contribuintes. As estratégias que atendem aos múltiplos objetivos das comunidades geralmente não são as abordagens tradicionais com alta tecnologia, como as bacias de retenção, que frequentemente são difíceis de instalar em áreas urbanas ou onde há condicionantes no terreno.

Essas abordagens não tradicionais funcionam melhor em áreas urbanas densas porque usam os elementos já existentes no bairro, como as vias, as coberturas e os centros comerciais abandonados ou pátios, e acrescentam tecnologia aos elementos paisagísticos para ajudar a coletar, manter e tratar a água pluvial *in loco*. Quando aplicadas da forma correta, essas abordagens tratam das questões da água pluvial e agregam valor à comunidade para ajudar a tornar o bairro um lugar mais atraente de se viver.

Densidades que sustentam o transporte público

É mais fácil atrair e reter os usuários do transporte público em corredores com alta densidade urbana. Simplificando, uma concentração de pessoas que vive ou trabalha próxima a uma parada de transporte cria um mercado estável de pessoas que percorre uma distância curta a pé até o serviço de transporte público. A quantificação dessa relação entre a densidade populacional em um corredor de transporte público e a sua capacidade de sustentar o transporte é essencial para o urbanismo sustentável, mas lamentavelmente pouco estudada. As primeiras pesquisas sobre esse assunto foram feitas na década de 1970 por Jeffrey Zupan e Boris Pushkarev para a Regional Plan Association. Embora o seu trabalho inclua apenas a região metropolitana de Nova York e tenha sido realizado em uma época que as pessoas dependiam muito menos dos automóveis, sua pesquisa ainda é válida. A tabela a seguir relaciona os modais de transporte com a densidade residencial mínima necessária para sustentá-lo (veja a Tabela 5.3).

Tabela 5.3 Modais de transporte público relacionados com a densidade residencial (Boris Pushkarev e Jeffrey M. Zupan)

Modal	Serviço	Densidade residencial mínima (unidades de habitação por hectare)	Comentários
Taxi-lotação chamado por telefone	De muitas origens a muitos destinos	15,0	Apenas se os custos de mão de obra não ultrapassarem o dobro dos tributos.
Taxi-lotação chamado por telefone	Destino fixo ou serviço por assinatura	8,75 a 12,5	Densidade menor se os custos de mão de obra forem o dobro dos tributos; maior se forem o triplo.
Ônibus local	"Mínimo": paradas a cada 800 m, 20 ônibus por dia	10,0	Média, varia em função do tamanho do centro da cidade e da distância entre a área residencial e o centro.
Ônibus local	"Intermediário": paradas a cada 800 m, 40 ônibus por dia	17,5	
Ônibus local	"Frequente": paradas a cada 800 m, 120 ônibus por dia	37,5	
Ônibus Expresso – acessado a pé	Cinco ônibus durante um período de pico de duas horas	37,5 Densidade padrão em uma área de cobertura de 5 km^2	Distância de 16 a 24 km apenas até os maiores centros de cidades
Ônibus Expresso – acessado por automóvel	De cinco a 10 ônibus durante um período de duas horas	7,5 Densidade padrão em uma área de cobertura de 50 km^2	Distância de 16 a 32 km até centros maiores que 186 ha de área não residencial
Metrô leve	Partidas a cada cinco minutos ou menos durante horários de pico	22,5 Densidade padrão para um corredor de 65 a 260 km^2	Até centros de 186 a 465 ha de área não residencial
Ônibus em corredor	Partidas a cada cinco minutos ou menos durante os horários de pico	30 Densidade padrão para um corredor de 260 à 390 km^2	Até centros com mais de 465 ha de área não residencial
Trem suburbano	20 trens por dia	2,5 a 5,0	Apenas para os maiores centros, se houver linha de trem

Capítulo 6
Corredores de Sustentabilidade

O corredor de sustentabilidade

Doug Farr, Leslie Oberholtzer e Christian Schaller
Farr Associates

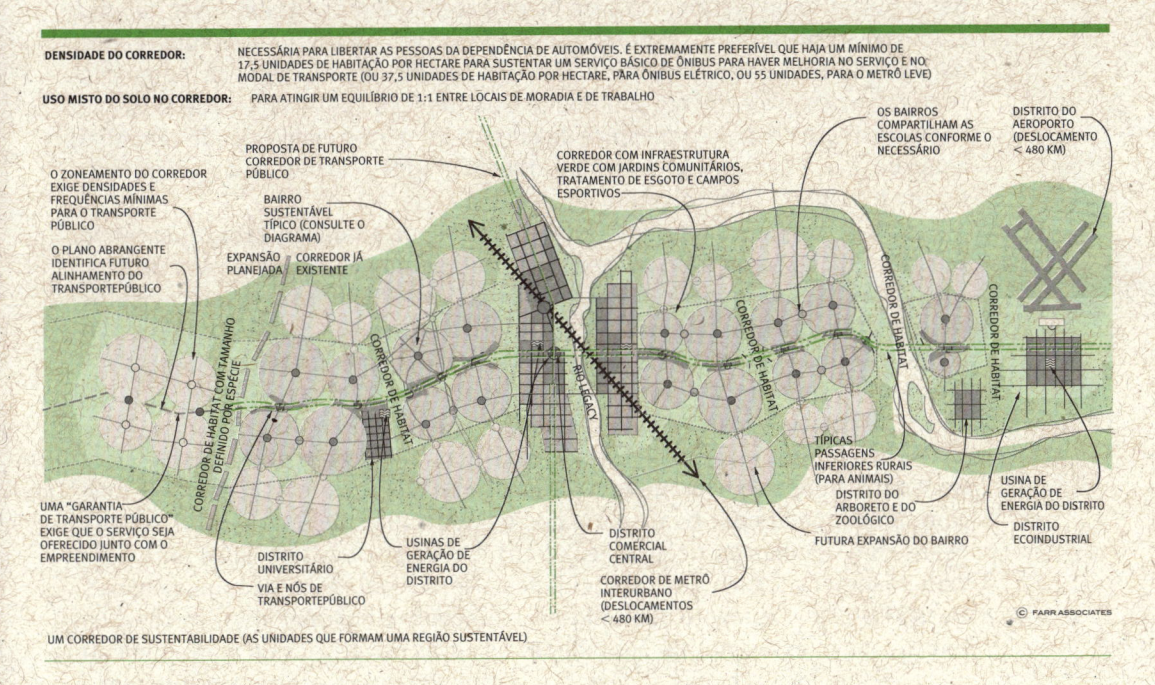

DENSIDADE DO CORREDOR: NECESSÁRIA PARA LIBERTAR AS PESSOAS DA DEPENDÊNCIA DE AUTOMÓVEIS. É EXTREMAMENTE PREFERÍVEL QUE HAJA UM MÍNIMO DE 17,5 UNIDADES DE HABITAÇÃO POR HECTARE PARA SUSTENTAR UM SERVIÇO BÁSICO DE ÔNIBUS PARA HAVER MELHORIA NO SERVIÇO E NO MODAL DE TRANSPORTE (OU 37,5 UNIDADES DE HABITAÇÃO POR HECTARE, PARA ÔNIBUS ELÉTRICO, OU 55 UNIDADES, PARA O METRÔ LEVE)

USO MISTO DO SOLO NO CORREDOR: PARA ATINGIR UM EQUILÍBRIO DE 1:1 ENTRE LOCAIS DE MORADIA E DE TRABALHO

UM CORREDOR DE SUSTENTABILIDADE (AS UNIDADES QUE FORMAM UMA REGIÃO SUSTENTÁVEL)

Figura 6.1
Imagem © Farr Associates 2007

A integração entre transporte, uso do solo e tecnologia

Shelley Poticha
Reconnecting America

Durante séculos, os modais de transporte, seja pela água, pelo ar ou pela terra, tiveram uma relação estreita com os padrões de assentamento da nossa sociedade, sendo que cada geração criou novas comunidades em áreas tornadas acessíveis pelos investimentos em transporte. Essa interconexão histórica foi particularmente forte entre os investimentos em transporte público e as habitações no final do século XIX e início do século XX. Subúrbios acessados por bondes serviam como mecanismo para os empreendedores imobiliários atraírem a classe crescente de novos proprietários de moradias para os bairros suburbanos, na periferia dos centros movimentados das cidades. A introdução do automóvel acelerou o desenvolvimento suburbano e enfraqueceu as relações que existiram por tanto tempo entre o transporte de massa, os bairros onde se pode caminhar, o uso misto e a habitação. Muitas das nossas grandes cidades se esvaziaram e o uso do transporte público entrou em declínio.

Como os tempos mudaram! O uso do transporte público está renascendo. Desde 1995, o uso do transporte público aumentou em 25%, e no ano de 2005 seus usuários norte-americanos fizeram mais de 9,7 bilhões de deslocamentos. Hoje existem 3.349 estações de transporte de massa nos Estados Unidos, e todas as regiões do país estão construindo ou planejando construir novos sistemas ferroviários ou expandir os sistemas existentes. Atualmente, estão sendo construídas mais de 700 novas estações.

Muitos fatores estão promovendo esse aumento do uso e da construção do transporte público. Em primeiro lugar, o uso de automóveis está cada vez mais caro, respondendo por quase 20% dos gastos anuais de uma família. As despesas com veículos particulares exaurem os recursos das famílias e reduzem a viabilidade econômica das comunidades. Além disso, os moradores ficam estressados com o aumento dos congestionamentos e buscam outras opções. Em terceiro lugar, essas motivações, aliadas às novas estratégias de reinvestimento nas comunidades urbanas, aceleraram o aproveitamento dos vazios urbanos e o investimento em transporte público. Muitas pessoas estão escolhendo usar e viver perto do transporte público.

O desejo de maior acessibilidade e mais opções de habitação e transporte resultou em uma tendência de empreendimento chamada empreendimento urbano voltado para o transporte público (TOD). Em muitos aspectos, é um retorno à ideia dos subúrbios acessados por bondes, onde a distância das habitações até as estações podia ser percorrida a pé. Embora o fomento de empreendimentos novos fosse o ímpeto original de muitas linhas de transporte com verbas privadas, hoje o TOD é frequentemente considerado um meio eficaz de alavancar os investimentos em transporte público para que este seja mais

Quatro sistemas de transporte público apresentados na mesma escala geográfica

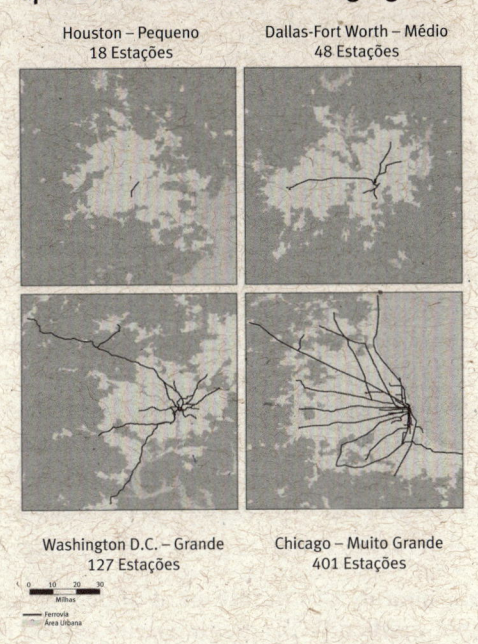

Houston – Pequeno
18 Estações

Dallas-Fort Worth – Médio
48 Estações

Washington D.C. – Grande
127 Estações

Chicago – Muito Grande
401 Estações

Ferrovia
Área Urbana

Figura 6.2 À medida que os sistemas de transporte de massa crescem e conectam as pessoas a novos lugares e atividades, o comportamento dos deslocamentos e os padrões de desenvolvimento urbano mudam. Imagem © Recconnecting America's Center for T.O.D.

Tabela de propriedade de automóveis

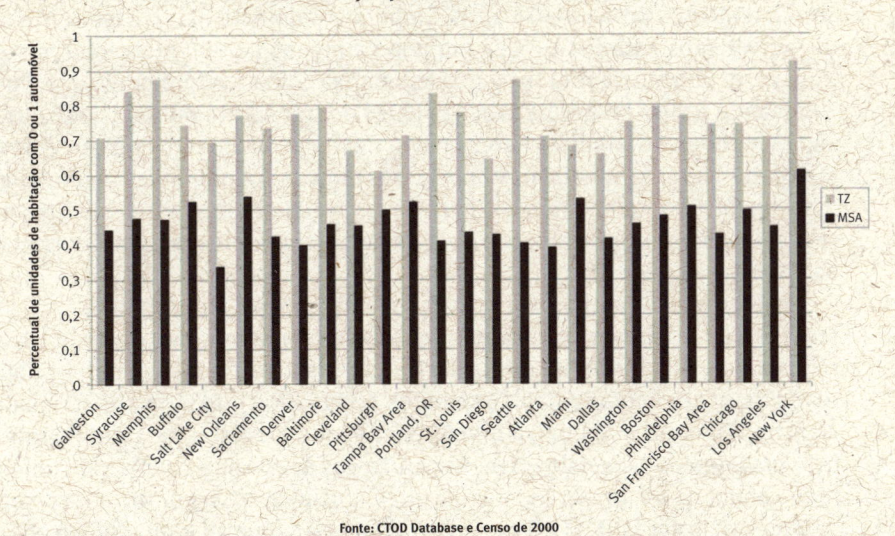

Percentual de unidades de habitação com 0 ou 1 automóvel

Galveston, Syracuse, Memphis, Buffalo, Salt Lake City, New Orleans, Sacramento, Denver, Baltimore, Cleveland, Pittsburgh, Tampa Bay Area, Portland, OR, St. Louis, San Diego, Seattle, Atlanta, Miami, Dallas, Washington, Boston, Philadelphia, San Francisco Bay Area, Chicago, Los Angeles, New York

TZ
MSA

Fonte: CTOD Database e Censo de 2000

Figura 6.3 Em todas as regiões dos Estados Unidos, as pessoas que moram perto de sistemas de transporte público têm cerca da metade do número de automóveis que seus vizinhos suburbanos. Imagem © Recconnecting America's Center for T.O.D.

1839	1888	1897	1926	1946	1980	2000
A bicicleta é inventada	Frank Sprague criou o primeiro sistema de bonde elétrico em Richmond	Primeiro sistema de transporte de massa financiado com verbas públicas (Boston Street Railway Tunnel)	Pico do uso de transporte público no período entreguerras 17,2 bilhões	Pico do uso de transporte público 23,4 bilhões	Novo metrô leve introduzido em San Diego	Novo sistema de bondes dos EUA introduzido em Kenosha, Wisconsin

utilizado. O TOD estimula a utilização do sistema de transporte público ao criar bairros em que pode-se ir a pé até as estações e que apresentam urbanização compacta, diversidade no uso do solo e desenho urbano orientado para o pedestre. Em lugares onde a distância entre as habitações e os transportes pode ser percorrida a pé, os moradores utilizam o transporte público com uma frequência cinco vezes maior que aqueles que dirigem até as estações e a participação de outros modais de transporte além do automóvel é substancialmente maior do que em bairros onde todo deslocamento precisa ser feito de automóvel.

A demanda crescente por habitações perto das estações de transporte de massa e o papel das redes regionais de transporte

O mercado consumidor está pronto para o empreendimento urbano voltado para o transporte público (TOD). Segundo um estudo realizado por Reconnecting America's Center for Transit-Oriented Development (CTOD), há uma forte demanda, e à medida que o sistema de transporte público aumentar, a demanda por habitações perto das estações também aumentará. Na verdade, os tipos de famílias que tendem a buscar o TOD – solteiros, casais sem filhos, idosos e minorias de baixa renda – são também os tipos de famílias devem ter o maior crescimento nos próximos 25 anos. Embora atualmente haja quase seis milhões de famílias nos Estados Unidos morando a menos de 800 m de uma parada de transporte público de rota fixa, uma estimativa conservadora prevê que em 2030 a demanda potencial por habitações perto do transporte público pode ultrapassar 16 milhões de famílias. Parece haver um reconhecimento crescente de que o TOD pode oferecer benefícios importantes para as comunidades ao restabelecer o desenvolvimento econômico, para as agências de transporte público, ao gerar deslocamentos adicionais, e para os empreendedores, ao atrair um mercado substancial e crescente.

Uma questão que não está sendo discutida, mas que é igualmente importante, é a necessidade de assegurar que haja habitações para diversos níveis de renda a uma distância que possa ser percorrida a pé até o transporte público. A renda de quase metade das 16 milhões de famílias que serão usuárias potenciais do TOD será mais baixa que 50% da renda mediana da área. Haverá também uma demanda considerável por parte dos solteiros e casais sem filhos com renda anual de 60 mil a 125 mil dólares. É crucial que haja uma gama de opções habitacionais em TOD – TOD de renda mista – para que se atinja todo o potencial dos investimentos em transporte público que estão sendo feitos para promover maior acesso ao transporte e mais opções habitacionais para todo o tipo de proprietários e locadores de moradias.

Ao mesmo tempo, o TOD (empreendimento urbano voltado para o transporte público) de renda mista permite abordar de forma significativa a crescente crise de preços nos Estados Unidos ao resolver, ao mesmo tempo, o problema das habitações e do transporte público enquanto expande o acesso aos empregos, às oportunidades educacionais e à prosperidade para os diferentes grupos de rendas que vivem em nossas regiões metropolitanas. Ao oferecer (1) habitações realmente populares, (2) uma base estável e confiável de usuários do transporte público, (3) maior acesso a oportunidades e (4) proteção de deslocamento, o TOD de renda mista tem a capacidade de resolver os problemas aparentemente insolúveis, como o aumento do congestionamento, o preço proibitivo dos imóveis e a crescente diferença entre os moradores de baixa e de alta renda.

À medida que o mercado imobiliário tem começado a dar importância ao TOD, há um desafio crescente de criar um TOD que possa oferecer oportunidades de habitação para pessoas de todos os níveis de renda em busca de habitações em zonas com transporte público. Embora as características típicas do TOD – priorização dos pedestres, serviços variados que podem ser acessados a pé e acesso a empregos regionais – possibilitem aos moradores viver com um automóvel a menos, reduzindo, assim, os seus gastos com transporte, é irônico que exatamente os mesmos fatores que inibem o mercado do TOD também dificultem o provimento de habitações de renda mista.

Definindo o TOD e a sua tipologia de lugar

O empreendimento urbano voltado para o transporte público é mais que simplesmente um projeto próximo a uma estação de transporte público. Ele inclui o bairro ou distrito em torno da estação, compreendendo projetos de empreendimentos múltiplos, usos mistos, uma rede viária onde se possa caminhar e um desenho que permita vida urbana e opções de transporte.

O que diferencia o TOD do empreendimento urbano comum é o seu foco na melhoria da conveniência do transporte para os moradores. Os pais podem deixar seus filhos na creche no caminho para o trabalho? As necessidades diárias podem ser satisfeitas a pé? É possível levar um cliente para almoçar sem ter que utilizar um automóvel? Os tipos de usos em um TOD precisam ser combinados, cuidadosamente, com a função da estação e as necessidades e desejos daqueles que vivem e trabalham nas proximidades. Na verdade, a criação do senso de lugar talvez seja, para o TOD, quase tão importante quanto o serviço de transporte público.

Experiências de empreendimento demonstram que o TOD não pode ser definido por um conjunto prescrito de densidades ou mescla de usos **(veja a Figura 6.4).** Quem vive em bairros perto do centro da cidade, por exemplo, usa o transporte público com mais frequência e dirige menos que suas contrapartes de comunidades suburbanas, mesmo que morem à mesma distância das estações. A razão para isso é que muitos bairros próximos combinam a densidade com padrões de ruas orientadas para o pedestre, acesso ao transporte público, amenidades e mescla adequada de comércio e empregos próximos; além disso, a composição demográfica desses bairros é muito variada. Os bairros suburbanos têm uma tendência maior de serem fisicamente separados do transporte público por uma rodovia, um estacionamento de automóveis para usuários do transporte ou uma grande via principal com um trânsito de alta velocidade. Geralmente, os usos nos subúrbios são separados, sendo os residenciais consolidados em uma área e os empresariais, comerciais e industriais em outras. Embora as densidades possam ser comparadas com as da cidade, há uma probabilidade muito maior de que os moradores usem automóveis para todos os deslocamentos.

O TOD deve criar lugares que integrem o transporte público aos bairros e ajudem a sustentar comunidades ativas em bairros urbanos e suburbanos. As qualidades específicas do lugar devem ser respeitadas e os diferentes papéis que ele desempenha no contexto regional devem orientar a mescla, a densidade e o caráter do TOD. Os tipos de questões que devem ser respondidas incluem: Qual a quantidade e que tipo de comércio é necessário para atender aos moradores e trabalhadores? Como um projeto pode oferecer estacionamento sem que resulte em um ônus financeiro e diminua a orientação geral para pedestres e transportes públicos? Que escala de empreendimento é mais apropriada para contextos diferentes – um distrito profissional no centro da cidade ou uma estação de bairro?

Tipos de lugares

Lugares	Mescla de atividades	Tipos de habitação	Tipos de empregos em serviços	Escala proposta	Conectividade	Exemplos locais	Código de cores	Exemplos
Grande centro urbano	Escritórios Residências Comércio Entretenimento Usos Cívicos	Multifamiliar/ Loft	Ênfase no emprego, com escritórios com mais de 23 mil m² e lojas com mais de 4.600 m²	5 pavimentos ou mais	Equipamento intermodal/Terminal de conexão de transporte público. Destino regional principal com alimentador de qualidade e conexões circulares	Centro da Cidade Distrito Galleria Centro Médico		
Centro urbano	Residências Comércio Escritórios	Multifamiliar/ Pequeno edifício habitacional sem recuos laterais	Escritórios limitados. Escritórios com menos de 23 mil m². Lojas com mais de 4.600 m²	3 pavimentos ou mais	Destino sub-regional. Alguns equipamentos do tipo "estacione e vá de transporte público". Serviço de transporte público circular e alimentador do distrito conectado.	Áreas de Montrose/ Distrito do Museu Estrada Parque Allen		
Bairro	Residências/ Comércio de Bairro	Multifamiliar/Pequeno edifício habitacional sem recuos laterais/Unifamiliar em Lote Pequeno	Lojas de serviço local. No máximo 4.600 m²	1–5 pavimentos	Estação no segundo pavimento. Pouco ou nenhum equipamento do tipo "estacione e vá de transporte público". Serviço de ônibus local e expresso.	Mid-Town Universidade West Parque Magnolia Montrose		
Rua de comércio	Residências/ Comércio de Bairro	Unifamiliar em lote pequeno	Ocupação de vazios urbanos com comércio na rua principal	1–4 pavimentos	Corredores de ônibus ou bonde. Serviço de transporte alimentador. Paradas em pavimento superior. Sem estacionamento.	Rice Village 19th Street (Parte alta) Highland Village		
Campus/ centro de eventos especiais	Universidade/ Equipamentos Esportivos do Campus	Multifamiliar limitada	Escritórios/Lojas limitados	varia	Grande equipamento para viajantes pendulares	Universidade Rice Universidade de Houston Universidade do Estado do Texas Parque Reliant		

Figura 6.4 Investimentos fixos em transporte público, como estações de trem e paradas de bonde, são oportunidades para voltar o foco do empreendimento urbano para lugares com orientação para o transporte público. Baseado, de maneira geral, no transecto, cada tipo de lugar determina como o empreendimento próximo às estações de transporte deve ser integrado ao tecido urbano à sua volta. Altas densidades devem ser estimuladas, mas até que nível a área da estação aumenta a sua densidade depende do planejamento, do contexto e da força do bairro que o envolve. Imagem © Reconnecting America's Center for T.O.D.

Criando comunidades com transporte público

Sistemas de transporte público regionais são compostos de inúmeros corredores; na verdade, os sistemas de transporte são criados de corredor em corredor, completando, gradualmente, uma rede regional de longo alcance **(veja as Figuras 6.5 e 6.6).** Até o momento, porém, poucas pesquisas foram realizadas para distinguir os diferentes propósitos dos corredores individuais de transporte e o papel que desempenham ao conectar os destinos regionais, oferecendo circulação e estimulando o empreendimento urbano voltado para o transporte público. Contudo, da perspectiva de um usuário, os corredores de transporte funcionam de formas bem diferentes dependendo dos tipos de atividades localizadas nas várias paradas ao longo da linha. Por exemplo, à medida que as pessoas começam a usar o transporte público com mais frequência, elas se deslocam pelo corredor para realizar as atividades regulares do dia a dia, como fazer compras, visitar uma biblioteca ou ir a um parque, e se conectam à região como um todo a partir de sua casa ou local de trabalho. Por outro lado, uma linha de transporte público que funciona apenas nas horas de pico da manhã e da noite oferece serviço apenas aos trabalhadores pendulares, não aos que buscam uma variedade de opções de transporte.

Comparando corredores

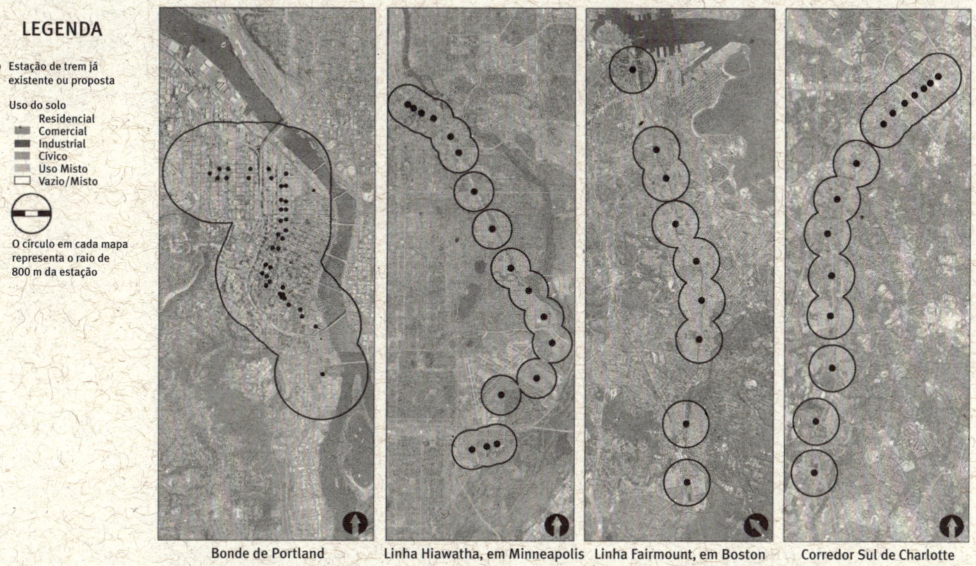

LEGENDA

● Estação de trem já existente ou proposta

Uso do solo
Residencial
Comercial
Industrial
Cívico
Uso Misto
Vazio/Misto

O círculo em cada mapa representa o raio de 800 m da estação

Bonde de Portland | Linha Hiawatha, em Minneapolis | Linha Fairmount, em Boston | Corredor Sul de Charlotte

Figura 6.5 Quando analisamos o espaço entre a escala regional de transporte público e os tipos de lugares, vemos que os corredores oferecem outra unidade de planejamento de transporte. A maior parte das verbas federais para o transporte público é destinada aos corredores, e os tipos de lugares podem ser atribuídos a diferentes paradas ao longo de um corredor. Imagem © Reconnecting America's Center for T.O.D.

Quadro comparativo das tecnologias de transporte público

Tecnologias de transporte público

Tecnologia	Metrô pesado	Metrô suburbano	Metrô leve	Bonde moderno	Bonde histórico	Sistema de Ônibus Rápido (BRT)	Ônibus expresso
Exemplos de Cidades	Washington DC Metrô de Nova York Chicago	Boston Chicago San Francisco	Denver Portland Minneapolis	Portland Tacoma Seattle	New Orleans San Francisco Kenosha	Los Angeles Pittsburg Eugene	Maioria das Cidades com Sistemas de Ônibus
Custo Aproximado por Quilômetro (Milhões de Dólares)	80–400	5–40	30–100	15–40	3–20	6–80	1,5–3
Tipo de Serviço	Regional/ Urbano	Regional/ Interurbano	Regional/ Urbano	Circular Urbano	Circular Urbano	Regional/ Urbano	Regional/ Urbano
Espaçamento/ Tipo de Estação (km)	Centro Urbano < 1,6 Periferia 1,6–8 Estação/Plataforma	3–8 Estação/ Plataforma	0,4–3 Sinalização nos Passeios/ Estação/ Plataforma	0,4 Sinalização nos Passeios/ Plataforma	0,4 Sinalização nos Passeios/ Plataforma	0,4–3 Sinalização nos Passeios/ Estação/ Plataforma	Paradas Limitadas ao Longo de Rotas Normais de Ônibus
Pico de Frequência do Serviço (Minutos)	5–10	20–30	5–30	8–15	8–15	3–30	10–30
Velocidade de Operação (km/h)	50–130	50–100	30–100	13–20	13–20	13–20	50–130
Alinhamento/ Largura da Via Pública	Via Pública Separada 7,6–10 m	Via Pública para Transporte de Cargas Existente/ >11,3 m	Circulação na Rua ou em Via Pública Separada/ 3,3–10 m	Circulação na Rua 3,3–7,3 m	Circulação na Rua 3,3–7,3 m	Veículos com Alta Ocupação ou em Corredores Especiais / 8,5 m	Circulação na Rua
Fonte Típica de Energia	Elétrica	Diesel/ Híbrida	Elétrica	Elétrica	Elétrica	Diesel/Híbrida	Diesel/Híbrida
Fotografias							

Figura 6.6 Ao olhar especificamente para os corredores de promoção do transporte de massa, devemos examinar a capacidade e as características de modais específicos. Se uma cidade busca trazer os passageiros pendulares dos subúrbios, pode optar por um formato de metrô suburbano com veículos grandes capazes de circular em trilhos ferroviários de carga. Para a circulação interna e a renovação de um centro de cidade, o bonde é mais apropriado e mais econômico que o metrô pesado. Cada tipo de transporte público tem um propósito e uso específico, levando à necessidade de integrar todos os modais em vez de defender apenas um ou outro. Imagem © Reconnecting America's Center for T.O.D.

Corredores de biodiversidade

Rebecca L. Kihslinger, Jessica Wilkinson e James McElfish
Environmental Law Institute

A perda e a fragmentação dos *habitats* são de longe as ameaças mais significativas à conservação da vida silvestre. Na verdade, a perda dos *habitats* é uma das principais causas de risco para 85% das espécies criticamente ameaçadas e em perigo de extinção listadas na Lei das Espécies Ameaçadas dos Estados Unidos.[1] Por influenciar a quantidade e o padrão de *habitats* que estão fragmentados, degradados e destruídos em uma área verde, as decisões sobre o uso do solo feitas no nível local desempenham um papel significativo na conservação da biodiversidade.

Biólogos conservacionistas têm feito um progresso considerável nos últimos 20 anos ao determinar como o tamanho, a forma e a conectividade do *habitat* afetam a sustentabilidade e a subsistência das espécies e processos naturais.

Uma recente síntese de estudos científicos compilada pelo Environmental Law Institute oferece recomendações de parâmetros gerais de área de *habitat*,

1866	1969	1973	2000	2003–2004	2005	
O termo ecologia é cunhado pelo biólogo alemão Ernst Haeckel.	Ian L. McHarg, arquiteto paisagista da Universidade da Pennsylvania, publica *Design with Nature*.	O presidente Richard Nixon assina a Lei das Espécies Ameaçadas[2].	A Sociedade Ecológica dos Estados Unidos publica diretrizes de planejamento e gestão do uso do solo[3].	O Instituto de Leis Ambientais publica Conservation Thresholds for Land Use Planners e Nature Friendly Ordinances[5].	Todos os 56 estados e territórios norte-americanos apresentam planos de ação estatais para a vida silvestre para o Serviço de Vida.	Silvestre e Aquática dos Estados Unidos, descrevendo estratégias pró-ativas e abrangentes de conservação da vida silvestre[5].

tamanho da área de transição, conectividade do *habitat* e percentual de *habitat* sustentável em uma paisagem para permitir o uso do solo, os espaços abertos e o planejamento do crescimento urbano inteligente necessários para sustentar espécies, comunidades e diversidade de ecossistemas.

As decisões de uso do solo tomadas nos níveis municipais, regionais e estatais têm um efeito significativo e cumulativo na conservação da diversidade de espécies nativas. Os tipos, a extensão e a distribuição dos usos do solo em uma área verde influenciam a viabilidade dos *habitats*, a quantidade do habitat sustentável, a severidade dos efeitos na periferia e a utilidade das áreas de transição e dos corredores. Um bom planejamento paisagístico inclui:

- *Habitats* grandes, de alta qualidade e bem conectados, que permitam populações sustentáveis de espécies nativas e raras
- Corredores de habitat bem desenhados para conectar os remanescentes *habitats* maiores, de resto isolados
- Áreas de transição amplas e vegetadas para minimizar os efeitos na periferia dos *habitats* e proteger a qualidade da água e os *habitats* ripários

Planos paisagísticos e desenhistas de comunidades que valorizam a conservação também limitam o empreendimento em ecossistemas sensíveis como as áreas de manancial, os corredores ripários e os *habitats* em situação crítica.

Parâmetros de conservação claros e acessíveis podem oferecer metas concretas para planejadores urbanos e tomadores de decisões, ao discutirem a quantidade e o padrão de solo a ser protegido. Essas diretrizes podem influenciar, nos níveis municipais e estatais, o uso do solo, os espaços abertos e as políticas e planejamento do crescimento urbano inteligente, principalmente nas situações em que há falta de dados locais e de casos específicos.

Determine as espécies raras e importantes para o local e os habitats que precisam ser protegidos. Planos de ação estatais para a vida silvestre e programas de proteção do patrimônio natural são boas fontes de informação local. Eles podem ser complementados por consultas a biólogos locais, para mais informações que auxiliem o estabelecimento de parâmetros de conservação de tipos específicos de *habitats*, comunidades ecológicas e áreas verdes. Profissionais do urbanismo podem, também, trabalhar com agências de gestão do solo para identificar as áreas verdes e as espécies raras que precisam ser protegidas.

Use informações e conhecimentos biológicos sobre o contexto paisagístico para determinar a quantidade e a localização do solo a ser conservado. A qualidade e a configuração dos *habitats* e a condição do entorno influenciam a quantidade total de habitat adequado a ser preservado em determinada área. A proporção de habitat adequado conservado em um plano também irá variar de acordo com as espécies locais e os tipos de *habitats* a serem protegidos.

Preserve habitats grandes e conectados. Planos de uso do solo devem maximizar o tamanho do habitat, minimizar o grau de isolamento entre os *habitats* existentes e otimizar a conectividade natural da área verde, utilizando corredores de *habitat*, faixas de conectividade ou outros componentes estruturais específicos. Quando isso não for possível, os profissionais de uso do solo devem tentar conservar o *habitat* remanescente e identificar as áreas que podem ser de restauradas.

Use informações e conhecimentos biológicos sobre o contexto paisagístico para determinar o tamanho e a estrutura das áreas de transição. Para minimizar os efeitos nas periferias, a área de transição não deve estar incluída na medição do *habitat* e não deve ter estradas, trilhas e outras intervenções. As áreas de transição ripárias devem incluir vegetação nativa e diversa, ocupar o máximo de extensão do córrego e estar livres de perturbações **(veja a Figura 6.1)**.

Leve em consideração o contexto regional dos esforços de planejamento local. Os limites dos *habitats* ecológicos e silvestres geralmente não correspondem aos limites políticos ou planejados. O planejamento na escala paisagística pode ajudar a promover a conservação pró-ativa de *habitats* grandes, conectados e de alta qualidade e ao mesmo tempo abordar os impactos regionais de decisões sobre o uso do solo local.

Essas normas baseiam-se na revisão de uma seleção de artigos científicos pertinentes a espécies e ecossistemas norte-americanos em zonas periféricas em situação crítica.[6] As recomendações padrão baseiam-se no objetivo de incluir 75% das exigências encontradas para as espécies, comunidades e *habitats* estudados. Os planejadores urbanos e os gestores do solo devem considerar esses resultados como uma base para o estabelecimento de avaliações mais adequadas e aprofundadas baseadas nas espécies e *habitats* locais.

Figura 6.7 Uma área agrícola existente que oferece poucas oportunidades para migração de *habitats*. Imagem cortesia de USDA NRCS.

Figura 6.8 Imagem trabalhada digitalmente, mostrando corredores ideais para a conectividade de *habitats* de vida silvestre. Imagem cortesia de USDA NRCS.

Figura 6.9 A separação de níveis pode servir como passagem para animais. Imagem © Farr Associates

Tabela 6.1 Parâmetros de conservação para planejadores do uso do solo

	Habitat adequado (%)	Tamanho do habitat	Conectividade da área verde	Tamanho da área de transição ripária	Largura da periferia (tamanho da área de transição)
Padrão	Mínimo de 20–60% do habitat natural em uma área verde. A variação depende das espécies, dos grupos taxonômicos e da qualidade do habitat.	Mínimo de 55 hectares. O tamanho do habitat depende da espécie. Planejadores devem consultar biólogos locais para determinar quais os habitats que mais precisam proteção.	Mantenha a conectividade entre as faixas da área verde. A condição do entorno imediato, da distância entre as faixas e do desenho do corredor afeta a capacidade das espécies de se dispersar pela área.	Mínimo: 100 m para a conservação da vida silvestre. Variação: 3–1.600 m. O tamanho da zona de transição depende da espécie, das condições do terreno e da bacia hidrográfica, do uso do solo adjacente, da declividade, da hidrologia e dos objetivos de gestão.	Mínimo: 230–300 m. Os efeitos na periferia em fatores abióticos podem chegar de 8 a 240 m. Medidas devem ser tomadas para suavizar os efeitos na periferia do habitat.
Aves	Variação sugerida pela bibliografia: 5–80%	Variação sugerida pela bibliografia: 1–2.470 hectares.	Mantenha a conectividade entre as faixas na área verde.	Variação sugerida pela bibliografia: 15–1.600 m.	Variação sugerida pela bibliografia: 52–690 m, dependendo do parâmetro medido.
Mamíferos	Variação sugerida pela bibliografia: 6–30% para mamíferos pequenos. Mamíferos que possuem grandes habitats ou de grande porte exigem habitat adicional.	Variação sugerida pela bibliografia: 1–2,2 milhões de hectares.	Mantenha a conectividade entre as faixas na área verde.	Variação sugerida pela bibliografia: 30–180 m.	Variação sugerida pela bibliografia: 50–900 m, para apenas três espécies.
Répteis/Anfíbios	Consulte biólogos locais para informações específicas sobre o terreno.	Consulte biólogos locais para informações específicas sobre o terreno.	Mantenha a conectividade entre as faixas na área verde.	Variação sugerida pela bibliografia: 30–45 m.	Consulte biólogos locais para informações específicas sobre o terreno.
Plantas	Consulte biólogos locais para informações específicas sobre o terreno.	Variação sugerida pela bibliografia: 2–100 hectares para comunidades arborizadas.	Mantenha a conectividade entre as faixas na área verde.	Consulte biólogos locais para informações específicas sobre o terreno.	Consulte biólogos locais para informações específicas sobre o terreno.

Notas

1. B. A. Stein, L. S. Kutner e J. S. Adams, eds., *Precious Heritage: The Status of Biodiversity in the United States* (New York: Oxford University Press, 2000).

2. Veja o U.S. Fish and Wildlife Service, "History of Evolution of the Endangered Species Act of 1973, Including Its Relationship to CITIES", http://www.fws.gov/endangered/esasum.html (acessado em 10 de setembro de 2006).

3. Veja V. H. Dale et al., "Ecological Principles and Guidelines for Managing the Use of Land", Ecological Applications 10, 3 (2000): 639–70, http://www.esa.org/pao/policyStatements/pdfDocuments/LandUsePositionPaper.pdf (acessado em 10 de setembro de 2006).

4. Veja "Resources – Environmental Law Institute", http://www.naturefriendlytools.org/tools/resources/environmental/index.html

5. Veja Teaming with Wildlife, "State Wildlife Action Plans", http://www.teaming.com/state_wildlife_strategies.htm (acessado em 3 de novembro de 2006).

6. Essas normas foram adaptadas de Environmental Law Institute Conservation Thresholds Land Use Planners, 2003, disponível em http://www.elistore.org/reports_detail.asp?ID=10839 (acessado em 3 de novembro de 2006).

Capítulo 7
Bairros Sustentáveis

Diagramas de vizinhança

Ilustrações da Regional Plan Association, Duany Plater-Zyberk & Company e Farr Associates

A unidade de vizinhança: Clarence Perry

O diagrama da unidade de vizinhança de Clarence Perry, publicado como parte do Plano Regional de Nova York e seu Entorno de 1929, influenciou gerações de planos. As partes duradoras do diagrama incluem o seu "raio para pedestres" de 400 m, seu tamanho ideal de 64 hectares, um centro rodeado de edificações cívicas, limites claramente definidos, usos comerciais na periferia, uma rede de vias estreitas, pequenos parques acessíveis a pé e a população necessária para sustentar uma escola de ensino fundamental. Do ponto de vista do urbanismo sustentável, o plano tem muitas deficiências. Por exemplo, não inclui referências ao transporte público nem a tipos variados de habitação, negligencia o valor do rio, desalinha suas ruas das ruas dos bairros adjacentes e não faz referência às edificações e à infraestrutura.

Um bairro urbano (parte de um município): DPZ

O diagrama de bairro urbano da Duany Plater-Zyberk (DPZ), baseado na unidade de vizinhança de Clarence Perry, é uma atualização que resolve a maioria das deficiências do plano anterior. O programa substitui, prudentemente, os bulevares por rodovias, alinha as ruas locais, propõe uma parada de ônibus no centro do bairro, inclui estacionamentos e localiza a escola de forma que possa prestar serviço a vários bairros. O diagrama da DPZ também estabelece uma regra prática para a distribuição dos parques – um por quadrante. Do ponto de vista do urbanismo sustentável, o diagrama DPZ, como o anterior de Perry, também não faz referências às edificações e à infraestrutura e não atribui valor algum ao *habitat* não humano que se encontra por perto, chegando ao ponto de eliminar completamente o rio hipotético de Perry.

O bairro do urbanismo sustentável

O diagrama do bairro sustentável da Fig 7.3 baseia-se nos dois anteriores, adaptando-os para atender às necessidades atuais. Disso resultam cinco distinções: (1) o bairro é um bloco de construção de um corredor de transporte

Unidade de vizinhança
Figura 7.1
Unidade de vizinhança de Clarence Perry para o Plano Regional de Nova York de 1929. Imagem © Regional Plan Association.

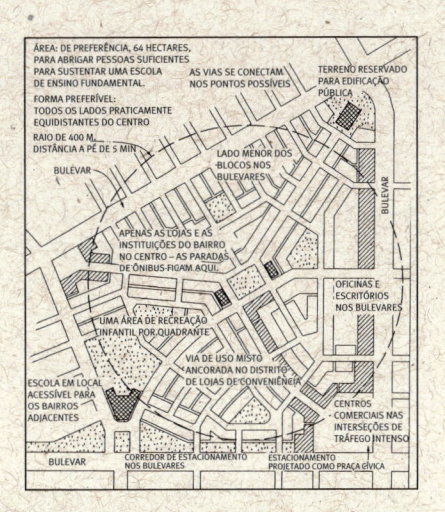

Um bairro urbano (Parte de um município)
Figura 7.2
Unidade de vizinhança atualizada. Imagem © Duany Plater-Zyberk & Company.

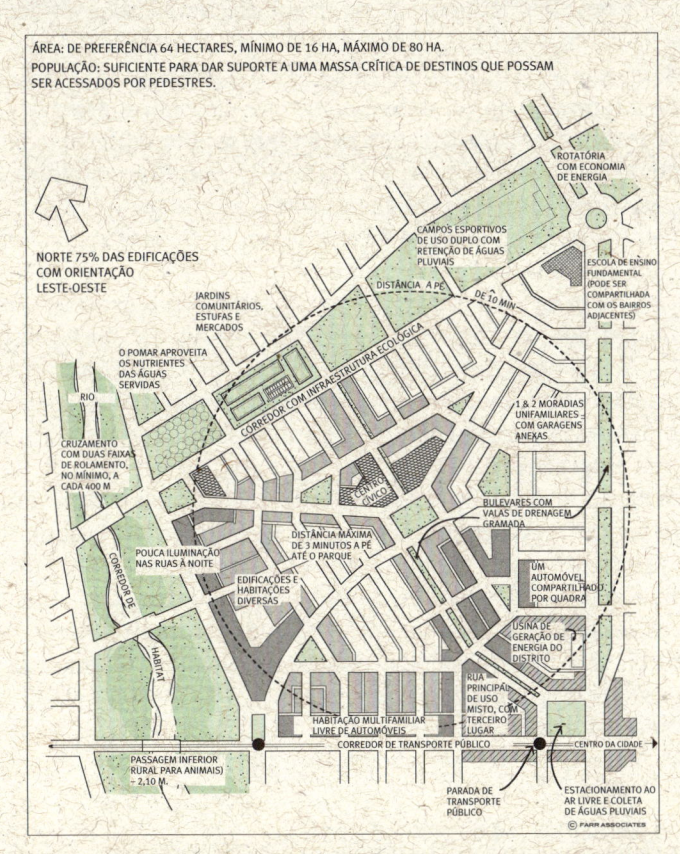

Uma unidade de bairro sustentável (o bloco de construção de um corredor de sustentabilidade)
Figura 7.3 Diagrama do Bairro Sustentável. Doug Farr, Leslie Oberholtzer e Christian Schaller. Imagem © Farr Associates.

público; (2) a parada de ônibus central do DPZ é substituída por um modal de transporte de maior intensidade (sistema de ônibus rápido, bonde, metrô leve); (3) há infraestrutura de alto desempenho: usina de geração de energia do distrito, iluminação dimerizável nas ruas e um automóvel compartilhado por quadra; (4) a mistura e a densidade permitem habitações livres de automóveis e um terceiro lugar; e (5) caminhos verdes com *habitats* e infraestrutura dão limites bem definidos ao bairro.

A definição de bairro

Victor Dover e Jason King
Dover Kohl & Partners

O *bairro* tradicional é a unidade básica do planejamento urbano. Um bairro isolado na zona rural é uma *aldeia*. Dois ou mais bairros agrupados compartilhando um eixo específico ou uma rua principal são uma cidade pequena. O conceito de bairro permanece em vigor mesmo que o tamanho aumente para a escala da cidade grande. Paris, por exemplo, é composta de uma série de bairros com alta qualidade de vida. Junto com distritos e corredores especiais, os bairros são os blocos de construção onde se formam assentamentos humanos duradouros. O dinamismo e a diversidade que caracterizam cidades atraentes dependem de uma base sólida de bairros ativos e coerentes.

Hoje, reafirmar a definição do termo tornou-se necessário. Não usamos a palavra *bairro* para nos referir aos empreendimentos desconectados, de uso único, característicos da urbanização dispersa, como complexos de apartamentos isolados, loteamentos, conjuntos de edifícios de escritórios e centros comerciais. Os bairros realmente tradicionais atendem a todas estas necessidades – habitação, locais de trabalho, centros comerciais, funções cívicas, entre outras – mas em formatos compactos, completos e conectados e, em última análise, mais sustentáveis e agradáveis.

Um bairro genuíno é "compacto, orientado para o pedestre e de uso misto", segundo a Carta do Congresso para o Novo Urbanismo. Todavia, somos frequentemente pressionados a especificar os parâmetros exatos do bairro ideal – área mínima e máxima, dimensões, densidade, população, componentes comerciais, mistura de tipos de moradias, etc. –, mas os parâmetros dos bairros devem ser muito variados para refletir os costumes regionais, o clima e as condições dos terrenos.

Ainda que os números variem, há cinco convenções básicas de desenho urbano que conferem um caráter comum aos grandes bairros.

Centro identificável e limite do bairro

É preciso que possamos saber identificar quando chegamos a um bairro e quando atingimos seu centro.

Capítulo 7 Bairros Sustentáveis   121

480 a.C.
Primeira cidade grega planejada com traçado em grelha (Mileto).

1573
As Leis das Índias exigem que as cidades coloniais tenham traçado em grelha e praças principais.

1909
O livro *Town Planning in Practice*, de Raymond Unwin, defende a limitação do tamanho dos empreendimentos e a criação de cinturões verdes em volta das cidades.

1929
Clarence Perry cria a unidade de vizinhança.

1940s
A interpretação de Clarence Stein do diagrama de Perry leva à moderna dispersão suburbana.

1990s
A Duany Plater-Zyberk reafirma e atualiza o diagrama de Perry.

Deve haver lugares onde o público se sinta bem-vindo e estimulado a se reunir, reconhecíveis como núcleo da comunidade. Um centro adequado tem pelo menos um ambiente público ao ar livre para esse propósito, tendo sido desenhado pensando nos pedestres; este é, espacialmente, a "sala de estar ao ar livre" mais bem definida do bairro. É configurada para reuniões, tanto as organizadas quanto as espontâneas, cerimônias e encontros casuais do dia a dia. O tamanho e o nível de formalidade do espaço central variam conforme o lugar, e embora a forma geralmente seja de uma praça ou um parque cívico, também é possível formar um centro de bairro apenas com uma interseção especial de "quatro esquinas" de ruas importantes. Na maioria dos climas, o centro do bairro possui sombreamento ou outras proteções climáticas.

Os melhores centros podem ser acessados a pé por pessoas que vêm de seu entorno, sobretudo das áreas residenciais, e geralmente certo gradiente de densidade é perceptível entre centro e o limite. Os centros possuem mistura de usos e uma capacidade para edificações de maior densidade na escala do pedestre (máximo de quatro pavimentos na maioria dos casos, exceto no núcleo metropolitano).

Centros identificáveis são mais importantes que limites identificáveis, devido à sua utilidade no cotidiano. Paul Murrain observou que os moradores urbanos padrão provavelmente se importam muito menos com um limite bem definido para seu bairro que com um centro bem definido, pois o centro afeta a qualidade de vida por ser o local que atende às necessidades diárias e promove as conexões sociais. O centro também é o local onde a comunidade se encontra para combater as adversidades; nos reunimos nas áreas públicas centrais em momentos de emergência.

Delinear o limite do bairro no desenho é mais uma fonte de conforto psicossocial que uma forma de atender a uma necessidade física, por isso, os ajustes que são feitos no limite do tecido urbano são, na maioria das vezes, sutis.

O tamanho ideal para o pedestre

O tamanho total de um bairro deve ser adequado para o pedestre. Os bairros variam entre 16 e 80 hectares.

A maioria das pessoas caminha uma distância de 400 m antes de retornar ou optar por dirigir ou ir de bicicleta. Essa dimensão é uma constante na forma como as pessoas tem se assentado por séculos. A maioria dos bairros construídos antes da Segunda Guerra Mundial tinha uma distância de 400 m entre o centro e os limites.

É claro que os bairros não têm um desenho circular, nem isso é desejável. Os bairros tendem a se estender por áreas planas e cumes e se comprimir em vales porque a possibilidade de caminhar é superior em áreas planas. O raio de 400 m é um parâmetro para a criação de uma unidade de vizinhança com atmosfera e tamanho razoáveis e com orientação inerente para o pedestre. Nós certamente devíamos estar dispostos a caminhar mais.

Bairros de diversos tamanhos e formas podem satisfazer o teste dos 400 m. Grandes espaços cívicos, como escolas modernas com campos esportivos, exigem uma área grande e podem estar localizados onde sejam compartilhados por mais de um bairro. Quando o território a ser ocupado tem uma área maior, comunidades planejadas maiores podem satisfazer o raio de 400 m com o estabelecimento de vários bairros ou setores distintos dentro da comunidade. Centros significativos devem ter cerca de 800 m ou menos.

Composição de usos do solo e tipos de habitação com oportunidades para comércio e locais de trabalho próximos das moradias

Bairros excelentes têm uma mistura bem calibrada de usos do solo e tipos de habitação. Qualquer composição de usos diminui radicalmente o número de deslocamentos de automóvel externas exigidas pelos moradores, de modo que não há um percentual mínimo de escritórios ou lojas que possa ser determinado. Pelo menos três tipos de habitação são necessários para criar uma diversidade arquitetônica.

Uma variedade de usos permite que os moradores morem, trabalhem, se divirtam, se exercitem, façam compras e satisfaçam suas necessidades diárias a pé. Uma variedade de tipos de edificações permite que pessoas com diferentes rendas e estilos de vida vivam no mesmo bairro sem prejuízo para seu caráter ou qualidade. Em uma edificação com comércio, por exemplo, o proprietário ou os empregados de uma empresa podem viver em um apartamento no segundo pavimento, ou os pavimentos superiores podem ser alugados como escritórios. Casas em fita ou de estilo rústico podem ser implantadas bem perto de casas isoladas em seus lotes e até de mansões. Naturalmente, isso exige uma considerável disciplina de projeto; os desenhistas urbanos precisam assegurar que tipos de habitação compatíveis estejam frente a frente em ruas homogêneas. A maioria das transições entre os tipos diferentes de habitação devem ocorrer no fundo dos lotes.

Sabe-se que a quantidade de usos não residenciais varia conforme o bairro. Alguns bairros podem ter apenas uma pequena presença de comércio; porém, cada moradia com espaço de trabalho – conhecida também como habitação sem transporte pendular – elimina pelo menos um carro do trânsito nos horários de pico. O segredo é oferecer uma grande flexibilidade de uso do solo, mesmo que os controles de desenho sejam restringidos para assegurar a compatibilidade. Essa mudança – do foco no uso do solo para a ênfase no projeto e das unidades de uso e projeto únicos para bairros de uso misto e com bastante variedade – tem benefícios em três áreas fundamentais.

Em primeiro lugar, no transporte, a mistura dos usos é a estratégia mais poderosa para reduzir o congestionamento desnecessário do trânsito, porque muitos deslocamentos em automóveis são reduzidas ou eliminadas. Em segundo lugar, um cenário com habitações mistas é muito melhor socialmente, visto que possibilita que os moradores criem raízes em uma comunidade e conheçam seus vizinhos. Além disso, as habitações para famílias com rendas modestas estão incluídas e, assim, não precisam ser segregadas em concentrações (ou empurradas para o condado vizinho). Em terceiro, a ocupação do bairro por famílias com diferentes horários e interesses contribui não só para a vivacidade do lugar (em comparação com os subúrbios que ficam desertos em certas horas do dia ou em certos dias da semana), mas também para a sua segurança.

Rede integrada de vias orientadas para o pedestre

Uma rede de vias permite que os pedestres, ciclistas e motoristas se movimentem com segurança e conforto em um bairro. O perímetro padrão máximo de uma quadra para que haja uma rede integrada é de 450 m, com um lado de quadra ininterrupto de no máximo 140 m, e ruas em intervalos de, no máximo, 180 m entre cruzamentos.

Uma "rede viária", é claro, é uma rede conectada de vias – não necessariamente uma grelha cartesiana estrita. A rede viária forma quadras que configuram lotes lógicos para empreendimentos privados, e oferecem diversas rotas para caminhar, andar de bicicleta ou dirigir. A rede de vias também oferece alternativas não motorizadas para aqueles que ainda não têm idade para dirigir ou que são idosos. Quadras de tamanho pequeno e interseções frequentes são necessárias. Ao desenhar as vias, devemos nos esforçar para que possam, antes de tudo, ser percorridas a pé, e então incluir provisões para automóveis, caminhões e veículos de emergência.

A "velocidade de projeto" é o número essencial que os engenheiros usam para configurar as vias para que o movimento do trânsito seja organizado. A velocidade de projeto escolhida precisa ter um valor baixo, geralmente menor que 40 km por hora, em ambientes orientados para o pedestre. As velocidades de projeto lentas que caracterizam as vias onde se pode caminhar resultam de uma escolha consciente de características como caixas de rua estreitas, ruas arborizadas, edificações com pequeno recuo frontal, estacionamento na rua e raios relativamente exíguos nas esquinas.

O quociente mais alto de orientação para o pedestre ocorrerá quando as edificações que formam o espaço viário estiverem próximas o suficiente da testada para definir, espacialmente, as vias como espaços públicos, com um grau mínimo de 1:3 ou mais de fechamento formado por uma proporção entre a altura da edificação e a largura da rua.

Os terrenos especiais são reservados para propósitos cívicos

Em bairros completos, alguns dos melhores terrenos são sempre reservados para propósitos comunitários. Essas implantações se tornam significativas pela geometria da planta da cidade. Implantações proeminentes, como uma rua que tem uma vista em seu pano de fundo ou a vista do cume de uma montanha, devem ser reservadas para marcos arquitetônicos. Essas implantações são selecionadas deliberadamente para os terrenos que irão fechar a longa vista de uma rua ou para ancorar uma esquina proeminente ou uma praça de bairro. Esses contextos singulares dentro dos bairros são as âncoras permanentes para o orgulho da comunidade. As edificações cívicas, por servirem a toda a comunidade, devem ser acessíveis e implantadas em áreas com maior atividade.

De modo semelhante, terrenos especiais devem ser reservados para parques, áreas verdes, praças, praças cívicas e parques infantis. Cada bairro deve ter um espaço especial de encontro em seu centro, como a área verde comunitária de uma vila.

Os *parques* são os maiores espaços abertos e contêm reservas naturais, caminhos e trilhas. As *áreas verdes comunitárias* são menores, mas devem ser grandes o suficiente para que uma pessoa possa se afastar do barulho e do movimento das ruas. As *praças* são frequentemente usadas para propósitos cívicos. Têm pelo menos quatro mil metros quadrados, localizam-se na interseção de ruas principais e são formadas pelas fachadas das edificações. Os jardins e as árvores das praças são projetados de maneira consciente. As *praças cívicas* são usadas para propósitos cívicos e comerciais (como cafés ao ar livre) e têm superfícies predominantemente secas (pedra, tijolo, asfaltamento, etc.). São menores que uma praça e definidas espacialmente pelas fachadas do entorno. Os *parques infantis* podem ser de qualquer tamanho, são desenhados principalmente para crianças e podem fazer parte de parques ou áreas verdes comunitárias maiores.[1]

Nota

1. Duany Plater-Zyberk & Company, SmartCode Annotated, Version 8.0, 2005.

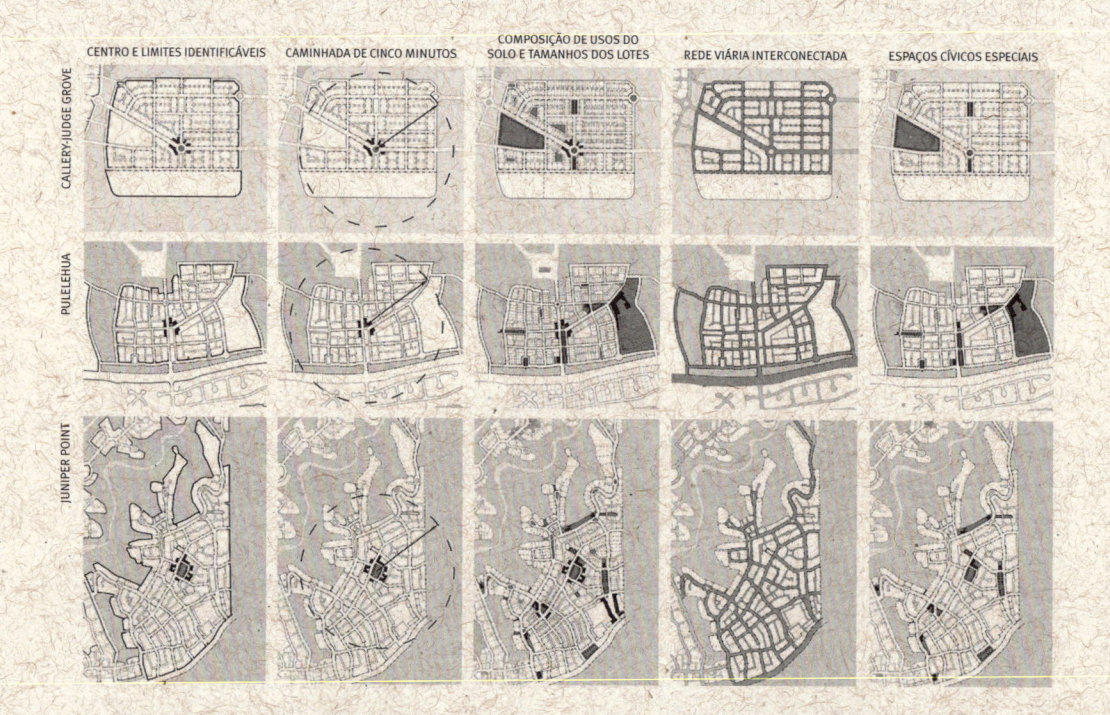

Figura 7.4 Imagem © Victor Dover.

Tabela 7.1 A definição de bairro

Nome	Implantação	Tamanho (hectares)	Percentual da área dedicada ao centro (hectares)	Número de moradias principais	Número de moradias acessórias	Densidade residencial líquida (unidade de habitação/ha)[2]	Metros quadrados de espaço comercial	Área comercial líquida (m²/ha)
Cidade Histórica de Charleston	Charleston, Carolina do Sul	40,6	9% (36,5 ha)	5.428[1]	Desconhecido[1]	19,0	Desconhecido[4]	Desconhecido[4]
Quatro bairros históricos de Savannah[5]	Savannah, Geórgia	20	9% (1,8 ha)	320[1]	Desconhecido[1]	22,7	16.747[3]	134,0
Seaside (original: 32 ha)	Seaside, Flórida	32	5% (1,6 ha)	330[1]	Desconhecido[1]	20,5	14.222[3]	71,0
North End Neighborhood	Boston, Massachusetts	59	7% (4,2 ha)	6.600[1]	Desconhecido[1]	206,5	65.829[6]	178,0
Forest Hills Gardens	Queens, Nova York	57	2,8% (1,6 ha)	800[1]	Desconhecido[1]	18,0	697[3]	1,9
Calerry Judge Grove	Palm Beach County, Flórida	36	3% (1,0 ha)	460	350[7]	24,9	1.673	14,5
Pulelehua	Maui, Havaí	43	6,4% (2,7 ha)	438	101[7]	27,5	5.833	58,9
Juniper Point	Flagstaff, Arizona	60	9,5% (5,7 ha)	1.739	342[7]	50,0	10.799	52,7
Tamanho ideal		16–80	3–10%	Mínimo: 400[8]				3,7–14,8

1. *Fonte*: Censo dos Estados Unidos, 2000.
2. Densidade residencial = Unidades de Habitação por Hectare (o que não inclui vias, parques e áreas públicas); Fonte: Dados e Mapas ArcGIS 9 ESRI
3. *Fonte*: ArcGIS Business Analyst
4. Dados indisponíveis
5. Os quatro bairros escolhidos se conectam ao norte pela Route 25, ao leste pela Lincoln Street, ao oeste pela Whitaker Street e ao sul pela Oglethorpe Avenue.
6. *Fonte*: Autoridade de Renovação Urbana de Boston
7. Número potencial de unidades completamente construídas
8. Este número mínimo é baseado em estimativas de 2007 sobre canais de comércio convencionais de distribuição e compras por família. O número mudará com o avanço do urbanismo sustentável.

Um bairro completo

Eliot Allen e Doug Farr
Criterion Planners e Farr Associates

Pesquisas emergentes sobre a saúde pública revelam uma compreensão mais clara sobre a relação entre o desenho do bairro e a distância e parcela de todos os deslocamentos que as pessoas estiverem dispostas a fazer a pé. Uma ideia central que se tornou evidente é a de que atender às necessidades diárias a pé em um bairro se torna muito mais conveniente e provável quando há muitos destinos agrupados que podem ser acessados a pé. As questões levantadas por essa ideia envolvem quantos destinos são necessários e quão perto devem estar uns dos outros para que as pessoas realmente se desloquem a pé.

A Criterion Planners desenvolveu uma metodologia pioneira que pode servir como base para que os parâmetros para empreendimentos imobiliários comecem a responder essas questões. Embora os critérios desse parâmetro tenham sido desenvolvidos para avaliar áreas de estudo dependentes de automóveis de até 200 hectares – muito maiores que um bairro ou o raio de um pedestre (400 m) – as ferramentas e os métodos são extremamente úteis. Espera-se que essa ferramenta seja utilizada para pesquisas, e que o número de destinos e a distância até um agrupamento possam ser aperfeiçoados para que sejam aplicados a bairros de 16 a 80 hectares. Ao ser aprimorada, essa ferramenta pode ser usada em comunidades novas ou já estabelecidas para identificar as oportunidades de densificação e desenvolvimento econômico.

O primeiro passo é listar todos os destinos que podem ser acessados a pé que se encontram no bairro. A lista a seguir, retirada do piloto do LEED para o Desenvolvimento de Bairros e completada com destinos do urbanismo sustentável, serve como base para os exemplos seguintes.

Destinos possíveis para os pedestres/usos do solo urbanizados

Banco	Lavanderia	Agência de correio
Creche	Biblioteca	Restaurante
Centro cívico/comunitário	Habitações com espaço de trabalho	Escola
Loja de conveniência		Lar para idosos
Cabeleireiro	Consultórios médicos e odontológicos	Sistema de automóveis compartilhados
Ferragem		
Clube ou equipamento coberto de recreação comunitária	Parque	Supermercado
	Farmácia	Terceiro lugar
	Local para culto	Loja na estação de transporte de massa
	Delegacia e posto de bombeiros	

Um bairro completo	= Número de destinos acessíveis a pé	× Equilíbrio proporcional da área de todos os destinos acessíveis a pé no raio de um pedestre (400 m) (Consulte a tabela 7.2 para determinar o nível de completude do bairro).

Tabela 7.2

Nível de completude do bairro	Percentual dos usos identificados presentes no bairro
Excelente	70% ou mais
Satisfatório	30–70%
Mínimo	10–30%
Insuficiente	Menos de 10%

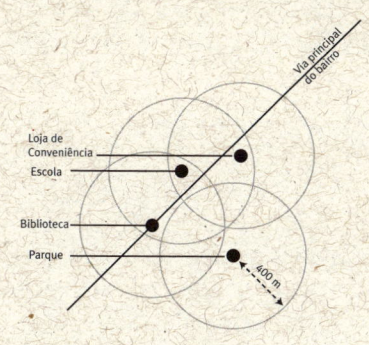

Figura 7.5
Planta de um bairro mostrando as áreas de captação de pedestres de 400 m para cada destino. Imagem © Eliot Allen

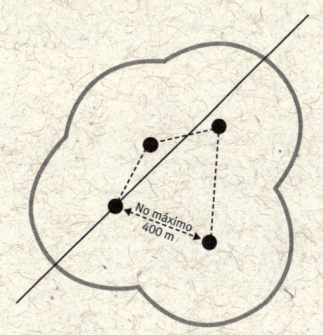

Figura 7.6
Massa crítica de quatro destinos acessíveis a pé agrupadas e com intervalos de, no máximo, 400 m. Imagem © Eliot Allen

Identifique, na lista de atrações, aquelas que se encontram na vizinhança e as suas respectivas áreas de captação de pedestres – por exemplo, distâncias de 400 a 800 m que podem ser percorridas a pé. Delineie os raios de um pedestre (400 m) para cada atração **(veja a Figura 7.5)**.

Identifique uma grande quantidade de destinos acessíveis a pé mapeando os agrupamentos onde os destinos não têm um intervalo maior que 400 m **(veja a Figura 7.6)**. O número de destinos que atendem a esse patamar de proximidade chama-se massa crítica e é o primeiro valor na equação da completude do bairro.

O uso ponderado é o equilíbrio proporcional dos usos do solo ocupados no raio de um pedestre da massa crítica, por área, expresso em uma escala de zero (baixo) a um (alto). Calcula-se assim:

P_j = proporção dos usos do solo ocupados no raio de um pedestre da massa crítica ($1 < j < N$)
N = número dos usos únicos do solo ocupados na área de estudo

O valor de uso ponderado resultante é o segundo valor na equação da completude do bairro.

Exemplo de cálculos de completude de um bairro

7 atrações (de 20 possíveis) em um raio de um pedestre consolidado × uso ponderado de 0,2 = completude de bairro de 1,4

20 atrações (de 20 possíveis) em um raio de um pedestre consolidado × uso ponderado de 0,75 = completude de bairro de 15,0

Indicador de completude do bairro	Valor
Excelente	10–20
Satisfatório	5–10
Mínimo	3–5
Insuficiente	Menos de 3

Tipos de habitação urbana sem recuos laterais

Figura 7.7
Loft/apartamentos para aluguel. Imagem © Farr Associates

Figura 7.8
Lofts/apartamentos para venda. Imagem © Farr Associates

Figura 7.9
Edifícios de apartamentos baixos. Imagem © Farr Associates

Habitação no bairro

Laurie Volk e Todd Zimmerman
Zimmerman/Volk Associates, Inc.

Aqueles que defendem o *status quo* insistem em declarar que o padrão dos subúrbios pós-guerra dominados por automóveis, com baixa densidade e uso único é a manifestação inevitável do caráter rústico e independente norte-americano. Contudo, a dispersão incessante de habitações, comércio e locais de trabalho nos Estados Unidos não tem nada de inevitável.

De uma perspectiva puramente comercial, se os padrões de assentamento norte-americano têm algum futuro, este estará na reurbanização de nossas cidades, grandes e pequenas, em vez da continuação da lenta marcha rumo à entropia econômica, fiscal e social. Replanejar, reformar e reconstruir os padrões de assentamento norte-americanos será a principal função do mercado imobiliário na primeira metade do século XXI.

O mercado de habitações que promoverá esse renascimento urbana não tem mistério. Não precisamos esperar que esses cidadãos urbanos nasçam ou cheguem do exterior; eles já vivem aqui. O mercado é simplesmente a convergência das duas maiores gerações na história dos Estados Unidos: os 82 milhões de indivíduos da geração *baby boom*, nascidos entre 1946 e 1964, e os 78 milhões de *millenials*, nascidos entre 1977 e 1996.

As habitações dos *babyboomers* têm mudado, em um ritmo acelerado, para a etapa em que os filhos já saíram de casa, que irá atingir seu pico em algum momento na próxima década e continuar após 2020. Em nossa pesquisa em cidades grandes e pequenas de todo o país descobrimos que desde que o primeiro indivíduo da geração *baby boomer* completou 50 anos em 1996, a quantidade de pais cujos filhos já haviam saído de casa teve um forte impacto sobre a habitação urbana, principalmente em áreas centrais. Depois de promover a difusão radical da população em áreas semirrurais de densidade ainda mais baixa por quase três décadas, os *boomers*, principalmente os mais abastados, estão redescobrindo as virtudes e os prazeres da vida no centro da cidade.

Enquanto isso, os *millenials* estão recém saindo da casa de seus pais. A geração dos *millenials* é a primeira a crescer no mundo pós-década de 1970 dos bairros formados por *cul-de-sacs*, dos centros comerciais como o centro da comunidade e da carteira de motorista como o meio principal de liberdade. Descobrimos que, como ocorreu com as gerações anteriores, muitos *millenials* estão se deslocando para a cidade. Não estão apenas mudando para Nova York, Chicago, San Francisco e outras grandes cidades norte-americanas; frequentemente impedidos pelo custo proibitivo dessas grandes cidades, eles estão descobrindo centros urbanos da segunda, terceira e quarta camada.

Contrastando com as gerações anteriores, os *millenials* são muito mais conscientes dos problemas ambientais e mais ativamente envolvidos em organizações e atividades que promovem a sustentabilidade. Eles reciclam sempre que possível, compram produtos orgânicos quando disponíveis e têm muito interesse nas construções e edificações ecologicamente sustentáveis.

Os *boomers* e os *millenials* já são os principais compradores de apartamentos em condomínios; em 2003, pela primeira vez, o preço médio nacional de um apartamento novo em um condomínio ultrapassou o de uma casa unifamiliar. Respondendo a esse fenômeno, são raras as imobiliárias regionais ou nacionais dos Estados Unidos que não têm um departamento para moradias em vazios urbanos. Durante a queda do mercado da habitação na metade da década de 2000, esses departamentos para moradias em vazios urbanos responderam, em geral, por um percentual crescente e significativo da receita das empresas matrizes.

A convergência de duas gerações desse tamanho – cada uma atingindo um momento em que a habitação urbana combina com seu estilo de vida – é sem precedentes. Em 2006, por exemplo, estimava-se que 41 milhões de norte-americanos tinham idades entre 20 e 29 anos, e a previsão é que esta população alcance 44 milhões em 2015. Neste mesmo ano, a população entre 50 e 59 anos, atualmente com 38,6 milhões de indivíduos, também terá atingido o mesmo número. A sincronização dessas duas ondas demográficas resultará em oito milhões de possíveis compradores de habitações urbanas nessas faixas etárias em 2015.

Em comparação com a enxurrada de famílias do período pós-guerra para os novos subúrbios em áreas semirrurais, a atual redescoberta dos ambientes urbanos ainda é ínfima. Porém, os números crescentes de famílias voltadas para os centros urbanos irão mudar esse paradigma.

Nas próximas décadas, esse "imperativo demográfico" representará uma possibilidade para milhões de moradias urbanas adicionais, não apenas em va-

Tipos de habitação urbana com recuos

Figura 7.10
Habitação com recuos em um pequeno terreno. Imagem © Farr Associates

Figura 7.11
Habitação com recuos em um grande terreno. Imagem © Farr Associates

Figura 7.12
A casa urbana com recuos de Abraham Lincoln. Imagem © Farr Associates

zios urbanos e implantações no centro da cidade, mas também em implantações de uso misto, orientadas para o pedestre em todas as escalas, dos bairros urbanos já existentes aos novos centros suburbanos.

A Zimmerman/Volk Associates classifica as famílias norte-americanas em três categorias gerais: jovens solteiros e casais, famílias tradicionais e não tradicionais, e aposentados e casais cujos filhos já saíram de casa. Essas três categorias correspondem, de certa forma, às principais etapas de uma casa de família. Um bairro que inclui tipos de habitação que combinam com as preferências do mercado potencial, então, poderia acomodar os desejos e as necessidades habitacionais de um indivíduo durante a sua vida; além disso, essa composição de tipos de habitação poderia acomodar várias gerações de moradores ao longo do tempo.

As tabelas a seguir compilam dados de 60 de centenas de pesquisas de mercado recentes preparadas pela Zimmerman/Volk Associates para os clientes do setor público e privado por todo o país (veja as Tabelas 7.3, 7.4 e 7.5). Elas registram a variação das possibilidades de mercado por tipos de lar e moradia junto com a distribuição ideal de tipos de moradias. As médias refletem amplas tendências nacionais (para os Estados Unidos), enquanto as variações demonstram que as habitações precisam refletir o contexto local, as condições do terreno, o clima, a cultura e a tradição, gerando variações significativas na composição ideal das habitações em cada implantação.

Tabela 7.3 Composição ideal de moradias por tipo de habitação para os novos bairros tradicionais* (construção nova)

		Lofts/ Apartamentos para aluguel	Lofts/ Edifícios de apartamento baixos/ Duplexes à venda	Casas em fita/ Isoladas (com recuos) à venda	Casas isoladas (com recuos) em terrenos pequenos (à venda)	Casas isoladas (com recuos) de tamanho médio em terrenos grandes (à venda)	Habitações urbanas à venda	
Percentual de todas as unidades	Variação	15% a 31%	4% a 17%	2% a 16%	5% a 35%	13% a 34%	4% a 30%	Total
	Média	23%	9%	9%	24%	22%	13%	100%

*Compilada a partir de 30 pesquisas de mercado conduzidas entre 2000 e 2006. Os novos bairros tradicionais (TNDs) variam de 400 a 4.500 unidades de habitação.
*Fonte: Zimmerman/Volk Associates, Inc.

Tabela 7.4 Potencial de mercado por tipo de família para centros de cidades e bairros centrais*

	Lofts/ Apartamentos para aluguel		Lofts/ Apartamentos à venda		Lofts/ edifícios de apartamento baixos/ duplexes à venda		Casas urbanas isoladas (com recuos) à venda	
	Variação	*Média*	*Variação*	*Média*	*Variação*	*Média*	*Variação*	*Média*
Jovens solteiros e casais	33 a 77%	62%	26 a 79%	54%	24 a 70%	47%	17 a 64%	35%
Famílias tradicionais e não traidicionais	0 a 35%	12%	0 a 26%	8%	0 a 47%	17%	5 a 54%	31%
Aposentados e pais cujos filhos já saíram de casa	9 a 59%	26%	16 a 67%	38%	17 a 56%	36%	15 a 53%	34%
		100%		100%		100%		100%

Tabela 7.5 Composição ideal de moradias por tipo de habitação para centros de cidades e bairros centrais*

		Lofts/ Apartamentos para aluguel	Lofts/ Apartamentos à venda	Lofts/edifícios de apartamento baixos/duplexes à venda	Casas urbanas isoladas (com recuos) à venda	
Percentual de todas as unidades	Variação	23 a 55%	17 a 36%	15 a 30%	10 a 32%	
	Média	37%	25%	20%	18%	100%

*Compilada a partir de 30 pesquisas de mercado conduzidas entre 2000 e 2006. As cidades variam de 3.400 a 900 mil pessoas.
Fonte: Zimmerman/Volk Associates, Inc.

A habitação livre de automóveis

Figura 7.13
Manhattan apresenta muitas quadras de habitações livres de automóveis. Imagem © Farr Associates.

A habitação livre de automóveis é a prática emergente de criação de edificações residenciais que não oferecem estacionamento particular (fora da rua). Essa prática é norma em Manhattan e em zonas de uso misto que têm transporte público de outras grandes cidades. As normas de zoneamento adotadas nos Estados Unidos nos últimos 50–60 anos têm exigido dos empreendedores uma ou mais vagas de estacionamento particular por moradia. Essas exigências são, provavelmente, muito adequadas à realidade dos loteamentos suburbanos dependentes de automóveis. Contudo, em locais atendidos pelo transporte público e que priorizam o pedestre, elas exigem vagas para moradores que talvez não tenham automóveis. Essa exigência pode, desnecessariamente, aumentar o custo das habitações de cerca em 30 mil ou 40 mil dólares por vaga particular exigida e se tornar uma profecia realizada pelo próprio esforço, estimulando a compra de automóveis com a vaga de estacionamento "gratuita" que o proprietário da moradia comprou. A prática comum de vender unidades de habitação com vagas de estacionamento privativas resulta em um excesso de área de estacionamento. O urbanismo sustentável exige que qualquer estacionamento seja vendido separadamente da unidade de habitação.

A habitação livre de automóveis é uma estratégia viável para reduzir o custo das habitações e aumentar a densidade urbana, o deslocamento a pé, o uso de bicicletas e do transporte público. É preciso coordenação e integração entre a implantação de um empreendimento, as normas municipais que o orientam e o interesse de bancos e empreendedores de promover projetos livres de automóveis. Para testar a demanda do mercado e a viabilidade de um conceito como esse, inúmeros projetos têm reservado uma parte de suas unidades residenciais como livres de automóveis. O imóvel pode ser tanto para aluguel quando para venda.

A habitação livre de automóveis deve ser desenvolvida junto com automóveis compartilhados públicos ou fornecidos pelo empreendedor (veja Sistemas de Automóveis Compartilhados). Cada automóvel compartilhado é considerado capaz de substituir de cinco a oito automóveis privados. A tendência das prefeituras tem sido de adotar reduções nos estacionamentos particulares muito conservadoras – menos da metade do índice de substituição previsto. Habitações livres de automóveis também exigem garantias contratuais de que os moradores não irão adquirir automóveis.

Os critérios a seguir apresentam orientações relativas à localização de possíveis distritos com habitações livres de automóveis e exigências de projeto relacionadas (veja a Tabela 7.6). Esses parâmetros para a regularização do estacionamento residencial municipal orientam como modificar as exigências de estacionamento existentes para aumentar os benefícios da redução do estacionamento residencial por toda a cidade (veja a Tabela 7.7).

1913
Henry Ford introduz a linha de montagem para produzir automóveis em massa.

1940s–1950s
Exigências mínimas de estacionamento particular são amplamente adotadas.

1990s
Milwaukee permite o estacionamento nas ruas, para ajudar a atender às exigências de estacionamento particular.

2003
A Gold Dust Apartments em Missoula, Montana, oferece unidades livres de automóveis destinadas especificamente a pedestres e ciclistas.

Tabela 7.6 Critérios para os distritos com habitações livres de automóveis

Critérios de implantação	
Uso misto	Bairro altamente completo
Serviço de transporte público	Corredor com um alto nível de serviço de transporte público
Implantação conectada	Rede bem calibrada de equipamentos para pedestres e bicicletas
Demografia local	Consulte a Tabela 7.11 para os parâmetros mínimos de compartilhamento de automóveis
Exigências de projeto	
Garantias contratuais	O locatário/proprietário assina o contrato concordando em não adquirir um automóvel
Mobilidade fornecida pelo empreendedor	Passagem de transporte público sem taxas para cada morador No mínimo um carro compartilhado para cada seis ou oito moradias Local interno seguro para guardar bicicletas
Marketing	Todas as ofertas para venda ou aluguel mencionam o projeto livre de automóveis
Vendas	Todas as unidades são vendidas sem vagas de estacionamento
Estacionamento privado	Nenhum, conta-se apenas com o estacionamento público e nas ruas
Estacionamento público	Veja a Tabela 7.7

Tabela 7.7   Parâmetros do urbanismo sustentável para regulamentações dos estacionamentos residenciais

Política	Prática convencional	Urbanismo sustentável
Vagas de estacionamento particulares	Número mínimo exigido por moradia	Número máximo permitido por moradia
Exigências de redução dos estacionamentos	Não permitidas	O compartilhamento de automóveis substitui até cinco vagas de estacionamento privado
Vagas de estacionamento à venda	Vendidas com a moradia	Vendidas separadamente
Vagas de estacionamento e automóvel do compartilhamento de automóveis	Não exigidos	No mínimo um para cada 10 moradias
Estacionamento na rua, na frente do empreendimento	Não pode ser usado para atender às exigências	Pode ser usado para atender às exigências de estacionamento privado ou de compartilhamento de automóveis

O comércio de bairro

Robert J. Gibbs, ASLA
Gibbs Planning Group, Inc.

Figura 7.14
Uma loja de conveniência tradicional. Imagem © Gibbs Planning Group, Inc.

Uma das principais vantagens de comunidades em bairros de desenho tradicional (TND) em relação aos subúrbios convencionais é a oportunidade de acessar o comércio e os espaços de entretenimento a pé. Porém, poucas comunidades baseadas no Novo Urbanismo têm implementado centros de comércio com êxito. Em muitos casos, o comércio de uma comunidade em bairros de desenho tradicional (TND) não é desenvolvido por anos após o término da última fase residencial.

Frequentemente, o comércio das comunidades em bairros de desenho tradicional (TND) não consegue atingir as vendas mínimas necessárias para que os empresários tenham um rendimento razoável. Os centros ociosos resultam em negócios que oferecem bens limitados e serviços insuficientes, e, assim, não podem concorrer com os centros comerciais orientados para o mercado. Muitos empreendedores de TNDs optam por não construir a fase comercial de sua comunidade porque os valores dos terrenos são muito mais altos para residências que para o comércio.

Empreender e gerir centros comerciais ainda é uma das categorias imobiliárias mais arriscadas. Os comerciantes precisam corresponder às dinâmicas tendências e demandas dos consumidores e, ao mesmo tempo, evitar os novos concorrentes. Como resultado, o comércio se baseia em métodos e técnicas comprovados para minimizar o risco e ter uma taxa de retorno sobre o investimento. Muitos dos bairros históricos e comunidades com TND mais desejados têm grupos de comerciantes bem-sucedidos.

Diferente do empreendimento suburbano, no qual vários usos comerciais do solo estão separados dos residenciais, em uma comunidade com TND, os usos comerciais e residenciais estão estreitamente relacionados. Assim, a vitalidade do comércio da comunidade com TND pode afetar diretamente o seu entorno residencial. Em casos extremos, lojas abandonadas e inquilinos indesejáveis, como estúdios de tatuagem e casas de penhor, podem fazer o preço das moradias adjacentes despencar. Por outro lado, lugares como cafés e armazéns contribuem para a qualidade de vida do bairro. É de grande interesse da comunidade que os comerciantes atinjam ou ultrapassem os padrões de venda da indústria.

Lojas de conveniência

O menor e mais útil tipo de comércio, a loja de conveniência, varia de 150 a 300 m quadrados. As lojas de conveniência devem ficar em vias locais importantes do ponto de entrada mais movimentado do bairro. Contudo, em comunidades com TND densamente povoadas, as lojas de conveniência podem ser sustentáveis dentro do bairro, quando localizadas na rua principal. A loja também se beneficia quando está localizada nas adjacências de edificações comunitárias, parques e escolas, embora as escolas frequentemente não queiram lojas de conveniência próximas ao seu *campus* por atraírem os estudantes como pontos de reunião (consulte o Capítulo 7: Um Bairro Completo).

São necessárias aproximadamente mil famílias para sustentar uma loja de conveniência padrão. Isso equivale a uma loja de conveniência para cada bairro com TND, baseando-se em uma distância a pé de cinco minutos (400 m). Porém, esse número pode ser reduzido significativamente se a loja estiver em uma via principal onde passam 15 mil carros por dia ou mais. Lojas de conveniência que também vendem gasolina se sustentam com praticamente nenhuma moradia adjacente. As vendas relacionadas à própria construção antes do bairro estar completo podem sustentar uma loja de conveniência.

Nos Estados Unidos, uma loja de conveniência padrão fatura aproximadamente 2.300 dólares em vendas por metro quadrado por ano, ou de 300 mil a 600 mil dólares. As vendas serão significativamente maiores se a loja vender bebidas engarrafadas ou gasolina. O aluguel anual para uma loja de conveniência típica é de, em média, 150 a 180 dólares por metro quadrado. O aluguel e a venda são significativamente mais altos em áreas urbanas densas. O aluguel representa apenas de 8 a 10% das despesas operacionais totais da maioria dos comerciantes. Os empreendedores frequentemente oferecem ao proprietário da loja um bom desconto no aluguel para ter a amenidade no bairro. Tal desconto é desaconselhável, uma vez que se a loja não é economicamente sustentável desde o início, o empresário provavelmente irá falir ou abandonar o ponto (veja a Tabela 7.8).

Figura 7.15
Rua principal tradicional em um bairro novo urbanista. Imagem © Farr Associates

Figura 7.16
Centro comercial em um bairro novo urbanista. Imagem © U.S. EPA, 2003

Centros de conveniência

Tendo, em geral, mil a três mil metros quadrados, esses centros oferecem uma variedade de produtos e serviços voltados para as necessidades diárias dos bairros em seu entorno. Eles frequentemente têm como âncora um pequeno armazém de alimentos de especialidade ou uma farmácia. O equilíbrio do centro geralmente inclui de cinco a oito pequenas lojas que variam entre 150 e 300 metros quadrados cada uma.

Esses pequenos negócios teriam dificuldades se estivessem implantados em seu próprio terreno. Porém, ao serem incluídos em agrupamentos permeáveis por pedestres, eles ajudam, cada um, a gerar visitas não planejadas e vendas para as outras.

Centros de conveniência precisam de cerca de duas mil famílias, ou dois bairros com TND, para serem sustentáveis. Esses centros precisam estar em uma via movimentada e, de preferência, na entrada principal de ambos os bairros. Sua área média de captação geralmente tem um raio de até 1,6 km. Nos Estados Unidos, as vendas médias dos centros de conveniência são de 2.500 dólares por metro quadrado por ano. Os aluguéis anuais desses centros são de cerca de 165 dólares por metro quadrado por ano, variando entre 130 e 200 dólares (veja a Tabela 7.8).

Centros dos bairros

Geralmente tendo como âncora um supermercado, uma farmácia e uma videolocadora, os centros dos bairros oferecem uma variedade de bens e serviços não encontrados em lojas ou centros de conveniência. Eles geralmente variam de 6 mil a 8 mil metros quadrados de área total (incluindo o supermercado) e exigem um terreno de 2,5 a 4,0 hectares. O planejamento do terreno com princípios de TND pode reduzir o tamanho do centro em até 20%. Esses centros têm uma razão geral de estacionamento coberto ou ao ar livre de 4 automóveis para cada 100 metros quadrados de área bruta de construção. Os supermercados e os restaurantes exigirão razões mais altas em seu entorno.

Os centros dos bairros exigem que haja de 6 mil a 8 mil moradias dentro da zona principal de comércio. A típica zona de comércio suburbana tem de 1,5 a 3,0 km. Porém, em áreas muito rurais, é comum que os moradores viajem mais de 80 km por semana para visitar o centro de um bairro. Já os centros urbanos densos permitem que haja supermercados com poucas quadras de intervalo.

Nos Estados Unidos, as vendas e os aluguéis nos centros dos bairros variam muito, dependendo do tipo de negócio. Em média, as vendas são de 2.700 dólares por metro quadrado. Os aluguéis variam de 80 dólares por metro quadrado (para supermercados) a 450 dólares (para cafeterias).

Muitos empreendedores de TND e planejadores novo urbanistas tentam, frequentemente, limitar o tamanho do supermercado para entre 2.000 e 2.500 metros quadrados. Contudo, pequenos supermercados são inviáveis devido à grande variedade de bens exigida pela família padrão norte-americana. Hoje, um supermercado precisa ter uma variedade muito maior de produtos do que tinha

Tabela 7.8

	Área bruta de comércio (m²)	Número de habitações necessárias para sustentar o comércio[1]	TNDs necessários para sustentar o comércio (15 unidades de habitação por hectare bruto)	Vendas em dólares, por m²	Aluguel anual médio por m²	Zona média de comércio	Estacionamento[2]	Forma urbana	Lojas âncora
Lojas de Conveniência	150–300	1.000	1	2.300	150–180	Bairro (cinco minutos a pé ou 400 m)	Nas ruas	Edificação de uso misto na esquina	Qualquer loja pequena
Centros de Conveniência	1.000–3.000	2.000	2	2.500	130–200	Raio de 1,5 km	4 carros/100m² da área bruta construída	Rua principal	Armazém de alimentos de especialidade ou farmácia
Centro do Bairro	6.000–8.000	6–8.000	6 a 8	2.700	Varia muito – entre 80 e 450	Raio de 1,5–3 km	4 carros/100m² da área bruta construída	Uso misto, rua principal	Supermercado, farmácia e videolocadora

[1] Este número pode ser reduzido significativamente se a loja estiver localizada em uma via principal com 15 mil automóveis por dia, e reduzido a quase zero se houver venda de gasolina.
[2] Inclui os estacionamentos na rua e fora dela (particulares).

na década de 1960, quando um empreendimento de arquitetura ou planejamento urbano com 2.500 metros quadrados era considerado grande.

O centro do bairro é um dos locais preferidos para financeiras e instituições bancárias. Ele tem faturamento garantido, e acredita-se que as famílias sempre vão precisar comprar produtos alimentícios. Recentemente, os centros dos bairros têm sido ameaçados pelos hipermercados de descontos, considerados capazes de fechar dois supermercados ao entrarem no mercado. Além disso, os populares armazéns "ecológicos" ou "sustentáveis" e os superatacados para associados têm atraído consumidores de nível superior e classes mais altas, afastando-os dos supermercados padrão. O empreendimento comercial está sempre se reinventando (veja a Tabela 7.8 a seguir).

Implantação e estacionamento

Negócios de bairros voltados para a conveniência devem oferecer um nível suficientemente alto de atrativos para que possa concorrer com os principais centros comerciais e hipermercados. O centro deve ser planejado para permitir que a maioria dos varejistas se encontre na via principal na rua de entrada do bairro. Em uma situação ideal, a maioria dos moradores do bairro irá caminhar ou dirigir por alguma seção da área comercial ao saírem de casa ou ao retornarem. Considerando que a família padrão gera 10 deslocamentos por dia, um bairro habitacional poderia gerar até 10 mil deslocamentos diários ao longo das fachadas. Visto que os negócios locais se baseiam, em sua maior parte, na visita por impulso e têm um orçamento limitado para divulgação, essa exposição é imprescindível.

As lojas de conveniência ou os centros dos bairros devem permitir fácil acesso aos pedestres dos bairros vizinhos. Os estacionamentos ao ar livre devem ficar escondidos atrás de lojas junto ao passeio ou voltados para a principal rodovia. Deve-se manter, o máximo possível, uma transição suave entre as áreas residenciais e comerciais.

O estacionamento ainda é uma das questões mais importantes para os comerciantes, especialmente para os de bairro. Um estacionamento de fácil acesso é fundamental. Uma área de estacionamento ampla e gratuita próxima à entrada de uma loja é vital. Além disso, o estacionamento não deve dominar a implantação, e ruas permeáveis aos pedestres com lojas devem ser mantidas o máximo possível.

Por outro lado, em pequenas cidades ou centros de conveniência, os clientes exigirão estacionamento bem na frente da loja onde farão suas compras. Caso não haja vagas, o cliente típico achará o estacionamento problemático e pouco conveniente em relação ao centro comercial moderno. Como resultado, ele acabará evitando fazer compras naquela loja.

Práticas comerciais

Uma das principais deficiências de muitos centros comerciais de bairros com desenho tradicional é a falta de práticas comerciais e de gestão modernas. Em alguns casos, os comerciantes têm ficado desamparados, com pouca ou nenhuma exigência de participação e organização administrativa. Essas práticas podem resultar em poucas vendas, alta rotatividade pessoal e, às vezes, falência.

Um dos erros mais comuns do comércio de um bairro com desenho tradicional é a falta de um horário mínimo de funcionamento das lojas. É inviável, para pequenas lojas independentes, ficarem abertas fora do horário comercial. Contudo, uma das reclamações principais de muitos clientes são as horas limitadas de pequenos centros e lojas. Aproximadamente 70% de todas as vendas ocorrem ou após as 17h30min, ou aos domingos. Um centro que não fica aberto nesses horários se limita a um terço da participação no mercado. Além disso, uma boa iluminação, passeios limpos e um mobiliário urbano bem conservado são essenciais para um centro comercial competitivo. Horas limitadas e falta de manutenção transmitem uma ideia de serviço inferior e baixo valor para famílias que dispõem de pouco tempo. A seguir, um resumo das diretrizes básicas recomendadas para a administração de centros de bairros com TND (veja a Tabela 7.9).

Tabela 7.9 Diretrizes para as práticas comerciais em bairros com desenho tradicional

Administração	• Estabelecer uma taxa de Administração das Áreas Condominiais (CAM) como parte do aluguel padrão. Essa taxa deve ser usada pela administração do centro comercial para a manutenção e comercialização das áreas condominiais. • Desenvolver um uso misto de negócios que limite a sobreposição de bens e serviços e, ao mesmo tempo, promova a concorrência saudável. • Manter o controle sobre o projeto de arquitetura de interiores das lojas, as mercadorias, a iluminação e os expositores. • Implementar uma campanha publicitária comum para o centro e seus comerciantes.
Projeto	• Exigir altos padrões de projeto para as vitrines e a sinalização gráfica. Adotar um mínimo de 70% de fachadas com vitrines transparentes (medidas a uma distância entre 0,9 e 2,4 m do passeio) no primeiro pavimento de todas as novas construções. Evitar as vitrines e a sinalização gráfica no estilo dos centros comerciais suburbanos. • As empresas devem ser estimuladas a se diferenciar com sinalização gráfica, cores e alterações nas fachadas. Permitir que reforcem suas marcas também ressalta a variedade de bens e serviços do centro da cidade. Evitar uma ênfase exagerada na continuidade das cores e formas. • Reduzir para 20 centímetros a altura máxima de sanefas em vitrines. Permitir apenas tecidos como lonas; tecidos plásticos devem ser proibidos. Permitir duas cores de toldos. Logotipos pequenos ou nomes de empresas nos toldos devem ser permitidos. • Manter todas as luzes das vitrines ligadas a um temporizador central para que permaneçam iluminadas até as 22h. Grandes lixeiras comuns devem ficar no meio das quadras ou atrás das edificações. Esses contêineres devem ficar fechados, se possível, e mantidos limpos e livres de pragas e odores. Os contêineres dos restaurantes devem ser resfriados durante as épocas de calor.
Funcionamento	• Manter o horário mínimo até as 19h durante a semana e até as 21h pelo menos um dia por semana. Sugerir o horário das 9h às 17h para os sábados. • Fazer marketing cruzado com outros comerciantes do centro, compartilhando vitrines e balcões expositores interiores. • Destacar os feriados e as promoções ou novas coleções com expositores chamativos na frente e no centro das lojas. • Exigir que as vitrines e os expositores sejam atualizados mensalmente.
Manutenção	• Pintar as vitrines e os interiores regularmente (de uma a duas vezes por ano). Limpar e pintar as portas e as janelas frontais três ou quatro vezes por ano. Lavar as portas quatro ou cinco vezes por dia.

Os benefícios econômicos das lojas de propriedade local

Matt Cunningham
Civic Economics

Figura 7.17
Imagem © Farr Associates.

Muitas pessoas têm fortes argumentos emotivos para apoiar negócios locais. Elas listam o serviço melhor, a atmosfera única e a maior variedade de bens como razões para promover esses negócios. Pesquisas recentes também têm mostrado que há uma forte razão econômica para fazer compras no local. O dinheiro gasto em negócios de propriedade local tem mais chances de permanecer na região e ter um impacto econômico maior que o dinheiro gasto em cadeias nacionais. Esse parâmetro ressaltará essa nova forma de pensar sobre os negócios locais e mostrará como ajudam a criar uma economia mais sustentável.

As vantagens locais

Os negócios locais têm vantagens econômicas sobre as cadeias nacionais em quatro categorias principais: mão de obra, lucro, abastecimento e instituições de caridade.

Mão de obra. Os gastos com a mão de obra local resultam em uma porção maior de custos de funcionamento para um estabelecimento de propriedade local que para um ponto de venda de uma cadeia nacional. Embora essas cadeias possam consolidar funções administrativas como contabilidade e comercialização em sedes nacionais, as lojas independentes desempenham essas funções com seus próprios recursos ou os contratam dentro da comunidade. Além disso, economias de escala e leiautes de lojas bem planejados podem permitir que as cadeias nacionais empreguem menos pessoal *in loco* que as firmas locais.

Lucros. Uma porção maior dos lucros das lojas de propriedade local permanece na economia local. A compra de bens, serviços e alimentos em lojas de cadeia geram lucros para a corporação, que depois reinveste em operações globais ou distribui uma porção dos lucros entre os acionistas. Em ambos os casos, os lucros das cadeias que circulam na economia local são mínimos.

Abastecimento. Negócios de propriedade local obtêm uma gama de produtos e serviços maior no mercado local. Isso inclui produtos para revenda, produtos para a manutenção do negócio e serviços profissionais.

Instituições de caridade. Uma porção menor, mas significativa, das vantagens locais são as doações para instituições de caridade. Os proprietários e empregados de firmas locais geralmente vivem em seus locais de trabalho ou nas imediações e é mais provável que queiram retribuir às suas comunidades. Firmas nacionais tendem mais a fazer doações para instituições próximas de suas sedes corporativas ou outras grandes filiais.

A Civic Economics sabia que, para as cidades criarem políticas que ajudem a nivelar a concorrência entre os negócios locais e as concorrentes nacionais, uma sólida lógica econômica precisaria ser incluída no argumento emotivo predominante. Até agora, três estudos importantes foram completados para incluir dados econômicos na discussão.

O primeiro estudo foi conduzido em Austin, no Texas, durante o segundo semestre de 2002. Devido a uma curiosidade legislativa, a prefeitura iria dar um pacote de incentivos a um novo comerciante nacional, cuja implantação ficaria do outro lado da rua da BookPeople e da Waterloo Records, dois antigos marcos locais.

A Civic Economics liderou um estudo que demonstrou as vantagens econômicas que as duas lojas de propriedade local tinham em relação às concorrentes nacionais. Depois de analisar as finanças dos negócios locais e estabelecer parâmetros em relação às concorrentes nacionais, foi identificado que, para cada 100 dólares gastos em negócios locais, 45 dólares permaneciam na economia local. Quando a mesma metodologia foi aplicada aos negócios nacionais, apenas 13 dólares permaneceram no local.

Os resultados em Austin demonstraram as vantagens econômicas de apoiar negócios locais, mas o estudo foi feito em uma escala pequena, com apenas dois comerciantes. No segundo semestre de 2004, um estudo de continuação foi conduzido no bairro de Andersonville, em Chicago, Illinois. A mesma metodologia básica foi aplicada, mas nesse estudo o número de negócios locais analisados subiu para 10 e os resultados foram classificados como comércio, serviços e restaurantes. A expressão "valor extra local" foi usada para se referir à diferença percentual de impacto em negócios locais e cadeias nacionais.

Os resultados em Andersonville confirmaram os de 2002, em Austin. O valor extra local geral foi de 58%, o que significa que permaneceu na economia local um valor 58% maior que no caso das cadeias nacionais. Além disso, as lojas de propriedade local tiveram, em nosso levantamento, um faturamento maior por metro quadrado de área de vendas em relação às cadeias nacionais – isto é, seu valores extras locais foram ainda maiores quando calculados por metro quadrado.

Figura 7.18
Valor extra local para cada 100 dólares. Imagem © Civic Economics

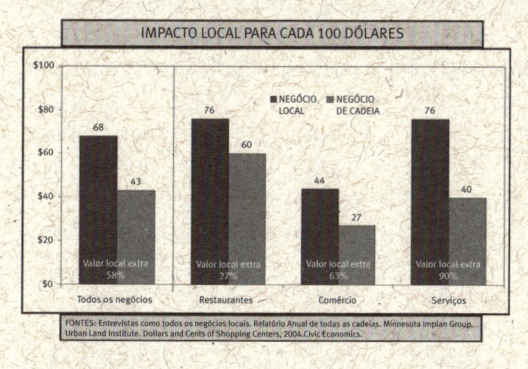

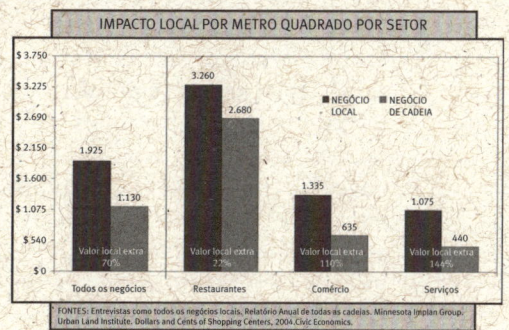

Figura 7.19
Valor extra local por metro quadrado. Imagem © Civic Economics

Terceiros lugares: Onde as pessoas se encontram, confiam e formam associações

Baseado no trabalho de Ray Oldenburg

Figura 7.20
O Intelligensia Café, em Chicago, é um "terceiro lugar".
Imagem © Farr Associates

O termo "terceiros lugares" foi utilizado por Robert Oldenburg, autor de *The Great Good Place*. Ele definiu esses lugares como aqueles fora da moradia e do trabalho e abertos ao público em geral onde as pessoas se encontram casualmente com certa frequência. Os terceiros lugares são estabelecidos por pessoas que os designam, informalmente, como "lugares para verem e serem vistas". Eles precisam ser acessíveis para muitas pessoas, confortáveis e abertos por, no mínimo, 16 horas por dia, cinco ou seis dias por semana, para que sejam visitados ao acaso. Muitos, mas não todos, servem alimentos e bebidas, estimulando as pessoas a ficar no local e conversar. Cafeterias, parquinhos, paradas de ônibus, "parques para cães", bares, meios de quadra, bibliotecas, lavanderias e igrejas são exemplos de terceiros lugares. Esses lugares são necessários para completar um bairro e são componentes fundamentais do urbanismo sustentável.

Oldernburg descreve, sucintamente, a interação social dos terceiros lugares como "conheça, confie e forme associações" (de entrevista do autor com Ray Oldernburg, em 15 de setembro de 2006). Os terceiros lugares ajudam a expandir as redes sociais, facilitando encontros casuais ou marcados com outras pessoas que os moradores não encontrariam em casa ou no trabalho. De uma perspectiva econômica, os terceiros lugares podem servir como mercados informais para serviços, empregos e empresas – na verdade, a gigantesca empresa de seguros internacional Lloyd'sof London começou como uma cafeteria. Se a sua babá pediu demissão ou se você precisa pintar sua cozinha, conversar sobre isso em um terceiro lugar pode resultar em uma indicação. Em termos de socialização, o contato informal recorrente típico desses lugares pode resultar em novos conhecidos, amigos e até romances.

Segundo Oldenburg, "os melhores terceiros lugares são os de propriedade familiar, e seus donos geralmente são o que Jane Jacobs descreveu como personagem social – alguém que conhece todo mundo no bairro". Ele acredita que comerciantes independentes locais conhecem a comunidade e "são interessados", ao contrário das cadeias nacionais, que "não se envolvem com a comunidade", inclusive proibindo, frequentemente, painéis para panfletos e anúncios. Os terceiros lugares tradicionais, como o bar da esquina, localizam-se em contextos urbanos permeáveis aos pedestres e são muito menos viáveis em implantações dependentes de automóveis. Nos subúrbios, encontros casuais têm sido substituídos por visitas marcadas por telefone ou mensagens de texto. Os critérios expostos na Tabela 7.10 pretendem ajudar o aprimoramento dos terceiros lugares já existentes e a criação de novos.

Capítulo 7 Bairros Sustentáveis   143

- **600 a.C.** Ágora ateniense
- **400 d.C.** Cafeterias árabes
- **1688** O Lloyd's of London se estabelece em uma cafeteria.
- **Década de 1800/Século XIX** Tavernas norte-americanas
- **Década de 1940** Balcões com refrigerantes
- **Década de 1950** Centros comerciais
- **1971** Starbucks se estabelece no Pike Place Market, em Seattle.

Tabela 7.10
Conheça, confie e forme associações

Critérios de terceiros lugares internos		Hora do dia			
Público-alvo	Equipamentos necessários	7	12	18	23
Donos de cães	Parques para cães				
Crianças pré-escolares	Parques infantis				
Estudantes	Gramados para lazer, espaço de lazer em geral				
Adultos desempregados	Gramados, bancos e áreas para sentar				
Trabalhadores	Gramados, bancos e áreas para sentar				
Pais trabalhadores	Todos acima				

Critérios de terceiros lugares externos		
Categorias	Urbana	Dispersão
Método de deslocamento	A pé ou de bicicleta	Automóvel
Estacionamento	Bicicleta	Estacionamento gratuito
Horário de funcionamento	16 horas por dia	16 horas por dia
Horário de abertura	6h	6h
Dias por semana	Seis ou sete	Cinco ou seis
Usos adjacentes	Livraria, lavanderia	Igreja, biblioteca
Localização	Rua principal, de preferência na esquina	Centro comercial linear
Variedade	Cafeteria/restaurante/bar	Cafeteria/restaurante/bar
Informações	Painéis de avisos	Painéis de avisos

O capital social relativo de cafeterias		
Categorias	Capital social elevado	Capital social baixo
Propriedade	Local	Cadeia
Perfil do pessoal	Pessoas do bairro	Baristas profissionais
Painéis com avisos	Estimulados	Proibidos
Implantação	Acessível a pé	Acessível com automóvel

Bairros saudáveis

Melanie Simmons, PhD, Kathy Baughman McLeod, MS, e Jason Hight, MS
Healthy Development Inc.

Figura 7.21
Image © Farr Associates.

Segundo a Força-Tarefa dos Centros de Controle e Prevenção de Doenças nos Serviços Comunitários de Prevenção, estima-se que de 200 mil a 300 mil mortes prematuras ocorram todo ano nos Estados Unidos devido ao sedentarismo. Atividades físicas regulares estão associadas à melhoria da saúde e à redução do risco de mortalidade. Além desses efeitos, as atividades físicas produzem outros benefícios e economias. Os benefícios incluem o risco reduzido de doenças cardiovasculares, AVCs, diabetes do tipo 2, câncer de cólon, osteoporose, depressão e lesões causadas por quedas. Os gastos diretos em saúde provocados pelo sedentarismo equivalem a, pelo menos, 2,4% dos gastos com saúde nos Estados Unidos. Os gastos indiretos são difíceis de estimar. Porém, acredita-se que são mais altos por causa dos gastos com empregados e seguradoras devido aos dias de trabalho perdido e a perda das funções físicas.[1]

A quantidade de atividade física recomendada é de 30 minutos de atividades de intensidade moderada, cinco dias por semana ou mais. Caminhar é a atividade moderada mais promovida; outros tipos podem incluir andar de bicicleta, nadar, cortar a grama com uma máquina de uso manual e dançar.

Neste exemplo, as influências do ambiente construído sobre a saúde vão além das escolhas individuais de estilo de vida. A forma urbana tem impacto sobre o transporte ativo e as atividades relacionadas ao trabalho e ao lazer **(veja a Tabela 7.11)**. Nesse contexto, intervenções no ambiente construído promovem a atividade física em vez de tentar mudar o estilo de vida das pessoas.

A tabela mostra as renovações na escala da rua que têm se mostrado eficazes no estímulo de atividades físicas. Os estudos foram conduzidos em pequenas áreas geográficas de poucas quadras.

A matemática nesta tabela deve ser fácil de seguir e ser reproduzida. A população afetada pelas ruas renovadas foi estimada em mil pessoas. Projetos que visam usar estes cálculos devem ajustar os valores de população e o nível de atividades físicas de intensidade moderada adequadamente (use o Sistema de Acompanhamento do Fator de Risco Comportamental). Assim, os projetos propostos de renovação urbana na escala das ruas podem prever os impactos das atividades físicas para diferentes populações e contextos.

Essas intervenções atendem aos critérios por serem eficazes para a atividade física; por isso, a implementação dessas práticas no nível da comunidade deve ser priorizada. Os empreendedores da comunidade devem aprender sobre os aspectos de desenho urbano com valor agregado que promovem comunidades saudáveis.

Uma boa forma de atrair atenção e verbas de legisladores para apoiar a renovação urbana na escala das ruas é destacar as possíveis economias nos gastos com saúde. A tabela demonstra as possíveis economias diretas com estes gastos. Com renovações urbanas eficazes na escala das ruas, as economias nos gastos com saúde devido ao aumento das atividades físicas poderiam chegar a uma média de 92.295 dólares (variando entre 42.192 e 163.494 dólares) anualmente para mil pessoas em uma pequena área geográfica de poucas quadras. As economias indiretas não foram estimadas, mas, provavelmente, são muito maiores.

Tabela 7.11 A renovação urbana na escala da rua e a atividade física

Renovações urbanas eficazes na escala da rua	Resultado
Vegetação: Vegetação nas ruas, áreas externas públicas, jardins e áreas externas privados, junto a fachadas, janelas e balcões, controlando o sexo, idade e *status* socioeconômico[2]	A possibilidade de que os moradores urbanos sejam fisicamente ativos era três vezes maior em bairros com bastante vegetação, se comparados aos dos bairros com pouca vegetação.
Permeabilidade ao pedestre: *Alta*: densidade maior caracterizada pela composição de moradias uni e multifamiliares e usos do solo não residenciais; o traçado urbano tem, de modo geral, boa conectividade. *Baixa*: moradias unifamiliares em ruas curvilíneas com *cul-de-sacs* e locais de comércio na periferia do bairro. Ambos os tipos de bairro têm uma renda média semelhante[3]	As pessoas que vivem em bairros de alta permeabilidade ao pedestre fazem 50% a mais de atividade física de intensidade moderada que aquelas que vivem em bairros cuja permeabilidade ao pedestre é baixa.
Conectividade: Zonas residenciais classificadas em uma escala de ambiente permeável ao pedestre, incluindo a facilidade para atravessar as ruas, a continuidade dos passeios, as características locais das ruas e a topografia[4]	As pessoas que vivem nas zonas com maior pontuação apresentaram uma possibilidade três a quatro vezes maior de caminhar até o transporte público e fazer seus outros deslocamentos a pé ou de bicicleta.
Iluminação: Identificação das áreas mal iluminadas e melhoria da iluminação; comparação da atividade física antes e depois das melhorias[5]	O deslocamento a pé aumentou em 51% após a melhoria da iluminação.
Permeabilidade ao ciclista: Promoção do uso de bicicletas, vias com quatro faixas de rolamento transformadas em duas faixas para bicicletas e estacionamento, ruas mais estreitas e arborizadas[6]	Aumento de 23% no uso de bicicletas após a renovação da rua
Estética: Atraente, com locais agradáveis onde se possa caminhar perto das casas; controlando o sexo, a idade e a educação[7]	O deslocamento a pé aumentou em 70% nos bairros de alta conveniência em relação aos bairros de baixa conveniência
Conveniência: Bairros de alta conveniência comparados aos de baixa conveniência; conveniência definida como lojas, parques, praias ou ciclovias acessíveis a pé; controle de sexo, idade e educação[8]	Aumento de 56% no deslocamento a pé
Nota: Para as intervenções listadas em iluminação, permeabilidade ao ciclista, estética e conveniência, utilizou-se medidas semelhantes de atividade física e uma estimativa geral foi calculada. O efeito médio dessas renovações urbanas na escala da rua são associads a um aumento médio de 35% na atividade física.[9] As intervenções devem, em média, aumentar o índice existente de atividade física de intensidade moderada de 5% para 61%. Para uma população de mil pessoas, o número de pessoas ativas deveria aumentar de 450 para 608. Assim, o número de pessoas envolvidas em atividades de intensidade moderada após a renovação urbana na escala da rua aumentaria em uma média de 158 pessoas, com uma variação de 72 a 279 pessoas.	

(continua)

Tabela 7.11 A renovação urbana na escala da rua e a atividade física *(continuação)*

Cálculos das economias em serviços de saúde

Atividades físicas de intensidade moderada produzem uma economia de 586 dólares por pessoa por ano nos **gastos diretos** com serviços de saúde (valores de 2006)

Mudança média: aumento de 35% no número de pessoas envolvidas em atividades físicas de intensidade moderada

Aumento de 158 pessoas fazendo a quantidade recomendada de atividade física de intensidade moderada × 586 dólares = economia de 92.295 dólares nos gastos diretos com serviços de saúde

Resumo

Com renovações urbanas eficazes na escala da rua, as economias nos gastos com saúde devido à maior atividade física seriam de cerca de 92.295 dólares (variando entre 42.192 e 163.494 dólares) por ano para mil pessoas em um bairro (definido como uma pequena área geográfica de poucas quadras).

Recursos na internet

Healthy Development, Inc.: www.healthydevelopment.us

Centers for Disease Control and Prevention: www.cdc.gov/healthyplaces/hia.htm

National Association of County and City Health Officials: www.naccho.org/topics/HPDP/land_use_planning/LUP_HealthImpactAssessment.cfm

American Planning Association: www.planning.org/research/healthycommunities.htm?project=Print

World Health Organization: www.who.int/hia/en/

Notas

1. G. W. Heath et al., "The Effectiveness of Urban Design and Land Use and Transport Policies and Practices to Increase Physical Activity: A Systematic Review," *Journal of Physical Activity and Health* 3, suppl. 1 (2006): S55–S76.

2. A. Ellaway, S. Macintyre, and X. Bonnefoy, "Graffiti, Greenery, and Obesity in Adults: Secondary Analysis of European Cross Sectional Survey," *British Medical Journal* 331, 7517 (2005): 611–12.

3. B. E. Salelens, J. F. Sallis, J. B. Black, and D. Chen, "Neighborhood-Based Differences in Physical Activity: An Environmental Scale Evaluation," *American Journal of Public Health* 93 (2003): 1552–8.

4. Parsons Brinkerhoff Quade and Douglas, Inc., *1000 Friends of Oregon: Making the Land Use Transportation Air Quality Connection–The Pedestrian Environment,* Volume 4A © 1993.

5. K. Painter, "The Influence of Street Lighting Improvements on Crime, Fear and Pedestrian Street Use After Dark," *Landscape and Urban Planning* 35 (1996): 193–201.

6. A. G. Macbeth, "Bicycle Lanes in Toronto," *ITE Journal,* April 1999, p. 38–46.

7. K. Ball, A. Bauman, E. Leslie, and N. Owen, "Perceived Environmental Aesthetics and Convenience and Company Are Associated with Walking for Exercise Among Australian Adults," *Preventive Medicine* 33 (2001): 434–40.

8. M. Pratt, C. A. Macera, and G. Wang, "Higher Direct Medical Costs Associated with Physical Inactivity," *Physician and Sports Medicine* 28, 10 (2000): 63.

9. Heath et al., "Effectiveness of Urban Design."

Vias e redes permeáveis ao pedestre

Dan Burden
Walkable Communities, Inc.

Como mensurar a permeabilidade de um lugar ao pedestre

A permeabilidade de um lugar é determinada pelas características físicas tanto das vias públicas como dos empreendimentos privados adjacentes a elas. O nível de permeabilidade pode ser classificado de duas maneiras: por meio dos elementos que compõem um lugar e quanto a seu aspecto e espírito gerais. As duas tabelas a seguir foram formuladas por uma lista ampliada de materiais obtidos no LEED.

Ruas, bairros e diretrizes são flexíveis. Desde que o espírito de um conceito seja atendido, também se atingem os níveis de qualidade. Um resultado ruim em uma linha reduz a possibilidade de que se atinja aquele nível de qualidade. Um resultado ruim em uma linha pode ser compensado quando outros fatores indicam altos índices de permeabilidade ao pedestre, como a presença de escolas ou de espaços de uso misto dentro de um raio de 400 m da maioria das casas, o bom acesso à natureza e aos espaços abertos, a presença de um grande parque ou um ambiente com automóveis em baixa velocidade. As dimensões das ruas são dadas de meio-fio a meio-fio.

Os níveis Platinum e Diamond do LEED são propositalmente muito difíceis de serem alcançados. Já os níveis Stone e Bronze não são muito distintos um do outro e indicam que a área tem alguma permeabilidade a pedestres. Os critérios para o nível Platinum são alcançados apenas se muitos pedestres podem ser vistos na maioria dos locais de 12 a 14 horas por dia (ou seja, um observador sentado em um destes lugares vê no mínimo 12 pessoas passarem a cada 10 minutos). Estes níveis são apresentados por distribuição populacional em idade, capacidade e diversidade.

Bairros permeáveis ao pedestre
Tipos de rua, quadras e edificações que atendem aos critérios para o projeto de ruas

	Passeios nas vias e vias de pedestre	Árvores e canteiros	Conectividade	Características das vias	Parques e estacionamento	Acessos de automóveis / Vias locais	Edificações / Vigilância
Platinum ◆◆◆◆◆◆	Passeios com 1,8 a 2,4 m livres para pedestres, em condições excelentes e com boa manutenção. Sem obstáculos. Sem mobiliário urbano sobre a via de pedestres principal.	Árvores em canteiros lineares com 2,4 a 9,0 m de largura. Árvores com troncos de ø a 90 cm, espaçadas a cada 4,5 a 9,0 m. As árvores oferecem sombreamento. Sem linhas aéreas de serviços públicos.	A maioria das conexões entre quadras é a cada 90 a 120 m. Quando as quadras são mais longas, trilhas ou outros passeios mantêm a conectividade.	As vias têm entre 6,7 e 8,7 m de largura, com estacionamento em ambos os lados. Há meios-fios e estacionamento paralelo. Os automóveis não têm como subir nos meios-fios e invadir os passeios.	Estacionamento em ambos os lados da rua. O estacionamento é permitido 24 horas por dia. Parques com pisos secos ou gramados ou espaços abertos a no máximo 240 m de todas as casas.	A maioria das quadras é acessada por vias locais. Não há acessos privativos para veículos nem fiação aérea na maioria das vias. As vias locais possuem Unidades de Habitação Acessórias ou outros meios de vigilância da rua.	25 a 50 unidades de habitação por hectare ou mais. Não há garagens visíveis da rua. As moradias ficam de 3,0 a 9,0 m da rua. Há uma boa vigilância da rua (por meio de janelas ou varandas).
Diamond ◆◆◆◆◆	Passeios com 1,5 a 2,4 m livres para pedestres, em condições excelentes. Sem obstáculos. Sem mobiliário urbano sobre a via de pedestres principal.	Árvores em canteiros lineares com 4,5 a 9,0 m de largura. Árvores com troncos de ø a 90 cm, espaçadas a cada 5,0 a 6,0 m. As árvores oferecem sombreamento. Sem linhas aéreas de serviços públicos.	A maioria das conexões entre quadras é a cada 90 a 150 m. Quando as quadras são mais longas, trilhas ou outros passeios mantêm a conectividade.	As vias têm entre 6,7 e 9,0 m de largura, com estacionamento em ambos os lados. Há meios-fios e estacionamento paralelo. Os automóveis não têm como subir nos meios-fios e invadir os passeios.	Estacionamento em ambos os lados da rua. O estacionamento é permitido 24 horas por dia. Parques com pisos secos ou gramados ou espaços abertos a no máximo 240 m de todas as casas.	A maioria das quadras é acessada por vias locais. Não há acessos privativos para veículos nem fiação aérea na maioria das vias. As vias locais possuem Unidades de Habitação Acessórias ou outros meios de vigilância da rua.	25 a 30 unidades de habitação por hectare ou mais. Não há garagens visíveis da rua. As moradias ficam de 3,0 a 9,0 m da rua. Há uma boa vigilância da rua (por meio de janelas ou varandas).
Gold ◆◆◆◆	Passeios com 1,5 m livres para pedestres, em boas condições. Poucos itens a serem circundados. Arbustos e árvores com boa manutenção, sem obstáculos.	Árvores em canteiros lineares com, no mínimo, 1,8 m de largura. Árvores com troncos de ø a 90 cm, espaçadas a cada 4,5 a 9,0 m. As árvores oferecem sombreamento. Sem linhas aéreas de serviços públicos.	A maioria das conexões entre quadras é a cada 90 a 180 m. Quando as quadras são mais longas, trilhas ou outros passeios mantêm a conectividade.	As vias têm entre 6,7 e 9,0 m de largura, com estacionamento em ambos os lados. Há meios-fios e estacionamento paralelo.	Estacionamento em ambos os lados da rua. O estacionamento é permitido 24 horas por dia. Parques com pisos secos ou gramados a no máximo 300 m da maioria das casas.	Muitas das quadras são acessadas por vias locais. Há poucos acessos privativos para veículos e nenhum deles cruza qualquer passeio, criando inclinações transversais.	15 a 25 unidades de habitação por hectare ou mais. Não há garagens visíveis da rua. As moradias ficam de 3,0 a 9,0 m da rua. Há uma boa vigilância da rua (por meio de janelas ou varandas).
Silver ◆◆◆	Passeios com 1,5 m livres para pedestres, em condições razoáveis. Pouquíssimos obstáculos a serem circundados, mas eles implicam alguma sinuosidade.	Árvores em canteiros lineares com, no mínimo, 1,2 m de largura. Árvores com troncos de ø a 60 cm, espaçadas a cada 9,0 a 15,0 m. As árvores oferecem sombreamento. Sem linhas aéreas de serviços públicos.	A maioria das conexões entre quadras é a cada 180 m. Quando as quadras são mais longas, trilhas ou outros passeios mantêm a conectividade. A velocidade é controlada.	As vias têm entre 8,5 e 9,7 m de largura, com estacionamento em ambos os lados. Há meios-fios e estacionamento paralelo.	Estacionamento em ambos os lados da rua. O estacionamento é permitido 24 horas por dia. Parques com pisos secos ou gramados a no máximo 400 m da maioria das casas.	Algumas das quadras são acessadas por vias locais. Há poucos acessos privativos para veículos na caixa da rua. Nenhum acesso privativo para veículos cruza qualquer passeio, criando inclinações transversais.	15 a 20 unidades de habitação por hectare ou mais. Não há garagens visíveis da rua. As moradias ficam de 3,0 a 9,0 m da rua. Há uma boa vigilância da rua (por meio de janelas ou varandas).
Bronze ◆◆	Passeios com 1,2 a 1,5 m livres para pedestres, em condições razoáveis ou boas. Alguns obstáculos a serem circundados, mas eles implicam alguma sinuosidade.	Árvores em canteiros lineares com, no mínimo, 0,6 m de largura. Árvores com troncos de ø a 60 cm, espaçadas a cada 9,0 a 15,0 m. As árvores oferecem algum sombreamento. As linhas aéreas de serviços públicos são comuns.	A maioria das conexões entre quadras é a cada 180 m. Algumas quadras são mais longas. A velocidade é controlada, mas pode haver algumas reclamações.	As vias têm entre 9,0 e 11,0 m de largura, com estacionamento em um dos lados. Há meios-fios e estacionamento paralelo.	Estacionamento em um dos lados da rua. O estacionamento é permitido 24 horas por dia. Parques com pisos secos ou gramados a no máximo 550 m da maioria das casas.	As quadras são acessadas por vias de distribuição e não há vias locais. Os acessos privativos para veículos são excessivamente largos e nenhum deles cruza qualquer passeio, criando inclinações transversais.	15 a 17,5 unidades de habitação por hectare ou mais. Não há garagens visíveis da rua. As moradias ficam a 9,0 m da rua. Há uma razoável vigilância da rua (por meio de janelas).
Stone ◆	Passeios de 1,5 m juntos ao meio-fio, em condições razoáveis ou boas. Alguns obstáculos a serem circundados, mas eles exigem alguma sinuosidade. (Nota: passeios de 1,2 m junto ao meio-fio não são suficientes para pedestres).	Sem canteiros lineares. Algumas ou muitas das casas têm árvores, mas é possível o sombreamento da rua.	A maioria das conexões entre quadras é dispersa, entre 180 e 300 m. As velocidades são um pouco elevadas, devido ao maior comprimento das quadras.	As vias têm entre 9,0 e 11,0 m de largura, com estacionamento em um dos lados. Há meios-fios baixos e evidência de que alguns motoristas o ultrapassam para estacionar.	Estacionamento em um dos lados da rua. Estacionamento não permitido durante toda a noite. Parques com pisos secos ou gramados a no máximo 780 m da maioria das casas.	As quadras são acessadas por vias de distribuição. Há garagens recuadas em relação ao passeio, e não há automóveis bloqueando os passeios. Alguns ou muitos dos acessos privativos para veículos cruzam o passeio, criando inclinações transversais.	7,5 a 12,5 unidades de habitação por hectare ou mais. As garagens são visíveis da rua, mas não predominam. As moradias ficam a 15,0 m da rua ou mais. Há uma razoável vigilância da rua (por meio de janelas).

Figura 7.22 Imagem © Dan Burden, Glatting Jackson Kercher Anglin Inc.

Bairros permeáveis ao pedestre
Tipos de rua, quadras e edificações que atendem aos critérios visuais das ruas

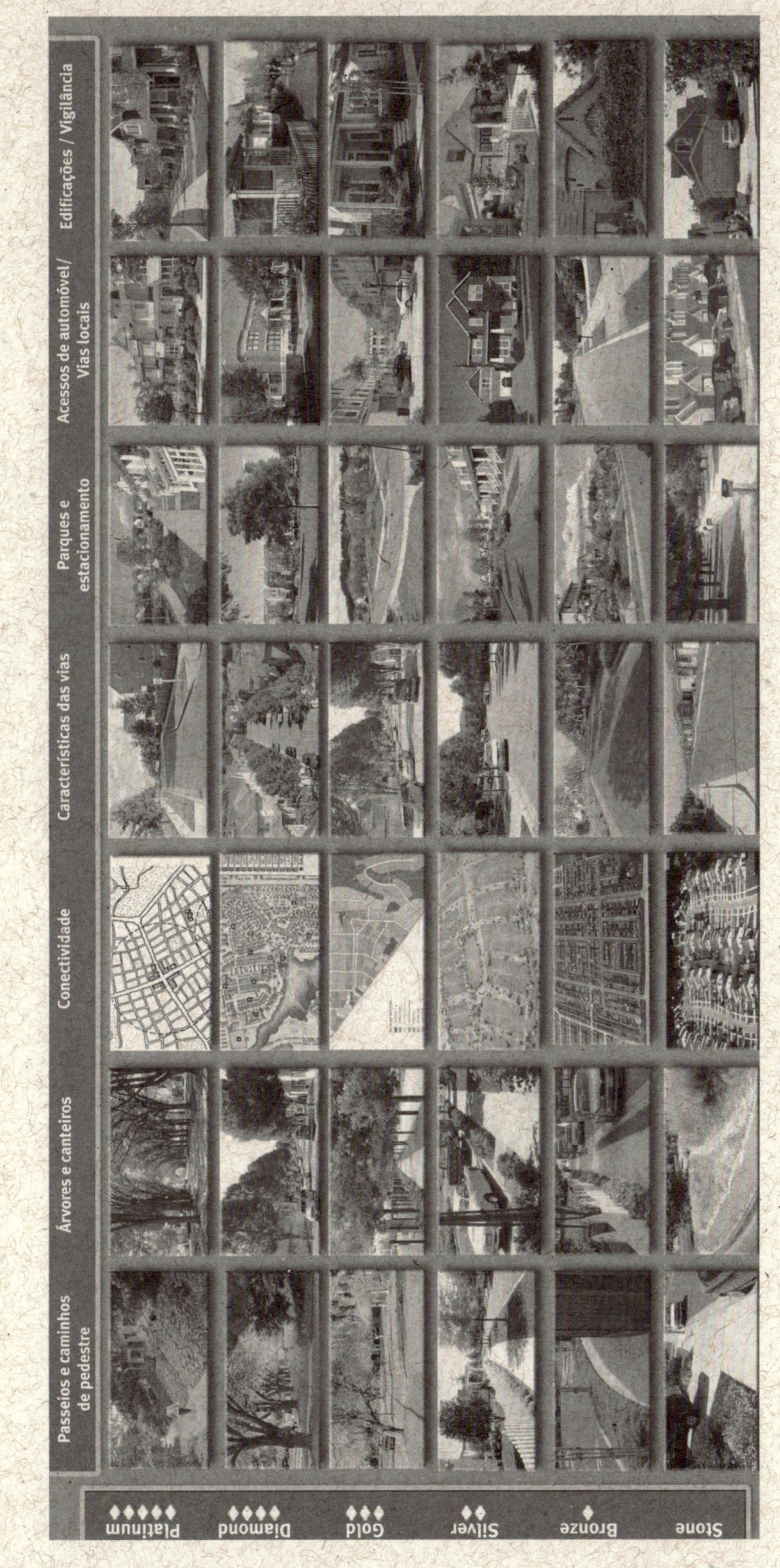

Figura 7.23 Imagem © Dan Burden, Glatting Jackson Kercher Anglin Inc.

Ruas completas

Fred Dock
Meyer, Mohaddes Associates

O desenho das vias públicas como prática profissional tem se desenvolvido bastante nos últimos 90 anos, passando a incluir a segurança e a mobilidade dos usuários de veículos. Esta disciplina se baseia tanto na física dos veículos automotores como no comportamento dos motoristas. Os objetivos de segurança para o desenho de ruas têm buscado eliminar os erros da equação, por meio da melhoria dos veículos, da interface motorista-veículo e do ambiente das faixas de rolamento e dos passeios, por meio da remoção de obstáculos e redução do efeito das curvaturas. Estes esforços têm resultado, sucessivamente, em caixas de rua mais largas, faixas de rolamento mais largas, zonas desobstruídas mais largas, maiores raios de curvatura – o que tem acarretado a promoção de velocidades mais rápidas para os veículos. Os objetivos de mobilidade para o desenho de vias, originalmente focados na conexão de lugares, passaram a focar a minimização dos atrasos nos deslocamentos. Os resultados destas abordagens conjuntas têm sido a criação de uma filosofia do "quanto mais largo e mais rápido, melhor", que separa as ruas dos usos do solo adjacentes a elas e marginaliza pedestres, ciclistas e o transporte público, modais de transporte que são necessários ao urbanismo sustentável.

Os sistemas de transporte que sustentam as comunidades sustentáveis com bairros e centros urbanos compactos e permeáveis aos pedestres exigem um desenho das vias e planejamento urbano multimodal e sensível ao contexto. A ideia de soluções sensíveis ao contexto (CSS) vem sendo desenvolvida como um processo de abordagem colaborativa e multidisciplinar ao desenho das vias, equilibrando as necessidades da comunidade, do usuário das vias e do meio ambiente, os quais concorrem entre si. A CSS exige a abordagem de uma ampla variedade de objetivos para as vias, que incluem:

- O suporte de empreendimentos voltados para os bairros compactos
- Bairros e áreas de uso misto permeáveis ao pedestre
- A disponibilização de vários modais de transporte (transporte público, bicicletas, caminhadas, uso de automóveis)
- O aumento da compatibilidade com os usos do solo adjacente
- A melhoria da qualidade de vida
- A proteção do meio ambiente

O processo de desenho de vias sustentáveis integra a rua à forma e à função dos usos do solo do entorno e atende a todos os tipos de deslocamento. A

1914	1916	1956	1957	1984	1991	1997	2006
AASHTO é fundada, como uma associação de estradas e autoestradas.	É criado o Programa de Auxílio Federal para Autoestradas dos Estados Unidos.	É fundado o Programa de Autoestradas Interestaduais dos EUA.	É aprovada a Lei de Auxílio Federal às Autoestradas.	*A Policy on Geometric Design of Highways and Streets* (The Green Book), é publicado pela AASHTO.	É aprovada a Lei da Eficiência dos Transportes de Superfície Intermodais (ISTEA).	*Flexibility in Highway Design*, publicado pela Administração Federal de Autoestradas dos Estados Unidos.	*Context Sensitive Solutions in Designing Major Urban Thoroughfares for Walkable Communities* é publicado pelo ITE.

abordagem política deste objetivo é abraçada pelo movimento Complete Streets (www.completestreets.org), que defende a provisão de todos os modais de transporte na construção ou reconstrução de uma via. Esta abordagem ao desenho urbano usa uma estrutura que relaciona a tipologia viária (modais de transporte atendidos, propósitos) com uma tipologia do lugar do contexto urbano (níveis de atividade, localização de acessos, relação à rua). Esta estrutura de projeto baseada no contexto, similar à empregada pelos códigos de edificações baseados na forma, é a base para o desenho de vias que é descrito no volume *Context Sensitive Solutions in Designing Major Urban Thoroughfares for Walkable Communities*, uma edição de 2006 do ITE.

Figura 7.24
As vias urbanas de baixa velocidade frequentemente são o centro da vida do bairro. Imagem © Farr Associates

As orientações baseadas no contexto são pensadas principalmente para o uso em ambientes urbanos com baixas velocidades (menos de 55 km/h), por meio do uso de uma abordagem com soluções sensíveis ao contexto. A seleção dos controles de desenho urbano e seus valores devem seguir um processo racional que inclui a consideração de diretrizes e padrões públicos, em particular aqueles encontrados na versão atual de *A Policy on Geometric Design of Highways and Streets*, também conhecido como *The Green Book*.

A abordagem das CSS (soluções sensíveis ao contexto) emprega um nível de flexibilidade consistente com as políticas expressas pela Federal Highway Administration e pela Associação de Oficiais de Autoestradas Estaduais e Oficiais de Transporte dos Estados Unidos, ambas entidades dos Estados Unidos. As políticas de ação, diretrizes e normas usadas tanto pelos governos estaduais como municipais controlam o processo de desenho, e o desenho sustentável deve operar dentro dos limites impostos por estas agências. As CSS conferem aos engenheiros de transportes flexibilidade para propor modos ou estratégias alternativos para a obtenção de desenhos de vias seguras. Os padrões antigamente adotados podem ser inconsistentes com alguns desenhos baseados nas CSS. Em vez da atualização, tais variações de padrões ou exceções de projeto podem ser conseguidas, permitindo a viabilidade de projetos de acordo com as CSS. O processo das CSS visa oferecer o suporte técnico necessário para tais atividades.

Canteiro central/Área para conversão *Transporte público/Particular* *Pedestre*

Função de acordo com o modo de deslocamento *Estacionamento/Ciclofaixa/Transporte público*

Faixas de rolamento *Passeio* *Contexto*

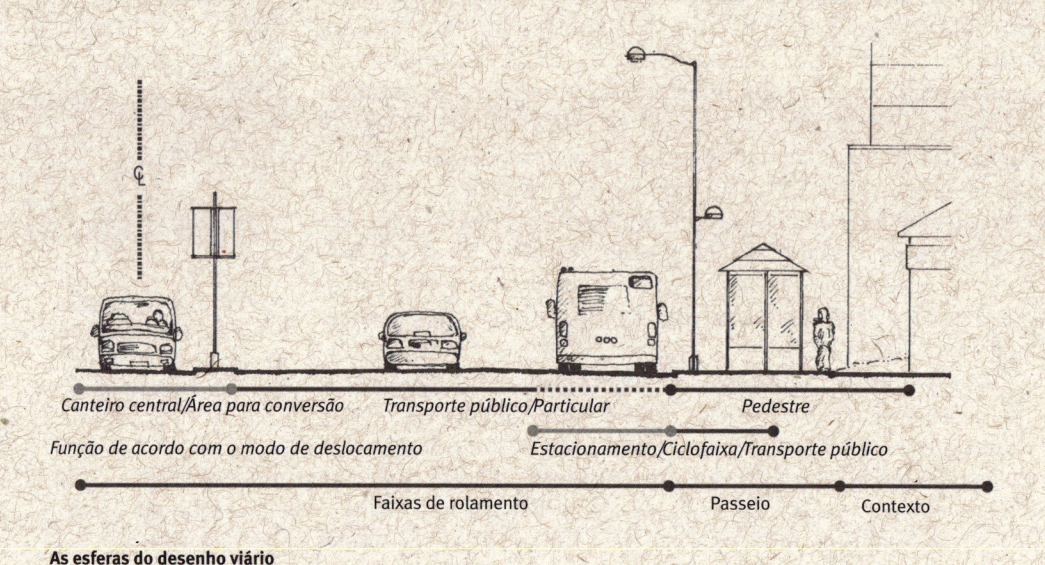

As esferas do desenho viário

Figura 7.25 "Ruas completas" são projetadas para atender a todos os modais de transporte. Imagem © 2005 Fred Dock

Recursos na internet

Complete Streets: www.completestreets.org

Institute of Transportation Engineers (Estados Unidos): www.ite.org

Context Sensitive Solutions: www.contextsensitivesolutions.org

Tabela 7.12 Tipos de rua apropriados a contextos urbanos com baixa velocidade de veículos

Hierarquia viária	Número máximo de faixas de rolamento	Velocidade de operação planejada (km/h)	Largura das faixas de rolamento (m)*	Transporte público	Equipamentos urbanos para ciclistas	Transporte de cargas	Canteiro central	Estacionamento junto ao meio-fio	Acessos privativos para veículos	Equipamentos para pedestres	Espaçamento entre interseções (m)
Bulevar/Artéria	6	50–60	3,3–3,7	Rotas expressas e locais	Ciclovias paralelas ou ciclofaixas	Rotas de transporte rodoviário regionais	Sim	Opcional	Limitado	Passeios	200–400
Avenida/Via Coletora	4	40–50	3,0–3,3	Rotas locais	Ciclofaixas	Rotas de transporte rodoviário locais	Opcional	Sim	Sim	Passeios	90–200
Rua/Via Local	2	40	3,0–3,3	Rotas locais	Ciclofaixas	Entregas locais	Não	Sim	Sim	Passeios	90–200

*Nota: Nas ruas, as faixas para estacionamento têm entre 2,1 e 2,4 metros de largura.

A acessibilidade básica e universal às moradias

Eleanor Smith
Concrete Change

Diversas mudanças relativamente recentes criaram a necessidade de características universais para as moradias, a fim de receber visitantes e moradores com deficiências físicas:

- *O número maior de idosos, seja em termos absolutos ou como um percentual da população nacional.* A expectativa de vida nos Estados Unidos aumentou em 30 anos ao longo do último século, e, apesar das melhorias na saúde geral, o número de indivíduos com problemas de mobilidade tem aumentado radicalmente em cada uma das faixas etárias após 60 anos de idade.
- *O aumento radical da taxa de sobrevivência entre os jovens com deficiência física.* Por exemplo, no início da década de 1940, a expectativa de vida após uma lesão na espinha dorsal era, em média, de apenas um ano e meio; hoje as pessoas com este problema vivem por muitas décadas.
- *O surgimento de movimentos de direitos civis para deficientes físicos, sem precedentes históricos.* Isto eleva as expectativas das pessoas com deficiências físicas, tanto jovens quanto idosas, de poder ter vidas mais completas e participarem totalmente na comunidade.

A acessibilidade universal chegou primeiramente nos prédios do governo, então passou aos locais de trabalho, como escritórios e lojas e ao transporte público, com a criação da Lei para Norte-Americanos com Deficiências Físicas (1990), e depois chegou às casas multifamiliares, por meio da Lei Federal de Emendas da Habitação Justa (FHAA – 1991). Resta apenas a previsão para as casas unifamiliares, para as quais ainda não há obrigatoriedade de elementos de acessibilidade básica.

Com o aumento do número de idosos tem havido um acréscimo significativo no número de moradores em clínicas, a um custo médio de mais de 60 mil dólares por indivíduo, por ano. Sessenta e quatro por cento destes custos são arcados pelos cofres públicos. Quase 60% das pessoas que se mudam para estes lares para idosos vêm diretamente de hospitais ou centros de reabilitação. Embora ainda não tenham sido feitas pesquisas documentando até que ponto as barreiras impostas pela arquitetura impedem que as pessoas retornem às suas casas próprias, o bom senso e os relatos anedóticos sugerem que as barreiras nas casas frequentemente expulsam as pessoas de seus lares e comunidades, levando-as a tais instituições.

A inclusão de três elementos específicos para acessibilidade desde o início do projeto melhora a vida social de uma pessoa e sua inclusão na comunidade. Isto significa uma economia financeira, devido à redução da institucionalização e minimização de reformas, além de ter pequeno impacto nos custos na época da construção – nos Estados Unidos, 100 dólares, para casas com acesso térreo,

Passado	Década de 1960	1990	1991	Década de 1990		2007
As casas novas apenas ofereciam acesso quando um usuário previamente identificado já tinha alguma limitação física.	Os movimentos de direitos cívis dos deficientes físicos ganham força.	A aprovação da Lei para Norte-Americanos com Deficiências Físicas afeta as edificações públicas.	A lei Federal de Emendas da Habitação Justa (FHAA) exige o acesso básico em todas as casas multifamiliares.	Os pioneiros na luta pelos direitos das pessoas com deficiência física começam uma campanha para mudar os hábitos de construção de casas.	unifamiliares, resultando na criação de bairros com casas novas com acessibilidade universal em todos os Estados Unidos.	O LEED para o Desenvolvimento de Bairros introduz a acessibilidade universal nos critérios de sustentabilidade.

e 600 dólares para casas com porões, são custos típicos destas adaptações quando previamente consideradas no projeto de arquitetura, implantação e terraplenagem.

As casas unifamiliares são o único tipo de edificação que ainda costuma ignorar as necessidades das pessoas com necessidades especiais. As casas sem acessibilidade universal impedem algumas pessoas de visitar seus amigos e sua família, acarretam o desperdício de materiais e forçam as pessoas a abandonar seus bairros e se mudar para lares para idosos.

A inclusão generalizada dessas três características específicas de acesso aumenta sensivelmente a possibilidade de os moradores visitarem outras pessoas e permanecerem em suas casas próprias após terem sofrido algum evento que afete sua mobilidade. Essas características melhoram a saúde física e psicológica dos indivíduos, melhoram a diversidade de uma comunidade e reduzem os custos financeiros públicos com internação em instituições.

Figura 7.26
Uma bela entrada projetada sem degraus. Imagem © Concrete Change

Esses três critérios de projeto, sejam chamados de "acessibilidade", "inclusão" ou "acesso básico universal", quando aplicados a praticamente todas as novas casas, trarão enormes mudanças positivas para os indivíduos, a diversidade das comunidades e a saúde fiscal do país. Entre as muitas características de acessibilidade que poderiam ser incluídas, estas são, de longe, as mais importantes para as visitas e oferecem a estrutura básica para a moradia em uma casa, no evento de uma incapacidade física.

- Uma entrada sem degraus, em uma rota acessível
- Espaço livre com pelo menos 80 cm de largura, quando a porta está aberta a 90 graus em todas as portas internas no pavimento principal
- Um toalete acessível (ou, de preferência, um banheiro completo) no pavimento principal

A possibilidade de incluir esses elementos já foi demonstrada em várias cidades dos Estados Unidos onde casas com acesso universal foram construídas aos milhares, das populares às de luxo. Em vez de aplicá-las a um percentual de casas, a norma de casas com acesso universal dita que as características sejam incorporadas sempre que possível, o que, na prática, é inviável, uma vez que não é possível prever quais moradias abrigarão um indivíduo que futuramente apresentará alguma limitação física. Além disso, os percentuais também não levam em consideração que provavelmente oito ou mais famílias ocuparão uma casa ao longo de sua vida útil, aumentando em muito a probabilidade de que todas as casas um dia terão um morador com uma incapacidade física séria e permanente ou de longo prazo. Além disso, as casas com acessibilidade universal permitem que seus moradores com limitações possam visitar outras

Figura 7.27
As casas projetadas para a acessibilidade melhoram a vida social e a inclusão na comunidade. Imagem © Concrete Change

pessoas, uma forma de socialização que costuma ser considerada como certa pelos demais moradores.

Uma entrada sem degraus

A entrada sem degraus deve estar localizada na frente, em um lado ou nos fundos da casa, conforme exija a topografia. Não deve haver degraus entre o passeio e a varanda ou o pórtico de entrada que leva ao interior da casa. A inclinação da rota da entrada escolhida não deve ser superior a 8%, e quanto menor ela for, melhor será a acessibilidade. Se uma rampa (ou seja, uma estrutura com desníveis de 90 graus nas laterais) for utilizada, ela deverá ser construída de acordo com o código de edificações local. Todavia, a entrada muitas vezes também pode ser feita com o aproveitamento de um passeio com caimento, em vez do uso de uma rampa específica.

Em um terreno íngreme no qual não é possível que o acesso para o automóvel particular tenha caimento inferior a 8%, uma entrada sem qualquer degrau pode levar do acesso de veículos à casa. Uma entrada sem degrau é quase sempre viável, a menos que estejam presentes todas estas três condições: o terreno é íngreme, não há acesso para veículos e não há entrada pelos fundos acessada por outra viela ou via de acesso local. Nesta situação e em alguns outros raros casos, entradas sem nenhum degrau são inviáveis.

De preferência, a porta de entrada deve ter soleira de meia polegada (1,27 cm). Existe no mercado portas de casas com soleiras baixas de baixo custo e em muitos estilos atraentes.

Portas internas acessíveis

Um vão livre de 80 cm em uma luz de porta pode se alcançado com uma folha de apenas 85 ou 90 cm de largura. Portas deste tamanho, embora ainda não sejam encontradas em lojas de bricolagem, são encontradas nas lojas de atacado onde os empreiteiros as compram, com preços praticamente idênticos aos das portas 5,0 cm mais estreitas. Também são excelentes as portas de 90 cm, quando o espaço permite. Portas corrediças embutidas são outra opção.

Banheiros acessíveis

Se o banheiro for pequeno, a porta deverá abrir para fora, permitindo com que o usuário possa fechá-la. Os retângulos de espaço livre, com no mínimo 80 × 120 cm, que podem se sobrepor, devem estar adjacentes a cada um dos equipamentos sanitários. A FHAA oferece diagramas úteis para o projeto de banheiros pequenos.

Recursos na internet

Concrete Change: www.concretechange.org

IDEA Center: www.ap.buffalo.edu/idea

Estratégias para Permitir a Acessibilidade Universal e a Visitabilidade para HOPE VI: www.huduser.org/publications/pdf/strategies.pdf

Para mais características do projeto de casas com acessibilidade universal, além daquelas que permitem visitas mínimas, veja *Practical Guide to Universal Home Design*: www.uiowa.edu/infotech/universalhomedesign.htm

A gestão da demanda do transporte (TDM)

Jeffrey Tumlin
Nelson\Nygaard Consulting Associates

A gestão da demanda do transporte (TDM) é um termo genérico empregado para descrever estratégias de mudança no comportamento dos deslocamentos. A TDM reconhece que há limites na capacidade física de qualquer sistema de transporte e busca fazer o uso o mais eficiente possível dos limitados recursos de transporte.

A necessidade da TDM surgiu na América do Norte com a rápida expansão da propriedade particular de automóveis após a Segunda Guerra Mundial. Em meados do século XX, a resposta dos planejadores urbanos a este fenômeno era oferecer uma abundância de elementos de infraestrutura para o uso de automóveis. Isso significava criar autoestradas novas e mais largas, além de aumentar o número de vagas de estacionamento, o que muitas vezes implicava a destruição de partes da cidade construídas antes da Guerra. Foram inventadas exigências mínimas para estacionamento, para cuja difusão contribuiu uma parceria entre a American Planning Association e a American Automobile Association.

Em resposta a essas preocupações, a gestão da demanda do transporte moderno foi pela primeira vez formalizada nos Estados Unidos durante a Crise do Petróleo, na década de 1970, e depois retomada com as normas sobre a qualidade do ar estabelecidas na década de 1990. A maioria dos programas foca os 20% dos deslocamentos totais que são feitos entre a moradia e o local de trabalho, uma vez que esses deslocamentos tendem a coincidir com os períodos de congestionamento dos picos de tráfego e a serem os mais adequados a mudanças de modal de transporte. Os programas mais eficazes, no entanto, cobrem todos os tipos de deslocamento.

A TDM é útil em todos os contextos de urbanização, mas sua eficácia acompanha o aumento da densidade. Até mesmo nos casos em que o serviço de transporte público não é disponibilizado, a TDM consegue reduzir cerca de 25% o tráfego ao promover o uso compartilhado de automóveis e a "internalização" de alguns deslocamentos cotidianos, oferecendo, por exemplo, serviços de manobrista e casando o comércio com os locais de trabalho. Nos projetos de empreendimento urbano voltado para o transporte público (TOD), mesmo em uma escala suburbana, reduções de 30 a 40% no volume de trânsito são fáceis de conseguir.

Existe uma variedade de ferramentas que podem ser utilizadas para calcular a eficácia dos programas de gestão da demanda do transporte (TOD), incluindo os vários modelos de trânsito chamados "3D", "4D" e "5D", que se baseiam no número de fatores de geração de deslocamento empregados. Os modelos aplicam diferentes fórmulas matemáticas para ajustar a geração de deslocamentos, de acordo com alguns ou todos os seguintes fatores:

- *Densidade de habitações e locais de trabalho.* À medida que a densidade aumenta, as taxas de geração de deslocamentos caem significativamente, uma vez que mais usos ficam disponíveis a uma distância que pode ser percorrida a pé e a área de captação dos meios de transporte público aumentam, até chegar a um ponto no qual se torna possível um serviço frequente.
- *Diversidade de tipos de uso do solo.* Quando os empregos, as moradias e os serviços estão a uma distância que pode ser percorrida a pé, o uso do automóvel cai, especialmente naqueles 80% de deslocamentos que não se relacionam com a ida ao local de trabalho.
- *Projeto permeável ao pedestre.* Quando caminhar é um prazer, os indivíduos estarão dispostos a caminhar distâncias maiores até seus destinos.
- *Acesso a destinos regionais.* A frequência dos serviços de transporte público locais e o número de destinos regionais atendidos influencia o comportamento dos usuários.
- *Estacionamento pago.* A cobrança de estacionamento tem mais impacto no número de deslocamentos do que a soma de todas as demais medidas de gestão da demanda do transporte.

O relatório do Institute of Transportation Engineers, *Trip Generation*, e sua contraparte, *Trip Generation Handbook*, são as fontes mais confiáveis para se estimar o tráfego de automóvel que diferentes tipos de uso do solo gerarão na América do Norte. No entanto, como observado na introdução do manual, os dados para estas publicações foram coletados quase todos em equipamentos urbanos isolados e de uso único nos quais o acesso era limitado principalmente a automóveis. Para enfrentar as deficiências no uso do *Trip Generation* para empreendimentos urbanos voltados para o transporte público (TODs) e o desenho de bairros tradicionais (TNDs), URBEMIS (um programa simplificado para a determinação do número de deslocamentos gerados) começa com as taxas padrão de geração de deslocamentos ITE e oferece créditos, os quais dependem de até que ponto um projeto se desvia de um típico empreendimento com urbanização dispersa. Os créditos potenciais para as várias medidas estão resumidos na Figura 7.28.

Capítulo 7 Bairros Sustentáveis

Antiguidade — Os níveis de congestionamento nas cidades antigas levaram à cobrança de pedágios, restrições no uso das estradas impostas às pessoas comuns, controles de estacionamento, etc.

1908 — Henry Ford inicia a comercialização do Modelo T.

1935 — Instalação dos primeiros parquímetros (centro de Oklahoma City).

Pós-guerra — A American Planning Association e a American Automobile Association se unem para forçar as prefeituras a adotar exigências mínimas de estacionamento.

1963 — O Congresso dos Estados Unidos aprova a Lei do Ar Limpo.

1991 — O estado de Washington aprova seu Programa de Redução de Deslocamentos Pendulares.

Década de 2000 — A cobrança pelo congestionamento reduz o trânsito no centro de Londres em 30%.

2005 — O transporte é a segunda maior fonte de emissões de dióxido de carbono nos EUA, perdendo apenas para a geração de energia elétrica.

	Uso residencial (1)	Uso não residencial
Medidas físicas		
Densidade residencial líquida	Até 55%	N/A
Composição de usos	Até 9%	Até 90%
Lojas para o público local	2%	2%
Serviço de transporte público	Até 15%	Até 15%
Permeabilidade ao pedestre ou ciclista	Até 9%	Até 9%
Subtotal das medidas físicas	*Até 90%*	*Até 35%*
Gestão da demanda do transporte e medidas similares		
Habitação subsidiada	Até 4%	N/A
Oferta de estacionamento (2)	N/A	Sem limites
Cobrança pelo estacionamento/ Pagamento para aqueles que não usam o estacionamento	N/A	Até 25%
Passes livres para o transporte público	25%* de redução no serviço de transporte público	25%* de redução no serviço de transporte público
Telecommuting ou trabalho remoto (3)	N/A	Sem limites
Outros programas de gestão da demanda do transporte	N/A	Até 2%, mais 10% dos créditos para o transporte público e a permeabilidade ao pedestre ou ciclista
Subtotal da gestão da demanda (4)	*Até 7,75%*	*Até 31,65%*

Notas:
(1) Para usos residenciais, as reduções percentuais mostradas se aplicam à taxa de geração média de deslocamentos ITE para moradias unifamiliares isoladas. Para outros tipos de uso do solo para fins residenciais, fica implícito certo nível destas medidas de mitigação nas taxas de geração média de deslocamentos ITE e a redução do percentual será inferior.
(2) Apenas se for maior do que a soma de outras medidas de redução de deslocamentos.
(3) Não se soma a outras medidas de redução de deslocamentos.
(4) Excluindo os créditos para o fornecimento de estacionamento e trabalho remoto (telecommuting), que não têm limites.

Figura 7.28 Nelson\Nyagaard, "Crediting Low-Traffic Developments: Adjusting Site-Level Vehicle Trip Generation Using URBEMIS, Urban Emissions Model, California Air Districts", www.urbemis.com, 2005, p.3.

As seções a seguir discutirão as medidas mais importantes que devem ser tomadas para a gestão da demanda do transporte (TDM).

A densidade

A densidade residencial fornece uma das mais fortes correlações entre qualquer variável com o uso do automóvel, mas apenas parte deste efeito se deve ao efeito inerente da densidade isolada, ao contrário de outros fatores para os quais a densidade serve como um representante comum: o preço do estacionamento, o comércio local, a intensidade do transporte público, a qualidade dos pedestres, etc. URBEMIS usa a densidade residencial líquida e aplica a fórmula desenvolvida por John Holtzclaw e seus colegas.[1]

De acordo com esta fórmula, um edifício de apartamentos com 40 unidades de habitação por hectare de área residencial geraria 28 % menos deslocamentos de automóvel do que um prédio com densidade de 7,5 unidades de habitação por hectare. Nos bairros mais densos, a densidade em si consegue reduzir pela metade o número de deslocamentos.

A oferta e cobrança de estacionamento

Quanto à questão do emprego, o comportamento dos deslocamentos está menos correlacionado com a densidade, mas intimamente vinculado às políticas de cobrança de estacionamento. O manual *Parking Generation*, do ITE, pressupõe que todos os trabalhadores irão dirigir até seu local de trabalho. Acomodar todos se torna então uma profecia realizada por desejo próprio: a abundância de vagas faz com que o estacionamento não seja cobrado, que os usos que poderiam ser adjacentes sejam afastados e que o potencial de mercado do transporte público seja reduzido. Desde que se consiga gerir o estacionamento excedente, a redução da oferta de estacionamento reduzirá os incentivos ao uso de automóveis particulares e gerará economias de custo que poderão ser investidas em alternativas de transporte.

O preço do estacionamento está diretamente relacionado com sua oferta. Até mesmo em locais com transporte público insuficiente ou inexistente, a cobrança pelo estacionamento resulta em mudanças significativas no comportamento dos motoristas, no mínimo promovendo o uso compartilhado dos automóveis. Em locais onde a cobrança direta pelo estacionamento não é politicamente aceitável, os programas de pagamento em dinheiro para as pessoas que não utilizarem o estacionamento pode resultar em resultados similares: os empregados que não vão trabalhar com seus automóveis pessoais recebem em dinheiro o valor correspondente pelo pagamento do estacionamento que, no entanto não é cobrado dos demais funcionários. As elasticidades de preço do estacionamento variam de acordo com o contexto, mas em geral variam entre -0,1 e -0,3, ou seja, cada um por cento de aumento no preço do estacionamento resulta em uma redução de 0,1 a 0,3% na demanda do estacionamento. Estes programas de compensação financeira pelo não uso do estacionamento são um pouco menos efetivos do que as cobranças diretas pelo estacionamento. Ainda assim, Don Shoup descobriu que o uso individual de automóveis reduziu em média, em 17% em vários locais

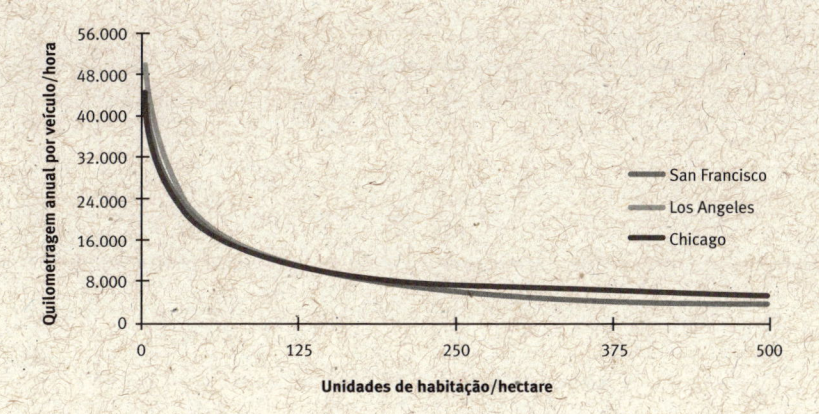

Fonte: Holtzclaw et. al. (2002).

Figura 7.29 John Holtzclaw *et al.*, "Location Efficiency: Neighborhood and Socio-Economic Characteristics Determine Auto Ownership and Use – Study in Chicago, Los Angeles and San Francisco", *Transportation Planning and Technology* 25, 1 (2002): 1–27.

de trabalho na região de Los Angeles que introduziram programas de pagamento em dinheiro pelo não uso das vagas de estacionamento.[2]

O transporte público

À medida que a frequência e a qualidade do transporte público aumentam, as taxas de uso de veículos particulares diminuem. Isso é especialmente verdadeiro nos casos em que o transporte público é rápido, frequente, regular e oferecido o dia inteiro e também no início da noite. URBEMIS começa o cálculo dos créditos do transporte público da seguinte maneira:

> Número médio de paradas de ônibus diárias dentro de um raio de 400 m em torno do terreno do projeto
> +
> (2×) Número de deslocamentos diurnos do serviço de trem ou sistema de ônibus rápido (BRT) com paradas dentro de um raio de 800 m em torno do terreno
> +
> (2×) Número de deslocamentos de ida e volta com propósito específico
> ÷ 900

Os benefícios do transporte público podem resultar no benefício extra da criação de um ambiente orientado para o pedestre, assim os benefícios da redução do número de deslocamentos acarretados pelo transporte público são calculados no URBEMIS da seguinte maneira:

> Redução do número de deslocamentos acarretados pelo transporte público = [Índice de serviços de transporte público] × 0,075 + [Escore pedestres/biclicletas] × 0,075

Tabela 7.12   Elasticidades na 4ª dimensão

	Deslocamentos diários com veículo	Quilometragem diária por veículo
Densidade	-0,04	-0,05
Diversidade	-0,06	-0,05
Desenho Urbano	-0,02	-0,04
Destinos	-0,03	-0,20

Densidade	= Mudança Percentual em [(população + emprego) por km^2]
Diversidade	= Mudança Percentual em {1 – [ABS(b × população + emprego)]}
Onde: b	= emprego regional / população regional
Desenho Urbano	= Mudança Percentual no Índice de Desenho Urbano
Índice de Desenho Urbano	= 0,0195 × densidade da rede viária + 1,18 × completude do passeio + 3,63 × retidão do percurso
Onde:	
0,0195	= coeficiente aplicado à densidade da rede viária, expressando o peso relativo desta variável em comparação com as outras variáveis da fórmula do Índice de Desenho Urbano
densidade da rede viária	= comprimento em km / área do bairro em km^2
1,18	= coeficiente aplicado à completude dos passeios, expressando o peso relativo desta variável em comparação com as outras variáveis da fórmula do Índice de Desenho Urbano
completude do passeio	= distância total até o eixo do passeio / distância total até o eixo da via
3,63	= coeficiente aplicado à retidão da rota, expressando o peso relativo desta variável em comparação com as outras variáveis da fórmula do Índice de Desenho Urbano
retidão do percurso	= distância média da linha aérea ao centro / distância média da via ao centro

A elasticidade é expressa por meio de um número negativo. Por exemplo: para o estacionamento, a elasticidade do preço parece variar de -0,1 a -0,3, o que significa que para cada 100% de aumento no preço, a demanda cai entre 10% e 30%.

Passes livres para o transporte público

Depois da cobrança pelo estacionamento na rua, os programas de gestão da demanda do transporte (TDM) mais efetivos são os de passe livre para o transporte público. Quando os empregadores oferecem vales-transporte para todos os empregados ou os empreendedores ou as associações de proprietários de imóveis oferecem vales-transporte ou passes livres para todos os moradores, a eficácia na redução dos deslocamentos diários no sistema de transporte público é aumentada em 25%.

Permeabilidade ao ciclista e ao pedestre

O Departamento de Transporte da Flórida, a Administração Federal de Autoestradas dos Estados Unidos e outras organizações têm criado excelentes modelos para a estimativa de como as mudanças no ambiente construído têm impacto sobre o número de ciclistas ou pedestres. Contudo, a coleta de dados para estas fórmulas pode ser onerosa, assim a URBEMIS emprega três das mais importantes variáveis:

- *Densidade de interseções*. Pequenas quadras resultam em números de pedestres significativamente mais elevados do que os bairros formados por superquadras e *cul-de-sacs*. Uma grelha com 500 trechos entre interseções por quilômetro quadrado é o ideal – o equivalente a quadras com aproximadamente 100 m de lado.
- *Completude dos passeios*. Isso se refere ao percentual de vias com passeios em ambos os lados. No entanto, esta medida infelizmente ignora a qualidade do serviço para pedestres, que inclui fatores como a separação entre o passeio e o trânsito de veículos em alta velocidade.
- *Completude das ciclofaixas* ou, caso sejam apropriadas, ciclovias paralelas e adjacentes às ruas.

Juntos, estes fatores contribuem igualmente para uma redução de até 9% nos créditos de deslocamentos.

Estacionamento

Elimine as exigências mínimas de estacionamento, uma vez que apenas servem para exigir que os empreendedores construam vagas de estacionamento em excesso, o que resulta em estacionamento barato e taxas de estacionamento também exageradas. Nos terrenos dos locais de trabalho, as prefeituras deveriam considerar a imposição de índices máximos de estacionamento, como uma ferramenta para o controle dos congestionamentos.

Licenças para edificação

Adote as normas de gestão da demanda do transporte (TDM) em toda a cidade, como parte de uma implantação de empreendimento urbano voltado para o transporte público (TOD) ou de desenho de bairro tradicional (TND). Estas normas podem exigir medidas de TDM específicas ou simplesmente exigir que os projetos atendam a certas normas de redução de número de deslocamentos.

Ferramentas de análise

Não use os valores de *Geração de Vagas de Estacionamento ou Geração de Deslocamentos* do ITE sem ajustá-los aos projetos de empreendimento urbano voltado para o transporte público (TOD) ou de desenho de bairro tradicional (TND).

Liderança

Os estados e municípios deveriam se certificar de que suas diretrizes para o cumprimento das metas ambientais, programas de taxas de impacto, programas de gestão do congestionamento do trânsito, alocações de verbas para o transporte e outras fórmulas premiem em vez de penalizem a ocupação de vazios urbanos.

Recursos na internet

O mais completo recurso *online* de gestão da demanda do transporte (TDM) é a TDM Encyclopedia, do Victoria Transport Policy Institute: www.vtpi.org/tdm

Notas

1. John Holtzclaw *et al.*, "Location Efficiency: Neighborhood and Socio-Economic Characteristics Determine Auto Ownership and Use – Study in Chicago, Los Angeles and San Francisco", *Transportation Planning and Technology* 25, 1 (2001):1–27.
2. Um resumo de várias análises de elasticidade pode ser encontrado em vtpi.org

Sistemas de automóveis compartilhados

Jeffrey Tumlin
Nelson\Nygaard Consulting Associates

O compartilhamento de automóveis feito por empresas é um programa de aluguel de veículos para associados e por curtos períodos. Os associados em geral reservam um automóvel por telefone ou pela Internet, se deslocam até um veículo que está estacionado em seu bairro e o abrem com uma chave-mestra eletrônica. Os associados são cobrados mensalmente, de acordo com quanto usaram os automóveis, de modo similar a outros serviços públicos, como a eletricidade. Os custos com combustível, manutenção, estacionamento e seguro são incluídos na conta.

Os automóveis compartilhados ficam estacionados em vagas reservadas na rua, em estacionamentos públicos ou em garagens particulares, que costumam ser distribuídas por todos os bairros ou centros de cidade projetados de acordo com os princípios do empreendimento urbano voltado para o transporte público (TOD) ou são encontrados nos principais nós, como estações ferroviárias. A maioria dos programas depende de tecnologias que possibilitem aos associados identificar e reservar o veículo disponível mais próximo, bem como permitiam a esse veículo identificar e abrir a porta para a chave-mestra eletrônica, que é única para cada associado. O automóvel envia, por meio de satélite, seu uso e quilometragem ao escritório central, tornando automático todo o processo de reserva, uso e cobrança.

O compartilhamento de automóveis funciona em localidades que têm suficiente densidade, serviço de transporte público e usos mistos, permitindo que muitos moradores e empregados possam ter a maioria de suas necessidades diárias atendidas sem o uso de um automóvel. O sistema possibilita que os associados evitem os custos e incômodos de ter de adquirir um veículo, pagar por seu estacionamento e seguro e ainda assim mantenham todos os benefícios de mobilidade oferecidos por um automóvel.

Para a maioria dos motoristas, os custos principais de um automóvel (aquisição, manutenção e seguro) são fixos; eles variam pouco com o uso do veículo. Como resultado, os motoristas são incentivados a dirigir o máximo possível, a fim de otimizar a despesa representada pelo automóvel particular. Já o compartilhamento de automóveis transforma todos estes custos fixos em variáveis, mudando os incentivos econômicos associados, e o resultado é que estes programas geram grandes benefícios ao ambiente e à rede de transporte. Cada veículo compartilhado por meio destes programas em geral elimina entre seis e 15 veículos de propriedade particular. Os associados estimam uma redução de 39% no número de quilômetros viajados por veículo – mesmo incluindo nos cálculos os membros que antes de se associarem não possuíam um automóvel.

Figura 7.31
Um logotipo da empresa identifica o automóvel pertencente a um sistema de compartilhamento. Imagem © Farr Associates

O compartilhamento de automóveis difere do aluguel na medida em que o primeiro visa prioritariamente usos por pequenos períodos e permite que os veículos sejam pegos pelos próprios usuários, em muitos pontos diversos. Estes programas também têm como objetivo expresso reduzir o número de proprietários de automóveis e o uso de automóveis.

As localidades que atendem a todos os requisitos listados na coluna à direita (Sistema de Automóveis Compartilhados em Larga Escala) da tabela a seguir em geral conseguem sustentar pelo menos 10 veículos compartilhados dentro de um raio de 800 m de qualquer moradia ou local de trabalho, oferecendo aos associados um alto padrão de serviço de compartilhamento de automóveis (veja a Tabela 7.13). Já um programa mais modesto, como poucos veículos, exige o cumprimento de todos os fatores arrolados na coluna do meio (Sistema de Automóveis Compartilhados em Pequena Escala).

Tabela 7.13

Requisitos mínimos	Sistema de compartilhamento de automóveis em pequena escala (2–4 veículos)	Sistema de compartilhamento de automóveis em larga escala (10 ou mais veículos)
Demografia		
Percentual de habitações com um morador	30%	40–50%
Quantidade de trabalhadores pendulares		
Percentual que dirige sozinho até o trabalho	55%	35–40%
Percentual que vai até o trabalho a pé	5%	15–20%
Propriedade de veículos		
Percentual de habitações com veículos	10–15%	35–40%
Percentual de habitações sem veículo ou com um veículo	50%	70–80%
Características do bairro		
Habitações por hectare (mínimo)	5	5

Capítulo 7 Bairros Sustentáveis   **167**

1948	Década de 1970	Década de 1980	1987–1988	1998	2004
O programa Sefage oferece automóveis compartilhados em uma cooperativa de habitação de Zurique.	Diversos programas-piloto de compartilhamento de automóveis começam na França, nos Países Baixos e no Reino Unido; a maioria fracassa.	Programas-piloto de compartilhamento de automóveis são testados nos Estados Unidos; todos fracassam.	As grandes organizações de compartilhamento de automóveis da Suíça e Alemanha têm sucesso, em grande parte graças aos avanços tecnológicos.	Surge a primeira grande organização de compartilhamento de automóveis dos Estados Unidos (CarSharing, em Portland, no Oregon).	Mais de 60 mil pessoas já estão associadas a sistemas de automóveis compartilhados nos Estados Unidos, com 15 operadoras de sucesso em 22 comunidades.

Para projetos em áreas ainda não urbanizadas, o estudo de mercado pode ajudar a determinar o número estimado de moradias com apenas um morador, e um minucioso estudo da gestão da demanda do transporte pode ajudar a estimar quantas pessoas caminham até o local de trabalho. Em todos os projetos para novas urbanizações, os sistemas de Automóveis Compartilhados devem ser considerados como um componente de apoio a uma estratégia mais ampla de gestão da demanda do transporte.

Recursos na internet

Adam Millar-Ball, Car-Sharing: Where and How it Succeeds, Transit Cooperative Research Program Report 108, www.trb.org/news/blurb_detail.asp?ID=5634 (2005)

CarSharing Network: www.carsharing.net

FlexCar: www.flexcar.com

ZipCar: www.zipcar.com

City CarShare: www.citycarshare.com

Philly CarShare: www.phillycarshare.org

Chicago I-Go: http://flexcarnetwork.com/chicago-i-go

Capítulo 8
Biofilia

Espaços abertos

Carolee Kokola

Entre os espaços mais negligenciados no planejamento urbano estão os parques e as praças de bairro que podem ser acessados por pedestres. Devido a sua localização privilegiada – a uma pequena distância que pode ser percorrida a pé por uma grande população – eles melhoram muito a qualidade da vida de um bairro. Esses parques, quando equipados com bancos, parques infantis e áreas específicas para os moradores passearem com seus cães, podem servir como "terceiros lugares" onde convivem várias gerações, permitindo encontros sociais casuais e recorrentes e a construção de capital humano. Os parques e as praças com grande percentual de áreas verdes, equipamentos urbanos de captação de água pluvial ou vistas do céu à noite desempenham um papel-chave no suporte à biofilia. Os parques também aumentam o preço que os compradores de imóveis estão dispostos a pagar para morar por perto, resultando em um ótimo retorno sobre o investimento tanto para o governo como para os empreendedores privados **(veja a Tabela 8.1)**.

Em empreendimentos com plano diretor, uma rede de novos parques menores é relativamente fácil de planear e pode ser construída aos poucos, de acordo com as diferentes fases de implantação do empreendimento no qual elas se inserem. Parques pequenos podem ser incrivelmente difíceis de criar em cidades existentes, apesar de sua importante contribuição para a habitabilidade urbana. O preço do solo é frequentemente bastante elevado e terrenos de propriedade pública raramente se localizam exatamente onde são necessários os parques. Nos Estados Unidos, por exemplo, muitas normas municipais para a instalação de parques de bairro estabelecem uma área mínima de 12,5 hectares, que é maior do que a maioria dos terrenos baldios e praticamente inviabiliza novos parques.

Devido a essas políticas públicas, o planejamento municipal muitas vezes não consegue detectar e resolver a deficiência de parques que possam ser acessados a pé **(veja a Figura 8.1)**. Os parques e espaços abertos não são menos importantes em áreas comerciais ou distritos industriais. Também estão surgindo novos sistemas de manutenção e conservação de parques. Os voluntários de

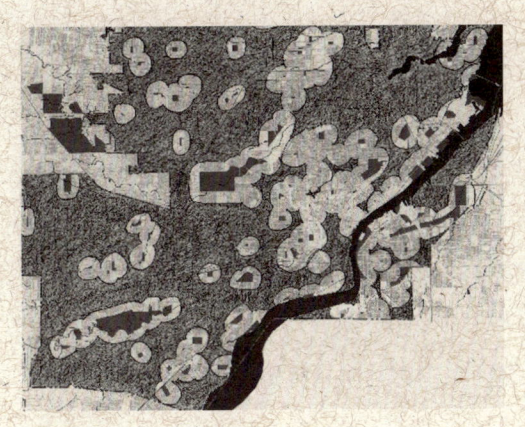

Figura 8.1
Apesar de um amplo sistema de grandes parques históricos, boa parte da cidade norte-americana de Toledo é mal servida por parques que podem ser acessados a pé. As áreas em cinza indicam terrenos que estão a mais de cinco minutos a pé até um parque. Imagem © Farr Associates, fonte dos dados: Lucas County Auditor, One Government Center Suite 600, Toledo OH 43604

Figura 8.2
Esta praça paisagisticamente tratada serve como um parque para a filtragem da água do escoamento superficial de ruas adjacentes. Rotatória com filtragem do escoamento superficial na área central na área Uptown Normal. Imagem © 2002 Bruce Bondy

associações de bairro, aproveitando as receitas obtidas em distritos com tributação especial, podem realizar os serviços de conservação e manutenção.

A filtragem da água da chuva, mesmo em localidades urbanas de alta densidade, é um importante objetivo do urbanismo sustentável **(veja a Figura 8.2).** Em novos empreendimentos, as melhores práticas de gestão podem ser elaboradas nas escalas do terreno, da quadra e do bairro. Em subúrbios preexistentes, parques com equipamentos de drenagem urbana estão surgindo como uma abordagem promissora para o resgate da capacidade de filtragem das águas pluviais. O escoamento pluvial de ruas urbanas combina vazamentos tóxicos de automóveis e os concentra nos esgotos pluviais. Estes parques podem ser projetados para filtrar o escoamento superficial da água nas ruas públicas, uma descarga municipal que hoje não é prevista pela Lei da Água Limpa dos Estados Unidos, por exemplo.

Considere as seguintes normas:

1. Os parques com espaços abertos de alta qualidade devem estar a uma distância que possa ser percorrida a pé em até três minutos de cada uma das moradias.
2. A área mínima do parque deve ser 650 m^2.
3. O tamanho médio mínimo de todos os parques de bairro deve ser 2 mil m^2.
4. Todos os parques devem ser limitados em pelo menos dois de seus lados por vias públicas.
5. Os parques podem ser cercados e fechados à noite, caso seja necessário, por questões de segurança.

1858
Frederick Law Olmsted e Calvert Vaux projetam o Central Park da Cidade de Nova York.

1898
Ebenezer Howard cria o movimento da cidade-jardim.

1901–1909
O presidente Theodore Roosevelt promove a conservação e os parques nacionais.

1909
O movimento Cidade Bonita constrói parques no estilo Belas Artes por todos os EUA.

Décadas de 1950–1990
Decadência dos parques urbanos.

Décadas de 1980–1990
Renascimento dos parques urbanos.

2007
O LEED-ND oferece créditos para a existência de parques e campos de esporte de bairro que possam ser acessados a pé.

Tipos de Parque

O Léxico do Novo Urbanismo define vários aspectos dos espaços abertos dentro de um bairro:

Campo de esportes: área aberta especialmente projetada e equipada para a recreação em grande escala. Tais campos devem estar confinados à periferia dos bairros, uma vez que seu tamanho prejudica a fina rede necessária ao deslocamento dos pedestres.[1]

Área verde comunitária: espaço público de tamanho médio disponível para a recreação em áreas não construídas, circunscrito por fachadas de edificações, cujo tratamento paisagístico consiste de áreas gramadas e arborizadas, distribuído de modo orgânico e que exige manutenção considerável.

Praça: espaço público, raramente maior do que uma quadra, na interseção de ruas importantes. Uma quadra é circunscrita espacialmente por fachadas; sua paisagem urbana consiste em passeios pavimentados, gramados, ruas e prédios cívicos, todos formalmente distribuídos e exigindo manutenção considerável.

Praça cívica: espaço público na interseção de ruas importantes reservado para propósitos cívicos e atividades comerciais. Uma praça cívica é circunscrita por

Tabela 8.1 Valorização dos imóveis devida à proximidade de um parque

Distância aproximada ao parque (metros)	Tempo necessário para ir e voltar a pé (minutos)	Valorização dos imóveis
30	1	24%
90	2,5	15%
180	5	5%
400	10	Insignificante

Fonte: Miller, Andrew Ross, "Valuing Open Space: Land Economics and Neighborhood Parks". Tese do Departamento de Arquitetura do MIT, 2001.

fachadas de edificações; seu tratamento paisagístico consiste de pisos duradouros adequados ao estacionamento de veículos e árvores que exigem pouca manutenção. Todas as áreas de estacionamento em frente aos prédios devem ser projetadas como praças cívicas, com pisos não marcados ou detalhados como estacionamentos.

Jardim comunitário: agrupamento de pequenos jardins para o cultivo em pequena escala, geralmente para os moradores dos apartamentos ou outras unidades de moradia sem jardins privativos. Os jardins comunitários devem acomodar depósitos individuais. Eles são valiosos por seu papel recreativo e comunitário, similar ao de um clube de esportes.

[1]*Fonte*: Duany Plater-Zyberk& Co. "The Lexicon of the New Urbanism". DBZ, 1999, p. E1.

Escuridão pública

Nancy Clanton e Todd Givler
Clanton Associates

A iluminação pública surgiu como uma maneira de oferecer certo nível de segurança ao pedestre nas vias públicas e de encorajar as atividades e o comércio noturno. Embora a iluminação externa e das vias públicasseja necessária para o comércio e a segurança pública, os desenhos urbanos convencionais muitas vezes resultam em áreas contínuas excessivamente iluminadas, o que pode acarretar ofuscamento e poluição luminosa – a luz desperdiçada da iluminação dos espaços externos que é direcionada para cima ou para longe de onde é necessária. Toda esta luz desperdiçada aumenta o efeito de brilho celeste facilmente comprovável em áreas urbanas, reduz a visibilidade das estrelas tanto para os cidadãos como para os astrônomos e desperdiça energia. As pesquisas estão concluindo que a iluminação externa também tem efeitos nocivos sobre a flora e a fauna e pode provocar distúrbios nos ritmos circadianos que têm sido associados à insônia e a outras desordens do sono.

Uma melhor abordagem ao projeto de iluminação usa a luz onde ela é mais útil – nas zonas de conflitos potenciais entre veículos e pedestres, para ressaltar as fachadas de edificações e para iluminar elementos de orientação das pessoas. A iluminação pode ser projetada de modo a eliminar o ofuscamento, o excesso de luz e as invasões de propriedade menos graves. O nível de brilho deve se basear no tipo de lugar que está sendo iluminado, variando dos espaços rurais aos urbanos. Os espaços rurais tendem a ser escuros, enquanto os níveis de iluminação externa mais elevados são mais adequados a bairros e distritos urbanos mais movimentados.

Figura 8.3
Los Angeles, 1908. Imagem cortesia da International Dark-Sky Association.

Figura 8.4
Los Angeles, 1988. Imagem cortesia da International Dark-Sky Association.

Determinação da zona de iluminação

A zona de iluminação (ZI) é determinada com base no nível de iluminação geral, densidade populacional, frequência de uso e expectativas de iluminação.

Metas para a iluminação pública para 2030

Propõem-se as seguintes metas para a redução do consumo de energia e do impacto negativo da luz nos ambientes noturnos.

Tabela 8.2 Descrições e níveis de iluminação geral, conforme a zona de iluminação

	ZI0	ZI1	ZI2	ZI3	ZI4
Zona do transecto	Rural e reserva	Reserva e suburbana	Geral de bairro	Centro urbano	Núcleo urbano
Lumens iniciais da lâmpada admissíveis/ Sobrevivência da lâmpada	1,25–1,6*	2,5–3,2	3,3–4,2	7,6–9,7	10,9–13,9
Admissibilidade base (lumens)	0	17 mil	24 mil	44 mil	60 mil
Critério de projeto de iluminação geral	Sem iluminação muito baixa	Iluminação geral baixa	Iluminação geral média	Iluminação geral alta	Iluminação geral

*Esta iluminação geral mínima deve ficar apagada a maior parte do tempo.
Os dados da tabela foram compilados de: Model Lighthing Ordinance (draft), Illuminating Engineering Society of North America (IESNA) e International Dark Skies Association (IDA).

Capítulo 8 Biofilia

1417 Londres exige que todas as casas possuam um lampião aceso durante o inverno.

1821 Paris adota a iluminação viária a gás.

1886 O primeiro uso da iluminação viária elétrica nos EUA (em Nova York).

1960s Westinghouse passa a fabricar uma luminária tipo cabeça de cobra, para postes.

2005 Associações de profissionais da iluminação concordam em desenvolver normas-modelo para a iluminação.

2007 O LEED-ND propõe critérios para o escurecimento do céu na iluminação pública.

Figura 8.5
Iluminação orientada para o pedestre.
Imagem © Clanton & Associates

Figura 8.6
Iluminação orientada para os automóveis.
Imagem © Clanton & Associates

Tabela 8.3

	Prática atual	Ideais do urbanismo sustentável para 2030
Expectativa pública	Muita iluminação na rua	Escuridão na rua
Normas de nível de iluminação	Mínimas	Rigorosas
Tecnologia de controle	Ligado-Desligado	Reatores automáticos permitem a dimerização noturna
Controle	Municipal	Controle por quadra e bairro
Iluminação viária	Postes	Incorporada à malha viária
Vínculos entre o homem e a natureza	O ofuscamento torna invisível quase todas as estrelas	A Via Láctea é visível em todo o país

De acordo com a Agência Internacional de Energia, a América do Norte é líder mundial no consumo de energia. Por capita, os norte-americanos consumiram 101 megalumen-horas de luz em 2005, enquanto os australianos e neozelandeses consumiram 62 e os europeus, 42. No mundo inteiro, a iluminação externa consome aproximadamente 250 terawatt-horas (10^{12} watt-horas) de eletricidade por ano. Isso corresponde a aproximadamente 10% da energia empregada por ano para toda a iluminação.

Sistemas de gestão de água pluvial

Jim Patchett e Tom Price
Conservation Design Forum
Colaboração de Jamie Simone, Farr Associates

A maioria das práticas de uso do solo urbano, suburbano e agrícola de todos os Estados Unidos gera níveis consideráveis de escoamento superficial de água que estão diretamente associados ao aumento das ocorrências de erosão, sedimentação, enchentes, degradação da qualidade da água, perda da biodiversidade, destruição de aquíferos e mudanças climáticas.

Os padrões hidrológicos históricos que sustentavam a ecologia complexa e biodiversa dos lagos, rios e córregos de toda a América do Norte eram predominantemente determinados pelas águas freáticas. A maioria das áreas históricas de manancial do continente e dos sistemas aquáticos, incluindo lagos, córregos e rios, era sustentada por uma combinação de descargas dos aquíferos e precipitações diretas. Praticamente todas as espécies endêmicas de pantanais ou aquáticas, tanto da flora como da fauna, são adaptadas a tais padrões estáveis de uma hidrologia dominada pelas águas dos lençóis freáticos e por uma água de qualidade constante.

Os usos contemporâneos do solo urbano, suburbano e rural têm alterado radicalmente os padrões históricos e estáveis desta hidrologia e qualidade da água. Os meios ambientes atuais são dominados por formas erráticas de escoamento superficial de águas poluídas.

As práticas convencionais de engenharia de recursos hídricos voltadas para a coleta, canalização e armazenagem temporária do escoamento superficial da água da chuva geralmente exacerbam as enchentes a jusante, a degradação da qualidade da água, a perda de *habitats* e a estabilidade dos sistemas, devido ao volume acumulado e à velocidade dos fluxos de descarga. O escoamento superficial coletivo erode córregos e rios existentes, resultando em margens extremamente íngremes e sujeitas a erosão e sedimentação constantes. A perda da infiltração e da recarga dos lençóis freáticos na bacia hidrográfica do entorno combina com o rebaixamento dos níveis normais da água no sistema de tributários, também rebaixando o lençol freático e deixando de alimentar os córregos durantes os períodos de seca. No extremo oposto, períodos de chuvas intensas, que outrora eram atenuados por paisagens extremamente capazes de absorver e usar a água como recurso, hoje periodicamente resultam em enchentes repentinas em áreas que não costumavam estar sujeitas a enchentes. Os impactos econômicos, ambientais e culturais das enchentes são significativos e muitas vezes catastróficos.

Contrastando com as práticas de gestão das águas pluviais tradicionais, que buscam afastar a água do local onde ela precipita, as abordagens sustentáveis à gestão regionais dos terrenos e da água buscam tratá-la como um recurso, não um dejeto. Tais medidas se relacionam com o restabelecimento de lençóis freáticos estáveis no nível de cada lote, por meio da inclusão de técnicas que efetivamente limpem, distribuam e absorvam a água onde ela é precipitada, restaurando os padrões históricos de uma hidrologia dominada pelos lençóis freáticos e de água com boa qualidade. Estes deveriam ser os objetivos primordiais de projeto e engenharia de todo o tipo e escala das intervenções, seja o ambiente urbano, suburbano ou rural. Colocando em termos simples, a quantidade de água que deixa o terreno na forma de escoamento superficial equivale à quantidade que faltará naquele local e que será excessiva nos ambientes a jusante (os quais geralmente sofrerão impactos adversos).

Há muitas inovações práticas e econômicas no desenho urbano e nos empreendimentos voltadas para a restauração da estabilidade hidrológica e melhoria da qualidade da água em ambientes urbanos, suburbanos e rurais. Os projetos inovadores e as técnicas de urbanização que aproveitam as propriedades positivas da água, frequentemente replicando padrões históricos da hidrologia, podem incluir uma tecnologia ou mesmo qualquer combinação de tecnologias que efetivamente colete, limpe, recicle e infiltre a água *in loco*. As técnicas de projeto integrado de edificações ou uso do terreno, como coberturas verdes, sistemas de pavimentação porosos, biodigestores e outras estratégias de biorretenção, coleta e reúso da água da chuva, como os simples reservatórios e a inclusão de sistemas de paisagismo com vegetação nativa com raízes profundas e alta absorção de água, são apenas alguns exemplos das estratégias econômicas de gestão dos recursos hídricos urbanos que têm benefícios múltiplos e podem ser empregadas. Tais medidas são elementos importantes para a recarga dos lençóis freáticos, redução de enchentes, melhoria da qualidade da água do terreno e da região e restauração da viabilidade dos ecossistemas terrestres e aquáticos.

As ferramentas e os limites apresentados nesta seção são práticas multidimensionais que atendem aos padrões de qualidade e qualidade da água, bem como alcançam os objetivos de planejamento, desenho urbano e paisagismo **(veja as Figuras 8.7 a 8.13 e a Tabela 8.4).** As práticas tratam da quantidade e da qualidade do escoamento superficial e podem ser projetadas e implementadas em novos empreendimentos, bem como em reformas de áreas já urbanizadas, com baixos custos. As práticas aqui discutidas incluem a biorretenção, as coberturas verdes, pavimentos porosos, coleta e reúso da água da chuva e o paisagismo com espécies nativas. É essencial que cada situação seja projetada e calculada com base nas condições locais e características de uso do solo específicas. Essas medidas são mais eficiente quando integradas a outras estratégias de edificação e ocupação do terreno que administram a água de maneira eficiente. Os elementos de gestão sustentável da água podem ser integrados a coberturas, estacionamentos ao ar livre, ruas, passagens para automóveis, vias locais, passeios, gramados e jardins, parques e outros espaços abertos, bem como terras agrícolas.

Nos ambientes urbanos e suburbanos, a água da chuva muitas vezes é tratada como um resíduo que deve ser eliminado do local onde precipita da maneira mais rápida e eficiente permitida pelas leis locais. O escoamento superficial da água da chuva geralmente é canalizado por meio de calhas e redes de esgoto pluvial até bacia de detenção, para armazenagem temporária antes de sua descarga, ou diretamente lançado em sistemas aquáticos, que incluem pântanos, córregos, rios e lagos. Embora sejam necessárias para algumas aplicações, as medidas convencionais de gestão da água da chuva frequentemente contribuem

Figura 8.7
Bacia de detenção. Imagem © Farr Associates

Figura 8.8
Vala de drenagem gramada. Imagem © Conservation Design Forum

Figura 8.9
Biodigestor. Imagem © Bruce Woods

Figura 8.10
Bacia de detenção naturalizada. Imagem © Conservation Design Forum

Figura 8.11
Piso permeável. Imagem © Conservation Design Forum

Figura 8.12
Cobertura verde extensiva. Imagem © Conservation Design Forum

Figura 8.13
Cobertura verde intensiva. Imagem © Conservation Design Forum

para alagamentos, degradação da qualidade da água, perda de *habitats* e destruição de aquíferos. A água da chuva que escorre por acessos para veículos, ruas, passeios, estacionamentos, gramados e outras superfícies impermeáveis conduz os poluentes urbanos e agrícolas para nossos cursos de água, onde eles podem prejudicar os *habitats* dos organismos aquáticos e também tornar os cursos de água inadequados para atividades de recreação, como natação, pesca e passeios de barco.

Contrastando com os sistemas convencionais de coleta e canalização, podemos direcionar o escoamento superficial da água para sistemas de biorretenção que são projetados para reduzir o fluxo de energia e limpar, direcionar e infiltrar no solo a água oriunda das superfícies impermeáveis vizinhas. Os sistemas de biorretenção adequados para contextos urbanos incluem valas de drenagem gramada, biodigestores, poços secos, bacias de detenção ou retenção naturalizadas e outros elementos especialmente projetados, como canteiros centrais, canteiros com árvores e floreiras. No caso das valas de drenagem gramada e dos biodigestores, materiais porosos como areia ou pedregulho geralmente são instalados sob 45 ou 60 cm de húmus controlado, para facilitar o armazenamento temporário e a percolação ao solo. A filtração e a absorção da água podem ser aprimoradas por meio da incorporação de uma boa densidade de plantas nativas com raízes profundas, que também auxiliam na remoção de poluentes. A consequente redução no volume de água escoada superficialmente ajuda a proteger e melhorar os sistemas aquáticos de toda a região.

A produção de alimentos

Lynn Peemoeller e Jim Slama, com Cathy Morgan
Colaboração de James Gwinner e April Hughes

No século passado, a produção de alimentos se tornou industrializada e globalizada e, em última análise, insustentável do ponto de vista ecológico. Isso fica evidente quando se sabe que, nos Estados Unidos, os alimentos frescos viajam, em média, 2.400 km até chegarem a uma mesa e serem consumidos. O consumo de combustível é absurdo! Para atender às necessidades de nossas comunidades que não param de crescer, as propriedades rurais familiares vêm sendo substituídas por grandes corporações, urbanização dispersa e monocultura agrícola. Infelizmente, o modelo econômico de latifúndios corporativos tem se tornado o paradigma da produção de alimentos moderna, visando apenas ao aumento do volume e da eficiência de produção. Os alimentos de baixo custo resultantes têm qualidade, sabor e segurança questionáveis. As frutas e hortaliças desse sistema predominante levam resíduos de pesticidas múltiplos, que são tóxicos tanto para o meio ambiente quanto para o corpo humano. Não é mistério que uma

Figura 8.14
Imagem © Kevin Sharp,
People's Food Co-op

Tabela 8.4 Equipamentos de gestão da água da chuva convencionais e empregados pelo urbanismo sustentável

Abordagem	Superfície horizontal	Equipamento	Breve descrição	Área servida pelo equipamento			Regra prática para dimensionamento do equipamento*
				Lote	Quadra	Bairro	
Convencional							
	Solo	Bacia de detenção centralizada	Bacia escavada projetada para reter temporariamente o escoamento superficial da água da chuva de modo a atender a taxa de descarga admissível para o local.				8% a 12% da área do terreno.
Urbanismo sustentável							
	Solo	Vala de drenagem gramada	Rebaixo nos jardins plantado com vegetação perene. Inclui camadas de solo de areia e húmus sobre camada de drenagem com pedregulho (quando necessárias).	No jardim e adjacente aos tubos de queda pluvial			10% a 15% da área impermeável – menos para solos arenosos permeáveis
	Solo	Biodigestor	Estacionamento aberto rebaixado ou canteiros ao longo da via plantados com vegetação perene. Inclui camadas de solo de areia e húmus sobre camada de drenagem com pedregulho (quando necessárias).	No perímetro das áreas pavimentadas	Estradas parque e canteiros centrais		10% a 15% da área impermeável – menos para solos arenosos permeáveis

Solo	Bacia de detenção naturalizada	Bacia de detenção naturalizada com bordas pouco íngremes, brejo natural e vegetação rasteira.	Parques com equipamentos de drenagem urbana, canteiros centrais das estradas parque	8% a 12% da área do terreno. O tamanho pode ser reduzido quando empregada a biorretenção a montante, pisos permeáveis ou coberturas verdes
Área com piso seco	Piso permeável	Piso projetado para permitir que a água passe pela superfície, usando asfalto, concreto ou blocos permeáveis de concreto encaixados entre si. A água pode ser armazenada em pedregulho de granulometria não controlada sob a superfície, atendendo as exigências de detenção locais.	Passeios e acessos para veículos / Vias locais e de distribuição	Área pavimentada líquida
Cobertura	Cobertura extensiva	Cobertura com vegetação tolerante à seca e que exige pouca ou nenhuma manutenção das plantas. Em geral apresenta 7,5 cm a 10 cm de meio de cultivo, dependendo da vegetação.	Cobertura da edificação	Área líquida da cobertura que pode ser construída
Cobertura	Cobertura intensiva	Cobertura com vegetação muito variada, incluindo gramíneas, arbustos e até mesmo árvores. Pode exigir a irrigação e fertilização. Em geral tem 20 cm de profundidade e um meio de cultivo mais espesso, conforme a vegetação.	Cobertura da edificação	Área líquida da cobertura que pode ser construída

*Varia conforme os níveis de precipitações pluviais e de impermeabilidade do solo.

diversidade de problemas de saúde comece com a dieta e o sistema de produção de alimentos atuais: câncer, diabetes, hipertensão e – o maior desafio para os norte-americanos – obesidade.

Por sorte, as soluções sustentáveis estão ao nosso alcance. Têm surgido novos modelos econômicos para a produção de alimentos que podem nutrir o mundo de modo mais saudável. Os alimentos orgânicos compõem o setor da produção de alimentos que mais cresce, ao passo que a produção ecologicamente sustentável de alimentos e o acesso mais direto aos alimentos vêm sendo integrados aos bairros. Devido à popularidade deste movimento, a hora de agir é agora. Os planejadores urbanos e arquitetos têm a oportunidade de resgatar aquilo que vários anos de práticas irresponsáveis tiraram de nós. Isto é possível por meio da integração de sistemas de alimentação de duas maneiras básicas: por meio da produção de alimentos e por meio do acesso a estes. Normas de zoneamento adequadas permitirão às comunidades e aos indivíduos produzir sua própria comida. Dentro das comunidades, podem ser criados pontos de acesso aos alimentos, com investimentos econômicos e infraestrutura mínimos. Muitas cidades pequenas e grandes já começaram a planejar estrategicamente, fazendo avaliações abrangentes das necessidades do sistema local de produção e consumo de alimentos.

Alimentos de boa qualidade são vitais à saúde pública de uma população. Os benefícios econômicos dos sistemas de alimentação baseados na comunidade revertem na criação de empregos e mercados autossustentáveis. Os benefícios ambientais incluem a economia no consumo de energia, a água e o ar mais limpos e a recuperação do solo. Os benefícios comunitários incluem a segurança dos alimentos, a melhoria da saúde da população, o embelezamento dos bairros e o reforço dos vínculos entre as pessoas e a Terra.

A produção de alimentos

As comunidades prosperam quando seus membros têm a oportunidade de produzir seus próprios alimentos, seja de modo individual ou comunitário. A regra número um do cultivo de alimentos saudáveis é o solo limpo – um solo limpo e rico em nutrientes gerará produtos seguros e de alta qualidade. Se o terreno estiver em uma área contaminada recuperada, o solo deverá ser testado para que se comprove que não há contaminantes presentes, como o chumbo, antes que os alimentos possam ser cultivados com segurança. O acesso à água e à luz solar, bem como a boa drenagem, são outros aspectos importantes da produção de alimentos nos ambientes urbanos.

Produção individual	Produção na escala do bairro	
• Coberturas verdes	• Jardim comunitário	• Aquicultura urbana
• Hortas caseiras	• Pomar comunitário	• Jardins "comestíveis"
• Estufas caseiras	• Estufa comunitária	• Fazendas comunitárias

Tanto os terrenos públicos como os privados de um bairro podem ser utilizados para o cultivo de alimentos. Jardins, pomares e estufas de uso comunitário podem ser planejados, uma abordagem que está se tornado popular

1830	1906	1945	1963	2001	2001	2002	2007
Cyrus Mc Cormick inventa o ceifeiro mecânico, permitindo a monocultura agrícola.	É criada a Food and Drug Administration, nos Estados Unidos.	O DDT se torna usual na agricultura.	A obra *Silent Spring*, de Rachel Carson, adverte contra o crescimento acelerado no uso de produtos químicos, como o DDT.	O Leopold Center for Sustainable Agriculture documenta a distância média percorrida entre o ponto de produção e o de consumo dos alimentos nos EUA: 2.400 km.	306 milhões de quilos de pesticidas são empregados para fins agrícolas nos EUA.	O governo federal dos EUA paga 23,5 bilhões de dólares em subsídios agrícolas para os fazendeiros do país.	O LEED-ND introduz a produção de alimentos no sistema LEED.

em comunidades projetadas para a sustentabilidade ecológica. Os indivíduos e as famílias podem produzir alimentos em coberturas verdes, hortas caseiras e estufas caseiras. A produção local de alimentos também oferece a possibilidade da reciclagem do lixo alimentar – a remoção de matéria orgânica que seria destinada a um depósito de lixo e sua utilização para a fertilização.

O acesso aos alimentos

É difícil ter acesso a produtos alimentícios saudáveis de origem local. A fim de ter um suprimento constante de produtos ao longo do ano, muitos comerciantes compram de empresas de distribuição nacional, em vez de obter os alimentos nas fazendas da região. Parte destes alimentos não é fresca nem nutritiva. Os mercados de produtores agrícolas conectam diretamente os fazendeiros aos consumidores, enquanto as lojas de conveniência e os minimercados de bairro podem promover um acesso cada vez maior a alimentos mais nutritivos.

Alguns interessantes estudos de caso sobre o acesso aos alimentos e a produção comunitária são resumidos na Tabela 8.5.

Figura 8.15
Uma horta urbana. Imagem © 2006 Sustain

Figura 8.16
Um jardim comunitário. Imagem © 2006 Lynn Peemoeller

O tratamento de esgoto ao ar livre

Thomas E. Ennis
Designs4Earth

O tratamento de esgoto é uma questão complexa que envolve o meio ambiente, a política, a cultura e a ciência. O propósito deste parâmetro é oferecer uma visão clara de como podemos pensar o tratamento de esgoto para um futuro ecologicamente sustentável. Esta seção não busca ser exaustiva; em vez disso, nosso objetivo é oferecer, ao tomador de decisões, informações suficientes para que ele possa interagir com os profissionais do projeto do tratamento de esgoto, a fim de trabalhar por uma solução sustentável e apropriada ao terreno, que integre o reúso de resíduos e da água de modo benéfico à humanidade, sem prejudicar

Tabela 8.5 Produção e acesso a alimentos na escala comunitária

Produção de alimentos

Tipo	Exemplos de estudo de caso	Área aproximada	Tipo de alimento	Tempo de implementação	Empregos	Gestão
Pomar urbano	Treefolks Urban Orchard Austin, Texas	0,1 ha	Árvores frutíferas e nogueiras apropriadas para a região, como ameixeiras, romãzeiras, pereiras, pessegueiros, figueiras, macieiras, ameixeiras-amarelas e nogueiras pecãs	3 a 4 anos, para frutificação	Trabalho voluntário	Fazenda comunitária
Jardim escolar	The Edible Schoolyard Berkeley, Califórnia	0,25 ha	Frutas e hortaliças orgânicas sazonais	2 a 3 anos	5 postos de trabalho de expediente integral e 2 postos do AmeriCorps	Privada, sem fins lucrativos
Horta de mercado	Gaia Gardens East Lake Commons Atlanta, Geórgia	0,37 ha	Hortaliças anuais, flores, frutas	1–2 anos	1 posto de trabalho de expediente integral	Privada, com fins lucrativos
Agricultura urbana	Added Value Brooklyn, Nova York	1,1 ha	Hortaliças anuais, flores		85 jovens participantes	Privada, sem fins lucrativos
Cruzamento na campina	Grayslake, Illinois	48 ha	Hortaliças anuais, feno, pasto	1 ano	5 postos de trabalho de expediente integral, 8 sazonais e 4 de meio expediente	Fundação privada

Acesso aos alimentos

Incubadores de cozinha	Bear River, Utah	372 m²	Até 45 clientes de produtos alimentícios com alto valor agregado, como pães, bolos, biscoitos, picles, molhos e balas	Fundada em 2000	45 clientes, sem empregos	Sem fins lucrativos
Cooperativa de alimentos	Park Slope Food Co-op Brooklyn, Nova York	1.766 m²	Grande variedade de produtos naturais, orgânicos, locais e artesanais	Fundada em 1973	12.800 associados, 44 empregos de expediente integral	Cooperativa
Mercado de agricultores	Dane County Farmers Market Madison, Wisconsin	8 quadras (aproximadamente 730 m de rua)	Até 160 feiristas: hortaliças, frutas flores, plantas, carne, queijo, melaço, geleias, pães, bolos, biscoitos, cogumelos	Fundada em 1972	1 emprego de expediente integral, 3 de meio expediente	Fundado sem ações ou cotas, sem fins lucrativos, com taxas para se associar
Agricultura sustentada pela comunidade	AngelicOrganics, Caledonia, Illinois	Aproximadamente 11 ha	Hortaliças e frutas anuais	Fundada em 1993	1.300 membros, 20–25 empregos sazonais, 5 empregos de expediente integral	Privada, com uma área de propriedade cooperativa

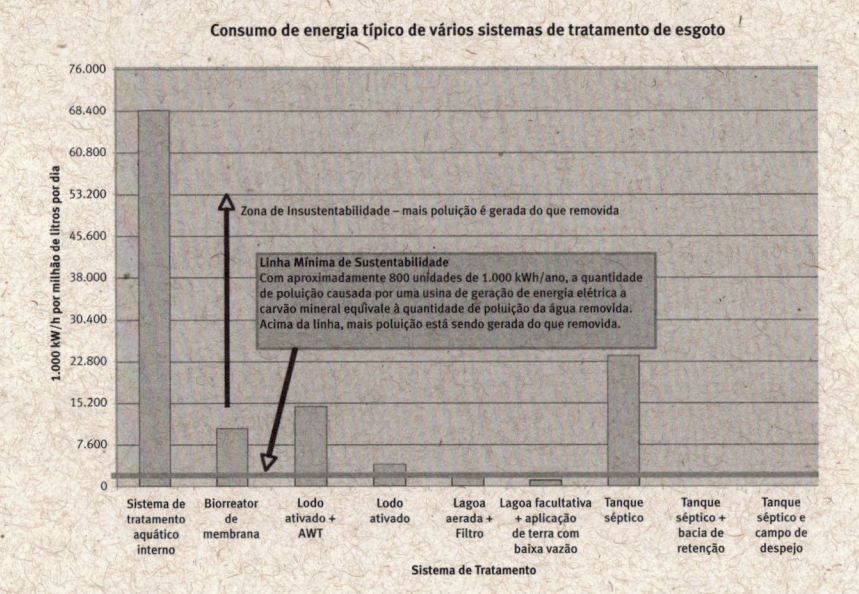

Figura 8.17 Este gráfico de barras ilustra o fato insustentável de que muitos sistemas de tratamento de esgoto geram mais poluição do ar do que a quantidade de poluentes da água removidos. Imagem © 2007 Tom Ennis.

o meio ambiente. Esta disciplina (o tratamento de esgoto) é tão abrangente que frequentemente os projetistas e mesmo as firmas de consultoria focam certos nichos do mercado.

A sociedade vem progredindo na maneira de administrar os dejetos humanos (veja a linha do tempo na próxima página). No princípio, os dejetos eram quase que totalmente ignorados. À medida que a urbanização cresceu e a fonte de doenças foi identificada, começou o tratamento de esgoto. No início do século XX, as doenças transmissíveis pela água já eram controladas e o objetivo do tratamento de esgotos passou a ser a minimização das condições incômodas à visão ou ao olfato. Os primeiros sistemas apenas visavam ao descarte de resíduos.

Na segunda metade do século XX, surgiram sistemas de tratamento de esgoto que viam os nutrientes e a água como recursos, e não como dejetos. Os resíduos dos efluentes tratados, como nitrogênio, fósforo e potássio, passaram a ser utilizados para vários propósitos, incluindo a irrigação de campos de golfe, áreas verdes comunitárias, florestas e terras agrícolas; a criação de brejos e estuários; e a utilização em sistemas hidropônicos. Nossa compreensão dos problemas provocados por bactérias e vírus aumentou e permitiu a elaboração de projetos com bases científicas, para o reúso benéfico dos nutrientes encontrados no esgoto. Ao mesmo tempo, o conhecimento dos contaminantes sintéticos e de seus efeitos sobre os seres humanos e o meio ambiente continuou a ser um desafio para os projetistas.

Estes progressos foram feitos praticamente desconsiderando como compensar o impacto provocado pelo consumo de energia, os gases de efeito estufa e os custos sociais. Os únicos condicionantes eram a capacidade da sociedade de pagar pelos custos de construção e operação dos sistemas de tratamento de esgoto.

1200 a.C.	100 a.C.	Século XVIII	Década de 1850	1868	1915	Década de 1920	1972
A lei de Moisés exige o enterro dos resíduos humanos.	Atenas usa o esgoto para a irrigação de plantações.	Descarte sem tratamento	Tratamento e descarte para prevenção de doenças; cólera na Europa	Invenção da lagoa séptica	É instalada a primeira estação de tratamento de água com lodo ativado (Milwaukee, Wisconsin).	O tratamento e o descarte do esgoto busca evitar incômodos.	O tratamento é feito para eliminar o lançamento no meio ambiente até ano de 1985 (de acordo com a Lei da Água Limpa, nos EUA.

Hoje há muitas alternativas disponíveis para o projetista de um sistema de tratamento de esgoto, mas um sistema bem sucedido e ecologicamente sustentável exige o equilíbrio entre ciência, terreno, economia e a legislação.

Um requisito crítico de um sistema de tratamento de esgoto é não prejudicar as águas receptoras. Nosso entendimento desta questão mudará com o passar do tempo, o acúmulo de conhecimentos e os locais onde os sistemas forem criados. Algumas áreas podem ser sensíveis a descargas térmicas, outras a nutrientes e ainda outras a produtos derivados da desinfecção. Um pré-requisito para que se alcance este padrão é a obtenção de uma declaração de um grupo de proteção ambiental local que afirme que ele não tem objeções ao projeto, uma vez que este poderia provocar uma mudança potencial no corpo d'água receptor ou na qualidade das águas do lençol freático.

Figura 8.18
Lagoa aerada. Imagem © 2007 Tom Ennis

Metas de desempenho de um sistema de tratamento de esgoto para o urbanismo sustentável

Três metas adicionais devem ser almejadas no projeto de um sistema de tratamento de esgoto:

1. O reúso de 75% da energia dos nutrientes do fluxo de resíduos em usos benéficos. Isso deve ser calculado por ano.
2. O consumo de energia para operação e manutenção, incluindo o transporte e descarte do lodo ativado, não deve exceder 80 kilowatt-horas por ano per capita.
3. O reúso de 75% da água do fluxo de resíduos para usos benéficos. Isso deve ser calculado por ano.

Figura 8.19
Irrigação com pivô central. Imagem © 2007 Tom Ennis

O tratamento de esgoto em ambiente fechado

John Todd Ecological Design

As máquinas vivas (*eco machines*) são equipamentos de tratamento de esgoto de base ecológica, geralmente construídas dentro de estufas, que geram água limpa e reutilizável a partir do esgoto local. O que seria um passivo fi-

- **1973** Reúso maciço de águas servidas em plantações (Muskegon, Michigan).
- **1985** Plano-piloto para o reúso direto de água potável (Denver, Colorado).
- **Décadas de 1980 e 1990** Os sistemas naturais avançam.
- **2000** O tratamento do esgoto perde o foco e passa a visar ao licenciamento ambiental.
- **2007** O LEED-ND introduz um crédito para o tratamento de esgoto de alto desempenho.

Tabela 8.6 Exigências de área típicas para sistemas de tratamento de esgoto (em hectares) – Estados Unidos

	Unidades de moradia atendidas[1]			
	1.000	2.000	3.333	5.000
	(1.136 m^3)	(2.272 m^3)	(3.785 m^3)	(5.678 m^3)
Tipo de sistema				
Sistemas de tratamento convencionais[2]				
Lodo ativado	0,28	0,56	0,93	1,42
Lodo ativado e tratamento de esgoto avançado	0,36	0,73	1,21	1,82
Lagoa aerada e sistemas de filtragem[3,4]				
Norte	6,11	12,22	20,40	30,60
Centro-atlântico	4,57	91,87	15,30	22,95
Sul	3,48	69,60	11,61	17,40
Lagoa facultativa e sistemas de aplicação de solo de baixa vazão[4]				
Norte	40,19	80,37	134,00	190,00
Centro-atlântico	30,60	61,19	101,94	152,93
Sul	21,61	43,18	71,96	107,97

[1] Pressupõe-se moradias padrão, com dois dormitórios, consumindo 1,14 m^3/dia. Esta é uma taxa de fluxo convencional, assim pode ser reduzida por meio da conservação. Solos, fluxos e exigências variam, e os cálculos devem ser feitos para cada caso.
[2] USEPA e USAID. *Guidelines for Water Reuse Second Edition*. Washington, DC: USEPA, 2004.
[3] Este sistema geralmente se baseia na eletricidade da rede pública para o funcionamento do processo de tratamento.
[4] Reed, Sherwood C., Ronald W. Crites e E. Joe Middlebrooks. *Natural Systems for Waste Management and Treatment Second Edition*. Nova York: McGraw-Hill, 1998.

nanceiro e ambiental para a comunidade se transforma em um recurso e um ativo financeiro.

Em um projeto convencional, o tratamento de esgoto implica altos investimentos de capital e custos operacionais permanentes para uma comunidade e ao mesmo tempo exige investimentos significativos em infraestrutura e energia, para o transporte de longa distância. Neste cenário, o esgoto é bombeado para uma grande estação de tratamento, que consome quantidades significativas de energia e produtos químicos para o tratamento do esgoto e o descarte dos resíduos (veja a Tabela 8.7).

Com a tecnologia das máquinas vivas, um bairro pode usar seu próprio esgoto para criar uma área verde de uso múltiplo, cultivar plantas e gerar ecossistemas que sequestram o carbono e produzir água limpa e livre de produtos químicos para o reúso na comunidade. Tudo isso pode ser feito em uma estufa que ocupa uma área de solo muito pequena e com bacias de detenção construídas de fluxo subsuperficial, que servem tanto como parques como pomares (veja a Tabela 8.8).

Projetadas para usar o esgoto como um ativo local, as máquinas vivas criam várias oportunidades positivas para um bairro. Estas oportunidades podem incluir a educação, o cultivo de flores e a criação de peixes, a geração de água limpa para a irrigação de jardins, a criação de jogos d'água e a retirada de nutrientes para propósitos específicos.

Há três princípios cruciais para as máquinas vivas: ecologia, economia e projeto. Embora os ambientes urbanos dependam da entrada contínua de energia, alimentos e materiais, eles também são grandes geradores de uma ampla variedade de resíduos. As máquinas vivas são projetadas para aproveitar uma parte significativa dos resíduos gerados pelo meio ambiente urbano e criar oportunidades e produtos para várias iniciativas que consumem muitos nutrientes no mesmo ambiente onde tais equipamentos se inserem.

As máquinas vivas podem ser feitas para diferentes escalas e ambientes. Embora este texto foque o bairro sustentável, as máquinas vivas também são projetadas para o tratamento de esgoto industrial, vários resíduos orgânicos ou mesmo óleos brutos.

Os sistemas com máquinas vivas construídos para o tratamento de esgotos de um bairro contêm os seguintes elementos:

- *Coleta e distribuição*. Sistemas de coleta de pequeno diâmetro com tanques interceptores em cada ponto de entrada minimizam o uso de bombas, o consumo de energia e a necessidade de infraestrutura.
- *Pré-tratamento e equalização*. Reservatórios subterrâneos com filtros biológicos reduzem a carga orgânica e garantem que os elementos de tratamento subsequentes não sejam sobrecarregados com sólidos em suspensão.
- *Bacias de detenção construídas*. Leitos de recirculação passivos e com uma camada de pedregulho de 60 cm recebem plantas para fins funcionais e estéticos. A água tratada flui subsuperficialmente, transformando as bacias de detenção construídas em paisagens com valor estético e diversos usos possíveis. Quando o espaço é limitado, sistemas avançados de tratamento com bacia de detenção, que usam a aeração forçada para fornecer oxigênio para as zonas das raízes, frequentemente exigem pequena área de terreno. As máquinas vivas com células aquáticas também ajudam a reduzir a área de terreno necessária.
- *Máquinas vivas com células aquáticas*. Após a bacia de detenção construída ou o sistema avançado de tratamento com bacia de detenção, o efluente com tratamento secundário flui para células aquáticas, sistemas abertos e baseados em tanques aeróbicos que geralmente são acomodados em uma estufa ou outro prédio bem iluminado, mas que também podem estar ao ar

livre, nos locais com climas quentes. Cada tanque é projetado por meio de um equilíbrio entre os cálculos e as questões ecológicas, para cada uma das etapas distintas, mas fundamentais, do processo de tratamento. Dentro de cada tanque há vários organismos, cada um com funções essenciais e únicas nos ciclos ecológicos de tratamento da água, incluindo algas microscópicas, fungos e bactérias, protozoários, caramujos, mariscos, peixes e fito e zooplâncton; plantas de maior porte são cultivadas em suportes suspensos inseridos em cada um dos tanques. Um exemplo ideal dos benefícios da biodiversidade, o sistema tem uma capacidade ímpar de lidar com as várias formas de impacto causadas pelo fluxo de resíduos, como os produtos químicos e os vazamentos de óleos. As plantas também criam um belo ambiente tropical, e o sistema pode ser projetado para o cultivo de flores ou o envio de sementes para os corpos de água locais. Peixes ornamentais ou nativos, que dão um toque final na estética do sistema, também podem ser criados para a venda ou para o repovoamento dos corpos de água locais.

A água de qualidade terciária que resulta do processo de tratamento com máquinas vivas pode ser utilizada para a irrigação de plantações ou pomares, para jogos de água ou a descarga de bacias sanitárias. Placas explicativas ao longo de todo o sistema – das bacias sanitárias às flores – podem criar oportunidades para arte viva, discursos públicos e participação da comunidade. As máquinas vivas oferecem oportunidades para o uso do esgoto na escala de nossos bairros e bacias hidrográficas e ao mesmo tempo agregam valor aos locais em que são instaladas. Nossa esperança é que esta abordagem local venha a substituir o paradigma convencional das estações que bombeiam e tratam o esgoto consumindo muita energia.

Figura 8.20
Uma máquina viva. Imagem © John Todd Ecological Design

Figura 8.21
Monitoramento da qualidade da água em uma máquina viva. Imagem © John Todd Ecological Design

Tabela 8.7 Uma comparação entre sistemas alternativos de tratamento de esgoto

	Consumo de energia kwh/dia	Custo de capital dólares/litro de esgoto tratado	Produção de lodo ativado (kg/dia)
Sistema natural	0,05–2,00	20–45	0–1,8*
Reator de batelada em sequência	80–90	16–32	9–11
Biorreator de membrana	3–10	20–80	0,5–2,0

*Leito de secagem de junco *in loco*, para a gestão do lodo ativado

Tabela 8.8 Regras práticas para o dimensionamento de máquinas vivas

Escala	Número de moradias	Metros cúbicos por dia (número de moradias × 250)	Máquinas vivas com células aquáticas (em uma estufa)	Bacia de detenção construída de fluxo subsuperficial convencional[1]	Sistema avançado de tratamento com bacia de detenção construída[2] (Fluxo horizontal)	Sistema avançado de tratamento com bacia de detenção construída[2] (Fluxo vertical)
			m²	m²	m²	m²
Quadra	25	25	45	1.125	560	190
	50	45	90	2.250	1.125	390
	100	95	180	4.500	2.250	770
			m²	ha	ha	ha
Bairro	500	475	450	2,3	1,2	0,4
	1.000	945	900	4,6	2,3	0,8
	2.000	1.890	1.800	9,2	4,6	1,5
Oportunidades de uso duplo			Flores, peixes, educação, etc.	Parques (agricultura mantida pela comunidade), pomares, etc.		

Nota: Todos os dimensionamentos se baseiam no pressuposto do tratamento secundário do esgoto (30 mg/l, com demanda bioquímica de oxigênio e sólidos suspensos totais).
1. As bacias de detenção construídas de fluxo subsuperficial convencional não utilizam componentes mecânicos, como bombas. Estes sistemas podem ser limitados em termos de oxigênio e, portanto, incapazes de reduzir a quantidade de nitrogênio. Contudo, eles podem ser projetados juntos com outros componentes convencionais ou naturais, a fim de reduzir as áreas necessárias para o tratamento e aumentar a capacidade de remoção do nitrogênio.
2. Os sistemas avançados de tratamento com bacia de detenção construída utilizam o sistema de aeração forçada do leito (patenteado) e consumem uma pequena quantidade de energia. O fluxo horizontal é de passagem única, e o esgoto é recirculado na configuração com fluxo vertical.

Capítulo 9
Edificações e Infraestrutura Urbana de Alto Desempenho

O impacto do planejamento no consumo de energia de uma edificação

Alan Chalifoux

O consumo de energia das edificações: Um manual

Os programas de simulação do consumo de energia de uma edificação, especialmente desenvolvidos para a modelagem deste consumo, podem simular a energia que um prédio consumirá antes que venha a ser construído. Estes resultados podem ser empregados como guia no processo de planejamento do bairro, para permitir edificações mais eficientes no consumo de energia.

O consumo de energia em uma edificação é determinado por dois tipos de cargas de calefação ou refrigeração (a quantidade de aquecimento ou resfriamento que deve ser agregada a um prédio para manter seu interior a uma temperatura razoável): as cargas internas – iluminação, pessoas, equipamentos e sistema de ventilação dentro do prédio – e as cargas externas. O efeito das cargas externas (também chamadas "cargas de pele") é influenciado diretamente pela massa da edificação e por suas vedações (a maneira como as paredes externas, coberturas e janelas são construídas).

Diferentes tipos de edificação consomem energia de maneiras distintas, resultando em diferentes perfis de consumo energético. O perfil de consumo energético das unidades de habitação é caracterizado por pequenas cargas internas. Em geral, não há muitas pessoas ocupando uma casa (ao contrário do que ocorre no auditório de um prédio público), nem muitas lâmpadas ou equipamentos que gerem calor.

Consequentemente, as cargas externas determinam o perfil de consumo de energia das unidades de habitação. As vedações de um prédio (ou seja, a maneira pela qual as paredes, coberturas e janelas são construídas; a localização e dimensão das janelas; o uso de beirais e brises para sombrear as janelas) têm grande impacto no perfil do consumo de energia das unidades de habitação. As decisões quanto a estes elementos costumam ser tomadas pelos arquitetos projetistas. Contudo, muitas das mais importantes oportunidades de projeto que podem reduzir o consumo de energia, incluindo a orientação e as massas do prédio, na verdade são controladas pelo projetista que determinar a implantação.

A orientação e as massas da edificação (obra do planejador urbano) têm grande influência na quantidade de energia consumida por cada unidade, mesmo antes que qualquer medida de eficiência em energia seja incluída no projeto da unidade (por exemplo, paredes com bom isolamento térmico, janelas de alto desempenho térmico ou outros elementos que geralmente competem ao arquiteto projetista).

Na análise que aqui descreveremos, a unidade de habitação foi modelada, em termos de consumo energético, como uma casa unifamiliar isolada em um lote, um exemplo típico dos milhares de casas que são construídas a cada ano em condomínios habitacionais (novo urbanistas ou convencionais) em todas as partes dos Estados Unidos (Opção 1 a seguir). Ela não tinha janelas ou beirais excepcionais; ou seja, não foi projetada para ser uma "casa solar". As dimensões da planta baixa foram definidas em 7,6 m (nas elevações norte e sul – hemisfério norte) e 19,5 m (elevações leste e oeste). Esta unidade de 148,7 m^2 foi então modelada, orientada e teve seus pavimentos sobrepostos nas diferentes configurações apresentadas a seguir (Figura 9.1). Ela foi girada em 90 graus (gerando a Opção 2) e então transformada em uma planta baixa de 12,2 m por 12,2 m (gerando a Opção 3). Depois, o espaço residencial de 148,7 m^2 foi inserido em três cenários típicos de edifícios de apartamentos baixos e sem recuos laterais (Opções 4, 5 e 6). A Figura 9.1 resume as opções de volumetria, orientação e sobreposição de unidades que foram investigadas.

Cada opção de moradia foi modelada para seis regiões geográficas dos Estados Unidos:

- Nordeste (NE), com dados climáticos de Boston, Massachusetts
- Sudeste (SE), com dados climáticos de Cape Kennedy, Flórida
- Centro-norte (CN), com dados climáticos de Chicago, Illinois
- Centro-sul (CS), com dados climáticos de Oklahoma City, Oklahoma
- Noroeste (NO), com dados climáticos de Billings, Montana
- Sudoeste (SO), com dados climáticos da Base da Força Aérea Edwards, Califórnia

Resultados da modelagem energética

As tendências resultantes foram consistentes em todas estas regiões geográficas estudadas. Quando a Opção 1 (a casa unifamiliar isolada no lote) é girada 90 graus (gerando a Opção 2) e as exposições leste/oeste são reduzidas, o consumo de energia diminui. A seguir, quando a Opção 2 teve seu volume retrabalhado, gerando a Opção 3, com menor razão entre a superfície e o volume (S/V), o consumo de energia foi reduzido ainda mais.

Passando-se da Opção 3 (a casa unifamiliar térrea e isolada) para a Opção 4 (o pequeno bloco de apartamentos de dois pavimentos, com uma parede-meia), o consumo de energia aumenta levemente. Isto se deve ao pressuposto geral de que haverá um aumento na área de vidraças no bloco de apartamentos, quando comparado a uma parede da casa unifamiliar isolada (35% *versus* 25%). Quando passamos da Opção 4 para a Opção 5 (uma parede-meia se torna duas paredes-meias, consequentemente diminuindo a razão entre superfície e volume da unidade), o consumo de energia alcança o valor mínimo encontrado até então. A Opção 6 gira em 90 graus a Opção 5, expondo as duas paredes externas para leste e oeste; ela mostra o menor consumo de energia de todas as opções estudadas.

A Opção 7 aplica o sombreamento externo à Opção 5 e mostra uma redução resultante no consumo de energia. A Opção 8 aplica o sombreamento externo à Opção 6 e mostra nova redução no consumo de energia. Uma tendência dos resultados é a distinção clara nos resultados entre os climas setentrionais e meridionais. As unidades de habitação dos climas setentrionais tendem a ser mais dominadas pela carga de calefação e a melhoria de seu desempenho energético é pequena ou nula com o acréscimo do sombreamento externo; este apenas reduz a quantidade de energia solar que tais moradias conseguem captar (compare as Opções 5 e 7). No entanto, as unidades nos climas meridionais exibem uma redução acentuada no consumo de energia quando o sombreamento externo é acrescentado (compare as Opções 6 e 8).

Os resultados da modelagem (mostrando o consumo de energia anual relativo) são sintetizados na **Figura 9.2**.

A **Figura 9.3** mostra a redução percentual do consumo de energia anual (por região geográfica) à medida que passamos da Opção 1 à Opção 6. Ao passarmos de uma a outra destas opções, embora tenhamos feito modificações na arquitetura, deixamos intocadas as paredes e janelas, e não acrescentamos elementos de sombreamento externo. As Opções 7 e 8 agregaram a proteção solar externa às janelas.

Os resultados, do ponto de vista do planejador urbano, são óbvios:

1. Reduza ao máximo a razão entre a superfície e o volume da edificação.
2. Reduza as vidraças orientadas para o norte (no hemisfério sul) que recebem luz solar direta.

A redução da razão entre superfície e volume deverá ser considerada caso a caso, levando em consideração outras questões que afetam o planejamento do bairro (como a mescla desejável de casas sem recuos e casas em fita ou edifícios de apartamentos baixos e sem recuos laterais). A redução da área de vidraças sem proteção solar nas elevações norte (no hemisfério sul) deve ser abordada junto com o arquiteto. Além da orientação das unidades aqui abordada, os projetistas podem querer incorporar beirais, brises e árvores no exterior como maneiras de reduzir a incidência de luz solar direta sobre as vidraças com orientação norte.

Capítulo 9 Edificações e Infraestrutura Urbana de Alto Desempenho   193

OPÇÃO 1
superfície/
volume = 0,21

PÉ-DIREITO DE 3,0 M (TÍPICO) EM TODAS AS OPÇÕES

19,5 m
7,6 m

CASA UNIFAMILIAR ISOLADA NO TERRENO
ENVIDRAÇAMENTO = 25% DA SUPERFÍCIE DE PAREDES

OPÇÃO 2
superfície/
volume = 0,21

19,5 m
7,6 m

OPÇÃO 3
superfície/
volume = 0,20

12,2 m
12,2 m

OPÇÃO 4
superfície/
volume = 0,15

7,6 m
9,7 m

EDIFÍCIO DE APARTAMENTOS BAIXO E SEM RECUOS LATERAIS UMA PAREDE-MEIA
ENVIDRAÇAMENTO = 30% DA SUPERFÍCIE DE PAREDES

OPÇÃO 5
superfície/
volume = 0,11

OPÇÃO 7
COM SOMBREAMENTO DAS JANELAS

7,6 m 9,7 m

EDIFÍCIO DE APARTAMENTOS BAIXO E SEM RECUOS LATERAIS, DUAS PAREDES-MEIAS
ENVIDRAÇAMENTO = 35% DA SUPERFÍCIE DE PAREDES

OPÇÃO 6
superfície/
volume = 0,11

OPÇÃO 8
COM SOMBREAMENTO DAS JANELAS

9,7 m 7,6 m

N

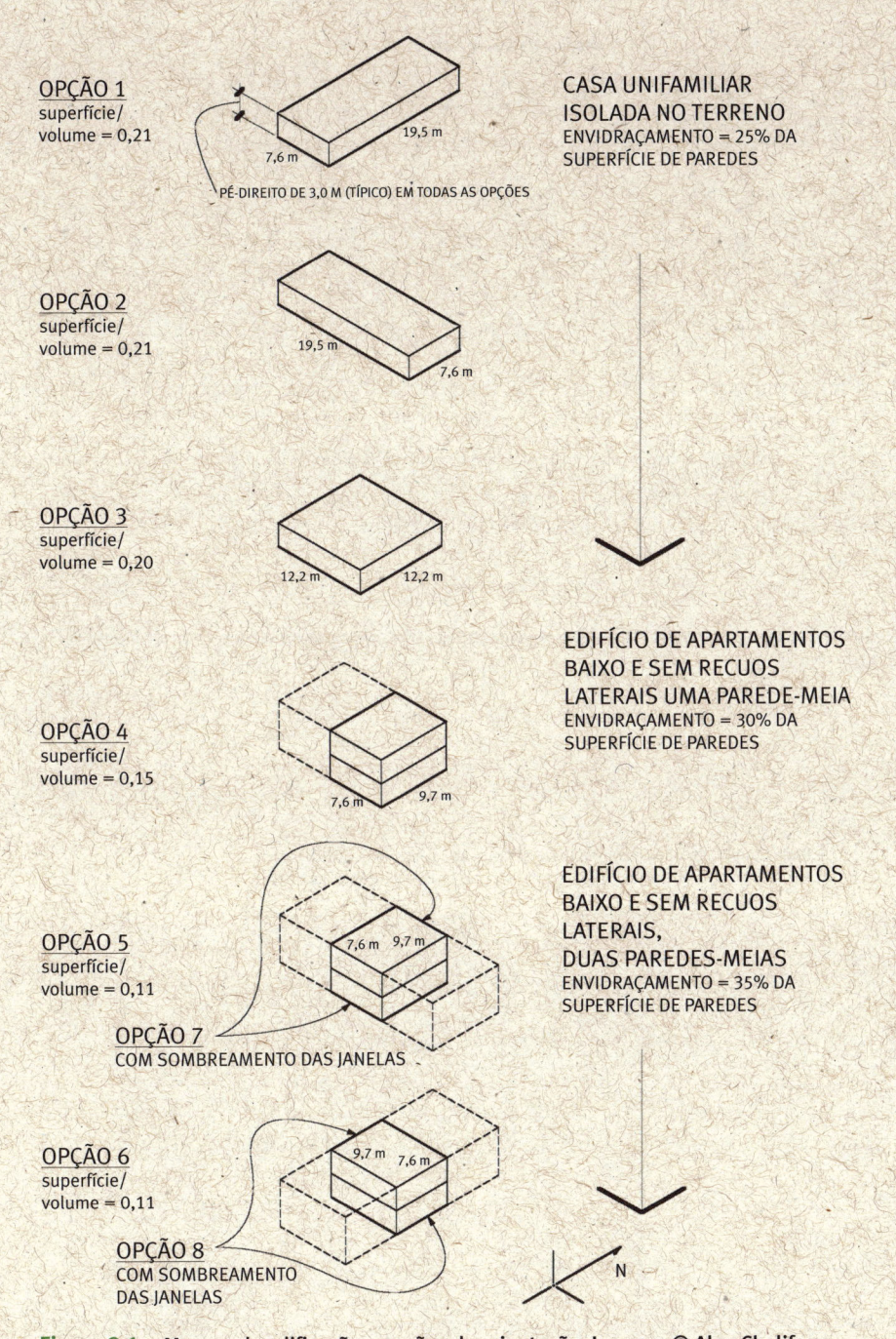

Figura 9.1 Massas de edificação e opções de orientação. Imagem © Alan Chalifoux

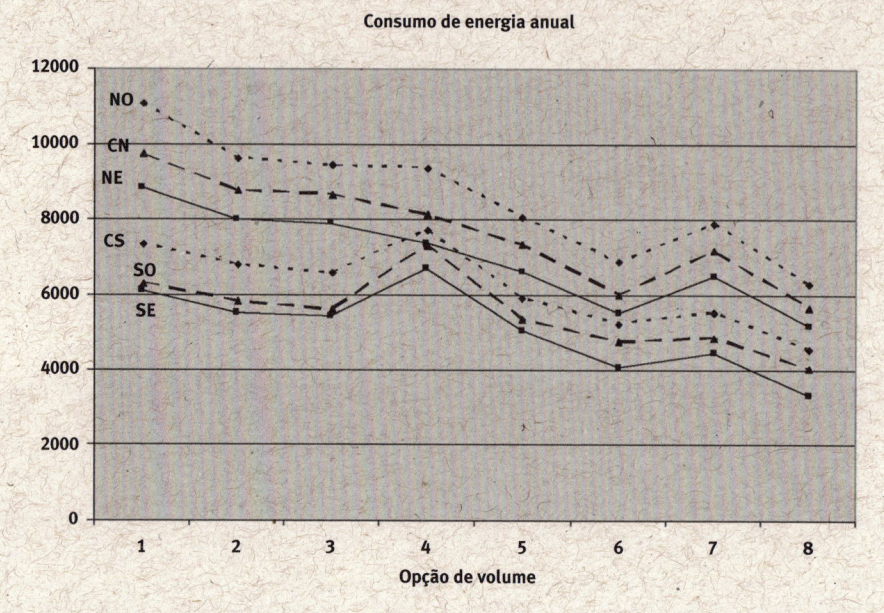

Parte Três: Os Parâmetros Emergentes do Urbanismo Sustentável

Figura 9.2 Resumo dos resultados da modelagem, mostrando um pequeno consumo relativo de energia. Imagem © Alan Chalifoux

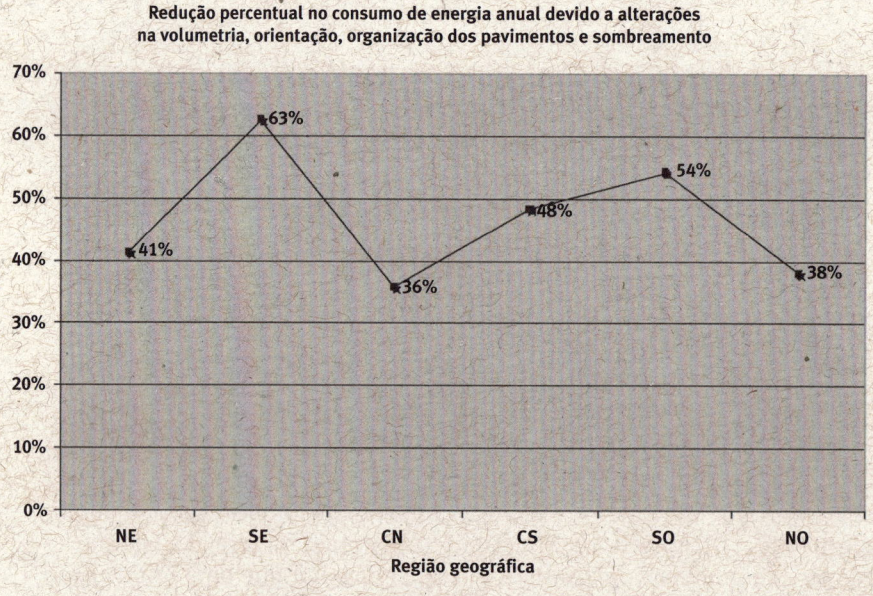

Figura 9.3 Este gráfico mostra a redução percentual no consumo anual de energia (por região geográfica dos Estados Unidos), uma vez que o planejador urbano passa da Opção 1 à Opção 6, sem fazer outras modificações na arquitetura (por exemplo, as paredes e a fenestração foram mantidas e não foram agregados elementos externos de proteção solar). Imagem © Alan Chalifoux

O desafio comunitário para 2030

Ed Mazria
Fonte: http://www.architecture2030.org

A redução da taxa de crescimento das emissões de gases de efeito estufa e sua reversão nos próximos 10 anos exigirão a ação imediata e um esforço global coordenado. Como o movimento Arquitetura 2030 mostrou, as edificações são a principal fonte de consumo de energia e de materiais que produzem como derivados gases de efeito estufa. A estabilização das emissões neste setor e sua subsequente reversão a níveis aceitáveis são essenciais para que se consiga manter o aquecimento global em aproximadamente um grau centígrado (°C) acima do nível atual.

Para que se consiga isto, estamos lançando o 2030 Challenge (Desafio Comunitário para 2030), pedindo à comunidade global e à comunidade da arquitetura que adotem os seguintes objetivos:

- Que todas as novas edificações, intervenções urbanas e grandes projetos de renovação urbana sejam projetados de modo a atingir o padrão de desempenho no consumo de energia equivalente a 50% da média regional (ou nacional) da energia consumida derivada de combustíveis fósseis e emissora de gases de efeito estufa empregada para aquele tipo de edificação
- Que, no mínimo, uma quantidade equivalente de área edificada seja renovada anualmente, a fim de atingir 50% da média regional de energia consumidaderivada de combustíveis fósseis e emissora de gases de efeito estufa que estão atualmente consumindo, uma meta a ser alcançada por meio de estratégias de projeto inovador, a aplicação de tecnologias ecologicamente sustentáveis e/ou a compra de energia renovável (até o limite máximo de 20%)
- Que o padrão de redução de combustíveis fósseis para todas as novas edificações seja aumentado da seguinte maneira:
  60% em 2010
  70% em 2015
  80% em 2020
  90% em 2025
  neutralidade em emissões de gás carbônico (não usando energias oriundas de combustíveis fósseis ou fontes de energia emissoras de gases de efeito estufa para sua operação)

Sabemos que estes objetivos podem ser alcançados imediatamente e que a maioria das intervenções urbanas e edificações pode ser projetada para consumir apenas uma pequena quantidade de energia, com custos adicionais mínimos ou inexistentes, por meio da adequação do planejamento, implantação, definição da volumetria da edificação, projeto de calefação, refrigeração, ventilação e estratégias de iluminação natural. A energia adicional que uma intervenção urbana ou edificação então precisariam para manter o conforto e fazer seus equipamentos funcionarem pode ser fornecida por fontes renováveis, como a energia solar (células fotovoltaicas, painéis de aquecimento de água, etc.), energia eólica, biomassa e outras fontes viáveis que não emitem gás carbônico.

Para que possamos alcançar os objetivos do Desafio Comunitário para 2030, devemos não apenas projetar edificações e cidades de alto desempenho e neutras em carbono, mas também defender incentivos e ações que garantirão que todos esses projetos também alcancem estas metas.

Atualmente, o setor da edificação é o responsável pelo maior consumo de combustíveis fósseis e de recursos naturais do mundo. A menos que a comunidade ligada à arquitetura, ao planejamento urbano e à construção aja agora e de maneira decisiva, as economias emergentes provavelmente seguirão as práticas de projeto e construção correntes, o que levará a consequências globais desastrosas.

Felizmente, as crises energéticas da década de 1970 provocaram inúmeras pesquisas e avanços tecnológicos sobre tecnologias de vidraças, projetos de sistemas solares passivos e estratégias de refrigeração, calefação, ventilação e iluminação natural. Muitos projetos demonstrativos do setor privado e que receberam verbas públicas (e foram acompanhados pelo governo) foram feitos na ocasião, ilustrando o fato de que reduções no consumo de energia de 50% ou mais poderiam ser obtidas imediatamente por meio do projeto, com custos extas irrisórios ou inexistentes.

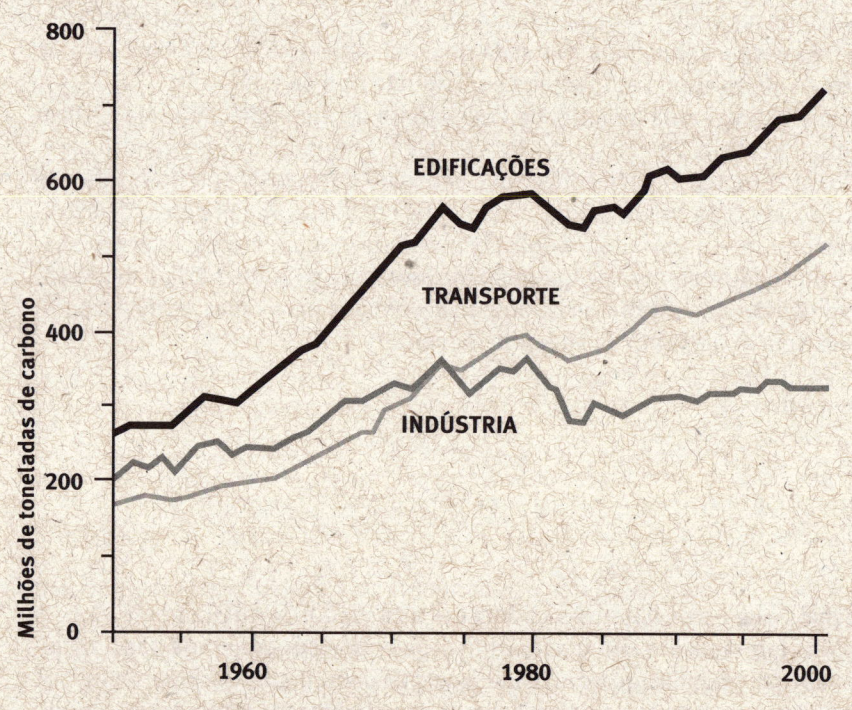

Figura 9.4 A linha de dados sobre as edificações deste gráfico representa o dióxido de carbono emitido por sistemas de edificação combinado com o dióxido de carbono emitido por toda a energia não gerada *in loco*. Imagem © Architecture 2030 Challenge

A infraestrutura de alto desempenho

Hillary Brown
New Civic Works, The Design Trust for Public Space

O termo "infraestrutura de alto desempenho" refere-se às melhores práticas fundamentais de gestão (BMPs) aplicáveis ao corte típico de uma via urbana, incluindo as faixas de rolamento, os passeios, as redes subterrâneas de serviços públicos (utilidades públicas), a infraestrutura de controle da água pluvial, os jardins e os elementos da paisagem urbana. Existem várias oportunidades para a inclusão das BMPs em projetos de diferentes escalas e níveis de complexidade. Muitas BMPs serão implementadas gradualmente por meio da atualização e da substituição dos componentes individuais da infraestrutura urbana ao longo do tempo. Em novos projetos de urbanização ou grandes projetos de reconstrução de vias, um município pode maximizar os benefícios ao empregar as melhores práticas de modo a coordenar os investimentos de capital e a desenvolver projetos integrados para todo o sistema viário.

A otimização de componentes

No nível do componente individual, detalhes ou especificações padronizadas podem ser aprimoradas a fim de otimizar o desempenho, minimizar o impacto ambiental, utilizar materiais de modo mais eficiente, melhorar as práticas de construção ou estender o ciclo de vida dos componentes. Entre os exemplos da otimização dos componentes, temos:

- O uso de materiais cimentícios de demolição, para o aumento da resistência dos pavimentos
- O uso de diodos emissores de luz (LEDs), para a iluminação das vias públicas, de modo a aumentar a eficiência e reduzir o consumo de energia
- O projeto de paisagismo eficiente no consumo de água e com o uso de plantas tolerantes a períodos de estiagem, de modo a reduzir as necessidades de irrigação e o consumo de água potável

A otimização multifuncional

A densidade e a concentração dos componentes na via pública podem provocar danos ou degradações imprevistos. Reconhecendo o impacto mútuo de sistemas adjacentes, as diretrizes buscam minimizar os conflitos entre as partes e, sempre que possível, promover sinergias. As estratégias de otimização multifuncional podem levar a economias de longo prazo, melhor desempenho e ciclo de vida, impacto ambiental reduzido e maiores retornos sobre os investimentos municipais. Os exemplos de otimização multifuncional incluem:

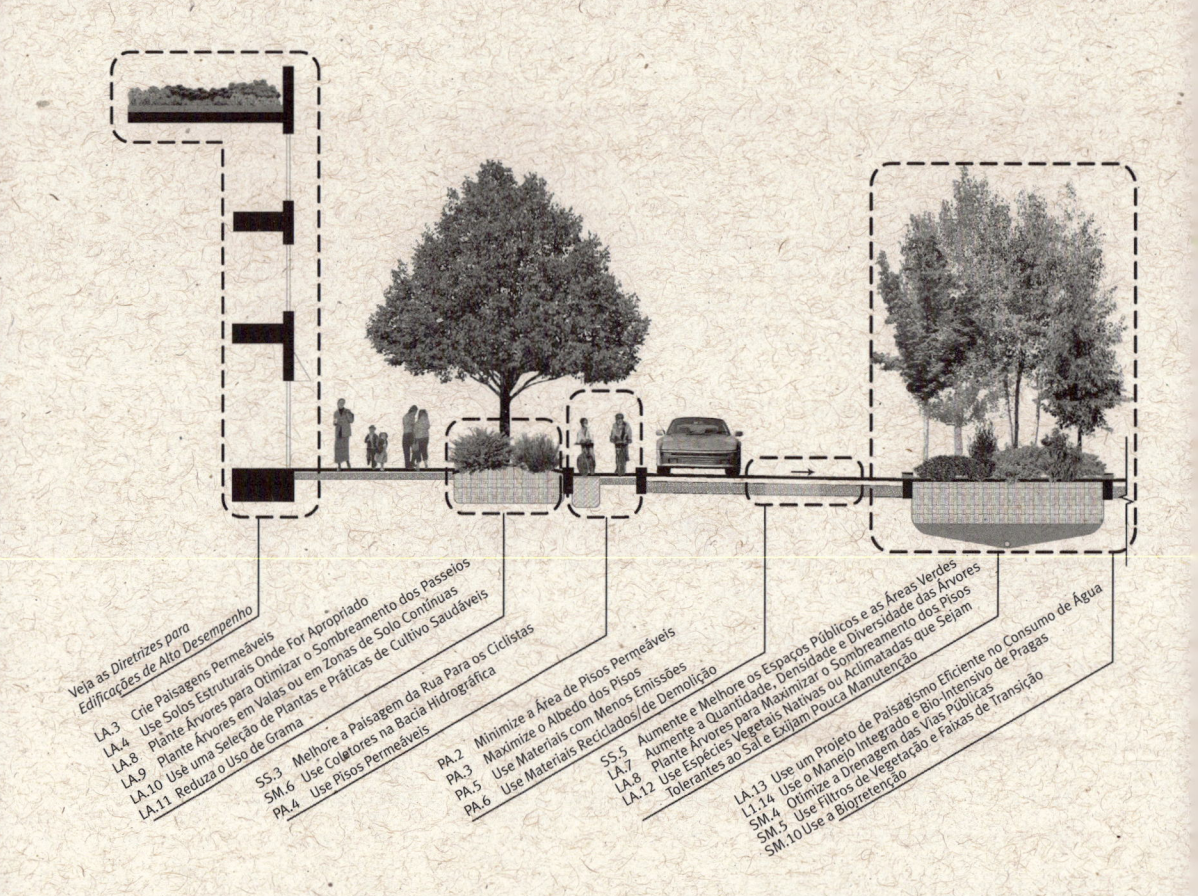

198   Parte Três: Os Parâmetros Emergentes do Urbanismo Sustentável

Veja as *Diretrizes para Edificações de Alto Desempenho*
LA.3   Crie Paisagens Permeáveis
LA.4   Use Solos Estruturais Onde For Apropriado
LA.8   Plante Árvores para Otimizar o Sombreamento dos Passeios
LA.9   Plante Árvores em Valas ou em Zonas de Solo Contínuas
LA.10 Use uma Seleção de Plantas e Práticas de Cultivo Saudáveis
LA.11 Reduza o Uso de Grama
SS.3   Melhore a Paisagem da Rua Para os Ciclistas
SM.6   Use Coletores na Bacia Hidrográfica
PA.4   Use Pisos Permeáveis
PA.2   Minimize a Área de Pisos Permeáveis
PA.3   Maximize o Albedo dos Pisos
PA.5   Use Materiais com Menos Emissões
PA.6   Use Materiais Reciclados/de Demolição
SS.5   Aumente e Melhore os Espaços Públicos e as Áreas Verdes
LA.7   Plante Árvores para Maximizar o Sombreamento dos Pisos
LA.8   Aumente a Quantidade, Densidade e Diversidade das Árvores
LA.12 Use Espécies Vegetais Nativas ou Aclimatadas que Sejam Tolerantes ao Sal e Exijam Pouca Manutenção
LA.13 Use um Projeto de Paisagismo Eficiente no Consumo de Água
L1.14 Use o Manejo Integrado e Bio-Intensivo de Pragas
SM.4   Otimize a Drenagem das Vias Públicas
SM.5   Use Filtros de Vegetação e Faixas de Transição
SM.10 Use a Biorretenção

Figura 9.5
As vias públicas podem ser desenhadas de modo a reduzir o uso de recursos e os custos no longo prazo. Imagem © Mathews Nielsen Landscape Architects PC, New York, NY; de High Performance Infrastructure Guidelines, October 2005, Design Trust for Public Space (www.designtrust.org) e New York Department of Design and Construction

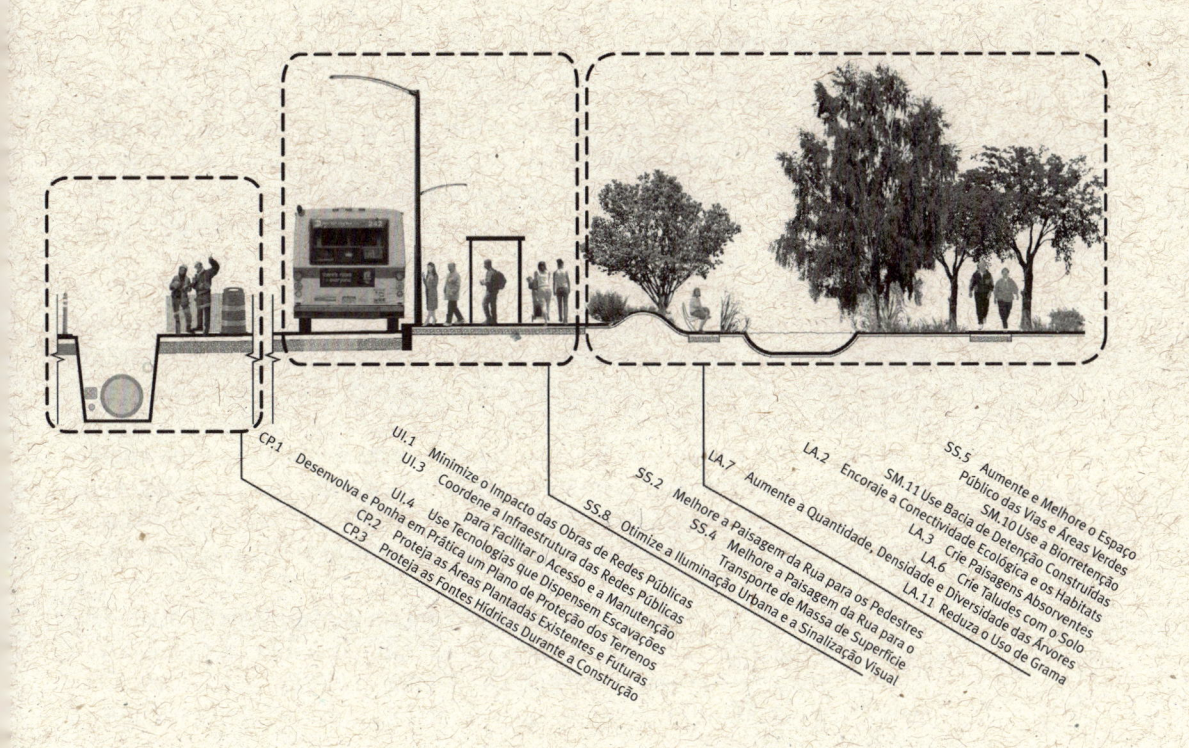

Capítulo 9 Edificações e Infraestrutura Urbana de Alto Desempenho   199

CP.1 Desenvolva e Ponha em Prática um Plano de Proteção dos Terrenos
CP.2 Proteja as Áreas Plantadas Existentes e Futuras
CP.3 Proteja as Fontes Hídricas Durante a Construção
UI.1 Minimize o Impacto das Obras de Redes Públicas
UI.3 Coordene a Infraestrutura das Redes Públicas para Facilitar o Acesso e a Manutenção
UI.4 Use Tecnologias que Dispensem Escavações
SS.2 Melhore a Paisagem da Rua para os Pedestres
SS.4 Melhore a Paisagem da Rua para o Transporte de Massa de Superfície
SS.8 Otimize a Iluminação Urbana e a Sinalização Visual
LA.2 Encoraje a Conectividade Ecológica
LA.3 Crie Paisagens Absorventes
LA.6 Crie Taludes com o Solo
LA.7 Aumente a Quantidade, Densidade e Diversidade das Árvores
LA.11 Reduza o Uso de Grama
SM.10 Use a Biorretenção
SM.11 Use Bacia de Detenção Construídas
SS.5 Aumente e Melhore o Espaço Público das Vias e Áreas Verdes

- O uso de solos estruturados em canteiros de árvores, para dar capacidade de carregamento aos pisos dos passeios e oferecer um meio de melhor qualidade para que as árvores possam desenvolver raízes profundas. Esta prática aprimorará significativamente a saúde das árvores e também minimizará o dano aos passeios, evitando que as raízes cresçam para cima.
- O uso de pavimentos e pisos permeáveis, para reduzir o escoamento superficial da água da chuva e a demanda de pico sobre os equipamentos de gestão pluvial, ao mesmo tempo proporcionando uma superfície adequada para o tráfego de veículos.
- O uso de tecnologias que dispensem escavações para o reparo da infraestrutura de abastecimento de água. Isto minimizará a abertura de valas e a subsequente deterioração dos passeios.

O projeto integrado

Esta abordagem orientada para sistemas foca a melhoria do desempenho de todo o sistema viário (veja a Figura 9.5). A integração do projeto exige o trabalho em uma equipe interdisciplinar, nas etapas de planejamento, definição do escopo e construção. Ela promove melhorias abrangentes no desempenho, benefícios ambientais múltiplos e, em tese, proporciona economias de custo substanciais. Os exemplos de projeto integrado incluem:

- O projeto de vias com canteiros centrais com plantas diversas, que funciona tanto como um recurso moderador do trânsito como área de biorretenção das águas da chuva, a fim de melhorar a segurança dos pedestres, minimizar o escoamento superficial da água da chuva, amortecer os ruídos da rua e melhorar a qualidade do ar.
- O projeto de um corredor de serviços públicos acessível para equipamentos subsuperficiais dentro da caixa da rua, permitindo a fácil manutenção, a minimização da degradação das vias, o aumento do ciclo de vida dos passeios e a redução do impacto ambiental provocado pela repetida escavação e o descarte do subleito da rua.
- O projeto de um sistema de vias públicas com pouca área pavimentada impermeável, passeios com albedo elevado e sombreamento máximo de árvores, de modo a ajudar significativamente na redução do efeito de ilha térmica, melhorar a qualidade do ar, aumentar a durabilidade dos passeios e moderar o tráfego de veículos.

Os benefícios financeiros do projeto integrado da infraestrutura urbana

Além dos muitos benefícios à saúde pública e ao meio ambiente, benefícios financeiros também são possíveis. Alguns exemplos:

- Redução nos custos iniciais
- Redução nos custos de operação e manutenção
- Redução nos custos com o consumo de energia
- Aumento nos valores dos imóveis

Grandes sistemas de geração de energia na escala do distrito

Doug Newman, National Energy Center for Sustainable Communities
Robert Thornton, International District Energy Association
Com colaborações de John Kelly (Endurant Energy) e Adam Lund (Farr Associates)

Os sistemas distritais de geração de energia produzem eletricidade, água quente, vapor de água e/ou água fria em uma estação central e então distribuem a energia por meio de cabos e dutos às edificações vizinhas conectadas ao sistema. Além dos combustíveis fósseis, estes sistemas podem utilizar uma combinação de recursos disponíveis no local, como resíduos sólidos municipais, resíduos de madeira da comunidade, gás produzido em aterro, gás metano de sistemas de tratamento de esgoto, biomassa, energia geotérmica, energia hidrotérmica de corpos de água doce ou salgada e energia solar (veja a Figura 9.6). Eles também permitem a termoacumulação, que, na escala das edificações individuais, não seria viável em termos funcionais ou econômicos. Estes sistemas de geração de energia na escala do bairro melhoram a economia da comunidade, aumentando a estabilidade da geração de energia, estabilizando o preço da energia, atraindo novos empreendimentos aos bairros servidos, aumentando o valor dos imóveis, e, em última análise, recirculando o dinheiro gasto com o pagamento da energia na economia local, por meio de investimentos de capital e da criação de novos empregos na construção, operação e manutenção dos sistemas (veja a Figura 9.6). A eletricidade é utilizada para alimentar sistemas de iluminação, eletrodomésticos, equipamentos e máquinas, enquanto a água quente ou fria e o vapor de água se destinam à calefação e refrigeração de ambientes e a uma variedade de fins comerciais e de processamento industrial.

Do ponto de vista da sustentabilidade ecológica, a vantagem essencial de um sistema distrital de geração energia em relação a um sistema convencional central (na escala da cidade) de geração, transmissão e distribuição de energia é o uso muito mais eficiente do combustível consumido em relação aos usos finais. Em geral, apenas um terço da energia do combustível que entra em um sistema convencional com usina a combustível fóssil é enviada ao usuário final na forma de eletricidade. Ou seja, a maior parte da energia gerada é lançada, na forma de calor, a rios e lagos vizinhos e à atmosfera, o que significa uma grande poluição térmica.

Já os sistemas distritais de geração de energia capturam a maior parte da energia térmica gerada na produção da eletricidade e a usam para a produção de vapor de água e água quente ou fria. Este processo é conhecido como cogeração e é possibilitado pelas tecnologias de geração conjunta de calor e energia, como os motores a pistão a gás, as turbinas a gás, os trocadores de calor e os resfriadores de absorção.

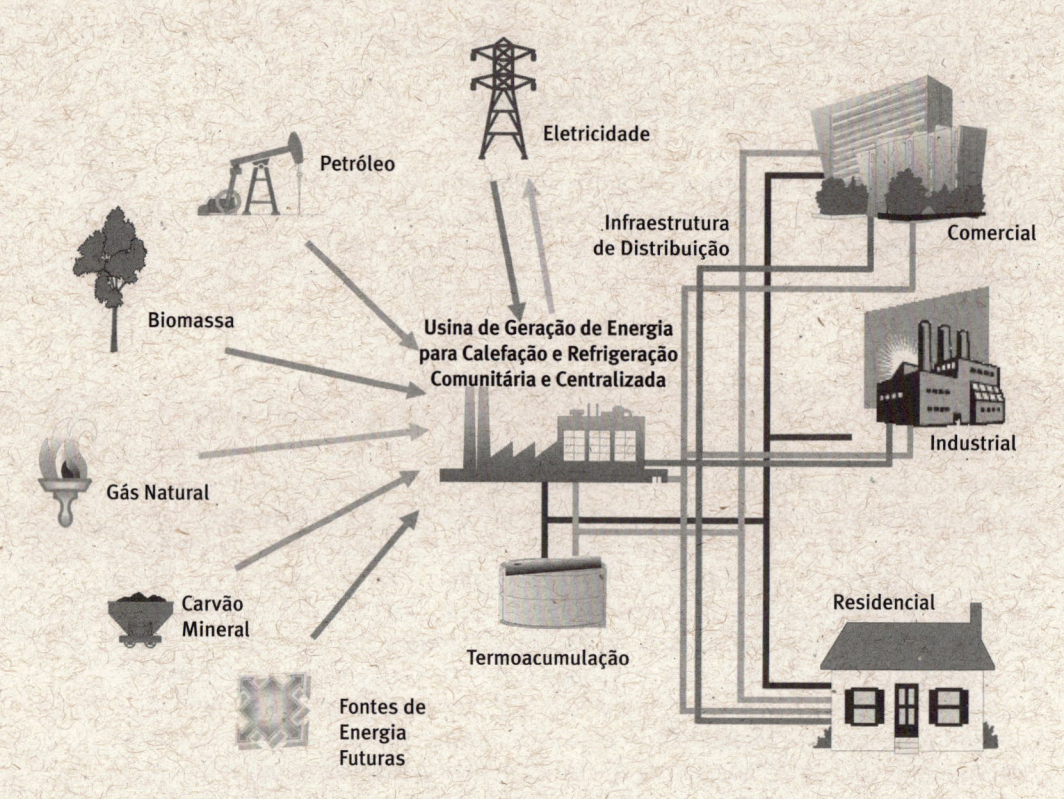

Figura 9.6 Diagrama de Energia Comunitária. Imagem cortesia da District Energy Saint Paul

Tais sistemas geralmente servem áreas urbanas densamente povoadas, conjuntos de edificações muito densos e distritos industriais ou centros de pesquisa. As três regras práticas para a análise da viabilidade destes sistemas são:

- Em primeiro lugar, deve haver *alta densidade de cargas energéticas*, determinada pela carga térmica por unidade de área construída de edificações, o número de pavimentos e o número total de edificações na área a ser servida. Em terrenos que ainda não foram urbanizados, os usuários finais devem estar localizados bastante próximos entre si. Em uma área já urbanizada, deve haver uma significativa densidade vertical, a fim de absorver os custos consideráveis da construção de uma rede subterrânea de dutos para a distribuição da energia no bairro.
- Em segundo lugar, deve haver um *fator de carga anual elevado* – a razão entre a quantidade real de energia consumida por ano e a quantidade de energia que seria consumida se a carga térmica de pico fosse imposta continuamente ao longo de todo o ano. Em outras palavras, a demanda de energia térmica deve ser suficientemente significativa ao longo do ano, para que o retorno

Figura 9.7 Planta de Geração de Energia na Escala de um Distrito. Imagem © Landhauptstadt Hannover

do capital investido na usina e na rede de tubulação não se concentre em um período limitado de demanda de pico.
- Em terceiro, deve haver uma *taxa rápida de conexões ao consumidor*. Este último requisito é particularmente importante, uma vez que de 50 a 75% do investimento feito em um sistema de geração de energia na escala do distrito é o custo de instalação do sistema de transmissão e distribuição.

Parâmetros

Embora não haja um padrão universal sobre a configuração de um sistema de energia na escala do distrito que possa ser aplicado a todos os contextos, há requisitos e faixas mínimas que devem ser considerados ao avaliar a viabilidade econômica e técnica de um sistema de geração energia na escala do bairro.

Temperaturas do ar dos ambientes. Deve haver, no mínimo, 4 mil graus-dias de aquecimento por ano, para que os sistemas de geração de energia na escala do distrito possam ser economicamente viáveis para o aquecimento de ambientes. Uma unidade de grau-dia (geralmente chamada de um grau-dia) é uma medida da exigência de calefação interna afetada pelas temperaturas externas. O número de graus-dias para determinado sistema é calculado subtraindo-se a temperatura externa média de 18,33°C, e o número total de graus-dias para qual-

Roma Antiga	Século XIV	1877	1906	Década de 1980	1990–2006
Água quente encanada passando por termas, estufas e palácios.	Os sistemas de água quente reentram em voga na França e em várias outras partes da Europa.	Surge o primeiro sistema de calefação com calor municipal, na escala do distrito (Lockport, Nova York).	Thomas Edison constrói a usina de geração de eletricidade de Filadélfia e o sistema de cogeração de água quente, criando a rede que ainda hoje serve a cidade.	Centenas de faculdades e universidades constroem sistemas de calefação e refrigeração na escala do distrito; são construídas redes similares na Coreia do Sul, no Japão e na Malásia.	São construídos mais de 34 milhões de metros quadrados de espaços conectados a sistemas de geração de energia na escala do distrito.

quer período maior é soma dos graus-dias dos dias individuais daquele período. No caso dos Estados Unidos, tabelas e mapas de graus-dias estão disponíveis no National Climatic Data Center, no Departamento de Comércio daquele país. Para sistemas de refrigeração na escala do distrito, os clientes geralmente deveriam consumir mais de mil horas equivalentes de carga máxima. Ou seja, um prédio com demanda de pico de 200 ton deveria consumir 200 mil toneladas-hora ao longo de um ano.

- *Demanda de energia da área.* Cada unidade de terreno, para que possa ser atendida por um sistema de calefação na escala do bairro, deve ter uma alta demanda de energia térmica por hora e ano.
- *Localização da usina de geração de energia térmica.* A usina de geração de energia deve estar localizada próxima a uma área que será atendida, a fim de reduzir os custos de capital e as perdas térmicas com a transmissão.
- *Distâncias de transmissão.* A distância máxima entre uma usina de geração e o fim da rede de distribuição é de 5 a 8 km. A distância máxima que uma linha de água quente pode ter, quando derivar de uma usina de cogeração de energia elétrica, é 24 km. A distância máxima para uma linha de água quente quando a energia térmica for derivada de um incinerador de resíduos sólidos municipais é 5 km.
- *Concentração das cargas de refrigeração.* As concentrações das cargas de refrigeração devem ser de 500 a 820 ton para cada 100 m de tubulação de distribuição.
- *Âncora com carga substancial.* Para atenuar o risco do investimento de capital, um "inquilino-âncora" ou usuário inicial localizado perto da usina precisa se comprometer a pagar, no mínimo, por 20% do investimento feito na capacidade inicial da usina de geração energia. O risco de capital será ainda mais atenuado quando um percentual maior da capacidade de geração for destina-

do a usuários pré-contratados. Uma consideração espacial importante é que a localização da âncora deve ser próxima da futura concentração do mercado consumidor, em vez de ficar em um nó isolado da rede.

- *Área construída da usina*. Em bairros nos quais o preço do solo é elevado, integre as usinas de calefação ou refrigeração na escala do distrito aos edifícios-garagem.
- *Fontes de água para condensação*. Utilize lagoas de detenção superficiais para a água da condensação e/ou ciclos de refrigeração de inverno, para minimizar ou eliminar as torres de refriamento.
- *Idade das edificações e ciclo de vida*. A oportunidade de evitar os custos de capital com a substituição dos equipamentos de calefação e refrigeração é o mais importante fator na decisão de um proprietário de edificação ao fazer a conexão a um sistema de calefação ou refrigeração na escala do distrito. No planejamento de tal sistema para uma área urbana existente, deve-se levar em consideração a idade, o tipo e o estágio do ciclo de vida dos prédios individuais da área de serviço proposta. Os terrenos predominantemente ocupados por novas edificações, com caldeiras e resfriadores existentes dentro de prédios não se mostrarão econômicos para um sistema de geração de energia na escala do distrito, uma vez que os proprietários destas edificações não se interessarão em se conectar ao sistema distrital. Os sistemas de calefação ou refrigeração na escala do distrito são viáveis em comunidades com planos diretores e distritos com apenas um proprietário, como é o caso dos *campi* universitários. A renovação de sistemas na escala do distrito exige uma concentração da densidade construída, todos com equipamentos mecânicos velhos e alto nível de cooperação entre os proprietários dos prédios.
- *Tarifas de energia*. Em muitas áreas urbanas nas quais existem tarifas variáveis conforme o horário de consumo, penalidades vinculadas ao de fator de carga e altas demandas de eletricidade nos horários de pico, os sistemas de refrigeração na escala do distrito com armazenagem de água quente ou gelo se mostram muito atraentes do ponto de vista econômico.

Recursos na internet

International District Energy Association (IDEA): www.districtenergy.org
National Energy Center for Sustainable Communities: www.nesc.us
Global Energy Network for Sustainable Communities: www.globalenerbynetwork.org

O desafio comunitário para 2030: Crescimento econômico com urbanismo sustentável

Nos Estados Unidos, o uso quase universal do automóvel para deslocamentos diários, em vez de caminhadas, passeios de bicicleta ou o aproveitamento do sistema de transporte público, tornou grandes segmentos da população e regiões inteiras do país quase que totalmente dependentes de seus veículos para atender a suas necessidades diárias. Consequentemente, em 2001, uma família típica dos Estados Unidos dirigia 34.400 km por ano, o que é quase a circunferência da Terra, na maior parte para deslocamentos cotidianos até o local de trabalho, a escola ou o comércio.[1] Estima-se que o número total de quilômetros viajados por veículo anualmente nos Estados Unidos esteja crescendo a uma taxa de 2,5% por ano.[2] Nesse ritmo, os norte-americanos se deslocarão de automóvel um ano-luz (9,4 trilhões de quilômetros) por ano, por volta de 2030.[3] De acordo com um estudo feito pelos Institutos Nacionais da Saúde dos Estados Unidos, sem uma mudança nesses hábitos, também se estima que a obesidade e os outros efeitos colaterais provocados por um estilo de vida sedentária reduzirão a expectativa de vida do cidadão norte-americano em até cinco anos.[4] E o resto do mundo está seguindo nosso exemplo.

Este padrão e estilo de vida tipicamente norte-americanos têm sido (e no futuro previsível continuarão sendo) alimentados predominantemente por combustíveis à base de carbono obtidos do petróleo. A queima de combustíveis fósseis para o abastecimento de veículos atualmente corresponde a 32% de todas as emissões de CO_2 geradas pelos Estados Unidos.[5] As tecnologias extremamente avançadas já disponíveis atualmente poderiam melhorar significativamente a economia de combustível e reduzir o CO_2 liberado por quilômetro rodado. O governo federal deveria agir rapidamente, exigindo a adoção destas tecnologias eficientes no consumo de energia, que reduziriam o custo de dirigir e, paradoxalmente, aumentariam a quilometragem viajada por veículo. Infelizmente, a tendência de longo prazo, que é o aumento contínuo da quilometragem viajada por veículo per capita, incentivada por nossos padrões de urbanização dependentes dos automóveis, junto com um aumento projetado da população do país para 392 milhões por volta de 2050, anulará a maior parte das economias previstas – senão todas elas.[6] Esta previsão está de acordo com o alerta feito pelo Conselho para a Economia Eficiente em Energia dos Estados Unidos: "O consumo de energia para o transporte está crescendo 1,8% ao ano, mais rápido do que qualquer outra das principais categorias de consumo de energia".[7]

O único método viável para que o setor do transporte possa enfrentar o desafio da mudança climática e ao mesmo tempo melhorar a saúde e o bem-estar das comunidades é reduzir drasticamente o número de quilômetros que as famílias

Taxas de crescimento dos quilômetros viajados por veículo por ano, de 1980 a 2020

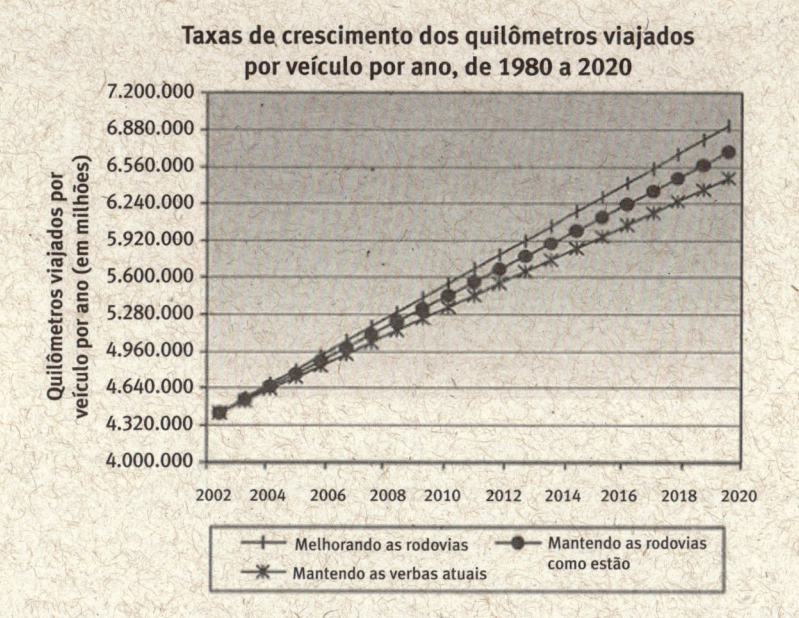

[Gráfico: Quilômetros viajados por veículo por ano (em milhões), eixo Y de 4.000.000 a 7.200.000; eixo X de 2002 a 2020. Legenda: Melhorando as rodovias; Mantendo as rodovias como estão; Mantendo as verbas atuais.]

Figura 9.8 Taxas de crescimento da quilometragem por veículo por ano. Fonte: Federal Highway Administration status of the Nation's Highways Bridges and Transit, 2002 Condition and Performance Report. http://www.fhwa.gov/policy/2002.pr/exhibits/9.7.htm

e empresas dos Estados Unidos precisam rodar anualmente e, ao mesmo tempo, implementar o urbanismo sustentável. Felizmente estas estratégias combinam entre si.

A norma da redução dos quilômetros viajados por veículo

Conforme o Centro Pew de Mudanças Climáticas Globais, nos Estados Unidos, "Entre 1969 e 2001, a média de quilômetros viajados por veículo por lar aumentou de 19.800 para 34.400 (enquanto o tamanho da família média caiu de 3,2 para 2,6 pessoas, e o número médio de veículos por família cresceu de 1,2 para 1,9)."[8] Em outras palavras, os quilômetros viajados por veículos cresceram de 6.200, em 1969, para 13.230, em 2001, um aumento impressionante de 114%. O Desafio Comunitário para 2030 propõe a reversão deste índice até o ano 2030, praticamente retornando aos níveis de 1970. Esta norma pode ser empregada por indivíduos e famílias para estabelecer objetivos de estilo de vida, e por prefeituras e outras unidades de governo, como metas para seu planejamento geral.

Figura 9.9
O Desafio Comunitário para 2030 espera restaurar como uma norma social as caminhadas diárias feitas pelos pais com seus filhos.
Imagem © Farr Associates

Desafio comunitário para 2030 – Metas de redução de quilômetros viajados por veículo por ano per capita para determinada jurisdição

Quilômetros viajados por veículo por ano per capita: Metas de redução

2005: Valor de Referência – 12.800 km/veículo/ano per capita*
2015: Redução de 12,5% – 11.200
2015: Redução de 25% – 9.600
2025: Redução de 37,5% – 8.000
2030: Redução de 50% – 6.400

*Média de quilômetros viajados por veículo por ano per capita nos Estados Unidos em 2001, a ser ajustada por localidade

Uma norma de desenvolvimento do urbanismo sustentável

Os parâmetros deste livro têm demonstrado que um bairro completo pode encorajar as caminhadas, reduzir os deslocamentos em automóveis em até 10–40%[8] e estão associados a níveis menores de obesidade, uso do solo e poluição gerada per capita. Esta norma pode ser adotada por companhias e jurisdições governamentais como critérios mínimos para o percentual de projetos de urbanização que devem atingir os critérios do LEED-ND (LEED para o Desenvolvimento de Novos Bairros) para a obtenção da certificação Platinum.

Desafio comunitário para 2030 – Metas para a certificação LEED-ND Platinum para loteamentos em determinada jurisdição

2010: 20%
2015: 40%
2020: 60%
2025: 80%
2030: 100%

Notas

1. Marilyn A. Brown, Frank Southworth, and Therese K. Stovall, "Towards a Climate-Friendly Built Environment," www.pewclimate.org/docUploads/Buildings%5FFINAL%2Epdf (acessado em 9 de setembro de 2006).

2. Federal Highway Administration, U.S. Department of Transportation, "VMT Growth and Improved Air Quality: How Long Can Progress Continue?" www.fhwa.dot.gov/environment/vmt_grwt.htm (acessado em 14 de setembro de 2006).

3. Cálculo do autor baseado em um crescimento anual de 2,5% em quilômetros viajados por veículo.

4. National Institutes of Health, "Obesity Threatens to Cut U.S. Life Expectancy, New Analysis Suggests," *NIH News*, www.nih.gov/news/pr/mar2005/nia-16.htm (acessado em 14 de setembro de 2006).

5. Pew Center for Global Climate Change, "Innovative Policy Solutions to Global Climate Change," November 2006, www.pewclimate.org/docUploads/Buildings %2DInBrief%2Epdf (acessado em 27 de fevereiro de 2007), p. 1 (acessado em 4 de outubro de 2006).

6. U.S. Census Bureau, National Population Projections, www.census.gov/population/www/pop-profile/natproj.html (acessado em 27 de fevereiro de 2007).

7. American Council for an Energy-Efficient Economy, "Vehicle Fuel Economy Standards: Big Energy Savings at a Modest Cost," www.aceee.org/energy/cafe.htm (acessado em 27 de fevereiro de 2007).

8. Veja Jeff Tumlin, "A Gestão da Demanda do Transporte (TDM)," no Capítulo 7 deste livro.

PARTE QUATRO

ESTUDOS DE CASO DO URBANISMO SUSTENTÁVEL

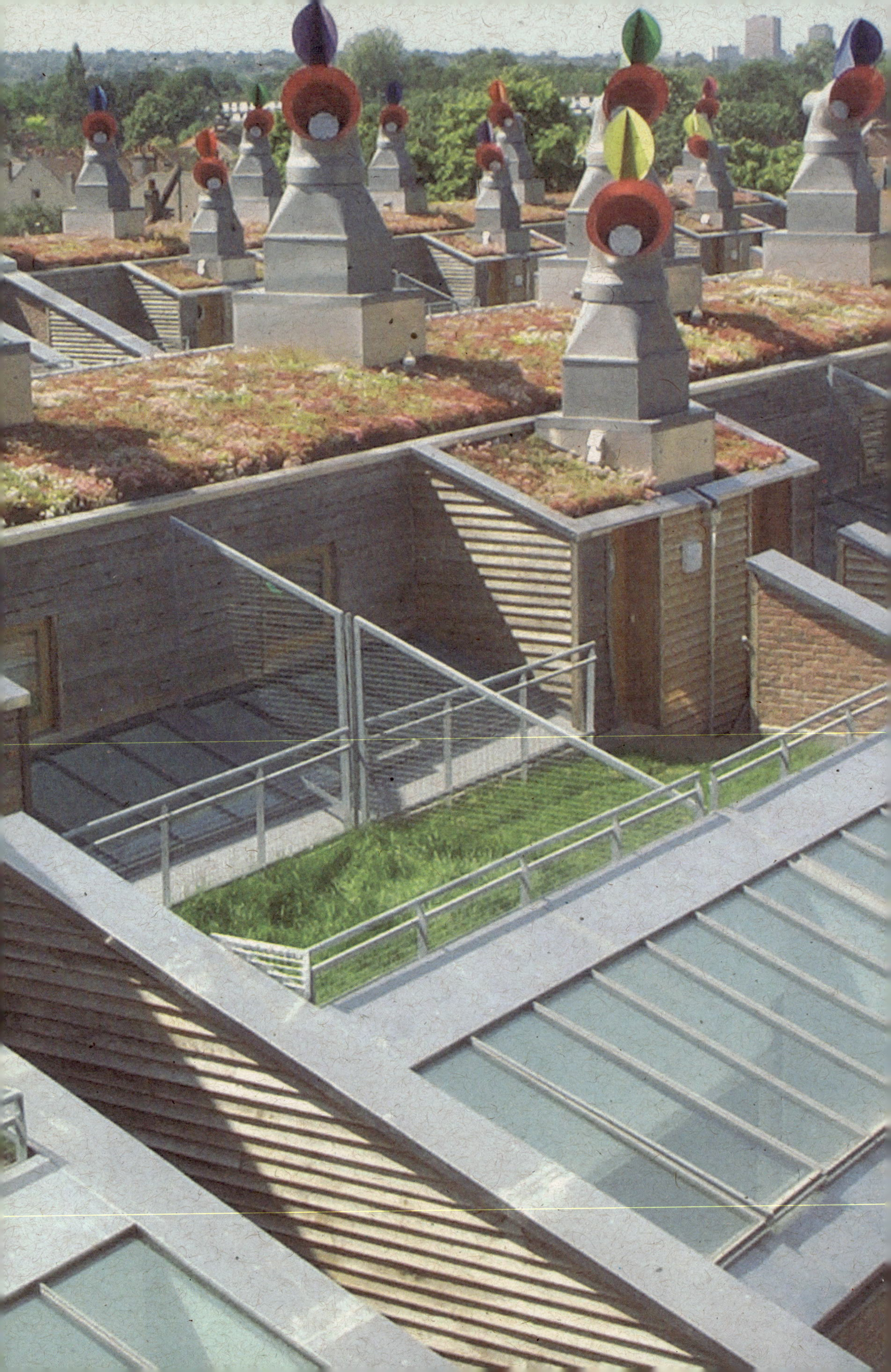

Parte Quatro: Estudos de Caso do Urbanismo Sustentável

Esta parte do livro apresenta um vislumbre do trabalho visionário ou já construído pelo movimento do urbanismo sustentável ao redor do mundo. Vinte estudos de caso dos Estados Unidos, da Austrália, do Canadá, da Inglaterra e China aspiram integrar a orientação para o pedestre e o serviço de transporte público com as edificações de alto desempenho, e, ao fazê-lo, adotam abordagens muito diferentes.

Cada projeto apresenta diferentes lições de projeto, tecnologia, integração de sistemas e liderança. Entre os estudos de caso, o desenho urbano varia muito – do leiaute orgânico estudado de Poundbury ao plano extremamente tecnológico de BedZED. Os projetos representados aqui são (ou serão) o resultado dos esforços de diversas organizações e indivíduos; nestas páginas você encontrará projetos iniciados por arquitetos, prefeituras, ambientalistas e ativistas de comunidades. Os projetos urbanistas tradicionais adotavam a malha urbana, enquanto outros preferiam superquadras livres de automóveis. Alguns dos projetos que foram realizados há uma ou mais décadas contribuíram para a formação do movimento do urbanismo sustentável; outros estão programados para finalização em 2030, 2050 ou depois. O extenso projeto de Loreto Bay ocupa 3.200 hectares, enquanto o minúsculo Christie Walk inclui um arranjo fotovoltaico, um tratamento de efluentes *in loco* e 700 metros quadrados de área verde produtiva em um vazio urbano de dois mil metros quadrados.

Esta coletânea de estudos de caso revela que os melhores bairros sustentáveis são mais que conjuntos de tecnologias que economizam energia. A sustentabilidade respeita o contexto. Enquanto os loteamentos acríticos e centros comerciais lineares sem personalidade tomam conta do campo como tantas outras partes permutáveis, o melhor urbanismo sustentável se esforça para celebrar o lugar; é o urbanismo fazendo um levantamento da riqueza ambiental, social e econômica de uma área e aumentando-a por meio do desenho do bairro e do corredor. Os estudos de caso nos permitem ver como vários participantes ao redor do mundo têm adaptado os princípios da sustentabilidade aos lugares que conhecem e amam.

Os estudos de caso estão distribuídos em quatro quadrantes definidos por duas duplas: projetos para vazios urbanos/ para áreas não urbanizadas e projetos construídos/não construídos. Para este livro, os empreendimentos estão classificados como área não urbanizada se implantados em áreas rurais (frequentemente de agricultura), enquanto projetos em vazios urbanos ocorrem em áreas previamente urbanizadas. Boa parte dos projetos em vazios urbanos aqui descritos é, na verdade, empreendimentos em terrenos contaminados, dedicados à revitalização dos espaços urbanos por meio da limpeza do solo antes da construção. Usamos o termo *construído* para nos referir a um projeto cujo bairro já está construído o suficiente para incluir pelo menos uma quantidade modesta de espaços públicos – por exemplo, duas moradias em um dos lados de uma rua. *Não construído* se refere aos projetos que ainda existem apenas em planta, mesmo que estejam quase na fase de execução. Alguns desses projetos, como o Vale do Coiote em San Jose, Califórnia, são puramente conceituais e nunca serão executados.

O desenvolvimento do urbanismo sustentável exige um nível de coordenação de projeto e sofisticação de empreendimento que vai além da prática convencional. Não é para medrosos. Apesar desses desafios, pioneiros têm optado por buscar essa abordagem de projeto no mundo inteiro. Estas narrativas dos estudos de caso descrevem o ímpeto de liderança por trás de cada projeto. Incrivelmente, muitos projetos precisavam apenas de um promotor no local certo para que tivessem uma visão do urbanismo sustentável. Esses líderes podem ser prefeitos, planejadores urbanos, empreendedores, ativistas ou qualquer combinação destes. Nesse estágio inicial do movimento do urbanismo sustentável, com tantas barreiras a serem superadas, visão e liderança são, sem dúvida, os ativos mais importantes que tais projetos possuem.

**Capítulo 10
As Lições Aprendidas com o
Urbanismo Sustentável**

Projetos construídos em vazios urbanos

BedZED
Sul de Londres
Inglaterra

A aldeia ecológica de BedZED ao sul de Londres é incansável em sua busca para zerar as emissões de carbono. O projeto ousadamente moderno em um terreno urbano descontaminado, implantado no terreno de uma antiga estação de tratamento no distrito de Sutton, nasceu de uma parceria entre o BioRegional, o Peabody Trust e a Bill Dunster Architects. A equipe de empreendedores tirou partido das condições favoráveis que permitira comprar a gleba do município por um preço abaixo da média do mercado e construiu um empreendimento altamente experimental. Embora as tecnologias ambiciosas do projeto tenham apresentado problemas desde a sua construção, os fundadores do BedZED ainda têm esperanças de que o projeto possa atingir a neutralidade permanente em carbono.

A conquista desse *status* depende muito dos fatores relativos ao estilo de vida, não apenas de edificações com pouca emissão. Para isso, o BedZED inclui diversos elementos criados para promover uma comunidade com consciência sustentável, reforçando as edificações ecológicas com comportamentos ecológicos. As unidades de uso misto (trabalho e moradia) permitem que os moradores eliminem completamente os deslocamentos pendulares matinais ao trabalho. Aqueles que precisarem

Resumo do projeto
Plano diretor: Bill Dunster Archtects
Empreendedor: BioRegional Development Group e Peabody Trust
Cronograma: Projeto iniciado em 1996; construído em 2002
Unidades de habitação: 82
Área construída comercial: 2.500 metros quadrados de espaço para escritórios e equipamentos comunitários
Área do terreno: 16.320 metros quadrados (1,63 ha)

Destaques e parâmetros do projeto
- Zerar as emissões de carbono por meio de energias alternativas, incluindo um sistema de cogeração de energia elétrica e térmica, painéis fotovoltaicos e ventilação natural passiva
- Reduzir o consumo de água potável em 30%
- Materiais de construção: 15% reusados ou reciclados
- Redução de 50% no consumo de combustíveis fósseis pelo uso de automóvel privado em comparação com os empreendimentos convencionais dentro de 10 anos
- Reduzir o consumo de calor em 90%
- Dentro de 10 anos, abastecer 40 veículos elétricos usando painéis fotovoltaicos

Elementos-chave do urbanismo sustentável
- Produção de alimentos
- Sistemas de gestão da água pluvial
- Alta densidade
- Impacto do planejamento no consumo de energia das edificações
- Grandes sistemas distritais de energia
- Ruas e redes permeáveis para o pedestre
- Controle do uso de automóveis
- Sistema de automóveis compartilhados

Capítulo 10 As Lições Aprendidas com o Urbanismo Sustentável 217

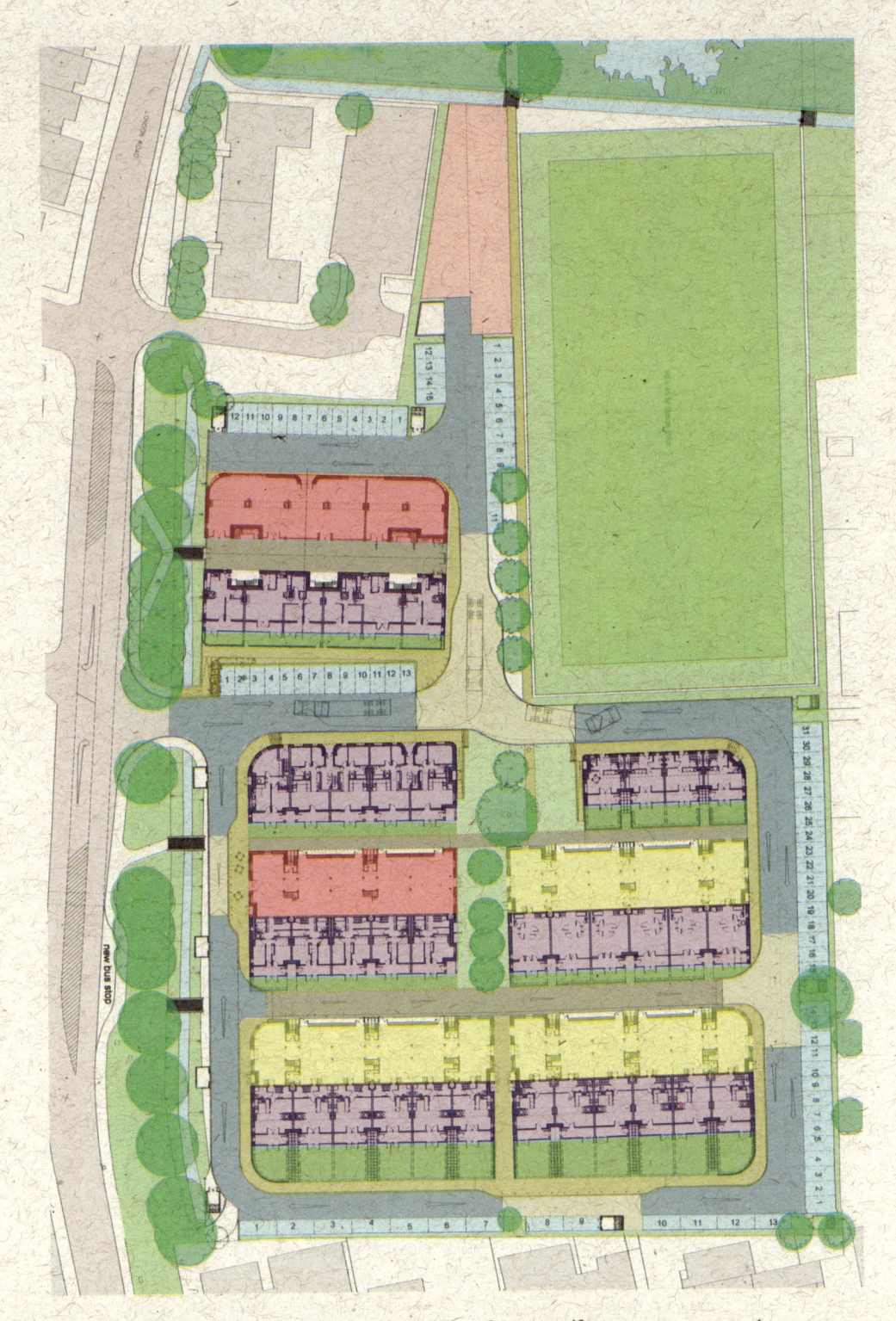

Figura 10.1 Planta de localização do BedZED. Imagem © www.zedfactory.com

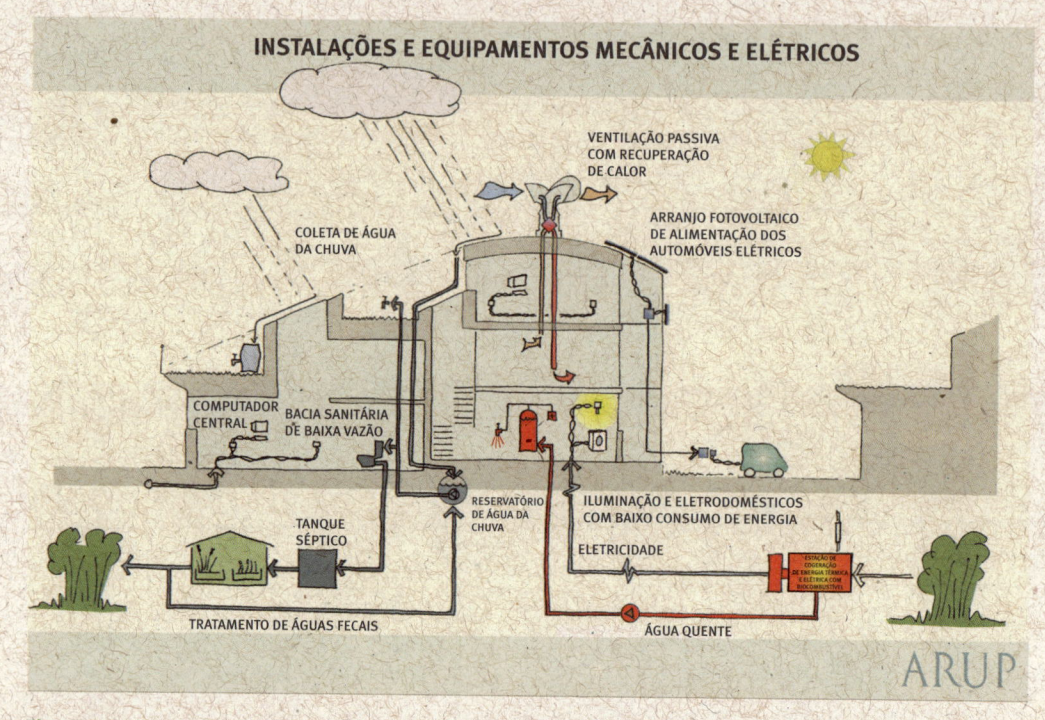

INSTALAÇÕES E EQUIPAMENTOS MECÂNICOS E ELÉTRICOS

Figura 10.2 Diagrama dos sistemas de edificação sustentáveis de BedZED. Imagem © Arup

de automóveis acharão fácil participar dos programas de compartilhamento, que usam painéis solares para alimentar até 40 veículos elétricos. O estacionamento no perímetro do empreendimento torna possíveis quadras permeáveis por pedestres e livres de automóveis. Contudo, a combinação de uma vaga de estacionamento por moradia, estacionamento perpendicular e passeios junto à rua é bem menos adequada ao pedestre. Os equipamentos comunitários, incluindo os campos esportivos e um parque, ficam a uma distância fácil de ser percorrida a pé. O compartilhamento de paredes nas edificações e de jardins promove a interação casual entre vizinhos e tem resultado em eventos como um mercado de fazendeiros, um festival de música e uma ceia de Natal orgânica.

As próprias edificações são desenhadas para combinar vedações altamente econômicas com o consumo de energia 100% renovável. Quando possível, os materiais de construção foram buscados em um raio de 56 km do terreno, e 15% dos materiais foram reusados e reciclados, como o aço de demolição, facilmente encontrado em edificações. As vedações, que excedem em muito as exigências britânicas contra o vazamento de ar, são a base das economias de energia. O superisolamento também mantém as temperaturas das edificações. As moradias voltadas para o sul (hemisfério norte) otimizam o ganho de calor solar no inverno, enquanto os locais de trabalho voltados para o norte possuem uma luz indireta suave e mantêm os equipamentos dos escritórios protegidos do calor. Os equipamentos e eletrodomésticos eficientes no consumo de energia também têm reduzido o consumo de água potável e eletricidade. Um sistema de ventilação natural passiva utiliza, para direcionar o ar fresco para dentro das moradias, coletores eólicos de cores vivas que o pré-aquecem ao passar pelo ar quente e viciado que sai da edificação. Essas estratégias para a eficiência no consumo de energia têm produzido economias de 30% no consumo de água, 90% na calefação de ambientes e 25% na eletricidade em geral.

A economia energética das moradias aumenta mais ainda com a infraestrutura ecológica que fornece energia renovável. No início, um sistema de cogeração de energia elétrica e térmica foi usado em BedZED para gerar calor e eletricidade convertendo 850 ton de serragem por ano em energia, mas esse sistema se mostrou problemático. Agora o empreendimento está investigando um novo sistema de biomassa que forneça calor e energia. As moradias também usam a energia de um arranjo solar cuja geração tem um pico de 109 quilowatts. A coleta da água da chuva fornece irrigação para os jardins, e a drenagem da água pluvial é direcionada para um corpo d'água ao longo da rua com vegetação nativa. Um sistema de Máquina Viva hoje abandonado foi originalmente colocado no lugar para tratar as águas fecais e as águas servidas usando um tanque de plantas para a desnitrificação. Tecnologias novas e semelhantes estão sendo discutidas para o futuro. Programas de reciclagem e compostagem *in loco* tornam fácil a redução dos resíduos domésticos para os moradores.

A sustentabilidade social é abordada com a provisão de 15 unidades habitacionais populares (unidades de baixo custo locadas pelo Peabody Trust). O BedZED também inclui 2.500 metros quadrados de espaço para escritórios, para promover um equilíbrio entre emprego e habitação. Os êxitos de BedZED devem-se, em grande parte, aos fortes laços comunitários que se formaram lá por meio de equipamentos compartilhados e do interesse na sustentabilidade. Os vizinhos conseguem sustentar seus hábitos de economia de energia mutuamente, ao mesmo tempo em que criam um lugar agradável para se viver. Espera-se que a introdução de tecnologias ecológicas novas e confiáveis permitam aos moradores de BedZED retomar seu percurso rumo à independência de carbono.

Figura 10.3
300 mm de lã de rocha produzem superisolamento térmico. Imagem © www.zedfactory.com

Figura 10.4
Vista aérea do sudeste. Imagem © www.zedfactory.com

Figura 10.5
Os "jardins aéreos" maximizam o espaço aberto privado. Imagem © www.zedfactory.com

Glenwood Park
Atlanta, Geórgia
Estados Unidos

A Green Street Properties vê o Glenwood Park como um antídoto para Atlanta, famosa por sua urbanização dispersa, amenizando o congestionamento do trânsito e introduzindo a permeabilidade ao pedestre em uma metrópole viciada em automóveis. Liderada por Charles Brewer, a companhia empreendedora fez parceria com a Dover, Kohl & Partners e a Tunnell-Spangler-Walsh & Associates para criar a comunidade novo urbanista de 11,2 hectares em uma gleba contaminada e abandonada a pouco mais de três quilômetros do centro de Atlanta. A forte liderança dos empreendedores resultou em um produto coerente, livre das incertezas que podem prejudicar projetos conceituais que precisam cortejar empreendedores para serem de fato construídos.

O Novo Urbanismo é o ponto forte do Glenwood Park. A estética é importante para o projeto, e as mil árvores recém plantadas ao longo de suas ruas intimistas são bonitas e, também, uma tentativa prática de reduzir o efeito de ilha térmica urbana. As moradias também chamam atenção, incorporando elementos históricos da arquitetura meridional dos Estados Unidos que promovem a interação da comunidade, como grandes varandas (com pelo menos 2,4 m de profundidade), casas bem agrupadas e fachadas variadas que estimulam os moradores a passear e

Resumo do projeto
Plano diretor: Dover, Kohl & Partners
Empreendedor: Green Street Properties
Cronograma: Construção iniciada em 2003; intervenções feitas pelos usuários e ocupação final da área em 4–6 anos
Unidades de moradia: 325
Área construída comercial: 6.500 metros quadrados
Área do terreno: 11,2 hectares

Destaques e parâmetros do projeto
- As moradias com certificação EarthCraft economizam 1,3 megawatt de energia por ano
- Reduzir a quilometragem rodada pelos moradores (em comparação com os padrões médios de quilometragem) em 2,6 milhões de quilômetros
- Mais de 80% dos resíduos das construções desviados dos aterros sanitários
- Escritórios desenhados para obter a certificação LEED
- Acesso direto ao corredor de transporte público expresso MARTA
- A transformação de uma área contaminada e degradada revitaliza a área
- Comércio e escritórios a uma distância que pode ser percorrida em cinco minutos a pé de qualquer lugar do empreendimento
- O sistema de gestão da água pluvial reduz em dois terços o escoamento superficial

Elementos-chave do urbanismo sustentável
- Benefícios econômicos de lojas locais
- Espaços abertos
- Sistemas de gestão da água pluvial
- Alta densidade
- Integração de transporte, uso do solo e tecnologia
- Impacto do planejamento no consumo de energia das edificações
- Ruas e redes permeáveis para o pedestre

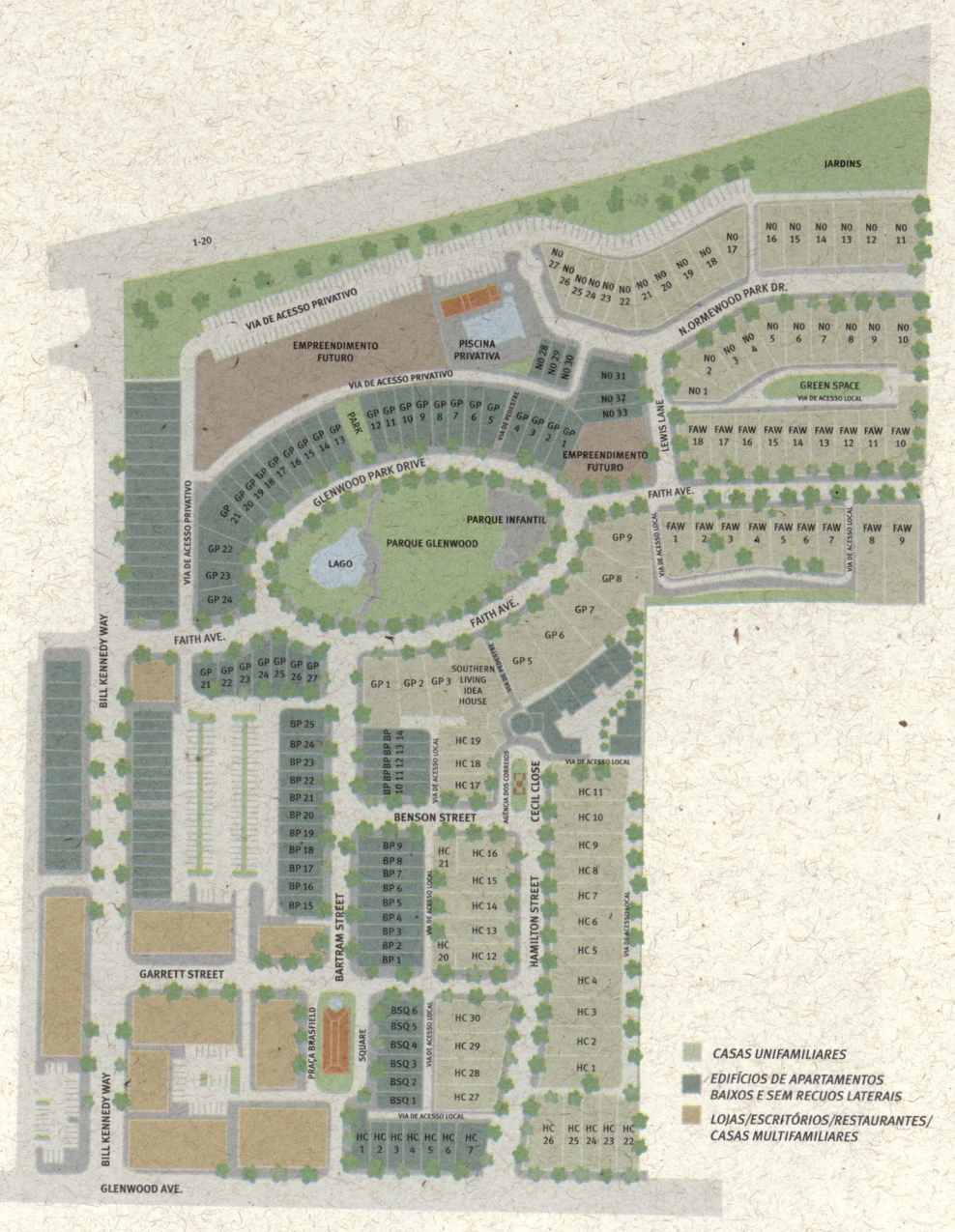

Figura 10.6 Planta de localização de Glenwood Park. Imagem © Loren Heyns, Dream Studio

admirar seu bairro. O empreendedor também incorporou elementos de projeto históricos nos edifícios de apartamentos baixos e sem recuos laterais do Glenwood Park, um tipo de edificação raro em Atlanta. Os automóveis são desencorajados pela localização das garagens em vias locais posteriores e pelo uso do estacionamento nas ruas em vez de grandes estacionamentos ao ar livre. Um dos objetivos principais do empreendimento é incitar a participação cívica, que é estimulada com uma variedade de espaços públicos para encontros. Um parque central elíptico serve como área de recreação, espaço comunitário e local de retenção de água. Duas praças menores têm árvores imponentes típicas da cidade de Savannah. Em uma delas, a Brasfield Square, encontram-se lojistas, restaurantes

Figura 10.7 Casas unifamiliares na Hamilton Street. Imagem © Loren Heyns, Dream Studio

Figura 10.8 As profundas varandas frontais são aconchegantes e estão voltadas para a Glenwood Avenue e os sistemas de transporte público. Imagem © Loren Heyns, Dream Studio

e escritórios a uma distância fácil de ser percorrida a pé em cinco minutos de quase todo lugar do empreendimento. As vitrines devem estar no máximo a três metros do passeio, para manter a área agradável e convidativa para os pedestres. A maior densidade da área (Green Street Properties afirma que ela é quatro vezes a dos loteamentos padrão) também torna o bairro mais produtivo economicamente. Sua atmosfera prazerosa de uso misto estimula os pedestres a passear e atrai pessoas de fora do empreendimento a visitar e comprar em suas lojas.

Glenwood Park também é famoso por sua participação no programa EarthCraft Homes, provavelmente o mais forte programa regional de edificações sustentáveis nos Estados Unidos. Todas as moradias em Glenwood Park têm certificação EarthCraft, que garante que um inspetor independente afirmou que cada moradia atende aos critérios em várias categorias, incluindo qualidade do ar dos interiores, prevenção contra a erosão do solo, gestão de resíduos, uso de eletrodomésticos e equipamentos com o selo Energy Star, uso de materiais reciclados e inúmeras outras normas. Muitas moradias do Glenwood Park apresentam isolamento térmico com jornal reciclado e se orgulham de uma economia de 1,3 megawatt por ano. Além disso, a quantidade de resíduos das construções que foram para aterros sanitários não passou de 20%. Por exemplo, mais de 300 mil quilogramas de granito serão reciclados no parque central, enquanto 13,6 milhões de quilogramas de serragem foram convertidos em eletricidade em uma usina. A Green Street Properties está também requisitando a certificação do LEED para edificações comerciais.

Um dos elementos mais importantes da infraestrutura sustentável do Glenwood Park é o sistema de gestão da água pluvial, que reduz o escoamento superficial em dois terços. A água da chuva é direcionada para os jardins dos lotes individuais, e o excesso de escoamento superficial é retido no parque central, que também inclui uma área rebaixada projetada para deixar a água pluvial se infiltrar nos lotes. Com esse sistema, o Glenwood Park pretende eliminar completamente o uso de água potável da cidade para irrigação. Diversas opções de transporte público também são essenciais para a manutenção da sua orientação para o pedestre, que inclui ciclovias e acesso direto ao sistema de transporte público expresso MARTA. Uma escola local de ensino fundamental também elimina a necessidade de que as crianças saiam do bairro para frequentar escolas já superpopulosas.

A transformação do terreno de uma velha fábrica de concreto em um bairro próspero de uso misto é impressionante. A elevada receita dos impostos da área é estimada em 4,5 milhões de dólares, transformando uma horrorosa área degradada em uma história de sucesso que pode estimular mais empreendimentos no local. Devemos lembrar, porém, que muitas das moradias são muito caras, apesar de os preços começarem na faixa dos 160 mil dólares, e não há propriedades disponíveis para aluguel. A implantação flexível deve permitir que o bairro possa atender às diferentes necessidades de seus moradores, possibilitando sua permanência na comunidade nos anos futuros.

Figura 10.9
Habitações unifamiliares voltadas para o Glenwood Park.
Imagem © Loren Heyns, Dream Studio

Parte Quatro: Estudos de Caso do Urbanismo Sustentável

Bairro Holiday
Boulder, Colorado
Estados Unidos

O projeto do bairro Holiday em Boulder, Colorado, combina o urbanismo sustentável com um impressionante percentual de 40% de moradias subsidiadas. Ao mesmo tempo, traz retornos significativos para as moradias da classe média e alta, calando as preocupações de que a empresa pública de empreendimento Boulder Housing Partners não saberia valorizar o lugar como uma empresa privada. Um planejamento urbano bem pensado e inovador se tornou possível com um subsídio da Agência de Proteção Ambiental dos Estados Unidos recebido pela Sustainable Futures Society, que se comprometeu a ajudar o bairro ecológico Holiday. As verbas desse subsídio foram usadas para organizar uma oficina de desenho urbano na qual colaboraram a Boulder Housing Partners, os sete empreendedores escolhidos para o projeto e o Rocky Mountain Institute. A oficina permitiu que a equipe pesquisasse e explorasse as tecnologias sustentáveis da gleba, e no ano seguinte a Sustainable Futures Society continuou trabalhando com os empreendedores em busca de novas ideias de projeto. Esse processo permitiu que a Boulder Housing Partners e os empreendedores tomassem decisões inteligentes e fundamentadas sobre quais tecnologias sustentáveis seriam práticas e eficientes para o bairro Holiday.

Resumo do projeto
Plano diretor: Barrett Studio Architects
Empreendedor: Boulder Housing Partners
Cronograma: Construção iniciada em 2002; ocupação total da área no fim de 2007
Unidades de moradia: 333
Área construída comercial: 4.650 metros quadrados
Área do terreno: 10,8 hectares

Destaques e parâmetros do projeto
- Densidade aumentada para 50 unidades/hectare (o dobro da densidade original do terreno)
- O programa Green Guidelines vai além do programa Green Points de Boulder, exigindo técnicas de edificação ecologicamente responsáveis
- Redução de 50% nas contas de energia
- Moradias subsidiadas: 40%
- Diferentes moradias populares: moradias temporárias (para emergências), aluguéis subsidiados e unidades à venda
- Wild Sage Co-housing visa à neutralidade em carbono
- Redução de 40% no consumo de água
- Passes de ônibus fornecidos para todos os moradores

Elementos-chave do urbanismo sustentável
- Espaços abertos
- Sistemas de coleta e reúso da água pluvial
- Alta densidade
- Integração de transporte, uso do solo e tecnologia
- Impacto do planejamento no consumo de energia das edificações
- Ruas e redes permeáveis para o pedestre

Figura 10.10 Planta de localização do bairro Holiday. Imagem © Barrett Studio Architects

Embora a prefeitura de Boulder inicialmente não fosse a favor da densidade maior do que o zoneamento determinava, a Boulder Housing Partners e a Barrett Studio Architects (empresa elaboradora do plano diretor) convenceram a cidade a considerar os benefícios da densidade adicional em uma área de uso misto: isso evitaria que Holiday aumentasse o congestionamento do trânsito da cidade e os seus 30–40 espaços comerciais ofereceriam oportunidades de emprego para os moradores. Visto que o baixo custo era um objetivo fundamental, as moradias precisavam ser menores e mais compactas que nos loteamentos residenciais tradicionais. A cidade aprovou uma mudança de zoneamento para permitir que fossem construídas 50 unidades por hectare em Holiday, mais que as 25 unidades por hectare permitidas originalmente no terreno.

Outro objetivo do aumento da densidade é favorecer o transporte de massa em relação aos automóveis, e contribuindo para isto, a área da Wild Sage Co-housing reduziu as vagas de estacionamento para 1,1 por unidade de habitação em vez das típicas duas. Espaços abertos amplos circundam a comunidade e também estimulam as caminhadas, o uso de bicicletas e outras formas alternativas de deslocamento. Uma variedade de opções de moradias inclui casas unifamiliares, treileres, casas em fita, condomínios e quitinetes de uso misto (trabalho/moradia). Jardins comunitários também estão incluídos. A marquise reformada do Holiday Drive-In amarra o bairro e resgata seu patrimônio cultural como um cinema *drive-in*.

O Holiday foi muito beneficiado pelas normas ambientais progressivas de Boulder. A cidade já possui um programa chamado Green Points que orienta os empreiteiros na construção de moradias econômicas e ecológicas. Todos os empreendedores do bairro Holiday precisaram participar desse programa. Além disso, a Boulder Housing Partners o adaptou, editando suas próprias Diretrizes de Sustentabilidade para auxiliar os empreendedores a alcançar os objetivos de sustentabilidade do projeto. Os 320 dias de sol por ano do estado do Colorado permitem que os empreendedores tirem proveito da calefação solar passiva. O clima seco também beneficia as casas de

Figura 10.11
Lojas e moradias na rua principal. Imagem ©Boulder Housing Partners

Figura 10.12
Jardim comunitário. Imagem © Boulder Housing Partners

tamanho modesto, permitindo que muitos empreendedores usem tecnologias de baixo custo, como resfriadores evaporativos e ventiladores únicos nas escadarias das casas para resfriar moradias sem ar-condicionado central. Plantas nativas resistentes à seca formam a maior parte dos jardins. Além disso, a Wild Sage Co-housing está buscando o *status* de energia líquida zero, incorporando painéis solares obtidos em demolições – um sistema de calefação por radiação alimentado por uma caldeira central – e eletrodomésticos eficientes no consumo de energia. Devido aos esforços de Jim Leach (empreendedor das casas comunitárias), Jim Logan (arquiteto das casas comunitárias) e dos futuros moradores de Wild Sage, que também estavam envolvidos, os moradores podem esperar dirigir cerca de 30% a menos que o norte-americano médio, gastar 50% a menos nas contas de energia e consumir 40% menos água.

A Boulder Housing Partners construiu toda a infraestrutura do projeto em 2003 para economizar no custo da construção que hoje está sendo feita. O plano de captação e reúso da água pluvial do bairro Holiday, identificado como um componente vital de projeto na oficina, foca a recarga do lençol freático. A reciclagem da água da chuva era o ideal esperado, mas se mostrou impossível porque a lei do Colorado estabelece que os usuários a jusante têm direito sobre o escoamento pluvial. As áreas de biodigestores e retenção de água, ao contrário, focam a limpeza da água antes de deixar que ela percole no solo. Opções alternativas de transporte público se encontram perto de Holiday. Embora ônibus não entrem no bairro, a rota SKIP de ônibus passa junto à Broadway Street a cada seis ou sete minutos. Todos no bairro Holiday recebem um passe de ônibus financiado pelas taxas da associação dos proprietários de moradias.

As casas populares no bairro são perfeitamente integradas às casas para a classe média e alta. Muitas formas de participar do esquema dessas casas também são oferecidas. Das 138 unidades populares, 49 são oferecidas para aluguel pela Boulder Housing Partners e se destinam a pessoas que ganham de 20% a 50% da renda mediana. Outras três unidades estão reservadas como habitações transitórias de emergência para famílias, e as 86 restantes estão à venda para pessoas que ganham de 60% a 80% da renda mediana. Ao construir o bairro Holiday, a Boulder Housing Partners também tomou o cuidado de selecionar parceiros interessados em envolver a comunidade na produção das moradias. O segmento Northern Lights do bairro foi parcialmente construído por membros da comunidade, e quatro casas foram construídas pela Habitat for Humanity no empreendimento de Wild Sage Co-Housing. Como a Boulder Housing Partners se dispôs a lucrar menos com as vendas de terrenos que uma entidade privada, conseguiu criar uma comunidade sustentável realmente popular em um terreno que originalmente estava reservado para uma cadeia de hipermercados.

Figura 10.13
A Wild Sage Co-Housing está buscando o reconhecimento de ser um condomínio neutro em emissões de carbono. Imagem © Boulder Housing Partners

Christie Walk
Adelaide, Austrália

De natureza ativista desde a sua gênese, o Christie Walk está introduzindo o urbanismo sustentável no sul da Austrália graças à força de uma pequena equipe comprometida a por em prática sua visão de uma "Ecocidade". O Christie Walk é uma resposta ao ousado desafio, lançado pela organização sem fins lucrativos Urban Ecology Australia (UEA), de criar um empreendimento ecológica e socialmente responsável no núcleo de Adelaide, uma capital estadual sujeita à urbanização dispersa e com mais de um milhão de habitantes. Como um dos membros fundadores da UEA, o arquiteto Paul F. Downton da Ecopolis Architects conseguiu trazer a visão de Eco-cidade para a realidade por meio do uso criativo de um terreno baldio incomum em forma de T. Por ser o primeiro empreendimento do gênero no sul da Austrália, o Christie Walk busca abordar as questões de sustentabilidade com técnicas de ponta e ao mesmo tempo moldar um processo de empreendimento inclusivo e orgânico.

Os criadores do Christie Walk – uma cooperativa que consistia essencialmente de cidadãos preocupados assumindo o papel de empreendedores – o imaginaram como um modelo de pequena escala para projetos urbanos maiores; assim, tiveram o cuidado de

Resumo do projeto
Plano diretor: Ecopolis Architects Pty Ltd
Cronograma: Empreendimento iniciado em 1999; fase final construída em dezembro de 2006
Unidades de moradia: 27
Área construída comercial: 0
Área do terreno: dois mil metros quadrados

Destaques e parâmetros do projeto
- Alterou as exigências de estacionamento da cidade para permitir apenas 11 vagas para 27 habitações
- Área verde produtiva com 700 metros quadrados, e área de cobertura produtiva com 170 metros quadrados
- Retém toda a água pluvial *in loco*
- Água aquecida com calor solar para todas as unidades
- Sistema de tratamento de efluentes *in loco*
- Terreno próximo a todas as amenidades da cidade, incluindo o transporte público, os espaços abertos e o comércio
- Arranjo fotovoltaico de 5kW conectado à rede pública de energia elétrica

Elementos-chave do urbanismo sustentável
- Produção de alimentos
- Espaços abertos
- Sistemas de gestão da água pluvial
- Tratamento de esgoto
- Alta densidade
- Integração de transporte, uso do solo e tecnologia
- Impacto do planejamento no consumo de energia das edificações
- Sistema de automóveis compartilhados
- Escuridão pública

Figura 10.14 Planta de localização do Christie Walk. Imagem © Ecopolis Architects

incluir todos os elementos importantes para um bom projeto sustentável. Ele reúne inúmeras características sustentáveis em um terreno urbano modesto de dois mil metros quadrados. O Christie Walk tem a primeira cobertura verde intensiva do sul da Austrália, assim como um jardim comunitário completamente funcional. A vegetação exuberante do terreno recebe a água da chuva armazenada nos reservatórios subterrâneos. Para reduzir os gastos com energia, o projeto aplica tecnologias de projeto responsivas ao clima, incluindo uma massa termoacumuladora e um sistema de ventilação operado pelo usuário. As tecnologias solares incluem o aquecimento da água com o calor do sol em todas as moradias com bombas de calor e nos edifícios de apartamentos com cinco pavimentos, um arranjo fotovoltaico de 5 kW conectado à rede pública de energia elétrica e o primeiro sistema fotovoltaico translúcido integrado a edificações do estado. Um ambicioso novo sistema de tratamento de esgoto *in loco* com base biológica resultou de negociações com a companhia de abastecimento de água do estado, que irá operá-lo. Em troca, ela obterá experiência em trabalhar com sistemas de pequena escala, e o esgoto tratado será usado para regar um parque próximo.

Um dos princípios fundadores de Christie Walk é que um empreendimento sustentável de verdade envolve a comunidade em vez de existir como um enclave separado e privilegiado. O Christie Walk manteve esse padrão conscientemente, ao implantar o empreendimento em uma área heterogênea e de baixa renda em Adelaide, em um terreno onde originalmente havia casas degradadas e indústrias leves. Visto que voluntários engajados da área estiveram envolvidos desde os estágios iniciais, os moradores de Christie Walk agora refor-

Figura 10.15 As casas estão voltadas para um passeio interno com vegetação abundante. Imagem © Ecopolis Architects

çam os vínculos entre a cooperativa e o bairro. O projeto também insiste que o desenho urbano sustentável pode ser aplicado em áreas de habitação popular, pois seus custos de energia muito inferiores reduzem o custo de vida. Há caminhos de pedestres e fácil acesso ao empreendimento por todo o terreno. Esse caráter público facilita outro objetivo do projeto, que é o de funcionar como uma experiência educativa. Milhares de pessoas têm visitado o Christie Walk, que se tornou um dos destinos preferidos para as autoridades. O empreendimento fica a cinco minutos a pé de um mercado central movimentado que contém produtos frescos do interior da Austrália, rotas de ônibus, serviço de bonde e grandes parques.

O Christie Walk foi projetado desde o começo para ser uma experiência educativa, e cumpriu a promessa. Os voluntários estiveram envolvidos em todos os estágios do processo (principalmente no início). Membros da comunidade formaram uma cooperativa de empreendimento chamada Wirranendi para controlar o processo. Nos estágios iniciais, também formaram uma companhia empreendedora, quando não conseguiram encontrar um empreiteiro que estivesse interessado ou pudesse trabalhar com conceitos e materiais de desenho urbano ecológico. Eles próprios se qualificaram para suprir essa carência, e os novos recursos educativos *in loco* permitirão que os moradores espalhem seus conhecimentos e contem sua história. O espírito aventureiro e a vontade de experimentar foram compensadores para os moradores de Christie Walk, que criaram um projeto comunitário excepcional, mas possível de ser aplicado em empreendimentos urbanos sustentáveis de todo o mundo.

Figura 10.16
A turma de uma escola visita a cobertura verde. Imagem ©2006 Ecopolis Architects

Figura 10.17
Apartamentos da 3ª Fase, ao lado de uma casa de fardos de feno. Imagem ©2006 Ecopolis Architects

Newington
Sydney, Austália

O Newington é diferente de qualquer outro subúrbio de Sydney, na Austrália. Por ser o local que recebeu os atletas das Olimpíadas de Verão de 2000, Newington esteve no centro das atenções desde a sua gestação. As empresas empreendedoras Mirvac e Lend Lease construíram uma aldeia solar de grande tamanho para acolher os atletas, com o objetivo de que os Jogos Olímpicos de 2000 fossem os mais ecológicos da história. Cerca de metade das duas mil unidades planejadas foram construídas antes dos Jogos, e a maioria do resto já está construída hoje. Embora já houvesse intenção de fazer um empreendimento em Newington antes dos Jogos, as Olimpíadas proporcionaram a oportunidade de que fosse executado rapidamente sem negligenciar os princípios sustentáveis. O grande porte do projeto permitiu que a Mirvac e a Lend Lease acelerassem a pesquisa sobre tecnologias sustentáveis, levando empresas a desenvolverem produtos novos e ecológicos para serem usados em Newington. O resultado final foi a introdução de novos produtos ecológicos no mercado australiano após os Jogos e uma aldeia solar com aproximadamente cinco mil moradores.

Construído em um terreno contaminado recuperado, Newington inclui uma área residencial e uma

Resumo do projeto
Plano diretor: Cox Group
Empreendedor: Mirvac Lend Lease Village Consortium (uma parceria entre Mirvac e Lend Lease)
Cronograma: Empreendimento iniciado em 1997; aldeia completa em 1999; empreendimentos adicionais ainda em curso
Unidades de moradia: duas mil
Área construída comercial: Aproximadamente 93 mil metros quadrados
Área do terreno: 88,8 hectares

Destaques e parâmetros do projeto
- Redução do lixo enviado aos aterros em 90%, para resíduos pesados, e 60%, para resíduos leves
- Painéis solares em todas as moradias evitam a produção de 1.309 ton de CO_2
- 90% de vegetação nativa utilizada para o paisagismo:
- Sistema de água dual, separando a água potável da não potável
- Água pluvial usada para criar *habitats* em parques
- As moradias consomem 50% menos energia e água potável que as moradias convencionais

Elementos-chave do urbanismo sustentável
- Espaços abertos
- Corredores de biodiversidade
- Sistemas de gestão da água pluvial
- Escuridão pública
- Integração de transporte, uso do solo e tecnologia
- Impacto do planejamento no consumo de energia das edificações

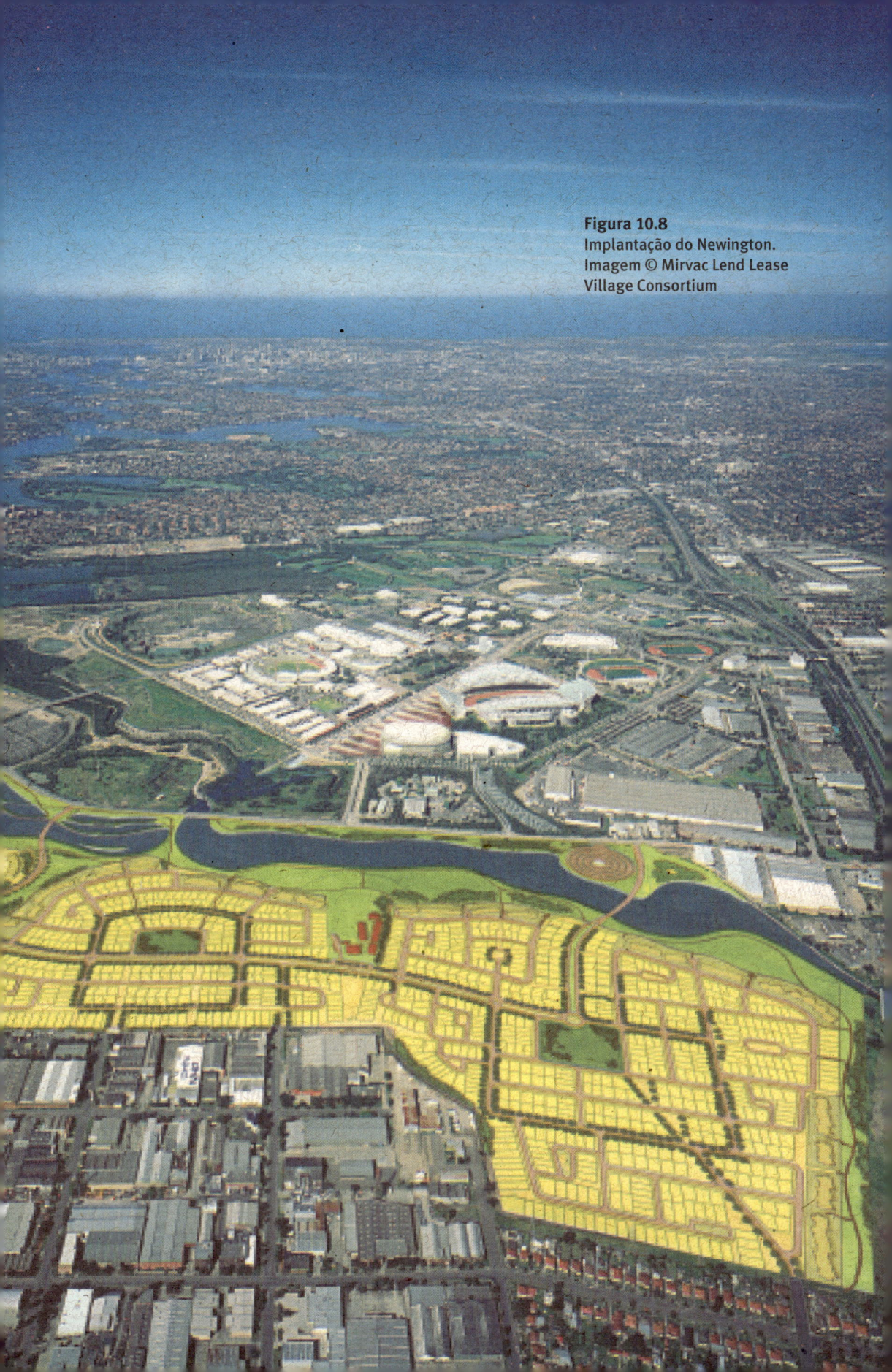

Figura 10.8
Implantação do Newington.
Imagem © Mirvac Lend Lease
Village Consortium

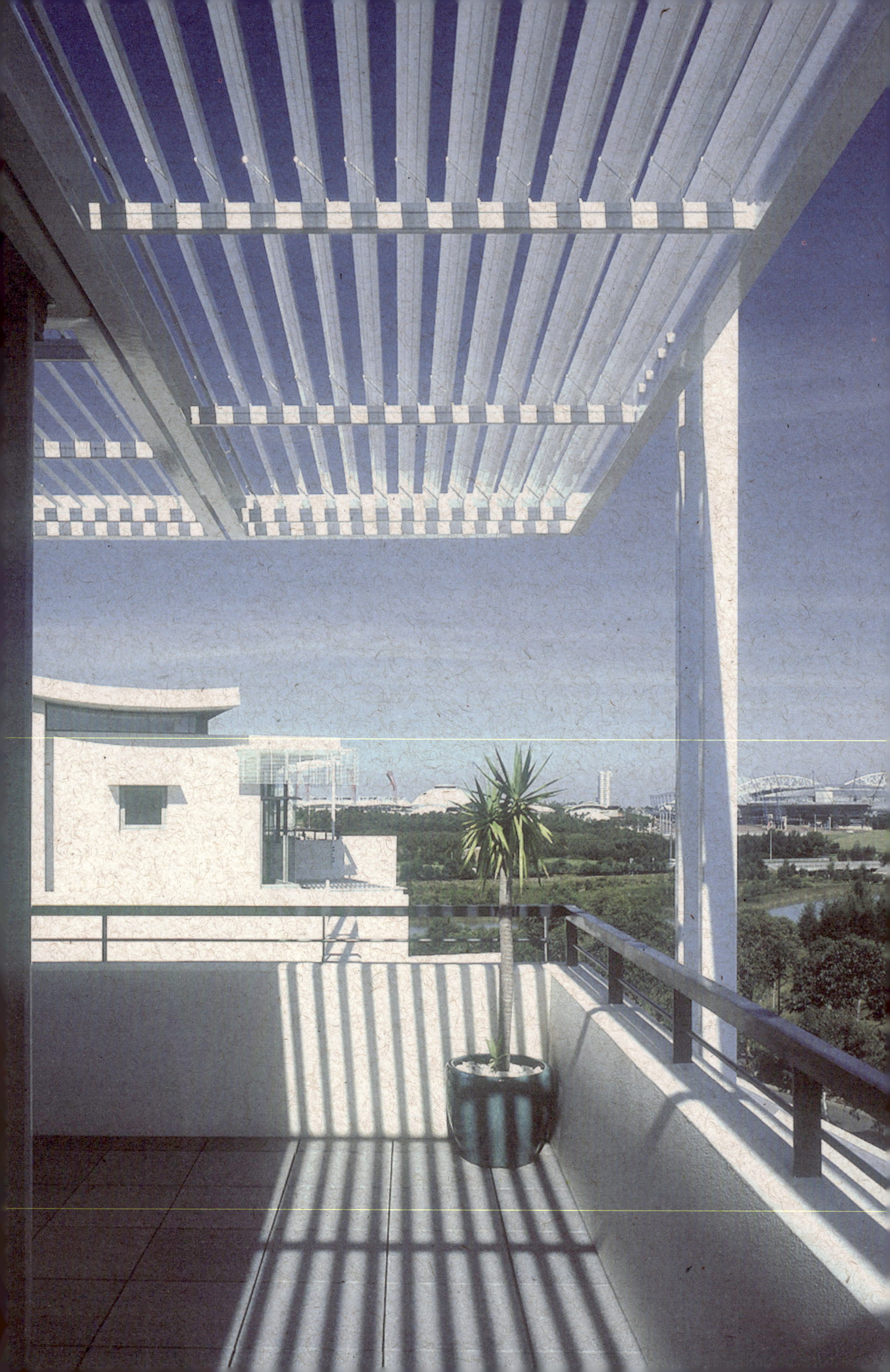

comercial, um distrito empresarial e parques. A área de comércio, a Newington Marketplace, é onde os empreendimentos de alta densidade se concentram. O subúrbio é planejado como três áreas em volta de parques, assegurando que todas as habitações estejam cinco minutos a pé até o parque. Infelizmente, o plano não conseguiu configurar bairros, optando por segregar os usos comerciais em vez de criar centros de bairros que priorizem os pedestres. Um terreno adicional de 8,4 hectares foi devolvido ao governo e incorporado no Millennium Parklands (o maior parque de Sydney, com 420 hectares). Um suporte adicional para a biodiversidade está no Córrego Haslams recuperado, um antigo canal de concreto que hoje se tornou um curso de água natural. Grandes redes de ciclovias e caminhos de pedestres conectam o empreendimento com esses espaços abertos. O Parque Olímpico de Sydney (os equipamentos públicos criados para os Jogos de 2000) também é adjacente ao terreno.

O conceito do subúrbio solar de Newington é particularmente singular, e na época de sua construção era a maior aldeia solar do mundo. Há painéis solares em todas as moradias; 780 delas têm arranjos de painéis fotovoltaicos com geração de pico de mil watts e 339 têm arranjos com geração de pico de 500 watts. A energia coletiva gerada por esses painéis fotovoltaicos evitará a emissão de 1.309 ton de CO_2 na atmosfera por ano, o equivalente a retirar 261 automóveis das ruas. Todas as casas têm água aquecida com calor solar com sistema de apoio a gás. As estantes de luz e vidraças coletam o calor no inverno e fazem sombra no verão. Noventa por cento das moradias estão orientadas, em relação ao norte, em até 30 graus para leste e 20 graus para oes-

Figura 10.19
Vista de um terraço de cobertura em Newington.
Imagem © Rowan Turner

Figura 10.20 Uma habitação de Newington Imagem © Dean Wilmot

te, para que aproveitem o máximo possível da luz solar. Todas as moradias foram projetadas para consumir 50% menos energia que os empreendimentos convencionais, usando elementos como o isolamento térmico com lã, a construção pré-moldada elevada e a ventilação cruzada. O consumo de água (potável e não potável) foi reduzido em 50% com uso de aparelhos sanitários eficientes, e a água não potável é aproveitada nas bacias sanitárias e nos jardins.

O escoamento superficial da água da chuva é um recurso importante em Newington. A água é limpa *in loco* por meio de sistemas naturais de tratamento e depois canalizada para lagoas não poluídas no parque adjacente Millennium Parklands, formando uma área importante para a vida silvestre. Em Newington, 90% da vegetação são espécies nativas, o que assegura a compatibilidade com os solos existentes, a necessidade de uma quantidade mínima de água e a produção de poucos alérgenos. Grandes áreas verdes também asseguram que 40% do escoamento superficial da água da chuva se infiltra no lençol freático em vez de serem lançados às redes de esgoto.

O transporte é outro elemento importante da infraestrutura de Newington e contribuiu para que Sydney pudesse oferecer uma moradia ecológica para os seus atletas durante os Jogos Olímpicos. Há serviço de ônibus por todo o empreendimento e ele se conecta com o metrô pesado e uma balsa. Além disso, um corredor foi separado para um futuro metrô leve. Apesar da presença do transporte público, o fato de que o projeto não se comprometeu a torná-lo o meio principal de transporte e não criou serviços acessíveis a pé perpetua a dependência de automóveis. A decisão dos empreendedores de reservar uma média de duas vagas de estacionamento para muitas das moradias revela uma postura convencional – baseada na crença de que o morador suburbano padrão não irá se satisfazer com menos. Práticas conscientes de construção foram importantes para os empreendedores, que monitoraram cuidadosamente o descarte dos resíduos da construção. O lixo enviado aos aterros foi reduzido em 90%, para os resíduos pesados, e 60%, para os resíduos leves. Infelizmente, não há habitações subsidiadas em Newington, embora a diversidade de tipos habitacionais permita uma mistura de rendas. O seu maior sucesso está na criação de uma grande aldeia solar que mantém seu apelo de massa, provando que o empreendimento ecológico pode ser um negócio lucrativo. Seu estímulo ao mercado australiano para a construção de edificações ecológicas também é uma contribução importante para a sustentabilidade.

High Point
Seattle,
Washington
Estados Unidos

O High Point é um projeto inovador de renovação de uma comunidade perto do centro de Seattle, em Washington. O projeto iniciou como uma ideia do programa HUD HOPE VI, e a Secretaria de Habitação de Seattle se uniu a agências públicas e privadas, empreendedores e moradores antigos e atuais para converter a antiga área habitacional de baixa renda em uma nova comunidade que ultrapassa os objetivos do programa HOPE VI para transformação de habitações públicas. A Secretaria de Habitação, a Empresa de Serviços Públicos, o Departamento de Desenvolvimento da Comunidade, o Departamento de Transporte e a firma de arquitetura, desenho urbano e planejamento Mithun são apenas algumas das entidades que se uniram para tornar esse projeto possível. Um total de 1.600 unidades em uma gleba de 10 hectares acomodará aproximadamente quatro mil moradores.

Duas rotas de ônibus desestimulam deslocamentos em automóvel desnecessários, e planeja-se estender o monotrilho de Seattle até esta área. O terreno fica perto das vias arteriais norte-sul e leste-oeste, e há também um sistema de compartilhamento de automóveis. Mesmo que ainda não haja ciclovias ou ciclofaixas, há passeios em todas as ruas. Embora o empreendimento anterior fosse um

Resumo do projeto
Plano diretor: Mithun Architects + Designers + Planners
Empreendedor: Secretaria de Habitação de Seattle
Cronograma: Primeira fase construída em 2006; segunda fase começa a ser construída em 2007
Unidades de moradia: 1.600
Área construída comercial: 930 metros quadrados
Área do terreno: Projeto de 48 hectares; 40 hectares ocupados

Destaques e parâmetros do projeto
- Trinta e cinco moradias do tipo "Respire Bem" reduzem os fatores que contribuem para a asma infantil
- O aumento da iluminação, os pequenos parques que podem ser visto das casas, as ruas estreitas para moderar o trânsito e as varandas frontais aconchegantes estimulam os moradores a se relacionar e observar as crianças
- Habitações construídas dentro das normas Built Green
- Vinte unidades que já existiam foram demolidas, e os materiais foram vendidos ou reusados
- A gestão da água pluvial reduz em 65% o escoamento superficial que vai para o córrego Longfellow
- Metade de suas 1.600 moradias é de habitações subsidiadas
- Os moradores deslocados por causa da construção puderam se mudar para o novo empreendimento e ajudar em sua formação
- Um quinto da área ocupada é de parques

Elementos-chave do urbanismo sustentável
- Bairros saudáveis
- Espaços abertos
- Sistemas de gestão da água pluvial
- Escuridão pública
- Impacto do planejamento no consumo de energia das edificações
- Ruas e redes permeáveis para o pedestre
- A água e o debate sobre a densidade
- Produção de alimentos

Figura 10.21
Planta de situação do High Point.
Imagem © Mithun

1 Centro Comunitário
2 Parque Esportivo e Recreativo
3 Escola de Ensino Fundamental
4 Centro do Bairro
5 Villa Senior – 90 Unidades de Habitação por Hectare
6 Parque Central
7 Área Comercial do Bairro / Uso Misto
  Condomínios Baixos – 70 Unidades de Habitação por Hectare
  Edifícios de Apartamentos Baixos e sem Recuos Laterais / Duplexes – 35 Unidades de Habitação por Hectare
8 Centro de Saúde Comunitário
9 Biblioteca do Bairro
10 Bacia Hidrográfica do Córrego Longfellow
11 Parque do Lago (Manejo das Águas Pluviais)

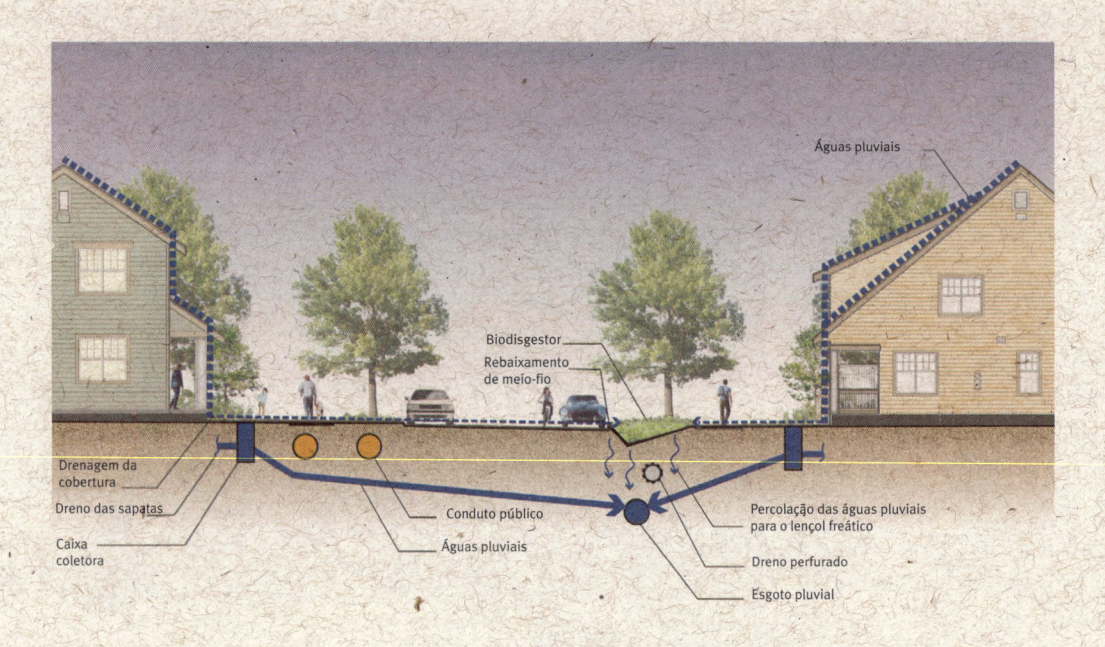

Figura 10.22 O manejo das águas pluviais é parte integral do projeto do terreno. Imagem © Mithun

labirinto de ruas curvilíneas, o novo High Point se reconecta com a malha. Como fica a uma distância que pode ser percorrida em 10 minutos de automóvel do centro de Seattle, uma boa quantidade dos empregos está bem próxima ou facilmente acessível por meio de transportes públicos ou automóveis. Dentro do projeto, uma clínica, uma biblioteca pública e um centro de bairro possibilitam emprego local ao mesmo tempo em que oferecem serviços necessários. A Secretaria de Habitação de Seattle, a associação de jardinagem da comunidade e a associação de manutenção do terreno oferecem empregos adicionais. Uma escola de ensino fundamental já existente também está integrada no plano.

Os espaços abertos do projeto foram muito discutidos. Uma encosta de colina, crucial à ecologia da região, localizada na beira de um dos limites do empreendimento, foi mantida, e um quinto da área local edificável (8 hectares) foi reservada para 21 parques diferentes no bairro. Além disso, o High Point ocupa 10% da bacia hidrográfica do córrego Longfellow, um importante *habitat* de salmões. Para proteger a qualidade da água, necessária tanto para os salmões quanto para os moradores, ruas estreitas e biodigestores fazem, juntos, o trabalho de filtrar o escoamento superficial da água da chuva em áreas verdes. Isso reduzirá o escoamento superficial em 65%, evitando o acúmulo de muitos produtos químicos nas superfícies pavimentadas e a contaminação do córrego Longfellow.

A economia de energia foi outro fator priorizado no projeto. Todas as moradias foram construídas para receber a classificação Built Green de três estrelas ou mais. Eletrodomésticos com o selo Energy Star são obrigatórios, e as vedações das edificações têm boa estanqueidade para ajudar a manter a calefação e o resfriamento dentro da casa. Aquecedores de água sem reservatório fornecem água quente para o sistema de aquecimento por radiação, que permite aos moradores aquecer apenas os cômodos em uso, economizando no consumo de energia. Os biodigestores gramados são intercalados com faixas de gramíneas para que a gestão da água pluvial não sacrifique o apelo estético de uma paisagem urbana tradicional. Além disso, passeios porosos de concreto permitem a absorção

Figura 10.23 Uma variedade de tipos e estilos de habitação provoca o interesse visual nesta comunidade nova e integrada. Imagem ©2005 Doug J. Scott

Figura 10.24 Parques pequenos proporcionam locais de recreação para crianças no bairro, ao mesmo tempo em que estimulam a interação da comunidade. Imagem ©2005 Doug J. Scott

água pelo solo. Os planos do projeto também valorizam a biodiversidade. O clima sazonal do local foi levado em consideração durante a escolha da flora; 150 árvores já existentes foram mantidas no projeto e espécies nativas de plantas foram incluídas no projeto de paisagismo. Um jardim fornece produtos frescos manejados por meio de um contrato com um grupo que os vende na feira local, e canteiros de ervilha servem como produção informal de alimento para moradores interessados em jardinagem de pequena escala.

Um dos pontos fortes do projeto é a priorização da integração de habitações subsidiadas, gerando uma mistura de tipos de habitações, rendas e projetos. Outro é a inclusão, no terreno, de elementos criados para promover a interação entre os vizinhos e a coesão da comunidade. Se o empreendimento anterior tinha ruas mal iluminadas e curvilíneas, o novo desenho mantém as luzes das varandas ligadas 24 horas por dia, iluminando suavemente os passeios. Além disso, a cidade deu permissão para que o autor do projeto usasse intervalos de 7,6 m entre os pontos de iluminação em vez do padrão de 15,2 m. As vias locais são iluminadas com luminárias de garagem e postes de 3,6 m de altura. Ruas estreitas com varandas convidativas estimulam os moradores a se socializar e controlar as áreas externas, criando uma importante rede informal de segurança para as crianças que brincam por perto. O High Point também é notável porque, durante a construção, o contratante aceitou que pelo menos 50 trabalhadores fossem de baixa renda e assegurou que os aprendizes, que assim foram treinados em ofícios valorizados, realizariam pelo menos 15% do trabalho dos operários.

Em geral, o projeto faz um bom trabalho de abordagem da integração social por meio do desenho urbano sustentável. Ao trabalhar dentro dos parâmetros orçamentários do programa HOPE VI, a equipe pôde reduzir o impacto de larga escala no terreno durante o processo, protegendo um córrego, reciclando a madeira de árvores adultas do empreendimento anterior e mantendo mais de 150 árvores. Ao mesmo tempo, o High Point tem espaços comunitários importantes e novas moradias para os habitantes da cidade que tinham pouco acesso aos serviços públicos, e também os integra com seus vizinhos do outro lado da rua.

Empreendimentos construídos em áreas não urbanizadas

Upton
Northampton, Inglaterra

O empreendimento Upton, em Northampton, na Inglaterra, casa uma abundância de tecnologias ecológicas de edificação com uma forma construída típica do tradicional interior inglês. Embora algumas das oito fases do projeto adotem a arquitetura tradicional mais que outros, mesmo as fases mais modernas incorporam certas características como as alvenarias antigas. Uma razão essencial para essa continuidade é o plano diretor desenvolvido pela English Partnerships, Prefeitura de Northampton e The Prince's Foundation. Tal plano é uma visão unificada para Upton que orienta os empreendedores na construção de edificações que irão atingir os objetivos ambientais e estéticos do projeto. Ele previa Upton como um lugar agradável para se viver e bom para a demonstração de novas tecnologias sustentáveis e interessantes.

Um importante objetivo desse empreendimento é criar uma comunidade que seja flexível o suficiente para se adaptar à medida que as necessidades dos residentes mudam. Essa flexibilidade se tornou parte do plano diretor, exigindo que certos elementos fossem incluídos nas edificações, as quais poderão ser convertidas em diversos usos ao longo do tempo. Por exemplo, as moradias em High Street, a principal via

Resumo do projeto

Empreendedor: English Partnerships
Cronograma: Plano diretor feito em 2002; terrenos A e B a serem completados em 2007; oito terrenos a serem finalizados em 2011
Unidades de moradia: Aproximadamente 1.000–1.400 (primeira fase)
Área construída comercial: 700 metros quadrados
Área do terreno: 42,4 hectares (primeira fase)

Destaques e parâmetros do projeto

- Unidades distribuídas e permanentemente subsidiadas: 22%
- Todas as moradias precisam atingir os padrões BREEAM EcoHomes Excellent; meta de emissão máxima de CO_2 25kg/m^2/ano
- Mini turbinas eólicas no Terreno D1
- Todos os empreendedores devem garantir a cobrança de tarifas de energia ecológica
- Sistema de drenagem urbano sustentável extenso
- Cada terreno é obrigado a apresentar diferentes tecnologias sustentáveis
- Serviço de ônibus em intervalos de 30 minutos iniciado já com os primeiros moradores

Elementos-chave do urbanismo sustentável

- Espaços abertos
- Sistemas de gestão da água pluvial
- Impacto do planejamento no consumo de energia das edificações
- Grandes sistemas distritais de energia
- Ruas e redes permeáveis para o pedestre
- Sistema de automóveis compartilhados

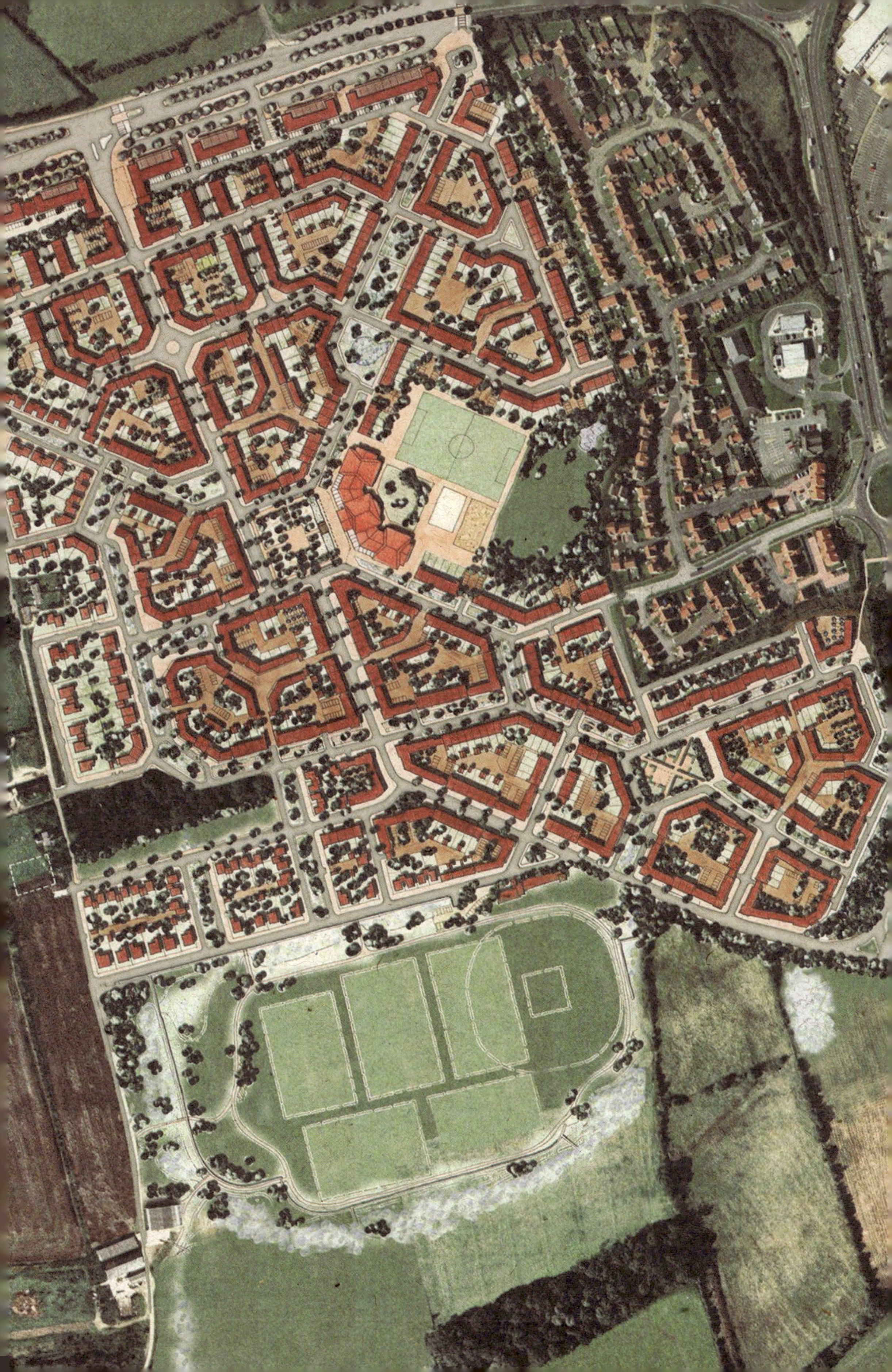

página anterior
Figura 10.25
O plano diretor de Upton resgata os princípios de criação do senso de lugar. Em vez de ter os convencionais *cul-de-sacs* adjacentes, o projeto emprega uma série de redes viárias, quadras e espaços abertos permeáveis ao pedestre. As moradias com alta densidade e o uso mínimo de automóveis criam um atraente ambiente urbano. Imagem © English Partnerships & The Prince's Foundation.

arterial, terão pés-direitos altos no pavimento térreo e plantas livres que podem ser convertidas em escritórios, lojas, cafés ou apartamentos, conforme a demanda do mercado. Os espaços abertos também são levados em consideração no plano, que inclui um parque e campos esportivos, além de preservar a área de Ashby Woods, nas proximidades. Somado com o espaço para as praças públicas, o espaço público acessível nos terrenos A e B ocupa, no total, 51% da área. Além dos espaços abertos, elementos como casas para passarinhos e morcegos e corpos d'água promovem a biodiversidade no empreendimento. Uma mistura de usos incluirá um número substancial de edificações comunitárias, como um centro médico, escolas e uma creche, junto com empreendimentos residenciais e comerciais.

Os padrões de edificações ecologicamente sustentáveis são elevados em Upton. O emprego ousado de diferentes tecnologias em cada terreno tem o objetivo de educar a comunidade e também os visitantes. As moradias de todos os terrenos devem atingir os padrões BREEAM Eco-Homes Excellent, instalando aparelhos sanitários e eletrodomésticos eficientes no consumo de energia, usando materiais sustentáveis reciclados ou locais, limitando as emissões de CO_2 a 25 quilogramas por metro quadrado por ano e outras medidas semelhantes. Nas fases finais do projeto, os terrenos serão obrigados a incluir tecnologias cada vez mais complexas e abrangentes. Os terrenos D1 e D2, por exemplo, incluirão sistemas fotovoltaicos, microusinas de cogeração de energia térmica e elétrica, coleta de água da

Figura 10.26 Via local voltada para o leste, no lote D1, projetada por Bill Dunster Architects. Imagem © www.zedfactory.com

Figura 10.27 Sistemas de drenagem urbana sustentável (SUDS) controlam o escoamento superficial da água da chuva; a praça do bairro é visível ao fundo. Imagem © English Partnerships

Figura 10.28 As moradias em Upton que respondem aos desafios ambientais e impostos pelos alagamentos estabelecem novos padrões de sistemas de drenagem urbana sustentável (SUDS). SUDS de alta qualidade tornam atraente o novo empreendimento. Imagem © Richard Ivey

Figura 10.29 Muitas moradias no terreno B possuem painéis fotovoltaicos. Imagem © English Partnerships

Figura 10.30 Entrada de um pátio interno. Imagem © English Partnerships

chuva, coberturas verdes extensivas, altos padrões de isolamento térmico, aquecimento solar da água, alta qualidade do ar interno e uma Classificação Nacional de Consumo de Energia Residencial (NHER) de 10. Uma parte do terreno D1 também incluirá mini turbinas eólicas, em um esforço para se tornar neutro em carbono, semelhante ao empreendimento BedZED, de Londres (o arquiteto Bill Dunster trabalhou nos dois projetos). Além disso, todos os empreendedores devem garantir a cobrança de tarifas de energia ecológica (equivalente aos créditos de energia renovável nos Estados Unidos).

Um abrangente sistema de drenagem urbana (SUDS) usa a infraestrutura nova e a já existente fornecida pela English Partnerships para controlar o fluxo e a qualidade da água que entra no sistema de esgoto. O escoamento superficial da água da chuva é direcionado para os biodigestores, sendo que alguns apresentam tanques de plantas para desnitrificação, que funcionam também como *habitats* para animais e são controlados pela pavimentação porosa dos pátios e complexos residenciais.

Atualmente, Upton também está desenvolvendo uma estratégia de transporte público. Assim que os primeiros moradores chegaram, um serviço de ônibus com intervalos de 30 minutos começou a funcionar. Também foi proposto um sistema de automóveis compartilhados. O empreendimento busca a sustentabilidade social exigindo que 22% das habitações sejam, permanentemente subsidiadas. A English Partnerships também optou por romper com a convenção e elevar o padrão das habitações populares no empreendimento, tornando-as iguais às unidades destinadas à classe média ou alta.

Distrito de Kronsberg Hannover, Alemanha

O Distrito de Kronsberg é a visão de empreendimento sustentável da cidade de Hannover, na Alemanha. A forma como a cidade conduziu o processo de planejamento, que durou décadas, resultou em um esquema de empreendimento dominado por objetivos ambiciosos de redução de energia, com um projeto urbano voltado para o transporte público (TOD) e áreas residenciais de rendas mistas. O êxito de Kronsberg – uma redução de 74% nas emissões de CO_2 em comparação aos empreendimentos convencionais – se deve, em parte, pelo empreendimento ser executado por uma agência governamental em vez de por uma empresa privada, que não teria a mesma liberdade de estabelecer leis ecológicas rigorosas. Quando a cidade de Hannover ganhou a disputa para sediar a Exposição Mundial Expo 2000 em 1990, tomou a decisão de construir um empreendimento sustentável tanto para atender à crescente demanda por habitações quanto para criar o lema da exposição, "Humanidade – Natureza – Tecnologia".

A cidade de Hannover reservou a gleba usada para o Distrito de Kronsberg por muitos anos, desde a década de 1970. A grande área permitiu que a cidade criasse um plano com um setor residencial claramente definido e outro de uso misto, acompanhando o perfil de

Resumo do projeto

Plano diretor e empreendedor: Prefeitura de Kronsberg
Cronograma: A cidade iniciou a compra de terrenos na década de 1970; a prefeitura resolveu usar diretrizes sustentáveis na década de 1990; a primeira fase foi construída em 1998
Unidades de moradia: Primeira fase: 3.000 incluindo 300 casas em fita privadas; mais 2.000 casas privadas adicionais no término da execução
Área construída comercial: Aproximadamente 35 mil metros quadrados
Área do terreno: Total: 158 hectares; primeira fase: 69,2 hectares.

Destaques e parâmetros do projeto

- Conexão compulsória com o sistema distrital de calefação, reduzindo as emissões de CO_2 em 23%
- Desenvolvimento da abrangente Norma Kronsberg
- Atingiu uma redução de 74% nas emissões de CO_2 em 2001
- Todos os moradores dentro de uma distância de cerca de 530 m de uma parada do bonde
- Vagas de estacionamento por habitação: 0,8
- Ciclovias por todo o empreendimento
- Diretrizes de edificação sustentável incluídas nos contratos dos terrenos
- Duas turbinas eólicas de 1,5 megawatt
- Todo o solo escavado é usado para aterro dentro do empreendimento
- A densidade de 117,5 unidades de habitação por hectare líquido sustenta uma linha de bonde
- As habitações passivas consomem 15 $kwh/m^2/$ano

Elementos-chave do urbanismo sustentável

- Espaços abertos
- Sistemas de gestão da água pluvial
- Alta densidade
- Integração de transporte, uso do solo e tecnologia
- Impacto do planejamento no consumo de energia das edificações
- Grandes sistemas distritais de energia
- Ruas e redes permeáveis para o pedestre

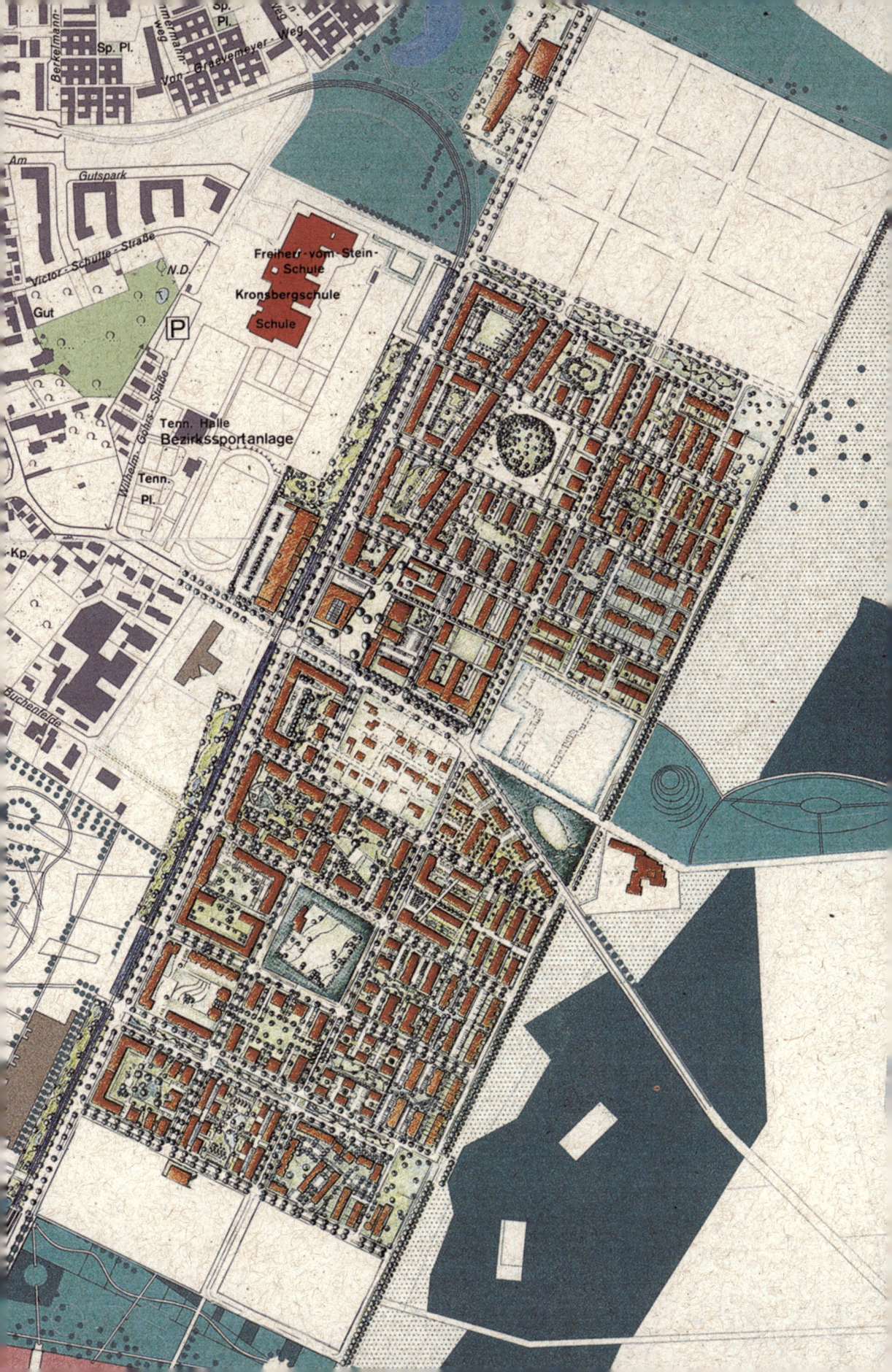

Freiherr-vom-Stein-Schule
Kronsbergschule
Schule

Bezirkssportanlage

página anterior
Figura 10.31
A planta de situação do distrito de Kronsberg.
Imagem © arquivos de Landhauptsadt Hannover

Figura 10.32
Pátio interno com uma bacia de retenção de água.
Imagem © arquivos de Landhauptsadt Hannover

sendo que a fração restante se refere a vagas de estacionamento públicas adicionais. Uma ciclovia também divide o terreno de lado a lado. Um agrupamento de edificações de uso misto – incluindo um clube de esporte, um centro comercial, uma igreja e um centro comunitário e artístico próximos à parada central do metrô – permite que haja um centro permeável ao pedestre na comunidade. Jardins de infância, uma escola de ensino fundamental e uma de ensino médio também se encontram no empreendimento.

O Distrito de Kronsberg se destaca, particularmente, pelo uso de tecnologias ecológicas em edificações individuais e o uso de infraestrutura de alto desempenho. A cidade de Hannover atingiu seus objetivos de eficiência no consumo da energia ao incluir exigências de eficiência nos contratos de venda do solo aos empreendedores. Foi assim, também, que a cidade equilibrou seu desejo de contratar inúmeros empreendedores para que criassem bairros variados, com a necessidade de assegurar que cada moradia atendia às estritas diretrizes de edificação ecológica. Estas foram reunidas em um conjunto único de princípios chamado a Norma de Kronsberg. Além das normas de baixo uso de energia nas casas estabelecida para os empreendedores, o uso de energia foi reduzido com uma monitoração de garantia de qualidade, uma campanha para a economia de energia, várias instalações solares, duas turbinas eólicas de 1,5 megawatt, uma rede de cogeração de energia térmica e elétrica e uma área com habitações passivas apresentando um consumo de energia de 15 quilowatts por metro quadrado por ano. Uma conexão compulsória com a rede de aquecimento do distrito já reduz 23% das emissões de CO_2. A

uma montanha, que foi considerada espaço aberto protegido. Com 117,5 unidades de habitação por hectare líquido, a densidade do assentamento é capaz de suportar uma nova linha de bonde com três estações em Kronsberg. Estas estão localizadas a uma distância de, no máximo, 530 m de qualquer morador, podendo ser acessadas a pé. A via arterial principal localiza-se também ao longo da linha de bonde, na divisa oeste do empreendimento, eliminando de vez o trânsito através dos bairros. O uso de automóveis é ainda mais desestimulado pelo fato de que o empreendimento permite apenas 0,8 automóvel por unidade de habitação,

água da chuva é canalizada para os jardins e pode ser absorvida pelo solo lentamente, recarregando o lençol freático. Todo o solo escavado foi também usado dentro do empreendimento para o paisagismo, a eliminação do custo e da população que estaria envolvida na remoção de 100 mil caminhões de terra. A cidade também instituiu um programa de compostagem caseira para complementar os procedimentos padrão de reciclagem.

O novo empreendimento oferece as habitações tão necessárias para uma grande mistura social. Os moradores do distrito de Kronsberg que trabalham na região central de Hannover se deslocam apenas 19 minutos em um sistema de ônibus rápido (BRT) com intervalos de oito a 15 minutos, e os ônibus convencionais passam a cada 15 minutos. Visto que todas as habitações são subsidiadas, exceto em um setor de casas em fita, a cidade teve ótimas oportunidades para controlar a demografia do empreendimento. A prefeitura exerceu o seu poder legislativo e aumentou o teto da renda para a ocupação de Kronsberg para o dobro do seu limite normal, garantindo a diversidade econômica da população. Os empreendedores receberam subsídios para a construção das moradias populares. Como seus projetos precisavam ser aprovados pelos planejadores urbanos e ecológicos, o empreendimento permanece heterogêneo, e o objetivo de ter moradias populares foi alcançado sem que isso resultasse em um desenho urbano monótono.

Figura 10.33 Miolo de quadra da cidade solar. Imagem © arquivos de Landhauptsadt Hannover

Projeto de Loreto Bay
Sul da Baixa
Califórnia
México

Na aldeia de Loreto Bay, o governo mexicano se associou ao Trust for Sustainable Development para reinventar o gênero de comunidade de *resort*. A gleba de 3.200 hectares – considerada um novo destino turístico pela agência mexicana de turismo FONATUR há 25 anos, mas que nunca foi além da infraestrutura básica – incluirá seis mil moradias, um hotel, um campo de golfe e dois mil hectares de área protegida. Diferente das comunidades de *resort* tradicionais tão perdulárias, a filosofia de "desenho regenerativo" de Loreto Bay busca melhorar de verdade a saúde ecológica da área por meio do empreendimento.

Lá, a vida é propositalmente planejada para se passar lentamente. Ruas estreitas de pedestres permanecerão livres do trânsito devido a uma substituição dos veículos movidos a gasolina por bicicletas e carros elétricos. Bairros propositalmente pequenos garantem que a maioria dos moradores chegue ao centro do bairro a pé em poucos minutos. Espaços abertos públicos e privados estão espalhados pelo empreendimento, incluindo inúmeros parques, parques infantis e miolos de quadras com fontes gotejantes. Visto que o empreendimento incluirá vários espaços de uso misto, com áreas de compras, lazer e encontro, estima-se que 50% dos moradores

Resumo do projeto

Plano diretor: Duany Plater-Zyberk & Company
Empreendedor: Loreto Bay Company
Cronograma: Projeto iniciado em 2003; intervenções feitas pelos usuários e ocupação final da área em 15 anos
Unidades de habitação: Aproximadamente seis mil
Área construída comercial: 7.150 metros quadrados na Founder's Village (fase 1)
Área do terreno: 3.200 hectares (1.200 ocupados, dois mil protegidos)

Destaques e parâmetros do projeto

- O parque eólico de 20 megawatts poupará a área do uso de diesel para a geração de energia elétrica.
- Oito quilômetros de estuários restaurados
- Dois mil hectares protegidos e restaurados como *habitats* nativos
- O programa de reciclagem enviará menos de 10% dos resíduos dos moradores para aterros sanitários
- Nenhum veículo a gasolina é permitido; em vez deles, carros elétricos, carrinhos para golfe, bicicletas, sistema de automóveis compartilhados
- Seis mil empregos permanentes criados
- Um por cento de todas as vendas e revendas financia uma organização sem fins lucrativos para apoiar iniciativas sociais
- Sistema de monitoramento do consumo de energia elétrica
- Sistema de aquecimento solar de água em todas as moradias

Elementos-chave do urbanismo sustentável

- Espaços abertos
- Corredores de biodiversidade
- Sistemas de gestão da água pluvial
- Integração de transporte, uso do solo e tecnologia
- Impacto do planejamento no consumo de energia das edificações
- Água e o debate sobre a densidade
- Ruas e redes permeáveis para o pedestre
- Sistema de automóveis compartilhados

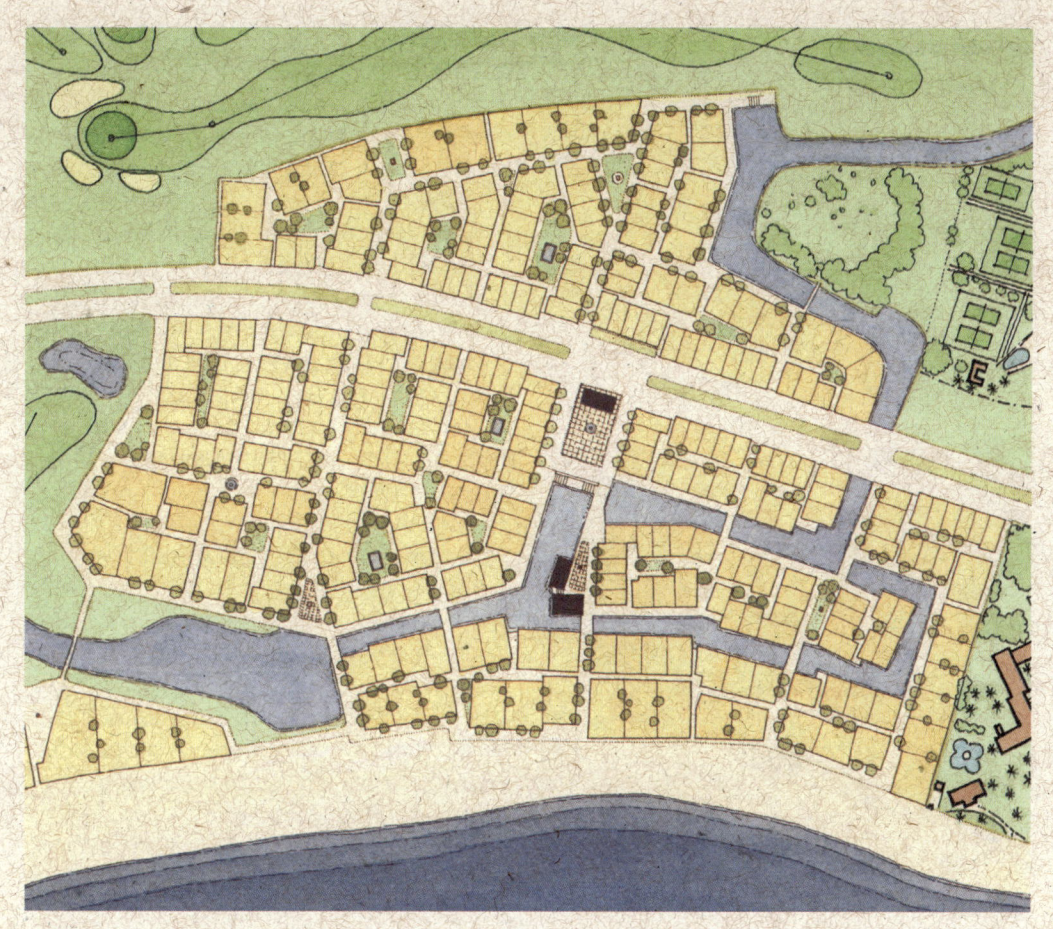

Figura 10.34 A planta de localização da fase 2 do Loreto Bay. Imagem © 2004 Duany Plater-Zyberk & Company

sempre estarão dentro de Loreto Bay. Isso também elimina a necessidade de veículos que podem ser usados em estradas e promove um senso de comunidade entre os moradores.

Atualmente, a Loreto Bay Company (uma subsidiária da Fundação para o Desenvolvimento Sustentável, liderada por David Butterfield) está implementando um plano extremamente ambicioso de sustentabilidade que procurará produzir, a partir de fontes renováveis, mais energia do que o empreendimento precisa. As moradias apresentam aparelhos sanitários e eletrodomésticos eficientes no consumo de energia, e de água. Um clube planejado junto à praia será construído para atingir o nível Platinum do LEED. A maioria das moradias foi construída com blocos semelhantes a adobe, feitos com materiais locais (e pintadas com tintas com baixos índices ou nada de compostos orgânicos voláteis), reduzindo os custos de transporte e criando um excelente isolamento térmico. A ventilação natural também é utilizada, com pátios internos muito verdes e claraboias nas cozinhas. Unidades de água aquecida pelo calor do sol são fornecidas para todas as moradias, e a energia solar também alimenta as bombas das piscinas e dos chafarizes. Em uma tentativa

Figura 10.35
Vielas entre as moradias produzem sombra e privilegiam os pedestres. Imagem © Duany Plater-Zyberk & Company

de encontrar formas criativas de estimular os moradores a consumir menos energia, a Loreto Bay Company quer incluir um sistema de monitoração nas moradias, para simplificar o acompanhamento do consumo de energia.

O mote do programa de sustentabilidade da Loreto Bay Company é a sua infraestrutura de alto desempenho, cujo elemento mais interessante é a proposta de um parque eólico de 20 megawatts próximo a Puerto San Carlos. Um estudo de viabilidade recentemente finalizado sugere que este projeto é viável por diversas razões. O parque eólico ficará perto de uma usina de energia já existente, o que permitirá que a energia eólica seja transferida diretamente para a rede pública. Já que Loreto Bay está previsto para consumir apenas de seis a 10 megawatts de energia, o excesso será vendido para os municípios vizinhos. Essa situação é extremamente benéfica para a grande área do sul da Baixa Califórnia, pois lá a eletricidade tem sido gerada com a combustão de diesel, que é muito caro, flutua com os preços do petróleo e polui o ar. Há, ainda, a possibilidade de expandir o parque eólico, no futuro, para 40 ou 60 megawatts, reforçando ainda mais a promessa de que ele seja um bom negócio.

A conservação da água é vital na região, e a fundação irá tratá-la com diferentes meios. O primeiro é a restauração de duas bacias hidrográficas. Pequenas barragens reduzirão o fluxo da água em canais naturais de água pluvial, dando à água tempo para penetrar no aquífero. A criação desse sistema levará muitos anos; por isso, o Trust está desenvolvendo um programa de dessanilização usando um processo de osmose reversa. Além disso, o campo de golfe está sendo re-semeado com a grama Paspalum (uma planta tolerante ao sal), e o plano de gestão da água pluvial será usado para direcionar a chuva para as áreas verdes. Parte da restauração das bacias hidrográficas inclui o cercamento de dois mil hectares do terreno para protegê-lo da pastagem excessiva e a reintrodução de vegetação nativa na área. Oito quilômetros de pântanos também serão restaurados. Isto incluirá a plantação de milhares de árvores de mangue, que abrigam a vida silvestre nativa. Esse sistema de conservação da água permite que a Loreto Bay Company busque seu objetivo de aumentar, ao mesmo tempo, a biodiversidade e a biomassa do empreendimento com um todo. Para reduzir a quantidade de resíduos, a Loreto Bay usará um modelo de reciclagem seco/orgânico (que se mostrou, em outros empreendimentos, capaz de atingir 98% de participação), que solicita aos moradores separarem os resíduos em matéria orgânica, recicláveis e não recicláveis. A matéria orgânica será compostada para produzir fertilizantes para o centro agrícola da comunidade (incluindo uma fazenda orgânica e uma floricultura) e o excesso será vendido para as comunidades vizinhas. O objetivo final do programa de reciclagem é mandar menos de 10% de todos os resíduos para um aterro sanitário.

Sendo uma comunidade de *resort*, a integração de Loreto Bay na comunidade mexicana a sua volta é ainda mais crucial que a maioria dos novos empreendimentos. A Loreto Bay Company está buscando políticas para tornar Loreto Bay um bom vizinho para as áreas em seu entorno, a começar pelo uso da mão de obra local. Estima-se que serão gerados cerca de dois mil empregos durante a construção, com seis mil empregos permanentes disponíveis quando o empreendimento estiver completo (a maioria no setor dos *resorts*). Os trabalhadores geralmente vivem na região a uma distância de cerca de 10 km do empreendimento. O Loreto Bay também está desenvolvendo uma estratégia de moradia subsidiada regional junto com o governo mexicano para tornar possível que os moradores vivam perto de seu local de trabalho. Atualmente, a ideia é incluir habitações subsidiadas integradas suficientes para acomodar 50% dos empregados do *resort*, sendo que o restante pode usar o transporte público para chegar à comunidade. A Loreto Bay Company está comprometida a pagar um salário generoso para os trabalhadores e exige que os subempreiteiros façam o mesmo. A Fundação para o Desenvolvimento Sustentável também criou uma fundação mexicana sem fins lucrativos, a Loreto Bay Foundation, para atender às necessidades sociais, educacionais e comerciais do seu entorno. Um por cento da receita de todas as vendas e revendas sempre irá diretamente para a fundação, para financiar as iniciativas sociais e sustentáveis. Também estão sendo angariadas verbas para um novo centro médico completo no município de Loreto. A inclusão de um plano de transporte público regional nos próximos anos completa o pacote de iniciativas previstas para a integração bem-sucedida de Loreto Bay na comunidade da região sul da Baixa Califórnia.

Figura 10.36
Os espaços abertos se destacam na maioria das unidades de Loreto Bay. Imagem © DuanyPlater-Zyberk & Company

Figura 10.37
A vista elevada mostra o perfil variado das coberturas e o oceano. Imagem © Duany Plater-Zyberk & Company

Civano
Tucson, Arizona
Estados Unidos

Civano é um exemplo dos resultados obtidos quando um projeto consegue tirar partido de um clima político favorável ao desenho urbano sustentável; porém, também demonstra que uma mudança na gestão do empreendimento pode fazer com que um movimento pelo desenho sustentável seja perdido. Na década de 1980, novas tecnologias de energia solar chamaram a atenção de Bruce Babbit, governador do Arizona. Com o apoio da cidade de Tucson, planos para uma aldeia solar começaram ser feitos e, alguns anos depois, expandiram-se e incorporaram outros princípios sustentáveis além da energia solar. Os primeiros planos para o projeto foram feitos por meio de várias *charrettes* de desenho urbano, incorporando ideias de novos urbanistas importantes, como Andres Duany e Stefanos Polyzoides, do famoso arquiteto sustentável William McDonough, e também dos membros da comunidade.

O ponto forte de Civano está em sua integração de tecnologias sustentáveis com um desenho urbano voltado para a comunidade. Suas habitações, centros comerciais, locais de trabalho, escolas, equipamentos cívicos, parques e espaços abertos evocam, propositalmente, a arquitetura histórica do sudoeste dos Estados Unidos e fazem referência ao belo Deserto de Sonoran. O plano apresenta sensibilidade

Resumo do projeto
Plano diretor: Moule & Polyzoides, com a colaboração de Duany Plater-Zyberk e Wayne Moody
Cronograma: Discussões iniciais no início da década de 1980; projeto iniciado em 1996; construção do Bairro 1 (de quatro) iniciada em 1998
Unidades de habitação: Mais de duas mil
Área construída comercial: Aproximadamente 93 mil metros quadrados
Área do terreno: 458 hectares

Destaques e parâmetros do projeto
A Norma de Civano, com as seguintes metas:
- Reduzir em 65% o consumo de água potável
- Reduzir em 50% o consumo de energia de combustíveis fósseis em relação ao Código de Energia Modelo de 1995
- Reduzir em 40% os quilômetros rodados pelos veículos no interior do empreendimento
- Criar um emprego *in loco* a cada duas moradias
- Reduzir os resíduos sólidos que vão para aterros sanitários
- Habitações subsidiadas: 20%
- A construção terá 30% menos resíduos que a média do local
- Espaços abertos: 35%

Elementos-chave do urbanismo sustentável
- "Terceiros lugares"
- Espaços abertos
- Corredores de biodiversidade
- Sistemas de gestão da água pluvial
- Impacto do planejamento no consumo de energia das edificações
- Ruas e redes permeáveis para o pedestre

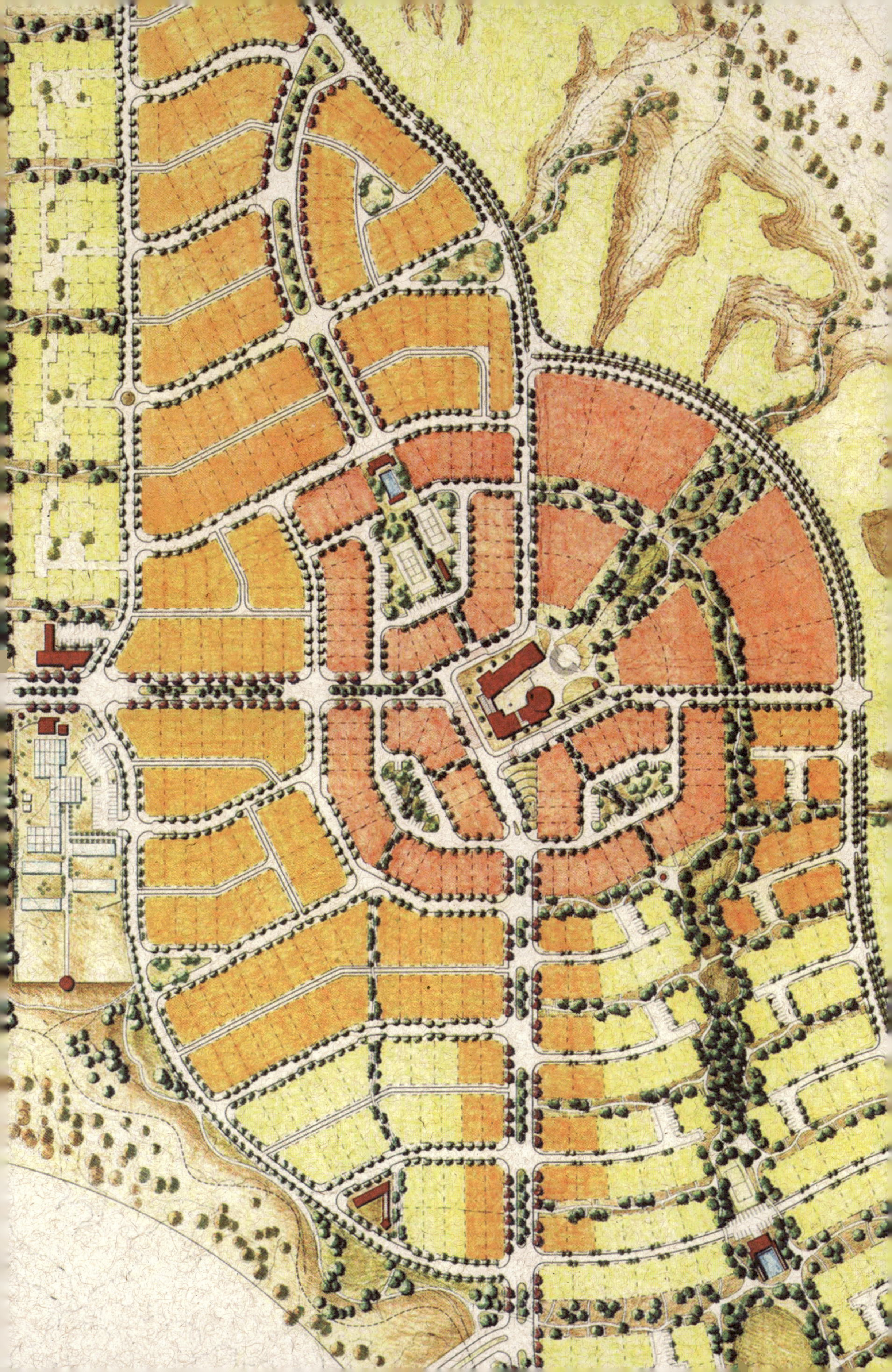

página anterior
Figura 10.38
A planta de situação de Civano.
Imagem © Elizabeth Moule + Stefanos Polyzoides Architects and Urbanists; Duany Plater-Zyberk & Company; and Wayne Moody

Figura 10.39
Os espaços abertos com sombreamento são um importante elemento do desenho urbano que tira partido do clima moderadamente ensolarado. Imagem © Moule + Polyzoides

Figura 10.40
Uma vista do centro do bairro de Civano, com uma torre de resfriamento anexa. Imagem © Moule + Polyzoides

ao contexto desértico ao aproveitar a ampla iluminação solar da região com diversas tecnologias solares e buscar incessantemente a conservação da água. O acordo de empreendimento entre a cidade de Tucson e a empresa empreendedora fixou esses objetivos ao prometer reduzir o consumo de energia residencial em 50% e de água potável em 65%.

O Bairro 1, desenhado pelos arquitetos da Moule & Polyzoides junto com a Duany Plater-Zyberk & Company e a Wayne Moody, teve seu leiaute lançado de acordo com o transecto novo urbanista. Utilizando o transecto como uma diretriz, os desenhistas urbanos puderam garantir que haveria, em cada bairro, lugares de encontro, circulação de pedestres, usos mistos e muitos espaços abertos.

Visto que o projeto de Civano começou relativamente cedo no movimento do desenho urbano sustentável, enfrentou vários desafios, como o de encontrar empreiteiros familiarizados com as práticas de edificação sustentável. Em certo momento, os empreendedores de Civano conseguiram aplicar uma variedade de técnicas sustentáveis criativas, incluindo o uso de materiais como fardos de feno e adobe e um esquema ambicioso de conservação das plantas nativas liderado pela Floricultura e Centro de Jardinagem de Civano, que também atua como um centro educativo comunitário; e estratégias de economia de energia, como as torres de resfriamento, o uso de massas termoacumuladoras, a orientação das edificações e a coleta da água da chuva. A maioria das moradias tem um sistema de aquecimento solar de água e foi projetada para instalar painéis fotovoltaicos, se estes já não estiverem instalados.

Projetar Civano de acordo com a área desértica permitiu que a comunidade reduzisse o consumo de energia radicalmente. A própria cidade de Tucson adotou a norma do projeto. Como parte de sua contribuição para o projeto, Tucson também concordou em es-

Figura 10.41
Civano emprega o tradicional padrão de edificações agrupadas do sudoeste dos Estados Unidos, organizando as casas ao redor de um pátio interno. Imagem © Moule + Polyzoides

tender sua rede de água da chuva coletada para que o todo empreendimento pudesse ter acesso a ela. Esse sistema dual de gestão da água, separando a potável da não potável, se estenderá por todas as edificações. Junto com a tecnologia de coleta da água da chuva e o cultivo de plantas nativas que a armazenam, Civano implementou uma estratégia de consumo mais adequada ao ambiente desértico que os empreendimentos comuns. Sua transformação de subúrbio padrão com painéis solares instalados de maneira informal em um município maduro e permeável ao pedestre é um caso interessante de mudanças criadas em uma comunidade sustentável mediante o acúmulo de conhecimentos sobre o meio ambiente. Embora o conceito original de subúrbio com energia solar foque apenas uma tecnologia, 85% dos ganhos em sustentabilidade do plano final podem ser atribuídos ao desenho urbano e apenas 15% à tecnologia da edificação.

À medida que o projeto entrou no século XXI, a Moule & Polyzoides continuou desenvolvendo-o, desenhando o primeiro centro do bairro, moradias com pátios laterais, edificações agrupadas e vilas típicas do deserto. Finalmente, completaram um plano para todo o projeto – que nunca foi executado, visto que o projeto dos outros bairros passou para novas mãos. A nova equipe de empreendimento ignorou, em grande parte, o modelo de desenho inicial, e, como resultado, o novo deserto urbano de Civano talvez se transforme em uma série de subúrbios convencionais.

Poundbury
Dorchester, Inglaterra

Ousadamente tradicional, o Poundburry é o grande experimento do Príncipe de Gales com o desenho urbano sustentável. O empreendimento fica no lado oeste de Dorchester e imita o estilo arquitetônico típico do município, que remonta à época em que era uma cidade comercial. Em 1988, o Príncipe de Gales selecionou Leon Krier, um conhecido promotor do urbanismo tradicional, para criar um plano diretor de 152 hectares para administrar o crescimento de Dorchester nos anos seguintes.

O foco do plano de Krier é a criação de um forte senso de lugar. Ele consegue isso com a arquitetura tradicional do condado de Dorset e uma malha viária que valoriza o pedestre e desestimula o uso de automóveis. Será difícil para o trânsito de passagem usar as ruas exíguas, e os visitantes encontrarão muito mais vagas nas ruas que em estacionamentos ao ar livre. Os moradores precisam de uma autorização para ter uma vaga de estacionamento privada, que geralmente fica em pátios localizados atrás das edificações, e a previsão original de 2,3 vagas por família baixou para 1,5. A densidade mais alta em relação aos subúrbios tradicionais permite que haja lojas e escritórios locais, deixando os moradores a não mais de cinco minutos a pé dos locais que suprem suas necessidades diárias. O

Resumo do projeto
Plano diretor: Leon Krier
Empreendedor: Ducado da Cornualha
Cronograma: Plano diretor de Leon Krier em 1988; fase 1 completa em 2002; fase 2 em desenvolvimento
Unidades de habitação: 2.250
Área construída comercial: não está disponível
Área do terreno: 152 hectares

Destaques e parâmetros do projeto
- Criação de dois mil empregos prevista (800 até agora)
- Habitação subsidiada: 35%
- Exigências de estacionamento reduzidas para 1,5 vagas por unidade de habitação
- Muitas moradias construídas dentro das normas Eco Homes Excellent
- Escoamento pluvial superficial reduzido com o uso de biodigestores
- Espaços abertos: 35%
- Compartilhamento de automóveis em todo o condado
- Mercado de fazendeiros, com planos para um mercado coberto permanente

Elementos-chave do urbanismo sustentável
- Benefícios econômicos de lojas locais
- Espaços abertos
- Sistemas de gestão da água pluvial
- Alta densidade
- Impacto do planejamento no consumo de energia das edificações
- Ruas e redes permeáveis para o pedestre
- Sistema de automóveis compartilhados
- Gestão da demanda de deslocamentos
- Habitações livres de automóveis
- Infraestrutura de alto desempenho

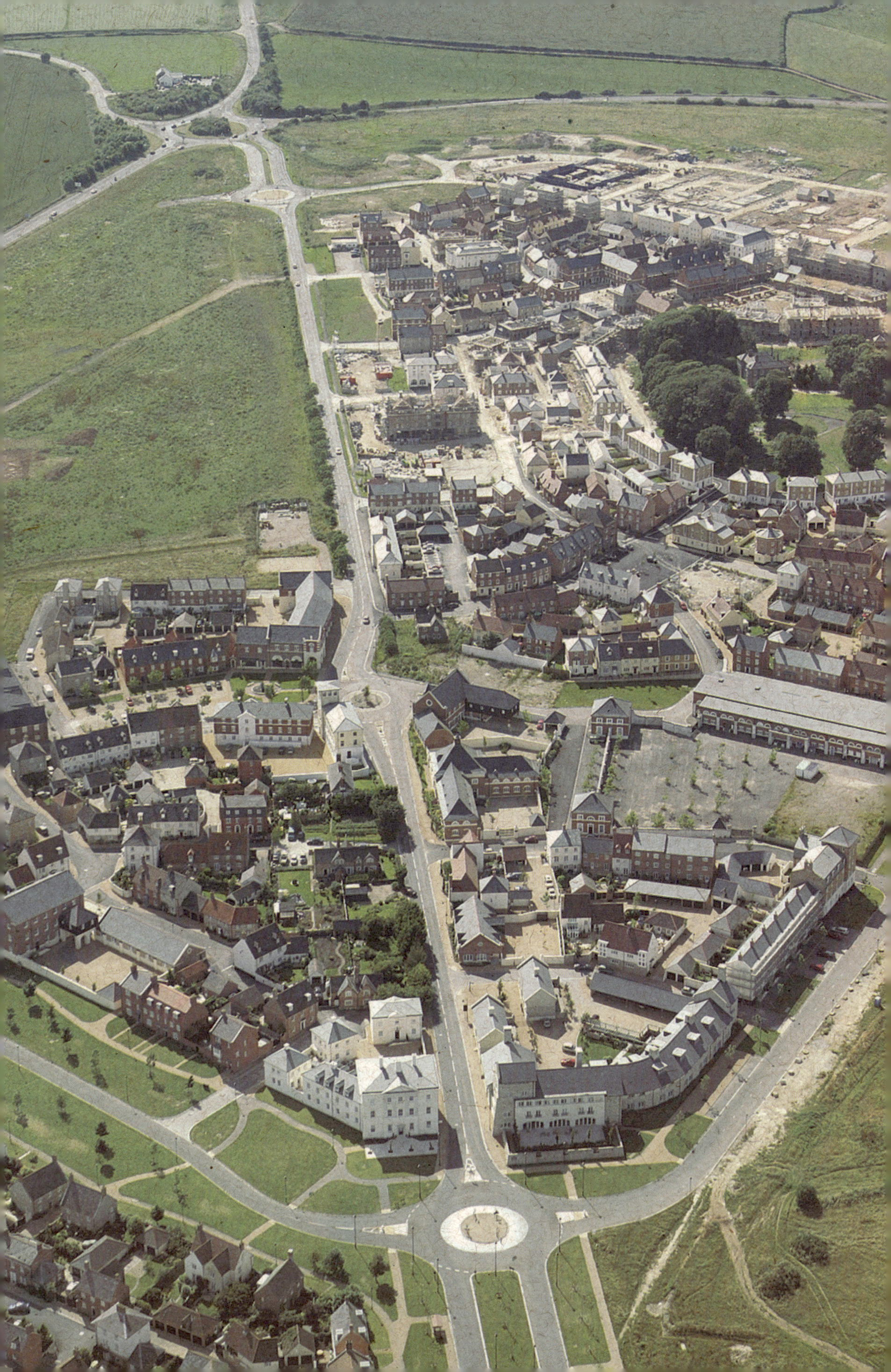

página anterior
Figura 10.42
Vista aérea de Poundbury, composta por um tecido de uso misto. Fábricas harmoniosamente localizadas em ruas adjacentes às propriedades residenciais, e bairros onde se pode caminhar.
Imagem © Commission Air 2005

grande percentual de espaços abertos (cerca de 35% do empreendimento, composta de 40 hectares de espaço passivo e 12 hectares de espaço ativo) também garante que todo morador possa acessar algum em cinco minutos. O empreendimento se proclama, enfaticamente, como de uso misto – não um subúrbio residencial –, mesclando, com orgulho, escritórios, indústrias leves e moradias. Cada um dos quatro bairros (as quatro fases do projeto) apresentará todos os tipos de usos. Para preservar a atmosfera tradicional do terreno, modificações futuras nas edificações deverão ser aprovadas pelo Ducado da Cornualha.

O empreendimento como um todo usa pouca tecnologia e infraestrutura ecológica, mas incorpora várias ideias de desenho sustentável. A maioria das edificações está localizada de forma que possa tirar proveito do ganho passivo da energia solar, reduzindo os custos de calefação e refrigeração. As paredes-meias exigidas pela alta densidade também favorecem o isolamento térmico das unidades. Muitas edificações que apresentam tecnologias ecológicas mais substanciais foram planejadas e pretendem atingir a certificação Ecohomes Excellent, usando elementos como os painéis fotovoltaicos, a coleta da água da chuva, o aquecimento solar da água e o isolamento com lã de ovelha. O projeto historicista de alto padrão é mantido com o uso de materiais locais sempre que possível, incluindo ardósia, pedras e rebocos. O ducado também regula aspectos do desenho, como o caimento das coberturas e as chaminés. Os biodigestores estão distribuídos por toda a comunidade, para fazer com que a água da chuva retorne ao solo. Diversas opções de transporte público eliminam a necessidade de usar automóveis nas vias estreitas e sinuosas. Um sistema de automóveis compartilhados está disponível aos moradores do condado, e um ônibus que passa de hora em hora oferece transporte para o centro de Dorchester. A estação de trem também fica próxima, a 20 minutos a pé de Poundbury. Um mercado de fazendeiros bimestral está em desenvolvimento atualmente, e há também planos de construir um mercado coberto permanente.

Um aspecto do empreendimento no qual o Príncipe de Gales insistiu foi a mescla entre as moradias populares e as das classes média e alta. Em Poundbury, 20% das unidades são de propriedade de uma associação de habitação local e alugadas para inquilinos de baixa renda, ao passo que 15% são subsidiadas, utilizando esquemas como o "time sharing" e o desconto no preço de venda. Algumas unidades também estão disponíveis para moradores e aposentados com necessidades especiais. Além disso, 800 novos empregos em Poundbury (previstos para serem dois mil quando o empreendimento estiver completo) oferecem oportunidade para moradores de todas as classes econômicas viverem perto de seus locais de trabalho.

Figura 10.43 As ruas de Poundbury exemplificam como os desafios impostos pelas vias arteriais podem ser resolvidos com êxito. Os automóveis são integrados ao desenho das ruas, para que os pedestres sejam priorizados, e a forma urbana é usada para que se consiga a moderação do trânsito. Imagem © Richard Ivey

Figura 10.44 O mercado de Poundbury. Ao contrário de muitos dos novos empreendimentos habitacionais, Poundbury desenvolveu o senso de comunidade por meio do desenho físico da praça da cidade e de Brownsword. Imagem © Richard Ivey

Capítulo 11
O Urbanismo Sustentável de Última Geração

Projetos não construídos para vazios urbanos

Dockside Green
Vitória, Colúmbia Britânica
Canadá

Resumo do projeto
Plano diretor: Busby Perkins+Will
Empreendedor: Windmill Development Group e Vancity Enterprises
Cronograma: 10 anos para construção total; a primeira fase está prevista para terminar no fim de 2007
Unidades de habitação: Aproximadamente 860
Área construída comercial: 22.600 m² (mais 6.863 m² de área industrial)
Área do terreno: seis hectares

Destaques e parâmetros do projeto
- Todas as 26 edificações com certificação LEED Platinum
- Economia no consumo de energia estimada em 45–55%
- Economia no consumo de água potável estimada em 65%
- Habitação subsidiada: 11%
- Usina de cogeração de energia à biomassa
- Usina de geração de energia a biodiesel
- Revitalização da indústria portuária
- Reúso ou reciclagem de pelo menos 90% dos resíduos *in loco*
- Vias de pedestre e ciclovias passam pelo centro do empreendimento

Elementos-chave do urbanismo sustentável
- Comércio de bairro
- Benefícios econômicos de lojas de propriedade local
- Espaços abertos
- Corredores de biodiversidade
- Sistemas de gestão da água da chuva
- Tratamento de esgoto *in loco*
- Alta densidade
- Integração entre transportes, uso do solo e tecnologias
- Impacto do planejamento no consumo de energia das edificações
- Grandes sistemas distritais de geração de energia
- Ruas e redes permeáveis a pedestres
- Sistema de automóveis compartilhados

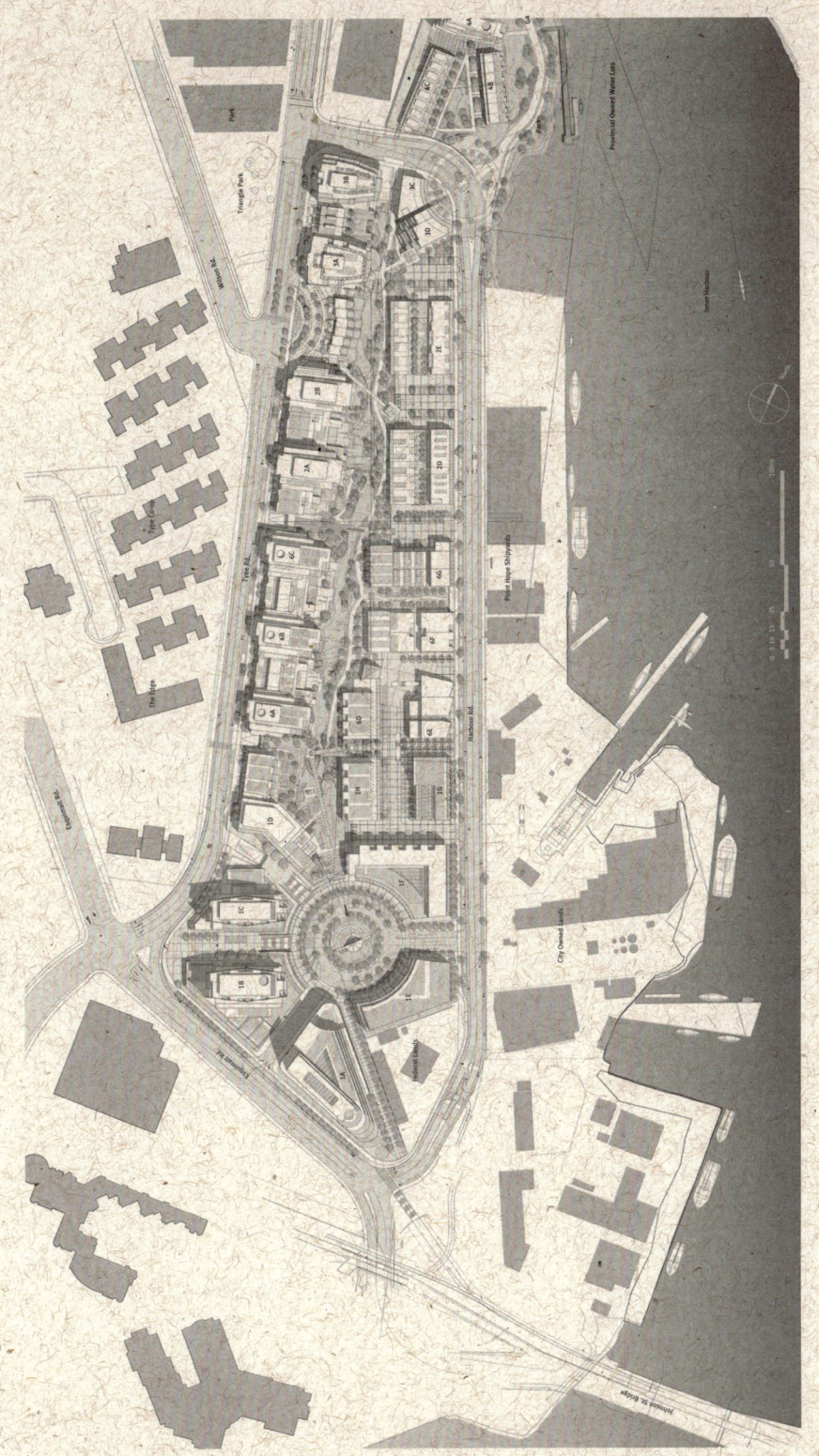

Capítulo 11 O Urbanismo Sustentável de Última Geração **267**

Figura 11.1 Planta de situação de Dockside Green. Cortesia de Busby Perkins+Will Architects.

Um terreno industrial outrora abandonado em breve será o lar do mais ambicioso projeto de arquitetura sustentável da Cidade de Vitória de até então. Windmill Development Group e Vancity Enterprises estão desenvolvendo o projeto Dockside Green, de seis hectares. A cidade e os empreendedores têm como objetivo um empreendimento com carbono zero e certificação LEED Platinum para todo o projeto, rejuvenescendo este terreno à beira-mar, que já esteve contaminado com petroquímicos e metais pesados tóxicos. O núcleo do projeto é uma filosofia de "resultado final triplo" que valoriza não somente os lucros econômicos, mas também o desempenho ambiental e social.

O projeto responde ao seu contexto fragmentado propondo quatro áreas de caráter distinto. Esta superquadra inspirada em Radburn está organizada em torno de um caminho verde central, com um córrego e ciclovias. Além disso, há uma rede especial de vias para pedestres e ciclistas que passa pelo Galloping Goose Trail, uma trilha muito popular da região que leva ao centro da cidade. O projeto também valoriza um passeio à beira-mar com vegetação nativa, aproveitando a vista da orla. Um grande número de árvores acompanha as vias de pedestre e as ruas. A South Plaza e vários outros eixos de uso misto dão acesso a edifícios de escritórios e a lojas e restaurantes que não são de rede, incentivando os moradores a aproveitar as vias de pedestre. Um anfiteatro comunitário e um espaço reservado para exibições de arte públicas também encorajam os moradores do projeto a interagir com seus vizinhos e aproveitar a paisagem de maneira ativa.

O Dockside Green talvez seja mais famoso por seu plano audacioso de obter a certificação LEED Platinum para todas as 26 edificações da área, além de incluir uma ampla infraestrutura verde. Joe Van Belleghem – o responsável pelo projeto no Windmill Development Group – e o resto da equipe do empreendimento foram inclusive um passo além e assumiram o compromisso de pagar uma multa de até um milhão de dólares canadenses se o empreendimento inteiro não atender aos padrões necessários para obter tal certificação, mostrando a confiança e a força de vontade que tornou famoso este projeto. As economias com energia estimadas para cada prédio serão de 45 a 55% em relação Código de Edificações Modelo do Canadá, graças ao uso de uma variedade de tecnologias, incluindo um sistema de unidades de radiação com quatro tubos, vidros duplos de baixa emissividade (valor E) e brises nas fachadas oeste e sul (hemisfério norte). As diversas tecnologias de iluminação empregadas incluem o uso de lâmpadas fluorescentes compactas, lâmpadas com LEDs nos corredores, sensores de ocupação e iluminação natural em algumas áreas de jardim. As coberturas verdes resfriam os prédios e ajudam a canalizar a água da chuva, que é direcionada para corpos de água artificiais e bacias sanitárias. Os empreiteiros utilizarão materiais ecologicamente sustentáveis, como carpetes em placas com baixa emissividade, tintas

Figura 11.2
Representação artística da Tyee Road, mostrando a alternância de áreas com árvores e faixas de estacionamento paralelo, bem como as vias de pedestre e as ciclovias. Cortesia de Busby Perkins+Will Architects.

Figura 11.3
Um caminho verde atravessa a área e inclui córregos e espelhos de água, bem como uma trilha para pedestres e ciclistas. Cortesia de Busby Perkins+Will Architects.

com pouco ou nenhum composto orgânico volátil (VOC), pisos e armários de bambu, cortiça e madeira de demolição. Além disso, os empreiteiros pretendem reusar ou reciclar no mínimo 90% do lixo da construção *in loco*. Os moradores podem aproveitar ao máximo os benefícios de suas casas supereficientes monitorando seu consumo de água, eletricidade e energia para calefação por meio de sensores individuais (que em outros projetos executados ajudaram a reduzir o consumo de energia em 20%).

A previsão de economia total no consumo de água para o empreendimento é de

Figura 11.4 A Harbour Road corre ao longo da periferia do empreendimento, junto às áreas com água, conectando áreas habitacionais, comerciais e industriais. Cortesia de Busby Perkins+Will Architects.

265 milhões de litros, graças a uma estação de tratamento de esgoto *in loco*, aparelhos sanitários eficientes e a canalização estratégica do escoamento da água da chuva. Os corpos de água artificiais, como um córrego, são muito bonitos, além de ajudar a limpar o fornecimento de água. Uma usina de cogeração de energia elétrica e térmica usará madeira descartada para a calefação das moradias e o fornecimento de água quente. A gordura descartada pelos restaurantes do local irá para uma usina a biodiesel que fornecerá combustível para um minissistema de transporte público e automóveis de uso compartilhado. As opções de mobilidade são abundantes: os moradores podem escolher entre o sistema de automóveis compartilhados (que usa exclusivamente veículos elétricos ou de baixo consumo), o minissistema de transporte público, uma doca com barcas e uma possível linha de ônibus direta a ser fornecida pela cidade. Especialistas independentes avaliarão o desempenho destes elementos de infraestrutura um ano após a instalação, para certificar que eles estejam trabalhando em sua capacidade máxima.

A diversidade populacional do empreendimento será promovida pela inclusão de 11% de moradias subsidiadas e moradias para idosos, com serviços especiais. Os funcionários da First Nation estão sendo treinados em diferentes ofícios para ajudar na construção do projeto. Os empreendedores também ressaltam o zoneamento de uso especial do Dockside Green, que reserva espaços para as indústrias leves que tradicionalmente ocupam a área. As docas também ajudarão a reforçar o caráter marítimo da área e a reforçar sua contextualização em um bairro portuário.

Nota: Na época da publicação deste livro, o projeto já estava bastante avançado.

Figura 11.5 Dockside Green tira partido de sua localização junto à orla, e oferece acesso a uma área de lançamento de barcos e a um táxi aquático. Cortesia de Busby Perkins+Will Architecs.

Projeto Lloyd Crossing
Portland, Oregon
Estados Unidos

O projeto Lloyd Crossing, em Portland, nos Estados Unidos, busca não apenas reduzir a pegada ecológica da área até que se atinjam os níveis existentes na área antes do empreendimento, mas fazê-lo ao mesmo tempo em que se revitaliza uma área-chave do centro da cidade. A Comissão de Empreendimentos de Portland – a agência de revitalização urbana da cidade – contratou a firma de arquitetura, projeto e planejamento urbano Mithun, de Seattle, para criar um plano visionário para uma área de estudo com 35 quadras no Distrito Lloyd de Portland, uma área predominantemente comercial. O Plano de Projeto Urbano Sustentável resultante, de 2004, e o Projeto Catalisador imaginam que o distrito, até 2050, dê lugar a um vibrante bairro de uso misto com maior densidade e uma emissão de carbono líquida zero. As ambiciosas metas de projeto foram estabelecidas por meio do uso de sofisticados sistemas de medição da situação anterior à implantação do projeto descrita por MIthun, que mostrou o impacto ambiental antes do empreendimento, em termos de *habitat*, água e energia. Embora o Projeto Urbano Sustentável esboce uma série de metas de longo prazo previstas para implantação gradual, a área do Projeto Catalisador oferece recomendações para um projeto-modelo menor que aumentará o interesse na sustentabilidade e alavancará novos empreendimentos privativos.

O Projeto Urbano Sustentável enfatiza a configuração do lugar como um importante componente do projeto sustentável. O aumento da área de espaços abertos de várias formas – miniparques, grandes parques, corredores de vida silvestre – aumentará a habitabilidade do local, assim como ajudará a atingir o objetivo do projeto de aumentar a área arborizada de 14,5% para 30% da área. As ruas projetadas têm muita vegetação e moderam o tráfego de veículos por meio da inclusão de passeios de dimensões generosas, ciclofaixas nas ruas principais, árvores nos passeios, canteiros centrais com coníferas e recuos frontais que preservam o caráter das edificações. O projeto também busca preencher os vazios urbanos com edificações de usos variados e uma arquitetura que proporcione uma experiência mais animada para os pedestres.

Os elementos de projeto com sustentabilidade ecológica no nível das edificações são parte crucial deste projeto de sustentabilidade urbana, especialmente porque uma das recomendações-chave do plano é a otimização do coeficiente de ocupação dos lotes, a fim de manter o empreendimento o mais denso possível. O projeto prevê o acréscimo de mais de 750 mil m^2 de área construída às edificações hoje existentes, chegando a um total de um milhão de m^2 até 2050. A eficiência das edificações é o primeiro passo para que se atinjam os padrões de impacto ecológico prévios ao empreendimento e será alcançada com o uso de aparelhos sanitários eficientes, boa orientação solar, coberturas verdes, um arranjo fotovoltaico de 10 megawatts (aumentando o uso da energia solar para 13,7% até 2050) e o aproveitamento da água da chuva para fins não potáveis.

Figura 11.6
Um conceito para a reintrodução da vegetação na área de intervenção do Lloyd Crossing. Imagem © Mithun

---

Resumo do projeto

Plano diretor: Mithun
Empreendedor: Comissão de Empreendimentos de Portland
Cronograma: 2001: a estratégia de desenvolvimento do Lloyd Crossing foi encomendada pelo PDC; 2004: criação do Plano de Projeto de Urbanismo Sustentável e do Projeto Catalisador
Unidades de habitação: Pelo menos mil (em toda a área do estudo); 150–300 para o Projeto Catalisador
Área construída comercial: Pelo menos 1.860 m² de lojas em contato direto com a rua
Área do terreno: 21,6 ha

Destaques e parâmetros do projeto

- O plano para 50 anos estabelece uma estratégia para a redução do impacto ambiental até que se atinjam os níveis anteriores à implantação do projeto
- O balanço das emissões de CO_2 será reduzido de 29 mil ton/ano para 2 mil ton/ano
- Quase 90% da energia virá de fontes renováveis, até 2050
- Um dos objetivos é que o empreendimento possa se manter com a coleta de energia solar e água da chuva
- O Projeto Catalisador excederá os padrões da certificação LEED Platinum
- 100% da água será tratada *in loco*
- Arranjo fotovoltaico de 10 mW
- Um sistema de calefação com circuito fechado permitirá que as edificações existentes se conectem entre si com o passar do tempo

---

Elementos-chave do urbanismo sustentável

- Comércio de bairro
- Espaços abertos
- Corredores de biodiversidade
- Sistemas de gestão da água da chuva
- Tratamento de esgoto *in loco*
- Alta densidade
- Integração entre transportes, uso do solo e tecnologias
- Impacto do planejamento no consumo de energia das edificações
- Grandes sistemas distritais de geração de energia
- Ruas e redes permeáveis a pedestres
- Sistema de automóveis compartilhados

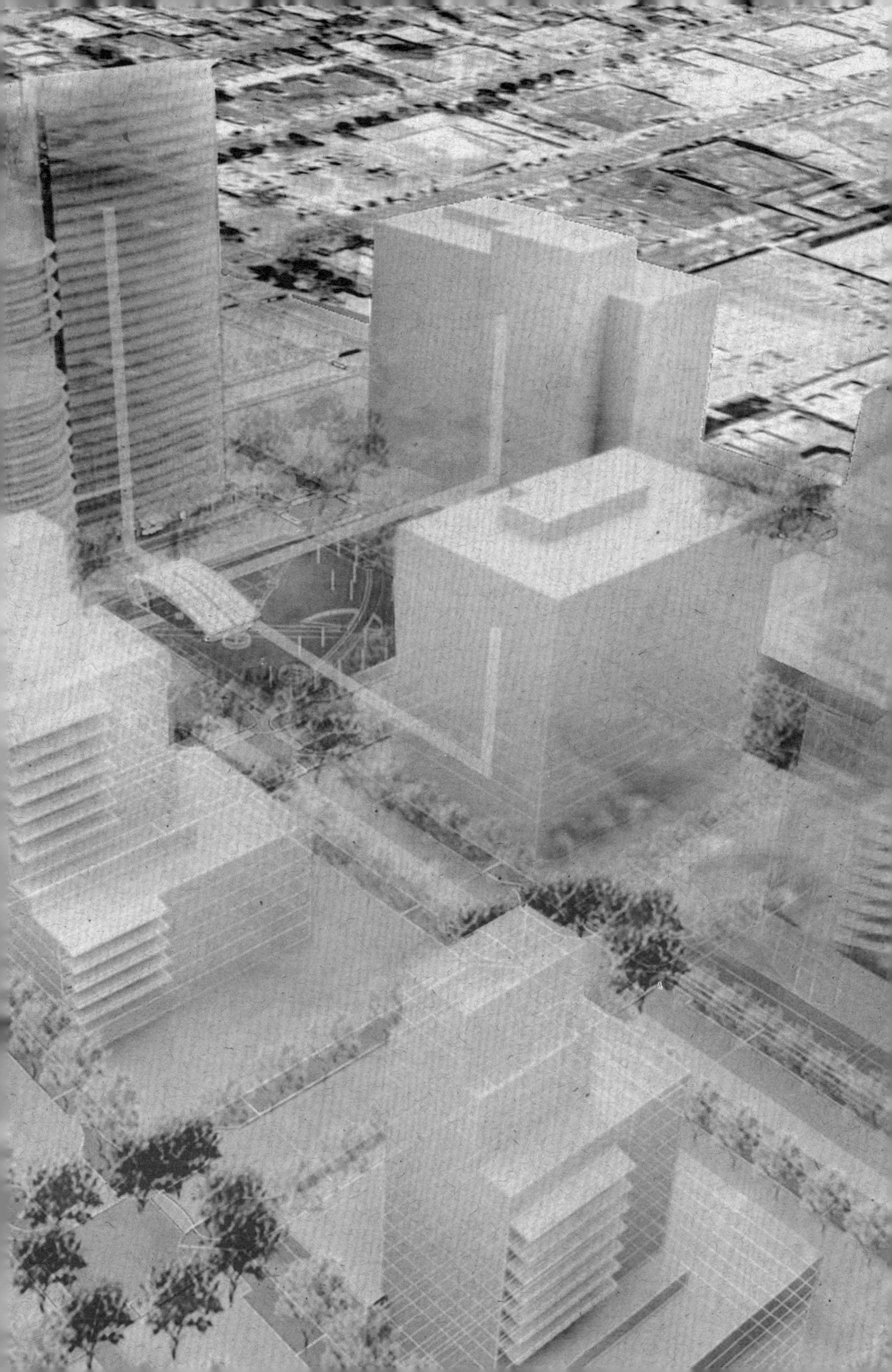

274 Parte Quatro: Estudos de Caso do Urbanismo Sustentável

Condições do consumo de energia para 2050, de acordo com o plano

100% **Incidência de energia solar**
161.006.000 kWh/ano

86.3% **Energia solar refletida, absorvida e liberada**
138.905.309 kWh/ano

2.8% **Energia solar consumida pela iluminação das edificações**
4.534.000 kWh/ano

0.27% **Energia solar utilizada para a fotossíntese**
446.656 kWh/ano

7.8% **Energia solar consumida para a geração de eletricidade** *in loco*
12.568.000 kWh/ano

2.8% **Energia solar convertida** *in loco* **em energia térmica**
4.534.000 kWh/ano

Gás natural comprado de fora do terreno
11.100.000 kWh/ano

Eletricidade gerada nos parques eólicos
51.300.000 kWh/ano

Eletricidade comprada de fora do terreno
46.600.000 kWh/ano

Eletricidade perdida pela transmissão
4.700.000 kWh/ano

Liberação de O_2
27 ton/ano
Consumo de CO_2
38 ton/ano
Sequestro de Carbono
11 ton/ano
Liberação de CO_2 pelo Uso de Gás Gerado *in loco*
2.182 ton/ano

Nota: Este plano de conceito não busca representar as propostas especificamente planejadas para os empreendimentos ou exigidas para eles.

Balanço do carbono
Lançamento líquido na atmosfera: 2.144 ton/ano

Figura 11.7   O plano para ajudar o Lloyd Crossing a viver dentro de seu "orçamento solar" depende, em grande parte, da eletricidade gerada por turbinas eólicas fora do local. Imagem © Mithun

O Projeto Catalisador inclui o plano de ir além do padrão exigido para a certificação LEED Platinum e, portanto, superar o desempenho energético das edificações atuais em pelo menos 300%. Os ambiciosos princípios referentes aos materiais se comprometem com o uso de materiais de baixa emissividade e alto desempenho oriundos de fontes que ficam a uma distância entre 480 e 800 km do sítio do projeto.

O plano do Projeto de Urbanismo Sustentável inclui várias melhorias na infraestrutura de apoio às tecnologias das edificações. O sistema de calefação central proposto permitirá que as edificações economizem, e estas gradualmente deverão se conectar a ele e usá-lo nos horários mais convenientes. A integração das tecnologias de economia de água nas edificações à nova estação de tratamento da água da comunidade possibilitará ao projeto uma redução de 62% no consumo e de 89% no custo anual. Isso se conseguirá por meio da conservação de 30% da água com o uso de aparelhos sanitários eficientes, da reciclagem de 100% da água não potável fornecida pela chuva e das águas fecais e servidas e do tratamento de 100% da água *in loco*. As sugestões iniciais para o Projeto Catalisador também incluem um sistema de tratamento com uma máquina viva em um espaço reservado perto do parque central. O caimento natural do terreno em direção ao rio Willamette, que fica perto da área, também torna viáveis os biodigestores junto aos meios-fios das ruas. Os corredores de vida silvestre conectarão trechos de vegetação com *habitats* de vida silvestre e matas ripárias adjacentes. Embora já seja uma área provida de várias opções de transporte, o Lloyd Crossing também contará com um novo sistema de bondes.

O objetivo geral do projeto é criar uma área excepcionalmente sustentável em termos ecológicos, mas que também promova o desenvolvimento econômico e aumente a densidade populacional. O objetivo claramente exposto pela Mithun de que os moradores possam atender às suas necessidades de água e sol apenas por meio da coleta da água da chuva e do aproveitamento da energia solar exige um investimento de capital significativo na melhoria da infraestrutura e dos prédios, e o Projeto de Urbanismo Sustentável menciona várias estratégias que ajudarão Portland a garantir a obtenção de verbas. Além disso, considera-se que cerca de 80% das economias com a melhoria dos sistemas de abastecimento de água e energia serão reinvestidos no empreendimento, em vez de serem repassados aos moradores. A flexibilidade do projeto se baseia em sua natureza de longo prazo e na possibilidade de ser implantado aos poucos. O processo gradual dará tempo ao surgimento de novas tecnologias e permitirá que a Comissão de Empreendimentos de Portland possa elaborar um pacote de incentivos, programas de comércio temporário e convênios com empresas privadas que tornarão o projeto economicamente viável.

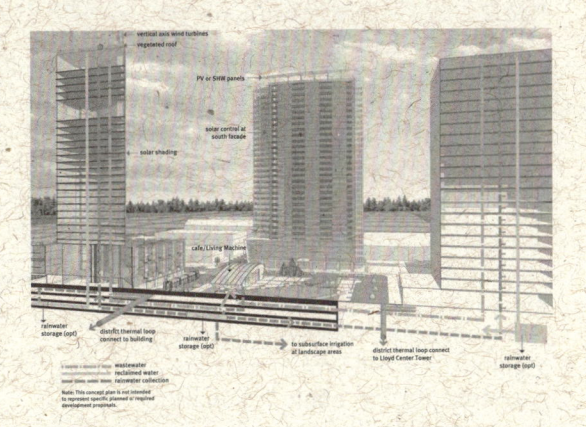

Figura 11.8
As possíveis torres do Projeto Catalisador de Lloyd Crossing incluem inúmeras tecnologias sustentáveis.
Imagem © Mithun

Z-Squared
Londres
Inglaterra

Z-Squared é um novo projeto conceitual para a BioRegional – uma organização sem fins lucrativos que também lançou o revolucionário BedZED – que busca introduzir moradias com zero de emissões de carbono e reciclagem total do lixo no Thames Gateway (Projeto do Portal do Tâmisa), uma zona no leste de Londres que está sendo rapidamente reinventada como uma área residencial, após um longo período industrial. O Z-Squared fornecerá duas mil moradias em um empreendimento urbano de uso misto projetado para adotar os princípios One Planet Living. Uma colaboração entre a BioRegional e a WWF, os 10 princípios One Planet Living embasadores do Z-Squared encorajam os ambientes construídos que permitem às pessoas viver felizes e com saúde sem sobrecarregar os recursos do planeta. No momento da publicação da edição original inglesa desta obra, um terreno adequado para o projeto estava sendo selecionado. A seguir, serão feitas as plantas de localização específicas para os prédios, de acordo com as estratégias descritas no plano visionário abrangente da BioRegional, o "Z-Squared: Implantando o One Planet Living no Projeto do Portal do Tâmisa". O plano visionário inclui análises detalhadas de possíveis tecnologias de projeto e dos cus-

Resumo do projeto
Plano diretor: BioRegional e WWF; projeto do conceito de Foster + Partners
Empreendedor: BioRegional e WWF
Cronograma: o "plano visionário" foi lançado em 2004; a escolha do terreno ocorreu em 2007
Unidades de habitação: 2 mil
Área construída comercial: indeterminada
Área do terreno: indeterminada

Destaques e parâmetros do projeto
- Zero de emissões de carbono, reaproveitamento total do lixo
- Todas as moradias de acordo com o padrão BREEAM EcoHomes Excellent
- Sistema de cogeração alimentado por biogás e biomassa
- Prevê-se que os sistemas de geração de energia para a infraestrutura reduzirão as emissões de carbono em 70%
- Sistema de tratamento de esgoto biológico e retenção *in loco* da água da chuva
- Centro local de recursos da One Planet Living
- Imposição de limites à construção com madeira; uso apenas de madeira de fontes sustentáveis certificadas

Elementos-chave do urbanismo sustentável
- Produção de alimentos
- Integração entre transportes, uso do solo e tecnologias
- Tratamento de esgoto *in loco*
- Compartilhamento de automóveis
- Ruas e redes permeáveis a pedestres
- O impacto do planejamento no consumo de energia das edificações
- Grandes sistemas distritais de geração de energia

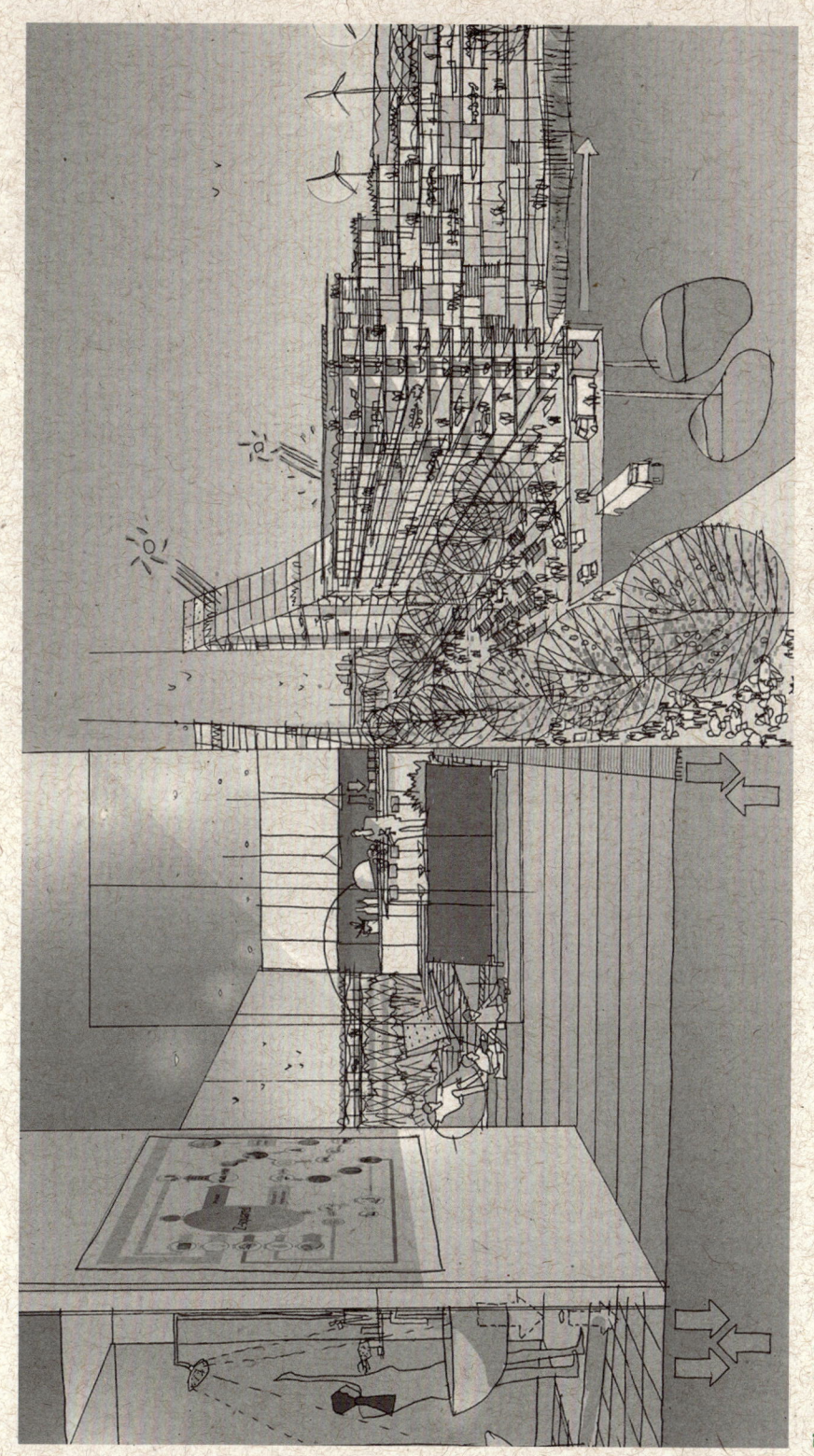

Figura 11.9 Este croqui de conceito ilustra os princípios da densidade e do consumo de energias renováveis que farão parte do projeto Z-Squared. Imagem © Foster + Partners

tos feitas pela BioRegional, KBR Engineers, Fulcrum Consulting e Cyril Sweett.

O Z-Squared promoverá um estilo de vida centrado no bairro que permitirá aos moradores não ficarem à mercê dos automóveis. Uma composição de usos encorajará as pessoas a fazer compras nas lojas locais e caminhar até elas. Outro importante objetivo do projeto é a promoção do consumo de alimentos produzidos no local, que não foram transportados por milhares de quilômetros. Para isso, serão empregadas várias estratégias, incluindo a criação e pequenas hortas privativas, cafeterias orgânicas e mercados de produtores rurais. O plano visionário do Z-Squared também introduz a ideia de "zonas habitacionais", que priorizarão pedestres e ciclistas e limitarão a presença de automóveis.

Todas as moradias aproveitarão ao máximo os recursos para eficiência no consumo de energia, buscando a certificação BREEAM EcoHomes Excellent. A minimização da geração de resíduos durante a construção também é importante para a equipe responsável pelo empreendimento. A pré-fabricação à distância do número máximo possível de elementos das edificações aumentará o controle da geração de resíduos. Além de empregar materiais reciclados sempre que possível, o Z-Squared evitará o uso de madeira, preferindo o aço. Quando a madeira for utilizada, ela será de fontes certificadas.

Como uma comunidade do programa One Planet Living, o Z-Squared reconhece que os fatores relativos à infraestrutura e ao estilo de vida têm um profundo impacto nas emissões de carbono, talvez ainda mais do que o projeto das edificações. Serviços e programas na escala da comunidade que permitem a sustentabilidade ecológica são o verdadeiro foco do Z-Squared. A geração de energia *in loco* é fundamental, e a infraestrutura de sustentação do sistema de calefação distrital funcionará desde o primeiro dia após a ocupação da área.

O plano visionário descreve várias estratégias de geração de energia renovável cujos benefícios são comparados a um cenário-base: uma usina de cogeração a gás reduzirá as emissões de carbono em 70%, enquanto outra utilizará a biomassa para alcançar o objetivo final da neutralidade em carbono. A decomposição anaeróbica utilizará o lixo orgânico para a geração de gás metano, que também é uma fonte de energia limpa. As turbinas eólicas talvez também façam parte do pacote. Eles talvez sejam localizados no estuário do Tâmisa, ou se usem microturbinas eólicas dentro do próprio empreendimento. Devido à importância das fontes confiáveis de energia renovável para o projeto, a BioRegional se associará a uma empresa do ramo da energia, que fará a manutenção dos equipamentos de geração de energia. Z-Squared está comprometido com a obtenção do status de um empreendimento que recicle todo seu lixo, uma meta diretamente influenciada pela conclusão alarmante de Londres de que seus depósitos de lixo terão suas capacidades esgotadas em cinco ou seis anos. No Z-Squared, todo o lixo será reciclado, reusado, compostado ou convertido em energia por meio do sistema de cogeração. O programa de reciclagem será amplo e incluirá produtos que não costumam ser reciclados, como têxteis. O esgoto será tratado por meio de um sistema de base biológica que utiliza uma lagoa de maturação e um leito de secagem de junco.

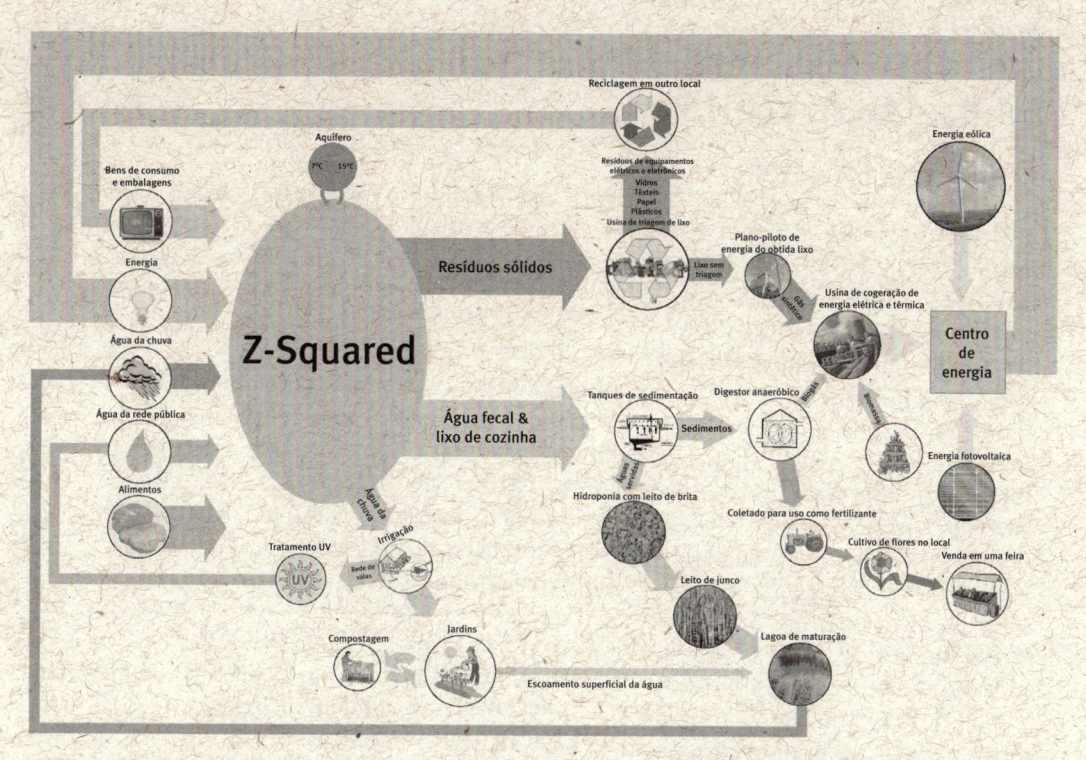

Figura 11.10 Diagrama da infraestrutura do Z-Squared que aumentará a geração de energias renováveis e diminuirá a produção de resíduos. Imagem © Foster + Partners & BioRegional.

A limitação do estacionamento em todo o empreendimento, combinada com um sistema de automóveis compartilhados, incrementará o uso do transporte de massa. Ao fornecer habitação subsidiada, Z-Squared também garantirá que uma boa diversidade de londrinos tenha acesso a moradias sustentáveis.

Este projeto aborda o problema do adágio que se tornou famoso de que se todas as pessoas do mundo vivessem do modo como o britânico médio vive, precisaríamos de três planetas para nos sustentar. As profundas pesquisas e modelagens têm proporcionado à BioRegional conhecimentos sofisticados de como se produz a pegada de carbono do morador típico do Reino Unido, e tais informações contribuíram para o projeto do Z-Squared. Uma característica única deste empreendimento é o compromisso duradouro da BioReginal de manter os padrões de sustentabilidade ao longo de toda a evolução do projeto. Como ocorre em todas as comunidades propostas pela One Planet Living, o Z-Squared contará com um centro de recursos local dedicado à promoção da sustentabilidade. Os representantes da BioRegional estarão disponíveis para monitorar o progresso do empreendimento e colaborar com os moradores. É este tipo de abordagem pragmática que confere ao Z-Squared uma boa oportunidade para levar sua missão de sustentabilidade além da construção inicial.

New Railroad Square
Santa Rosa, Califórnia
Estados Unidos

New Railroad Square, em Santa Rosa, Califórnia, é o primeiro "vilarejo de transporte público" em uma linha de empreendimentos propostos para serem construídos ao longo da linha ferroviária Sonoma Marin Area Rapid Transit (SMART). Prevendo o novo sistema de trem, que passará no norte de San Francisco, em uma região de colinas cobertas com videiras, o SMART fez um pedido de propostas para um empreendimento sustentável em um antigo pátio de manobras de locomotivas perto do centro de Santa Rosa. O resultado é um projeto encomendado pela Railroad Square, LLC (e elaborado por WRT/Solomon E.T.C) para um empreendimento voltado para o transporte público e rico em termos culturais, celebrando os excelentes produtos e vinhos da região.

New Railroad Square tem como objetivo revitalizar o centro de Santa Rosa, que foi dividido pelo tráfego cada vez mais intenso na Autoestrada 101. A linha de trem SMART e o empreendimento New Railroad Square foram projetados para se beneficiarem mutuamente: enquanto a linha SMART trará um fluxo constante de passageiros para o Centro de Alimentos e Vinhos, os restaurantes, as lojas e as 250 unidades de habitação, criando um volume considerável de moradores que provavelmente

Resumo do projeto
Plano diretor: WRT Solomon E.T.C.
Empreendedor: New Railroad Square LLC
Cronograma: plano diretor: 2006; previsão de início das obras: 2008; previsão do término das obras: 2010
Unidades de habitação: 250
Área construída comercial: 8.174 m^2
Área do terreno: 2,16 ha

Destaques e parâmetros do projeto
- Projetado de acordo com o LEED-ND (LEED para o Desenvolvimento de Bairros)
- Criação de 180 empregos
- Redução de 25% no escoamento superficial da água da chuva
- Mercado de alimentos e vinhos produzidos na região com quase 2,8 mil m^2
- Todas as três edificações foram projetadas de acordo com os critérios para certificação LEED Silver
- Densidade de 152,5 unidades de habitação por hectare
- Arranjo fotovoltaico de 300 kW
- Preservação da torre de reserva de água histórica e do estilo dos galpões ferroviários

Elementos-chave do urbanismo sustentável
- Benefícios econômicos de lojas de propriedade local
- Produção de alimentos
- Espaços abertos
- Sistemas de gestão da água da chuva
- Alta densidade
- Tratamento de esgoto *in loco*
- Impacto do planejamento no consumo de energia das edificações
- Ruas e redes permeáveis a pedestres
- Infraestrutura de alto desempenho

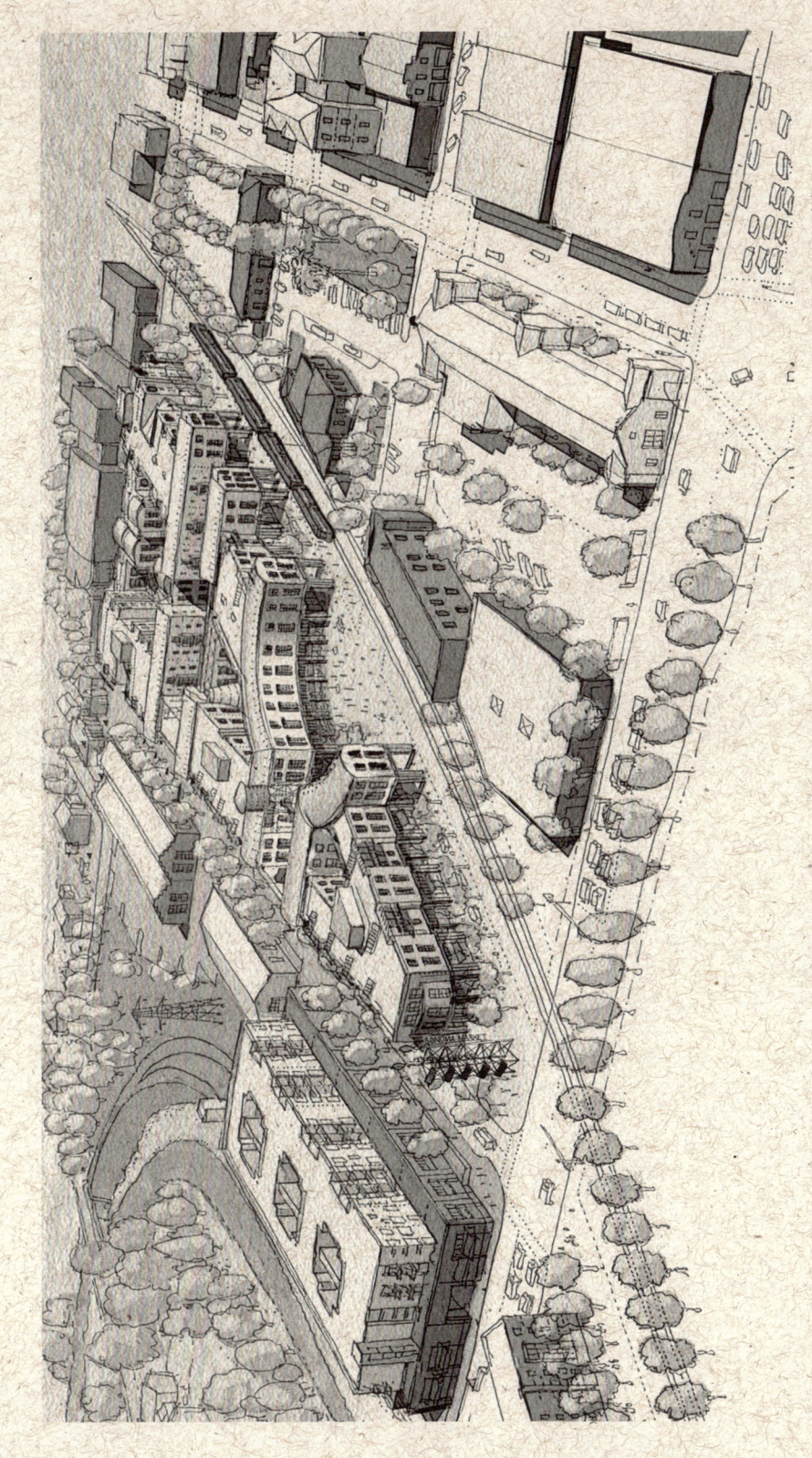

Figura 11.11 Três blocos ultradensos se reúnem em torno de uma estação ferroviária do sistema SMART. Imagem © WRT/Solomon E.T.C.

usarão os trens SMART. Três edifícios de múltiplos pavimentos oferecerão no piso térreo lojas, uma creche, um bicicletário e outros equipamentos comunitários, enquanto os pavimentos superiores abrigarão vários tipos de apartamentos. O centro do empreendimento é o Centro de Alimentos e Vinhos, que inclui um mercado de quase 2,8 mil m² e oferece alimentos frescos produzido na área e um espaço para uma escola de culinária (atualmente reservada para o uso do Santa Rosa Junior College). A planta aproveita ao máximo o terreno de 2,16 hectares, estabelecendo uma densidade de 152,5 unidades de habitação por hectare, e o coeficiente de ocupação dos lotes é de 2,46:1. Cor-

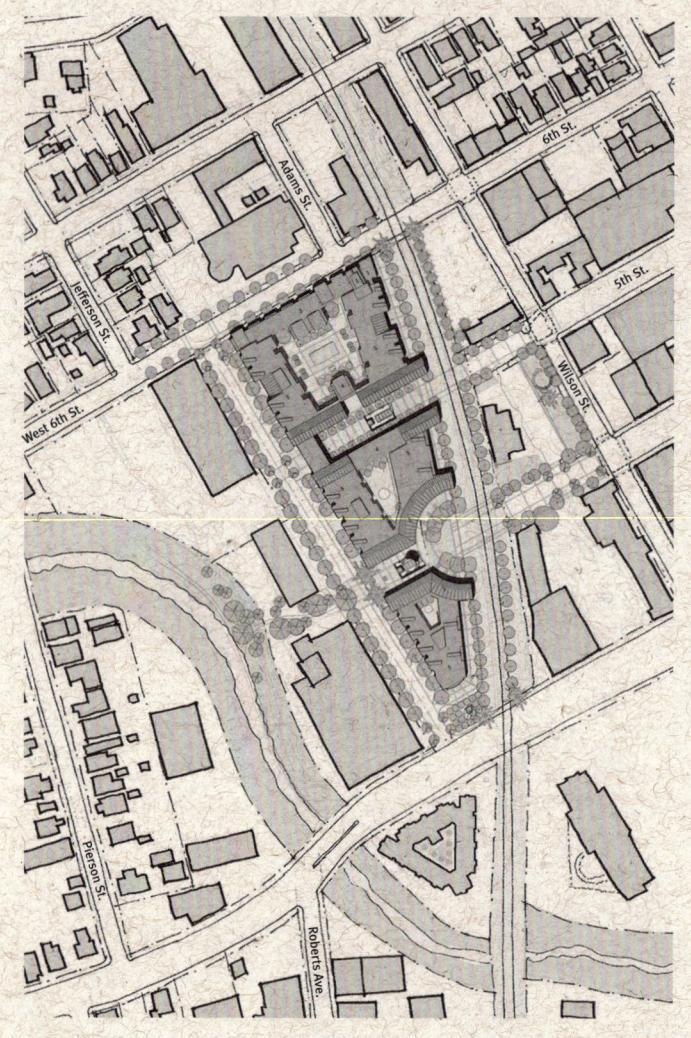

Figura 11.12
Planta de situação do projeto New Railroad Square. Imagem © WRT/Solomon E.T.C.

redores reservados para pedestres, na 4th e 5th Streets, bem como uma praça cívica em forma de meia lua encorajará a interação informal entre os moradores do bairro e os visitantes. O vazio urbano reciclado também servirá como tecido de conexão entre as seções da cidade e oferecerá um centro cheio de vida aos bairros do lado oeste de Londres, uma área relativamente isolada.

Por insistência do SMART, a equipe de desenvolvimento do projeto sugeriu uma série de tecnologias de edificação que ajudarão a New Railroad Square a minimizar sua pegada ecológica. Ao projetar todos os três prédios de modo a atender no mínimo aos requisitos para certificação LEED Silver, a área reduzirá o consumo de água em 40%, a geração de esgoto em 50%, o consumo de água potável para irrigação dos jardins em 50% e o consumo de energia em 30%. A eficiência no consumo de energia será alcançada por meio de diversas tecnologias, incluindo a calefação passiva solar, isolamentos térmicos com alto valor-R, iluminação natural, janelas com isolamento térmico e equipamentos e eletrodomésticos eficientes (com o selo Energy Star). Além disso, um arranjo fotovoltaico de 300 kW fornecerá parte considerável da energia elétrica consumida, e painéis de aquecimento solar fornecerão água quente. Os padrões de construção exigem que no mínimo 20% dos materiais sejam obtidos dentro de um raio de 800 km da cidade de Santa Rosa e 5% do valor total dos materiais tenham conteúdo reciclado. O saguão do mercado central inclui uma chaminé de vidro térmica muito peculiar, que direcionará a luz diurna e o ar fresco para o saguão.

Um sistema integrado de gestão da água reduzirá o escoamento pluvial superficial em 25%, usando a água coletada nas coberturas e no chão para a descarga das bacias sanitárias e a irrigação dos jardins. Uma torre d'água histórica reciclada será transferida para a praça pública, a fim de ajudar a filtrar a água da chuva coletada nas coberturas. Outro aspecto único deste sistema particular de gestão da água é um corpo de água com desenho orgânico localizado na base da torre, que instruirá o público sobre o reúso da água ao mesmo tempo

Figura 11.13
Um animado Centro de Alimentos e Vinhos será encaixado sob as unidades habitacionais. Imagem © WRT/Solomon E.T.C.

em que faz a filtragem. Além disso, painéis fotovoltaicos e turbinas eólicas de baixa velocidade e que não representam riscos para os pássaros alimentarão as bombas da torre d'água. A questão do estacionamento foi cuidadosamente considerada, e o projeto inclui uma garagem subterrânea que oferecerá 451 vagas para os moradores (1,8 vaga por moradia) e 235 vagas para os lojistas. Na rua haverá apenas 65 vagas de estacionamento. Uma escada solta que leva à garagem subterrânea também fornecerá luz natural e circulação de ar, recursos tão importantes para a habitabilidade. Uma vez que o volume de resíduos de alimentos do empreendimento deve ser considerável, o projeto propõe um programa de reciclagem que transforma o lixo orgânico em adubo para as plantações da região. Embora a estrela da rede de transporte público seja a ferrovia SMART, também serão oferecidas várias outras oportunidades de transporte para os moradores. O terreno fica adjacente ao Prince Memorial Greenway, que segue o percurso do córrego Santa Rosa e oferecerá uma rede de ciclovias, além de um corredor para ciclistas na linha SMART.

As várias opções de moradia do projeto possibilitarão a desejável diversidade de renda entre os moradores. Quinze por cento das unidades foram reservadas para receberem subsídios. O equilíbrio entre moradias e locais de trabalho também será facilitado com a criação de aproximadamente 180 vagas de emprego nas várias lojas. Os investidores, ao localizar este empreendimento em uma parte central de Santa Rosa e junto a um eixo de transporte de massa, contribuíram para a concentração do crescimento em uma comunidade existente, em vez de promover a urbanização dispersa.

Parte Quatro: Estudos de Caso do Urbanismo Sustentável

Projeto de Renovação Urbana de Uptown Normal
Normal, Illinois
Estados Unidos

O Projeto de Renovação de Uptown, na cidade de Normal, em Illionis, no norte dos Estados Unidos, é um projeto de renovação urbana promovido pelo município que tem como objetivo revitalizar e intensificar o uso do centro da cidade, cujo traçado urbano tradicional, com uma avenida principal, remonta ao período posterior à Guerra Civil. Assim como em outras comunidades similares norte-americanas, o centro tradicional da cidade de Normal está em decadência há décadas, pois uma estrada com trevo construída pelo governo federal transferiu 95% de todo o comércio varejista para lojas de redes nacionais localizadas na periferia do município. Assim, a prefeitura de Normal contratou Farr Associates para elaborar o plano diretor, e o Gibbs Planning Group para avaliar o potencial comercial da revitalização do centro da cidade. O plano de revitalização pedia uma animada mistura de usos em torno de um novo parque circular na área que passou a ser chamada Uptown Normal.

A melhoria da mistura de usos presente em Uptown Normal é um componente fundamental do projeto de renovação urbana. Atualmente há um número limitado de apartamentos em prédios com lojas no pavimento térreo, que são

Figura 11.14
Planta do projeto de renovação urbana Uptown Normal. Imagem © Farr Associates

---

Resumo do projeto
Plano diretor: Farr Associates
Empreendedor: Município de Normal
Cronograma: o plano diretor foi iniciado em 1999; a construção da interseção circular e do parque foi prévista para 2007–2008
Unidades de habitação: cerca de 188 unidades projetadas
Área construída comercial: cerca de 69 mil m^2
Área do terreno: 11,2 ha

Destaques e parâmetros do projeto
- Todas as novas construções com mais de 700 m^2 dentro da área do projeto devem ter a certificação LEED (este é o primeiro município a exigir a Certificação LEED para Novos Empreendimentos 2000)
- O parque central e a praça Gateway Plaza criam novos espaços públicos
- Os sistemas de gestão da água da chuva incluem uma bacia de retenção, um reservatório e um espelho d'água público
- Um terminal de conexão de vários modais de transporte une os sistemas de transporte coletivo regionais e locais
- Sistema de ônibus ampliado
- O projeto de paisagismo da área aproveita o escoamento superficial da água da chuva para regar a vegetação das vias públicas
- Primeira interseção circular aprovada pelo Departamento de Transporte dos Estados Unidos (USDOT)

Elementos-chave do urbanismo sustentável
- Gestão da água da chuva
- Integração entre transportes, uso do solo e tecnologias
- Benefícios econômicos de lojas de propriedade local
- Espaços abertos
- Impacto do planejamento no consumo de energia das edificações

PROPOSTA DE DISTRIBUIÇÃO DAS LOJAS

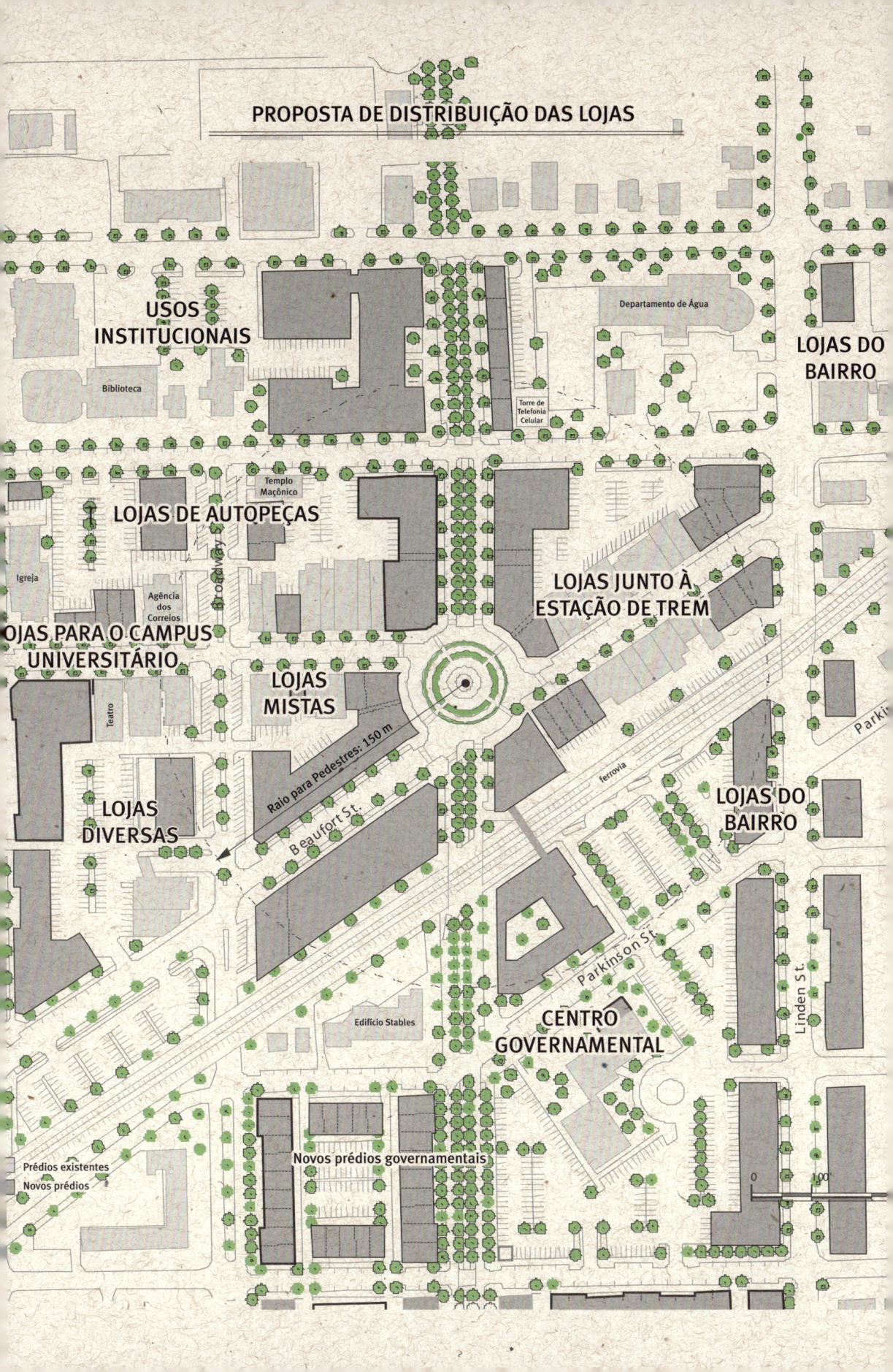

USOS INSTITUCIONAIS

Biblioteca

Departamento de Água

LOJAS DO BAIRRO

Templo Maçônico

LOJAS DE AUTOPEÇAS

Igreja

Agência dos Correios

Torre de Telefonia Celular

LOJAS JUNTO À ESTAÇÃO DE TREM

LOJAS PARA O CAMPUS UNIVERSITÁRIO

Teatro

LOJAS MISTAS

Raio para Pedestres: 150 m

Beaufort St.

Broadway St.

ferrovia

LOJAS DIVERSAS

LOJAS DO BAIRRO

Parki...

Parkinson St.

Edifício Stables

CENTRO GOVERNAMENTAL

Linden St.

Prédios existentes
Novos prédios

Novos prédios governamentais

0   100

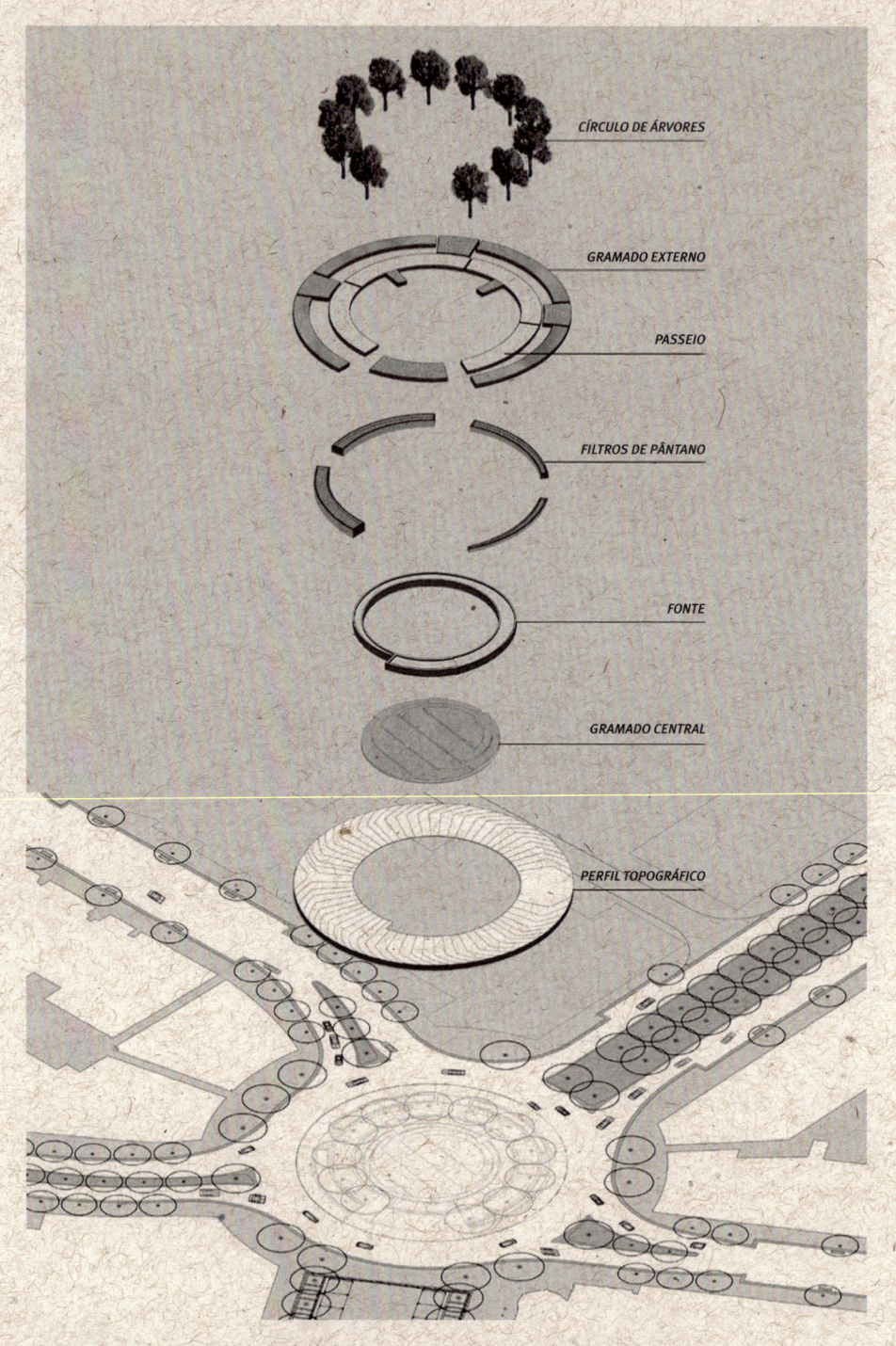

Figura 11.15 Uma vista explodida das camadas funcionais da praça central.
Imagem © Peter Lindsay Schaudt Landscape Architecture, Inc.

alugados por estudantes da Universidade do Estado de Illinois, bastante próxima. Após o término do projeto, Uptown terá um aumento substancial no número de moradias, e pelo menos parte delas será vendida. A densidade das moradias também será elevada com a inserção de novos prédios de uso misto, com três a cinco pavimentos. Parte do plano é atrair mais visitantes para a área, melhorando o acesso ao transporte público e oferecendo mais espaços públicos. Um hotel com centro de conferências oferecerá acomodação e salas de reunião convenientes perto do eixo de transporte público da área, que inclui acesso a linhas de ônibus e trem. Também foram incluídas novas instituições cívicas, como um museu para crianças com certificação LEED Silver, que já está atraindo um grande número de visitantes. No coração do projeto há uma interseção circular muito singular, que conectará cinco ruas e ao mesmo tempo contribuirá para a moderação do tráfego. A firma Peter Lindsay Schaudt Architects está projetando as ruas, e um parque dentro da interseção circular propiciará um espaço de encontro verde e no centro da área. O parque também incluirá um espelho d'água alimentado pela água da chuva filtrada, que terá tanto a função de ser uma obra de arte na escala da cidade como um projeto de demonstração de estratégias de sustentabilidade. O parque, conectado à praça Gateway Plaza – uma área maior, com pisos secos, perto da interseção circular – permitirá que Uptown Normal sedie com conforto eventos

Figura 11.16
A praça central incluirá um parque com espelho d'água, bastante acessível aos pedestres. Imagem © 2002 Bruce Bondy

como um mercado de produtores rurais e o Festival de Artes de Sugar Creek.

O esforço para a renovação urbana de Normal apresenta uma sensibilidade extremamente progressista aos impactos ambientais. Em 2000, a Cidade de Normal se tornou o primeiro município dos Estados Unidos a aprovar uma postura que exige que todas as novas construções com mais de 700 m² localizadas no distrito de Uptown atinjam, no mínimo, os padrões necessários para a certificação LEED. Esta norma fez com que vários dos projetos efetivamente busquem a certificação LEED, inclusive o museu para crianças (LEED Silver), um banco que está sendo projetado para obter no mínimo a certificação LEED Silver e um edifício de apartamentos. Com a imposição desta norma, a Cidade de Normal mostrou que a inclusão de práticas de edificação sustentável em um projeto de renovação urbana não significa necessariamente que os empreendedores serão sobrecarregados ou os investidores perderão o sono.

A estratégia de gestão da água da chuva de Uptown Normal beneficiará tanto o meio ambiente quanto o público, que ganhará um belo novo parque central. A água da chuva será direcionada para bacias com vegetação, onde será limpa. Dali será filtrada em um reservatório subterrâneo feito com uma rede de esgoto de tijolo reciclada. Esta água alimentará o espelho d'água do parque dentro da interseção circular, oferecendo uma excelente oportunidade para atrair visitantes a Uptown Normal que queiram desfrutar deste elemento de alto desempenho ecológico. O estacionamento na área de intervenção do projeto também está sendo reestruturado, a fim de encorajar o uso do transporte público e dar prioridade ao pedestre. As vagas de estacionamento diagonal das ruas estão sendo substituídas por vagas paralelas aos passeios, e edifícios-garagem serão construídos em vez de aumentar a oferta de estacionamento gratuito. Esta estratégia é adequada ao plano de revitalizar o transporte público local, um dos principais objetivos do projeto. O projeto Uptown Normal também prevê um terminal de conexão de vários modais de transporte, que será instalado adjacente à linha da Amtrak, aproveitando o status da cidade como o terceiro mais movimentado ponto de parada na rota de Saint Louis a Chicago, a qual atualmente também está sendo aprimorada para receber uma linha de trens de alta velocidade. Os ônibus da cidade também terão paradas neste local, assim a prefeitura espera criar um sistema mais abrangente de ônibus municipais, que inclua rotas expressas atraentes para os visitantes. Além disso, o terminal de conexão multimodal poderia ser um ponto de partida para as linhas de ônibus diretas que levam aos aeroportos de Chicago, bem como um terminal de conexão para as linhas de ônibus intermunicipais. Estas melhorias ajudarão a cidade a atrair seus moradores e visitantes para o movimentado distrito de Uptown, onde encontrarão muitas opções de lojas, restaurantes e moradias.

Nota: Na época da publicação desta obra em inglês (2008), este projeto já estava bem avançado.

Projetos não construídos para áreas não urbanizadas

Ecocidade Dongtan
Xangai
China

A ilha de Chongming, o local de implantação da futura Ecocidade Dongtan, tem uma localização privilegiada. A partir de 2010, será preciso apenas um minuto para alcançar o animado centro financeiro de Xangai, uma cidade que atualmente tem quatro vezes a densidade de Nova York, devido ao seu impressionante crescimento populacional. Ainda assim, esta ilha permanece praticamente intocada, exceto pela presença de alguns minifúndios, em parte devido ao lento sistema de barcas que constitui o único acesso ao continente. O solo arenoso do local é praticamente limpo, e os vários quilômetros de pântano na orla leste da ilha formam um *habitat* para aves internacionalmente conhecido. A ecocidade mais famosa da China tentará equilibrar as necessidades ecológicas deste terreno único e delicado com a urgência de locais para moradia imposta por Xangai. Shanghai Industrial Investment Corporation (SIIC) é o empreendedor do sítio. Arup, uma firma de arquitetura, engenharia e consultoria de renome internacional, está cooperando com a SIIC para pôr em prática sua visão para Dongtan, ao oferecer uma ampla gama de serviços, que incluem o desenvolvimento do plano diretor, o plano de negócio e até mesmo o plano de gestão do lixo. O comprometimento de longa data com o projeto e a

Resumo do projeto
Plano diretor: Arup
Empreendedor: Shanghai Industrial Investment Corporation
Cronograma: a Fase 1 será finalizada em 2010; o empreendimento total, em 2050
Unidades de habitação: Fase 1: 2.500–3.000
Área construída comercial: não disponível
Área do terreno: 8.600 ha (86 km^2)

Destaques e parâmetros do projeto
- Pegada ecológica de 2,2 hectares/pessoa, menos de um terço daquela de um morador típico de Xangai
- Preservação de importantes *habitats* pantaneiros
- Densidade de 210 a 280 pessoas/ha
- Economia no consumo de água potável estimado em dois terços
- Tratamento de esgoto *in loco* com o uso de um digestor anaeróbico
- Usina de cogeração de energia térmica e elétrica a lixo
- Painéis solares integrados às moradias
- Turbinas eólicas de pequeno e grande porte
- 60% do solo reservado a usos não urbanos
- Veículos particulares proibidos na comunidade

Elementos-chave do urbanismo sustentável
- Corredores de biodiversidade
- Integração entre transportes, uso do solo e tecnologias
- Espaços abertos
- Produção de alimentos
- Sistemas de gestão da água da chuva
- Tratamento de esgoto *in loco*
- Alta densidade
- Sistema de automóveis compartilhados

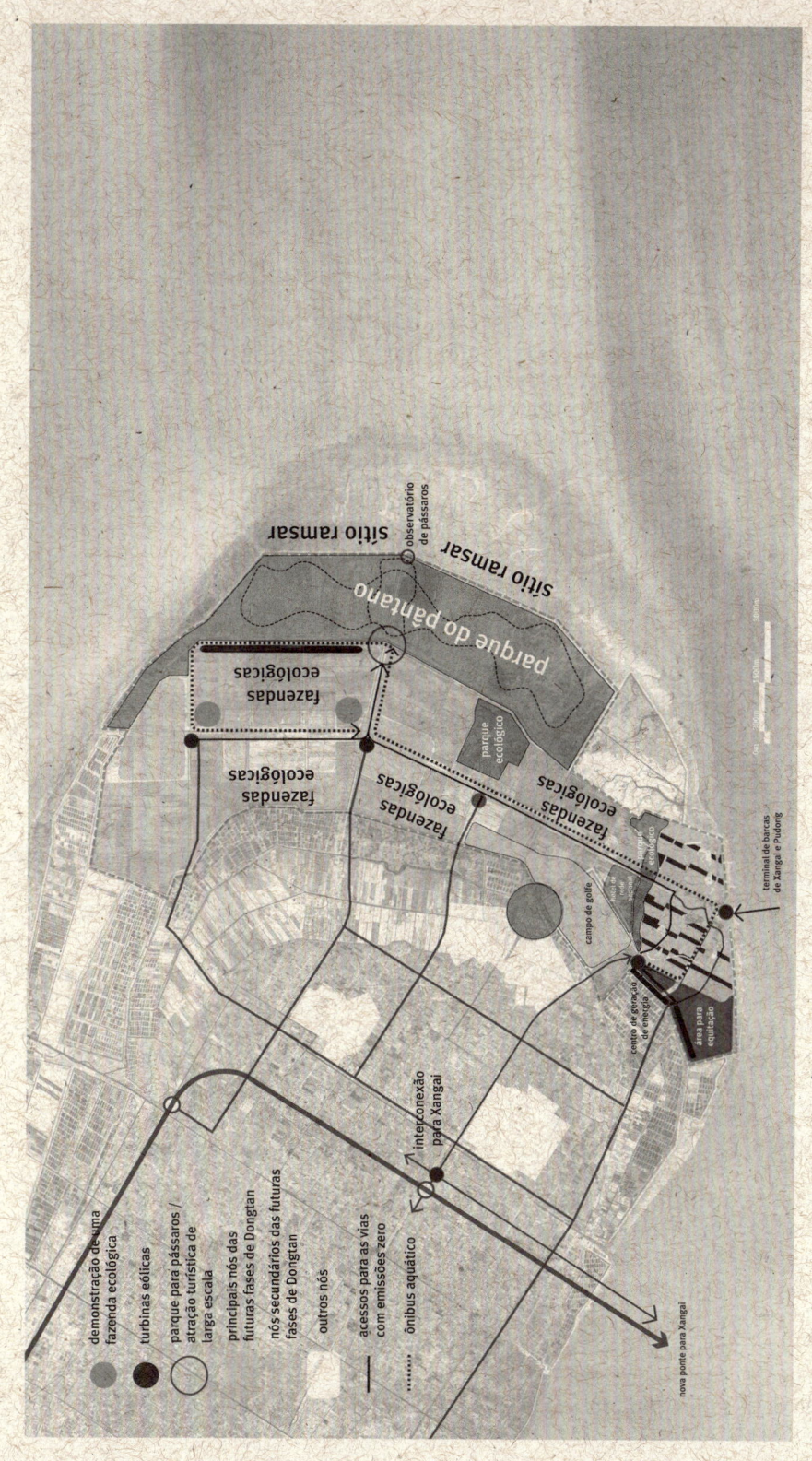

Figura 11.17 A visão de longo prazo para Dongtan protege a famoso *habitat* pantanal da ilha.

metodologia única da Arup resultaram em outros contratos com clientes chineses para o desenvolvimento de uma série de novas ecocidades. Em 2050, com a conclusão da cidade, espera-se acomodar meio milhão de pessoas; a previsão para a fase inicial do projeto é que as primeiras 10 mil consigam se mudar antes da Exposição Internacional Xangai 2010.

A abordagem da Arup ao projeto sustentável inclui não somente a sustentabilidade ecológica, mas também social, econômica e cultural. O plano diretor da firma para Dongtan inclui um conjunto de diretrizes de projeto e sustentabilidade que provavelmente atenderão os padrões de eficiência internacionais, como o LEED e o BREEAM. Ele reconhece que, sem um planejamento consciente e cuidadoso, os valiosos espaços abertos da ilha de Chongming rapidamente serão deteriorados pela urbanização. Em comparação com sua vizinha Xangai, a ecocidade Dongtan terá densidades de habitação muito inferiores, mas seu projeto compacto ainda assim alcançará densidades entre 210 e 280 pessoas por hectare, suportando o transporte de massa, redes de infraestrutura social e vários tipos de negócios. A maioria das moradias será em edifícios de apartamentos de seis a oito pavimentos agrupados na periferia de três "vilarejos" que, ao se encontrar, formam um centro de cidade. Parques, fazendas, lagos e outros espaços públicos formarão grandes espaços verdes e abertos entre cada um dos distritos extremamente densos. Ciclovias, caminhos de pedestre e uma rede de canais proporcionarão um tecido urbano bem conectado. Embora a preservação de quase 60% da área seja uma decisão claramente ecológica, também se espera que a proteção do *habitat* pantanal tão valioso da ilha atraia um volume de turistas significativo, mas controlado. O alto padrão ecológico da cidade, junto com os belíssimos espaços externos que são tão raros na cidade de Xangai propriamente dita, certamente atrairá turistas ao local, que já era popular, fortalecendo a economia de Dongtan.

A visão de longo prazo para a Ecocidade Dongtan é chegar o mais perto possível da neutralidade nas emissões de dióxido de carbono. Parte disso será obtida por meio de elementos de projeto de arquitetura de alto padrão, como a ventilação natural e o superisolamento térmico. A grande maioria das habitações será apartamentos, e não casas isoladas em seus

Figura 11.18 O canal, com sua linha de pequenas turbinas eólicas, permitirá aos moradores e visitantes desfrutar a flora e a fauna do pântano.

Figura 11.19 As áreas verdes são abundantes até mesmo entre as densas áreas de moradia.

lotes, projetados para atingir economias máximas de energia, por meio do uso de paredes-meias e serviços públicos compartilhados. Uma diversidade de tecnologias de geração de energia renovável libertará Dongtan das fontes energéticas de combustíveis fósseis. Turbinas eólicas de pequeno tamanho serão instaladas nas habitações e perto delas, ao passo que turbinas maiores serão implantadas na extremidade oeste do empreendimento. As habitações também contarão com painéis fotovoltaicos individuais. O elemento mais ambicioso da infraestrutura de geração de energia é o sistema de cogeração de energia térmica e elétrica que converterá em energia resíduos de várias fontes, como o esgoto e o lixo orgânico (que gerarão biogás em um digestor anaeróbico) e a grande quantidade de casca de arroz que é descartada na região diariamente. Como será usado um sistema de água duplo, no qual há tubulação especial para a água não potável coletada da chuva e do rio, espera-se que o consumo de água potável caia significativamente. A equipe de desenvolvimento do projeto entende que a proximidade entre Dongtan e Xangai poderia minar a missão ecológica da primeira se os passageiros pendulares da cidade a invadissem com seus automóveis, assim os carros convencionais serão proibidos na ecocidade, e associações ou empresas de compartilhamento de automóveis oferecerão veículos movidos com energias limpas, além dos ônibus e táxis aquáticos abastecidos a hidrogênio ou com outras tecnologias limpas. Os visitantes de Dongtan chegarão por meio de uma ponte suspensa ou um túnel subterrâneo (projetado para ser o túnel mais largo do mundo). O objetivo é encorajar os visitantes a deixarem seus veículos na entrada da cidade e usar o transporte público dentro de seu território. O controle do número e do tipo de automóveis que circularão na cidade fará, em última análise, que a comunidade se orgulhe do patrimônio natural da ilha (o pântano) e os moradores se desloquem em velocidades que permitam seu desfrute. Uma ecocidade lucrativa e produtiva desta escala criará um modelo de valor incalculável para as futuras ecocidades de toda a China e do resto do mundo.

Reserva Natural da Bacia Galisteo
Santa Fe, Novo México
Estados Unidos

O projeto da Reserva Natural da Bacia Galisteo – que compreende pouco mais de cinco mil hectares de reserva natural, com vários empreendimentos compactos – surgiu a partir de um programa para o desenvolvimento de espaços abertos de Santa Fe iniciado em 2001. A Reserva Natural da Bacia Galisteo é a iniciativa mais famosa da Commonweal Conservancy, uma organização sem fins lucrativos. Fundada em 2003 pelo ex-diretor regional para o sudoeste da Fundação para Terras Públicas, Ted Harrison, a Commonweal Conservancy buscou desafiar o projeto de autorização para o loteamento da Bacia Galisteo em lotes de 31,25 a 100 ha. Este projeto demonstra como uma organização sem fins lucrativos conseguiu reunir recursos da comunidade e uma série de grupos para transformar um empreendimento que já havia sido aprovado em uma grande comunidade sustentável. Com a contribuição de vários consultores, a Commonweal rapidamente aprimorou a filosofia que desde então tem orientado o progresso do projeto – um agressivo plano de conservação equilibrado com o desenvolvimento cuidadoso, como alternativa apropriada à urbanização dispersa e descontrolada. Além disso, o projeto da Reserva Natural da Bacia Galisteo é projetado para testar o papel e a capacidade como líderes de um empreendimento sustentável por parte de empreendedores que não visam ao lucro. O plano da Commonweal envolve a venda de lotes em três comunidades distintas, mas relacionadas entre si – New Moon Overlook, West Basin e Village – a fim de garantir a conservação de uma reserva maior que os circunda. Vincular um grande programa de conservação ao empreendimento a um empreendimento com bairros ecologicamente sustentáveis tem um propósito duplo: tornar o projeto economicamente viável e concomitantemente permitir que os moradores tenham voz ativa na proteção e restauração de longo prazo da área. Os moradores também poderão desfrutar na prática as terras que estão ajudando a proteger. Uma rede de ciclovias e caminhos de pedestres conectará os bairros à comunidade como um todo, assim como aos vilarejos contíguos e a outras áreas de Santa Fe.

Buscando minimizar a pegada ecológica do projeto, o plano do vilarejo prevê diversas estratégias para a conservação da água e da energia, incluindo a coleta da água da chuva, o reúso das águas servidas da comunidade para a irrigação de jardins e fins que não requerem água potável, a implantação das edificações para o aproveitamento da energia solar, a geração *in loco* de energia usando como fontes a biomassa, o sol e o vento e a obrigatoriedade do uso de eletrodomésticos eficientes no consumo de energia. O elemento mais importante da infraestrutura do projeto é um sistema completo de transporte público, devido à localização da área, que fica distante dos limites atuais da cidade de Santa Fe. Outras alternativas de transporte – que incluem um sistema de automóveis compartilhados, um sistema de ônibus e furgões a gás natural e uma linha de bondes ao longo da ferrovia existente contígua à área – ajudam a amenizar este problema. A criação de um distrito empresarial em uma pequena comunidade

Resumo do projeto
Empreendedor: Commonweal Conservancy
Cronograma: Commonweal Conservancy iniciou os planos do projeto em 2003
Unidades de habitação: 965
Área construída comercial/cívica: 14 mil m²
Área do terreno: 5.120 ha (4.932,8 ha de área de preservação ambiental; 187,2 ha destinados à urbanização)

Destaques e parâmetros do projeto
- Mais de 96% da área total do terreno será permanentemente preservada
- 30% das moradias serão para os trabalhadores locais ou subsidiadas (definidas como habitação para moradores com renda entre 50 e 120% da renda média da área)
- Densidades progressivas (uma unidade de habitação em lotes de 31,25 a 100 ha até 62,5 unidades de habitação/ha)
- Grandes redes de vias de pedestre, ciclovias e trilhas de equitação
- Escola pública de nível médio independente e integrada ao centro do vilarejo
- Sistema de transporte público local com ônibus e furgões a gás natural
- Projeto completo de gestão dos recursos hídricos: conservação da água por meio de aparelhos sanitários eficientes, tecnologia de reciclagem do esgoto, filtragem avançada e torres de refrigeração reduzirão o consumo de água do vilarejo para apenas 200 m³, frente à média do Condado de Santa Fe, que é de 310 m³

Elementos-chave do urbanismo sustentável
- Espaços abertos
- Corredor de biodiversidade
- Sistemas de gestão da água da chuva
- Tratamento de esgoto *in loco*
- Alta densidade
- Ruas e redes permeáveis a pedestres
- Sistema de automóveis compartilhados

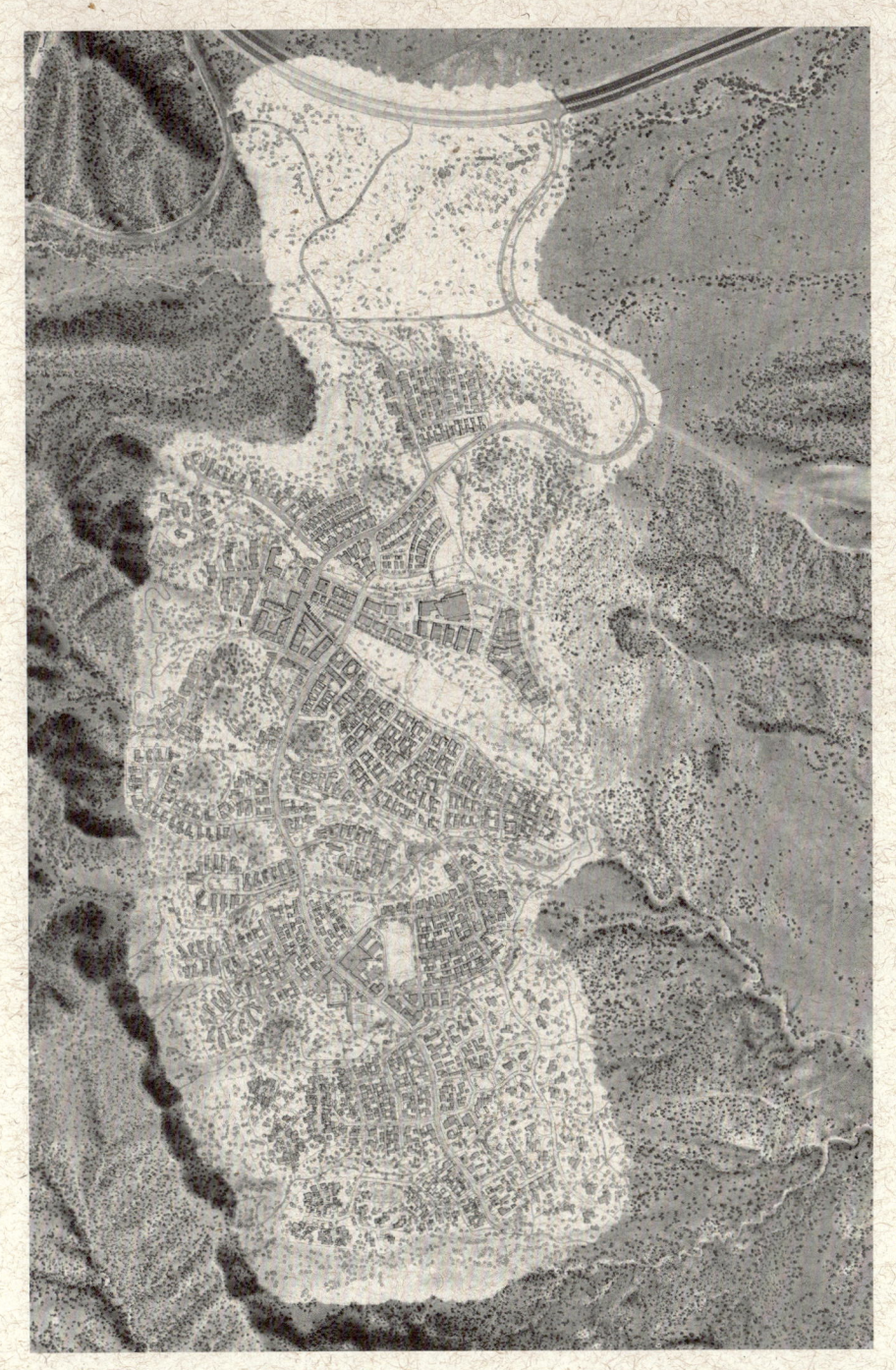

Figura 11.20 Vista aérea da vila da Reserva da Bacia Galisteo. Imagem © Commonweal Conservancy

afastada de Santa Fe é outro desafio, mas, caso seja vencido, reduzirá radicalmente os deslocamentos em automóvel para fora da comunidade. O projeto também prevê uma ampla variedade de serviços, como restaurantes, lojas e edifícios cívicos. Commonweal também tomou medidas para cultivar um verdadeiro sentimento de comunidade no vilarejo, ao ancorá-la com uma escola pública independente focada na conservação ambiental. Em última análise, o projeto é definido por sua tentativa ousada de criar uma reserva natural junto com um vilarejo denso e de uso misto (com densidades de até 75 unidades de habitação por hectare) em uma área que estava destinada a se tornar um conjunto de pequenos ranchos de 31,25 ou 100 hectares. Apesar dos desafios enfrentados pelo projeto, ele promete ser uma alternativa promissora à "hiperdispersão urbana" de grandes lotes que caracteriza as regiões que crescem rapidamente.

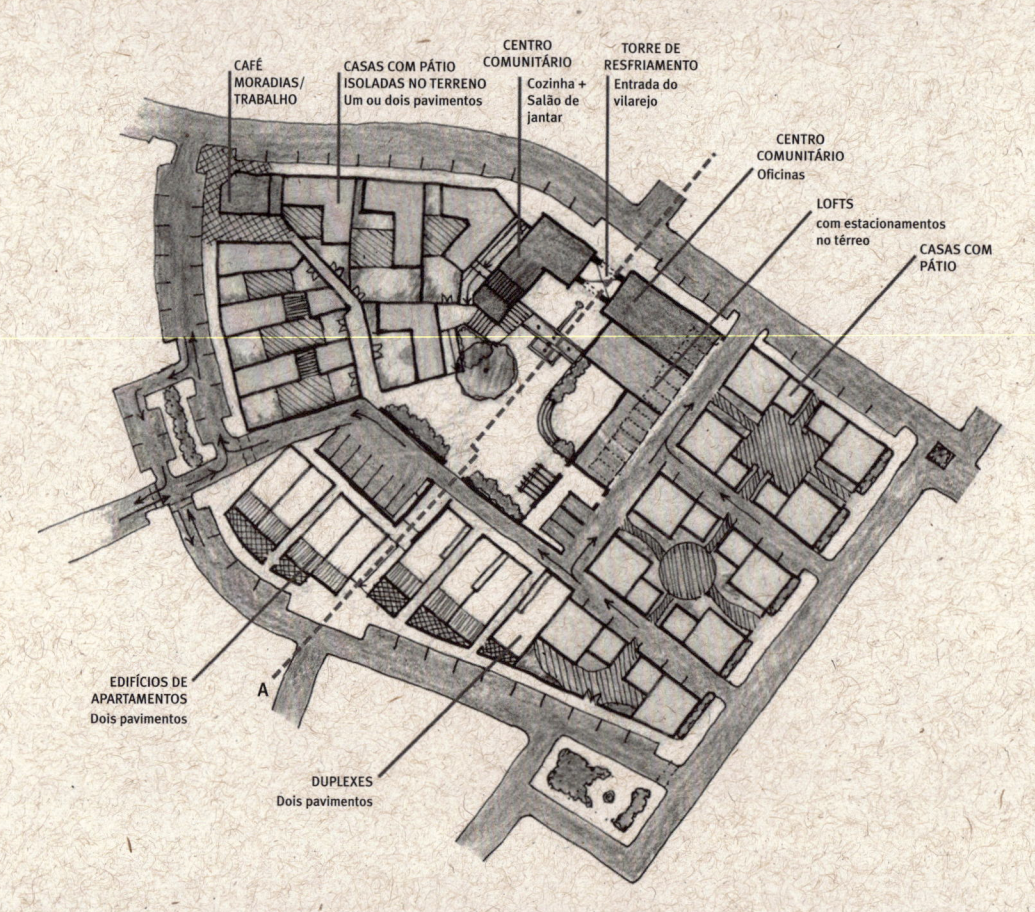

Figura 11.21 O vilarejo inclui um conjunto compacto de condomínios.
Imagem © Commonweal Conservancy

Legenda

- - - - - Zona hidrológica de Santa Fe (1980)

● Zona de impacto habitacional, pequenas propriedades rurais (unidades de 16 ha)

● Zona de impacto habitacional, periferia da bacia (unidades de 5 ha)

▢ Divisa de propriedade

▨ Zonas para empreendimento

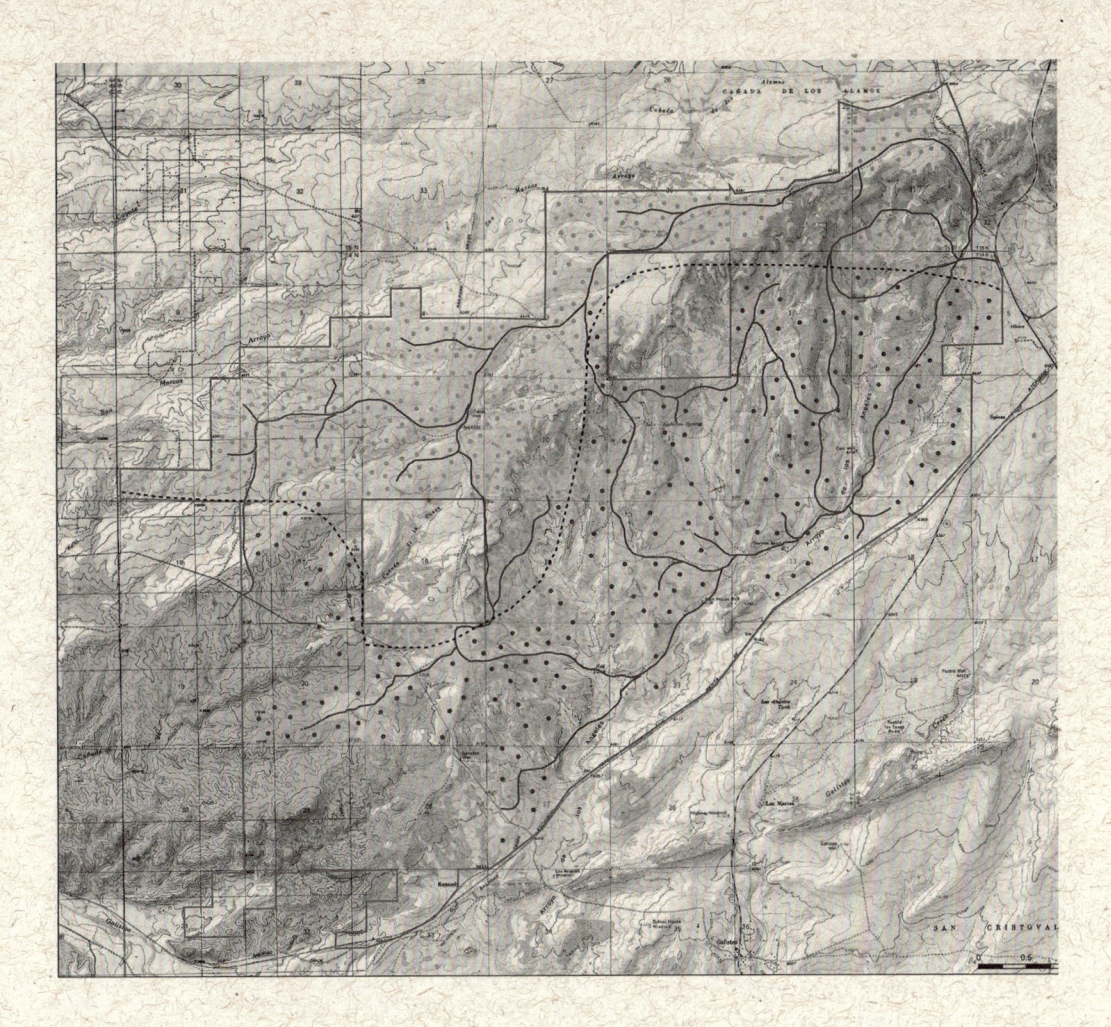

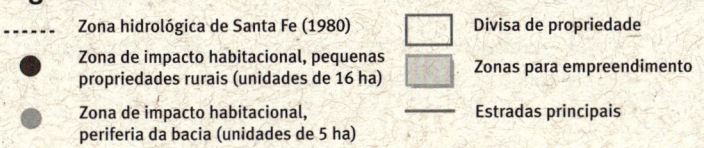

── Estradas principais

Figura 11.22 O triunfo particular deste projeto consiste em substituir o plano pré-existente de um empreendimento com urbanização dispersa por um vilarejo de alta densidade circundado pelo grande espaço aberto da reserva ecológica. Imagem © Commonweal Conservancy

Cidade de Pulelehua
Maui, Havaí
Estados Unidos

A cidade de Pulelehua foi inicialmente concebida por Maui Land & Pineapple, um dos maiores empregadores da ilha da Maui, junto com a firma de consultoria Dover, Kohl & Partners. Na qualidade de uma companhia com grandes propriedades agrícolas, a Maui Land & Pineapple encontrava-se em uma situação única para abordar de maneira direta a falta de moradia popular disponível a seus funcionários. A colaboração com a firma de consultoria e a comunidade culminou em uma visão de Pulelehua como uma sólida comunidade novo urbanista de uso misto, priorização do pedestre e que apresenta toques da arquitetura vernacular havaiana.

Pulelehua foi projetada em torno de três bairros distintos: Crossroads, Kahaniki e Mahinahina. Cada bairro inclui uma mistura de tipos de moradia, que variam de edifícios de apartamentos de pavimentos múltiplos com lojas nos térreos a casas unifamiliares mais isoladas. Um plano diretor para a cidade divide o solo conforme o uso em zonas do transecto, definindo um núcleo denso no centro de cada bairro (com a área mais densa localizada no coração do bairro central, Crossroads) e diminuindo a densidade à medida que os terrenos se aproximam da periferia dos bairros. Tipos específicos de unidade são atribuídos

Resumo do projeto
Plano diretor: Dover, Kohl & Partners
Empreendedor: Maui Land & Pineapple
Cronograma: plano diretor elaborado em 2004
Unidades de habitação: 882
Área construída comercial: 15.657 m^2
Área do terreno: 124 ha

Destaques e parâmetros do projeto
- 44% de espaços abertos
- 57% de habitações subsidiadas
- Planta extremamente organizada por meio de um transecto
- Adoção da arquitetura havaiana em todo o projeto
- Jardim comunitário
- Corredores de biodiversidade
- Ravinas e biodigestores controlam a água da chuva

Elementos-chave do urbanismo sustentável
- Espaços abertos
- Corredores de biodiversidade
- Produção de alimentos
- Sistemas de gestão da água da chuva
- Integração entre transportes, uso do solo e tecnologias
- Debates sobre a gestão da água e a densidade
- Ruas e redes permeáveis a pedestres

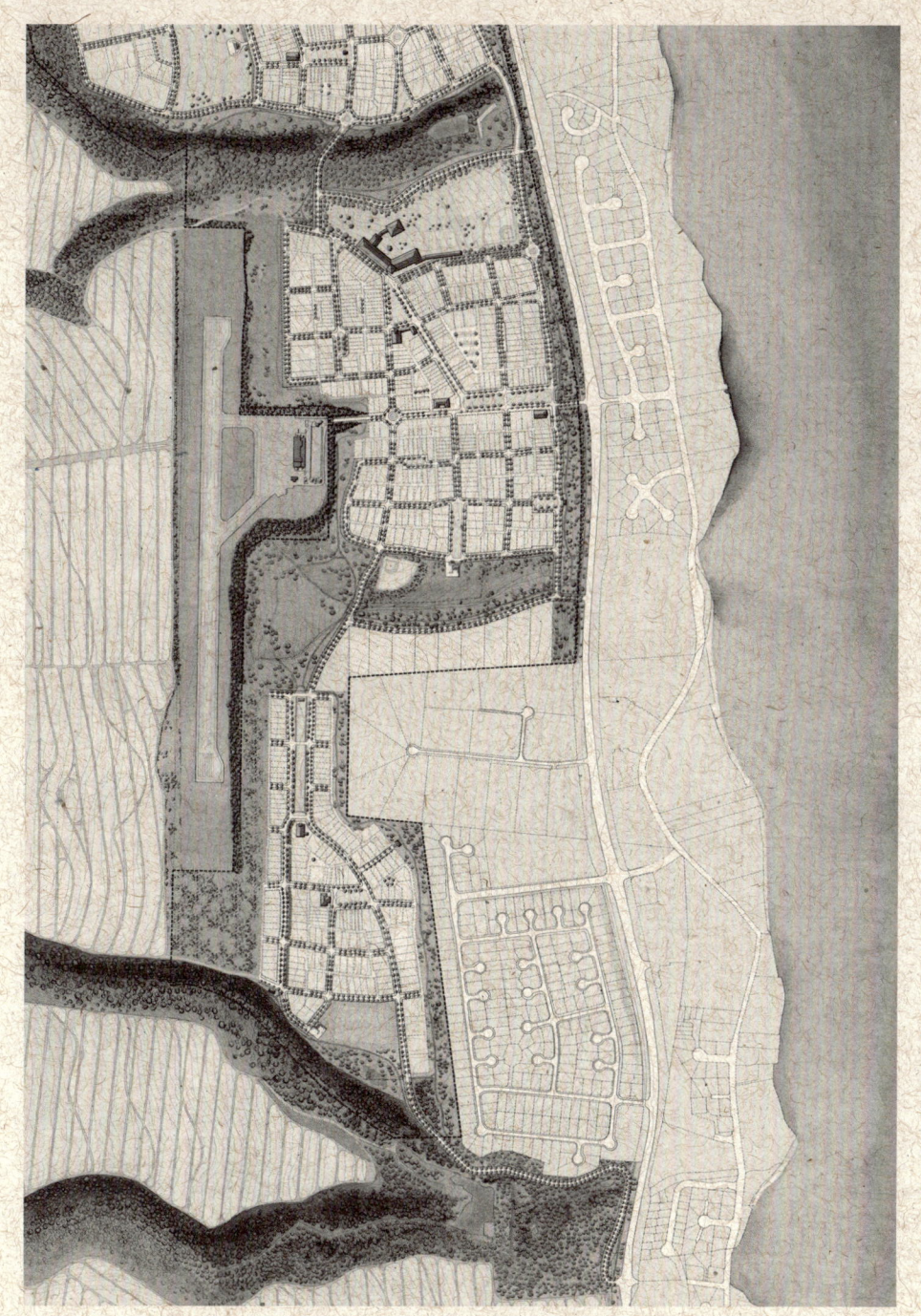

Figura 11.23 Planta de situação de Pulelehua. Imagem © Maui Land & Pineapple Company, Inc./Dover, Kohl & Partners – Town Planning

Figura 11.24 Os vizinhos terão facilidade para se conhecer, devido às estreitas vias locais e às generosas varandas (*lanais*) da maioria das casas. Imagem © Maui Land & Pineapple Company, Inc./Dover, Kohl & Partners – Town Planning

Figura 11.25 A arquitetura inspirada no estilo havaiano tradicional ajudará na transição gradual entre as áreas habitacionais e de uso misto. Imagem © Maui Land & Pineapple Company, Inc./Dover, Kohl & Partners – Town Planning

Figura 11.26 Vista aérea mostrando as ruas muito arborizadas e os agrupamentos de casas de um bairro de Pulelehua. Imagem © Maui Land & Pineapple Company, Inc./Dover, Kohl & Partners – Town Planning

a cada zona do transecto, e o plano diretor também indica certos elementos de projeto que devem ser incluídos para satisfazer às exigências. Estes elementos de projeto frequentemente existem para manter o estilo arquitetônico havaiano, como a exigência de varandas nos locais tradicionais das casas. As ruas formam uma rede que oferece caminhos múltiplos para o transporte de veículos, evitando congestionamentos. As vias locais são corretamente estreitas, com baixos limites de velocidade, amplas áreas verdes ao longo das ruas e passeios generosos projetados para motivar as pessoas a caminhar. Um sistema de trilhas e caminhos conecta os três bairros, serpenteando através de espaços verdes. Cada bairro também se baseia em uma malha de 400 m, adequada para os pedestres.

Os três bairros de Pulelehua são separados por grandes espaços abertos, que correspondem a 44% da área do empreendimento. Estes espaços abertos são um bom exemplo da abordagem de sustentabilidade com baixa tecnologia adotada pela empresa Maui Land & Pineapple. Os vários tipos de espaço aberto atendem a diferentes necessidades da sustentabilidade. As ravinas para a coleta da chuva têm a forma de valas e densa vegetação, perfeita para reter a preciosa água e canalizá-la de volta ao subsolo. Os parques e campos de esporte garantem que os moradores sempre estejam próximos dos espaços de encontro da comunidade, além de criar refúgios para a vida silvestre. Talvez também sejam incluídos biodigestores, para limpar a água da chuva, e pisos permeáveis nas vias locais. A orientação solar dos prédios foi levada em consideração, para oferecer abundante luz natural aos moradores. Pulelehua também inclui um espaço para jardins comunitários.

A chave da sustentabilidade da cidade de Pulelehua se encontra na variedade de opções de espaços para moradia e trabalho oferecidas, a qual os fundadores esperam que se traduza em uma população heterogênea que possa crescer com a comunidade – e não fora dela. Atualmente, muitos dos trabalhadores de West Maui vivem em localidades distantes e levam uma hora de automóvel para chegar aos locais de trabalho (inclusive à companhia Maui Land & Pineapple). Pulelehua se insere na malha viária existente de West Maui, conectando diretamente os trabalhadores a seus locais de trabalho. Cinquenta e sete por cento das moradias serão subsidiadas e as demais serão comercializadas a preços de mercado, mas não há qualquer separação física entre os dois grupos. Uma escola de ensino fundamental foi proposta para servir de âncora à comunidade, e as áreas de comércio e centrais de cada bairro também ajudarão a eliminar a necessidade de fazer pequenos deslocamentos de automóvel. A fusão entre locais de moradia e trabalho em uma comunidade tradicional inspirada no próprio Havaí visa atenuar a carência de habitações enfrentada pelos trabalhadores de West Maui.

Vale do Coiote
San Jose, Califórnia
Estados Unidos

O Vale do Coiote tem sido o tema de discussões acirradas em seu município de San Jose, na Califórnia. Em 2002, a prefeitura anunciou que em breve seria urbanizada uma faixa de 2.720 hectares de fazendas e pomares que forma a última grande área aberta da cidade. Ainda há muita controvérsia, com inúmeros grupos de ativistas, associações de moradores e representantes da cidade e da imprensa fazendo pressão. Contudo, como resultado da discórdia, emergiu um ambicioso projeto novo urbanista, bem como um fascinante estudo sobre a política do desenvolvimento urbano. A destinação inicial do Vale do Coiote para a implantação futura de um centro de pesquisa e desenvolvimento provocou a indignação de vários grupos de ambientalistas, resultando na elaboração de um plano de visão alternativa pela Greenbelt Alliance, uma associação sem fins lucrativos, e a WRT/Solomon E.T.C. Finalizado em 2003, o plano, intitulado "Plano Corretivo: Evitando a Urbanização Dispersa no Vale do Coiote" ("Getting it Right: Preventing Sprawl in Coyote Valley"), defende a construção de uma densa comunidade de uso misto para acomodar um cinturão verde de proteção permanente na parte sul da área. O "Plano Corretivo" estabelece grandes parâmetros de sustentabilidade que a Greenbelt Alliance ainda está usando para avaliar o progresso do Plano Específico para o local, que havia sido proposto pela prefeitura e está sendo desenvolvido.

O "Plano Corretivo" tem se mostrado uma poderosa ferramenta na divulgação da mensagem da sustentabilidade. De certa maneira atuando como um tutorial sobre o crescimento urbano inteligente para os planejadores urbanos, ele enumera as vantagens da fórmula do crescimento urbano inteligente aplicado ao Vale do Coiote. O objetivo declarado da prefeitura, de alojar 25 mil unidades de habitação é contraposto, no Plano Corretivo, a uma densidade média de 70 unidades por hectare, que seria suficiente para reservar um espaço para um valioso cinturão verde de transição. O plano prevê um centro urbano ultradenso, que acomodaria moradias com alta densidade, áreas comerciais permeáveis aos pedestres e áreas empresariais. Uma estação ferroviária Caltrain proposta (para o transporte pendular de passageiros) e uma estação de metrô leve compõem o terminal de conexão do transporte público da área. O resto do empreendimento se organiza em torno de diversos bairros configurados de acordo com a topografia do local, cada um com seu centro, um parque de tamanho considerável, uma escola de ensino fundamental e acesso ao sistema de transporte público. As áreas de uso misto de cada bairro combatem a urbanização dispersa e desencorajam o uso de automóveis. Como a criação de empregos é uma das prioridades de San Jose, o Plano Corretivo inclui vários distritos orientados para o trabalho. Estes distritos estão espalhados por todo o Vale do Coiote, satisfazendo a demanda por áreas empresariais flexíveis, mas sem segregar escritórios em áreas suburbanas do tipo distrito industrial.

Resumo do projeto

Plano diretor: WRT Solomon E.T.C.
Cronograma: A cidade adotou um plano de zoneamento que gerou a urbanização dispersa em 2000; o "Plano Corretivo" ("Getting it Right") foi concluído em 2003; o esboço do projeto específico é de 2006
Unidades de habitação: o número atual é 25 mil, mas ainda está sendo discutido
Área construída comercial: 1,55 milhão de metros quadrados
Área do terreno: 2.720 ha

Destaques e parâmetros do projeto
- Densidade média de 70 unidades de habitação por hectare
- Coeficiente de ocupação de 1,00
- Projeto radical de transporte público, incluindo metrô leve e trem suburbano (Caltrain)
- Centro de cidade ultradenso (até 250 unidades de habitação por hectare)
- Proteção permanente do Cinturão do Vale do Coiote
- Rede de espaços abertos baseada na bacia hidrográfica existente, permitindo o controle de enchentes e a criação de corredores de biodiversidade
- Distritos voltados aos empregados do local, em vez da criação de *campi* isolados para os industriários
- 20% de moradias subsidiadas

Elementos-chave do urbanismo sustentável
- Comércio de bairro
- Espaços abertos
- Corredores de biodiversidade
- Sistemas de gestão da água da chuva
- Alta densidade
- Integração entre transportes, uso do solo e tecnologias
- Debates sobre a água e a densidade
- Ruas e redes permeáveis a pedestres

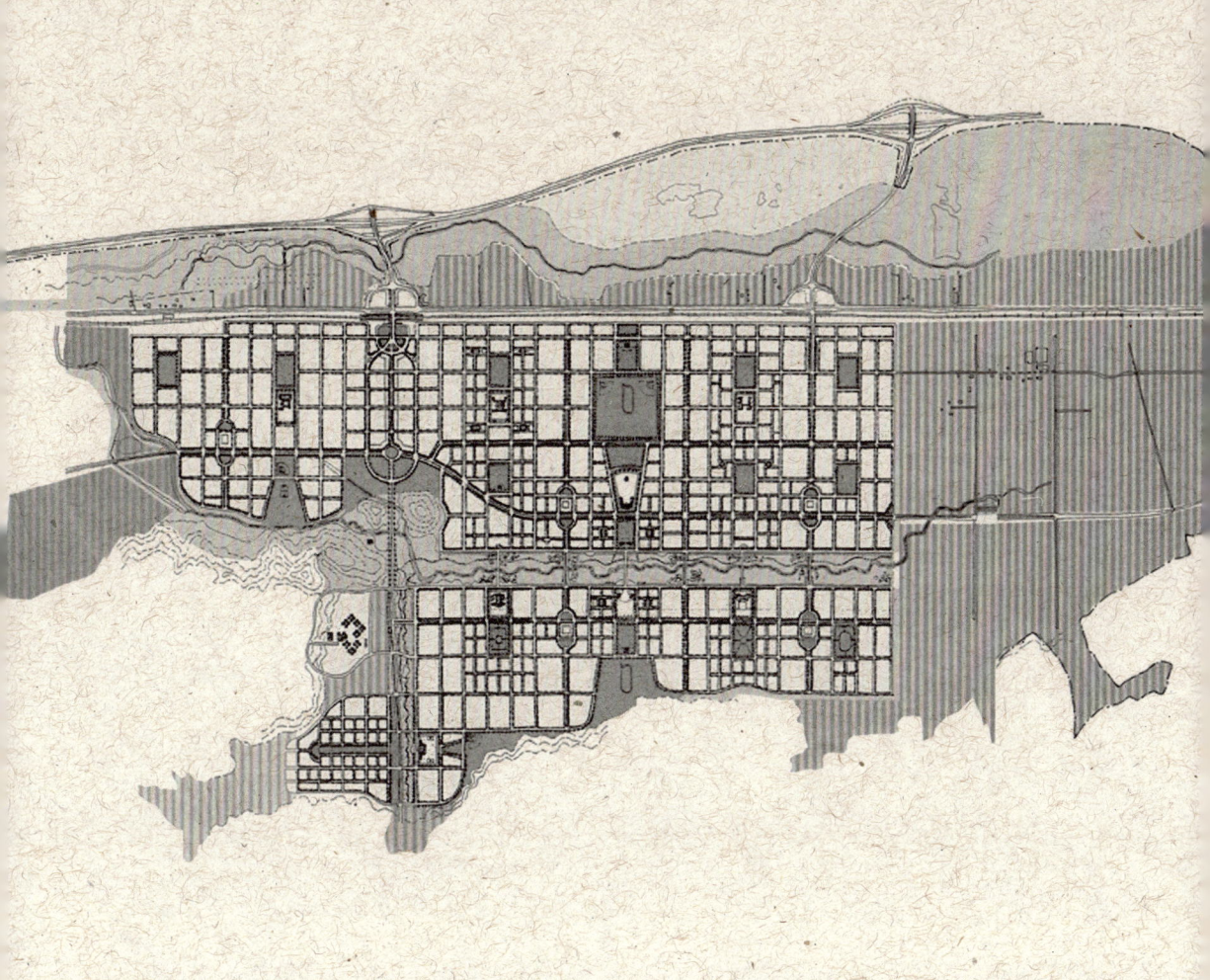

Figura 11.27
Esta planta de situação mostra como o plano de visão "Fazendo a Coisa Certa" tem o cuidado de incluir espaços abertos verdes, na forma de parques ativos, parques passivos e o córrego natural existente na gleba. Imagem © WRT/Solomon E.T.C.

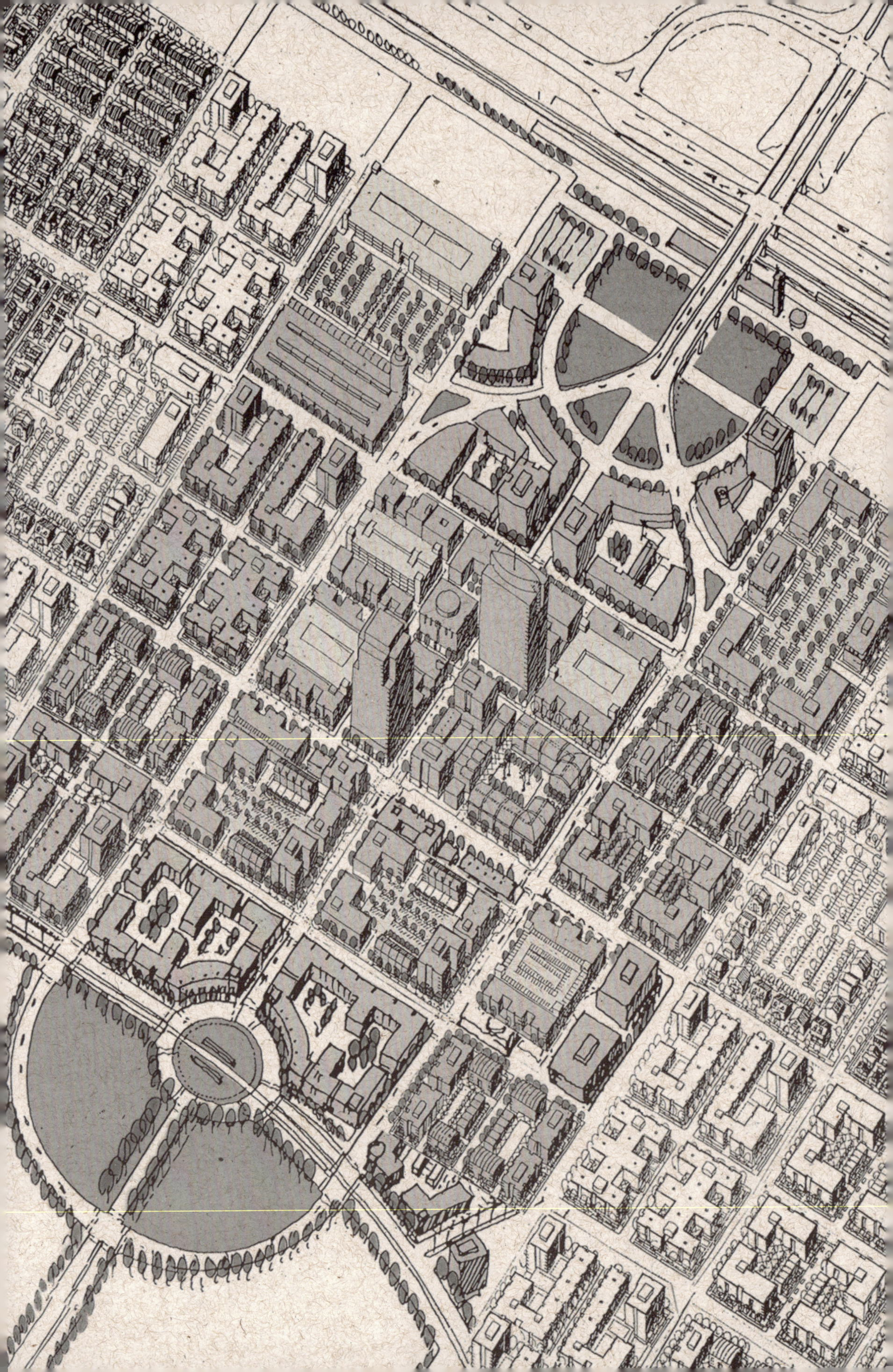

Figura 11.28
Este desenho do centro da cidade ilustra como o sistema de superquadras empregado pelo "Plano Corretivo" pode ser facilmente subdividido e configurado para permitir usos e padrões de trânsito múltiplos. Imagem © WRT/Solomon E.T.C.

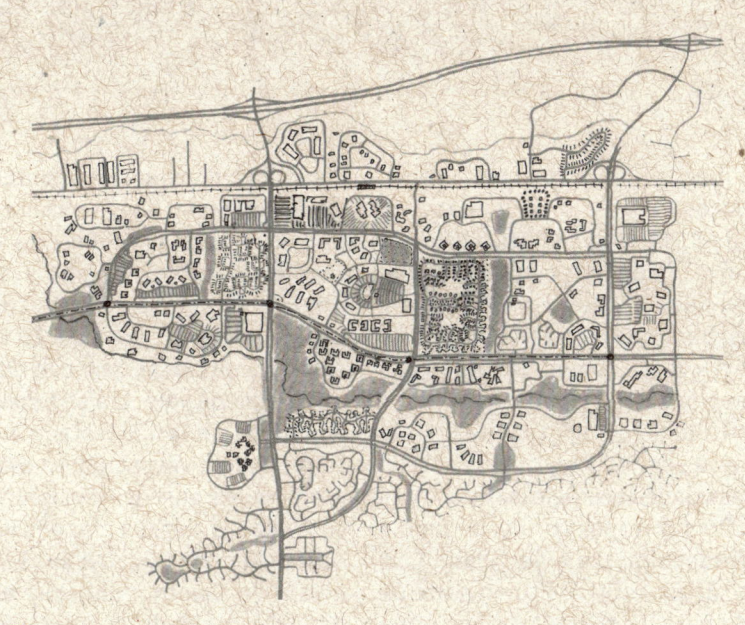

Figura 11.29
Desenho de como a urbanização dispersa tomaria conta da área do Vale do Coiote – crescendo de forma caótica e com vias sinuosas, que limitam a mobilidade dos pedestres e veículos. Imagem © WRT/Solomon E.T.C.

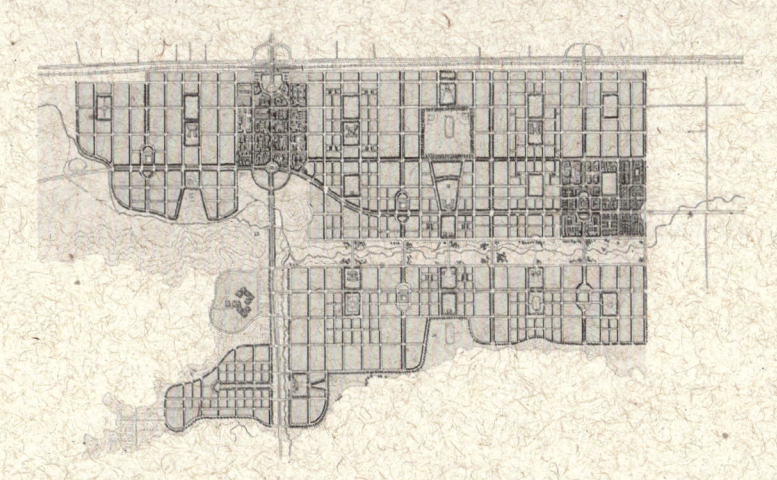

Figura 11.30
O plano de uso do solo com crescimento urbano inteligente favorece uma malha viária ortogonal e empreendimentos densos e de uso misto, dando suporte ao transporte público. Imagem © WRT/Solomon E.T.C.

O plano também se preocupa com a provisão de espaços cívicos, recomendando a construção de 3.700 m² de edifícios comunitários e 2 mil m² de bibliotecas. Além disso, o plano pede que 20% das moradias sejam subsidiadas, para que os trabalhadores do setor de serviços da comunidade possam morar no Vale do Coiote.

A infraestrutura ecologicamente correta do local deverá ser desenvolvida de acordo com as necessidades ecológicas específicas do terreno. Dois córregos correm de lado a lado do empreendimento e no "Plano Corretivo" eles são preservados como parte de uma rede de parques e cursos d'água que compõe um sistema de controle natural contra enchentes. As práticas de edificação sustentáveis também são encorajadas no plano, o qual sugere que no mínimo todos os espaços de trabalho deveriam atender às normas para certificação LEED.

O Plano Corretivo também aborda as estratégias para implementação do projeto, estando ciente de que qualquer intervenção no Vale do Coiote deve ser feita com cuidado. O plano recomenda que seja permitida uma baixa densidade temporária no centro da cidade, a fim de amenizar a transição de uma área rural para um centro de cidade. Também são pedidas alterações no plano original da cidade consideradas insustentáveis, como um lago de 20 hectares que complica o transporte e não está adequado à ecologia do vale; um sistema de transporte público ainda não testado que talvez seja subutilizado; vias sinuosas e de caráter suburbano; e a ausência evidente de moradias subsidiadas. Em sua primeira versão, elaborada pela prefeitura, o Plano Específico para o Vale do Coiote, publicada em dezembro de 2006, a cidade aborda algumas destas questões, mas não todas. Embora os trabalhos no local estejam sendo atualmente atrasados devido às mudanças políticas e à cautela da comunidade, a nova versão do plano está claramente mais engajada no diálogo sobre a sustentabilidade do que a versão anterior. Os defensores do crescimento urbano inteligente que fazem parte da Greenbelt Alliance e seus inúmeros colaboradores e apoiadores têm tido voz ativa nos diálogos sobre o futuro de San Jose.

Escalas de intervenção

Um dos sinais mais promissores da prática emergente do urbanismo sustentável é a variedade de escalas de intervenção na qual os projetos têm sido construídos. Estes projetos visam ao urbanismo sustentável por meio de diversas estratégias, incluindo o urbanismo que prioriza o pedestre, a infraestrutura e as edificações de alto desempenho. Não existe apenas um tamanho certo de projeto sustentável; há várias escalas de intervenção: uma cidade que se expande sem a renovação de terrenos pode adotar o urbanismo sustentável mediante a transformação de um projeto de repavimentação de vias em um projeto de demonstração de infraestruturas de alto desempenho; um prefeito de cidade pequena pode promover um projeto de dimensões modestas em um vazio urbano disponível; áreas de crescimento acelerado em zonas ainda não urbanizadas (suburbanas) podem planejar e zonear corredores de sustentabilidade com um bom sistema de transporte público. Esta seção busca mostrar a variedade de escalas nas quais o urbanismo sustentável pode ser implantado.

Figura 11.31 a 11.37
Bethel Commercial Center images © Farr Associates; Christie Walk images © Ecopolis Architects; BedZED images © www.zedfactory.com; Dockside Green images courtesy Busby Perkins+Will Architects; High Point photograph © 2005 Doug J. Scott; High Point site plan © Mithun; Green Line Initiative © Farr Associates

Tamanhos relativos de projeto

NOTA: Todas as imagens estão na mesma escala, exceto a imagem ao pé da página, do Corredor da Linha Verde.

Centro Comercial Bethel (Chicago, Estados Unidos)
0,1 hectare (1 mil m²)

Cristie Walk (Adelaide, Austrália)
0,2 hectare (2 mil m²)

BedZED (Londres, Inglaterra)
1,6 hectare (16 mil m²)

Dockside Green (Vitória, Canadá)
6,0 hectares (60 mil m²)

High Point (Seattle, Estados Unidos)
48 hectares (480 mil m²)

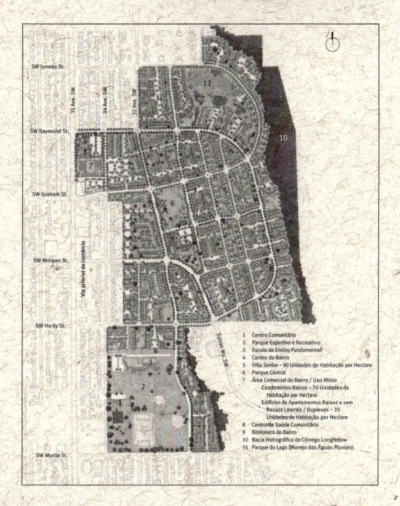

Corredor da Linha Verde (Chicago, Estados Unidos)
2.400 hectares (24 mi m²)

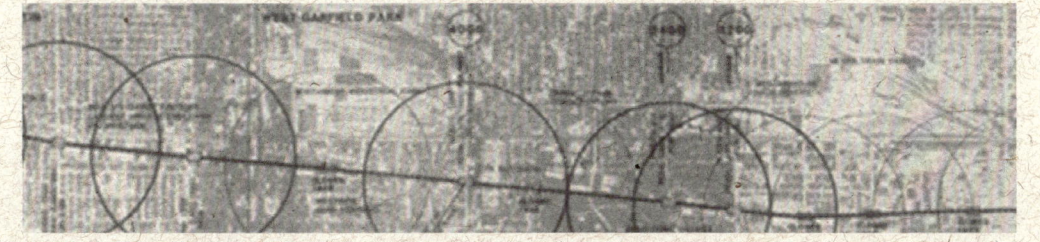

Projetos de urbanismo sustentável organizados por tamanho

Escala do projeto	Tipo de construção	Exemplo de projeto com sistemas de sustentabilidade selecionados	Imagem do projeto
Menos de 0,1 ha	Edificação individual	**Centro Comercial Bethel** • Empreendimento voltado para o transporte público • Uso misto, centro com vários modais de transporte • Cobertura verde	
0,1–0,4 ha	Várias edificações	**Christie Walk** • Aquecimento solar de água • Jardins comunitários • Construção com massa termoacumuladora	
0,4–2,0 ha	Uma quadra	**BedZED** • Ventilação natural • Cogeração de energia térmica e elétrica • Projeto solar passivo • Compartilhamento de automóveis	
2,0–16 ha	Parte de um bairro	**Dockside Green** • Todas as edificações têm certificação LEED Platinum • Cogeração de energia térmica e elétrica a biomassa • Geração de energia a biodiesel	
16–80 ha	Bairro	**High Point** • Perfeita integração das moradias subsidiadas • Jardins comunitários • Ruas reconectadas à malha viária de Seattle	
> 80 ha	Corredor	**Iniciativa da Linha Verde** • Desenvolvimento de bairros completos • Empreendimento voltado para o transporte público • Maior densidade nos prédios de uso misto que estão perto das paradas do transporte coletivo	

Epílogo

A mitologia da fundação dos Estados Unidos nos retrata como colonizadores que trouxeram a civilização, subjugando a natureza e tomando posse de nossa parcela nos campos fornecidos por Deus. A tradução moderna deste mito é distópica. Compramos terras virgens para edificar e então as desmatamos. Usamos o solo como um ativo fungível que pode ser limpo, urbanizado e poluído ao nosso bel prazer. Gostamos de estar rodeados de "espaços abertos", para nos afastar dos conflitos e mesmo do contato com outros cidadãos de nossa democracia. Odiamos a densidade. Dirigimos a todos os lugares. Somos sedentários, caseiros, obesos e estamos a caminho de uma menor expectativa de vida. Este tem sido o estilo de vida dos norte-americanos, o nosso "sonho norte-americano" **(veja a Figura E.1).** Felizmente, nossa época exige que adotemos uma nova postura perante o ambiente construído e nosso próprio estilo de vida. Esta nova abordagem – o que, onde e quando – é o escopo deste livro.

O resto do mundo está bem à nossa frente. Em números per capita, a Europa, a Índia e a China consomem apenas uma fração do solo, dos recursos, do petróleo e da energia que consumimos. Enquanto dirigimos, eles caminham, andam de bicicleta e usam o transporte público. Os norte-americanos emprestam com prazer uma xícara de açúcar a um vizinho, enquanto o resto do mundo compartilha um carro, uma parede, um piso. Eles têm líderes municipais, estaduais e nacionais que estão preocupados com o futuro e sobre como guiar suas sociedades para um rumo diferente daquele que os Estados Unidos têm tomado. Alguns países europeus praticamente obrigam a adoção do urbanismo sustentável que este livro defende. Eles assinaram o Protocolo de Quioto e seguem a Agenda 21. Lá o planejamento urbano é feito de maneira competente e tem mais autoridade sobre o mercado imobiliário privado. A Alemanha tributa a água da chuva assim que ela deixa um lote. Altos impostos sobre a gasolina desencorajam as pessoas a dirigir e ajudam a custear a estrutura dos transportes coletivos. A Dinamarca espera que 40% de suas cidades usem sistemas distritais de geração de energia. A Suécia tem como objetivo a neutralidade na emissão de carbono. Os novos empreendimentos típicos de Pequim são projetados com a densidade de 125 unidades de habitação por hectare **(veja a Figura E.2).** O cidadão médio de todos esses países é mais ativo fisicamente e mais magro do que o cidadão norte-americano.

Figura E.1
Uma típica casa unifamiliar dos Estados Unidos, com seu enorme jardim.

Figura E.2
Os novos empreendimentos de Pequim são projetados com densidades de 125 unidades de habitação por hectare.

Estou convencido de que há um paralelo entre a defesa do urbanismo sustentável feita por esta obra e a viagem à Lua da geração passada. Naquela época, o Presidente John F. Kennedy lançou uma meta audaciosa que desafiou a nação. Ela tinha um começo e um fim. Foram anos de luta, tentativas e erros. O projeto exigiu criatividade e superação. Contudo, o paralelo termina aqui. O urbanismo sustentável, lutando contra enormes dificuldades, exige o improvável: que a base da pirâmide – milhões de nós – "deixemos a ficha cair" e trabalhemos em conjunto. As lideranças nacionais são absolutamente essenciais, pelo menos para acabar com as normas e os subsídios destrutivos que mantém o urbanismo sustentável na ilegalidade. O que este livro pede é algo que nenhuma pessoa sozinha pode fazer: uma mudança em nossa cultura política.

A mudança do ambiente construído do modo que esta obra urge parece uma tarefa impossível. Na verdade, todo nosso ambiente construído é renovado ou reconstruído após algumas gerações – apenas precisamos fazê-lo de modo diferente. O desafio muito maior é mudar os valores, as percepções e os sonhos que fazem com que insistamos no caminho errado mesmo quando todos nós sabemos disso. Acredito que chegou a hora dos Estados Unidos virar a página e adotar o urbanismo sustentável como a viagem à Lua de nossa geração.

Glossário

Águas Freáticas: Toda água que fica abaixo da superfície do solo. É a água encontrada nos poros dos leitos de rochas ou no solo, e alcança a superfície por meio de fontes ou pode ser bombeada de poços.

Ambiente Construído: Ambiente urbano que consiste de edificações, vias, mobiliário urbano, parques e todas as outras melhorias que formam o caráter físico de uma cidade.

Anexação: Mudança nos limites já existentes da comunidade fruto da incorporação de terras adicionais.

Análise do Impacto Fiscal: Análise dos tributos que um projeto pode gerar em comparação com o custo da oferta de serviços públicos necessários para ele.

Áreas de Conservação: Terras sensíveis e importantes protegidas de qualquer atividade que possa alterar significativamente sua integridade, equilíbrio ou caráter ecológico e seus recursos ambientais, exceto em casos de interesse público preponderante.

Área Sujeita a Enchentes: Total de cursos de água e áreas adjacentes cobertos periodicamente pela enchente. A área contém (1) o canal de derivação, que é o próprio canal mais as porções da planície de inundação adjacente, que carrega a maior parte do fluxo da enchente, e (2) a orla de enchente, a área além do canal de derivação que é inundada em menor grau.

Bacia de Detenção: Área cercada por um talude ou uma vala escavada, projetada para armazenar temporariamente a água pluvial até os sólidos se assentarem. Reduz o alagamento local e o a jusante.

Bacia Hidrográfica: Área geográfica da qual a água drena até um corpo d'água específico. Ela pode conter várias bacias hidrográficas secundárias.

Bacia Hidrográfica: Estrutura convencional para a coleta de água pluvial utilizada nas ruas e em estacionamentos. Inclui entrada, armazenagem e saída e faz uma remoção mínima dos sólidos suspensos. Na maioria dos casos, um dispositivo também é incluído para separar o óleo e a gordura da água pluvial. As bacias hidrográficas são diferentes dos pontos de drenagem, que não contêm armazenagem nem dispositivos.

Biodiversidade: Variedade e interdependência essencial de todos os seres vivos. Inclui a variedade de organismos vivos, as diferenças genéticas entre eles, as comunidades e ecossistemas onde eles ocorrem e os processos ecológicos e evolutivos que os mantêm vivos.

BMP: As melhores práticas de gestão (BMP) se referem às práticas consideradas mais eficazes para atingir um resultado específico desejado na proteção da água, do ar e do solo e no controle da liberação de toxinas.

Caminho Verde: Espaço aberto linear; corredor composto de vegetação natural. Os caminhos verdes podem ser usados para criar redes de espaços abertos conectados que incluam parques tradicionais e áreas naturais.

Capacidade de Carregamento: Nível de uso do solo ou de atividade humana que pode ser acomodado permanentemente sem uma mudança irreversível na qualidade do ar, da água, do solo ou dos *habitats* de animais ou vegetais. Em assentamentos humanos, este termo também se refere aos limites além dos quais a qualidade de vida, o caráter da comunidade, a saúde humana, o bem-estar e a segurança estarão ameaçados, como uma estimativa do número máximo de pessoas que podem ser servidas pelos sistemas planejados e já existentes de infraestrutura ou o número máximo de veículos que podem usar uma via.

Caráter: Imagem e percepção de uma comunidade definidas pelo ambiente construído, o paisagismo, os elementos naturais e espaços abertos, os tipos e estilos de habitações e o número e tamanho das vias e passeios.

Charrette: Sessão de planejamento na qual os participantes refletem e discutem soluções para um problema de projeto. O termo *charrette* vem do francês para "carrocinha" e refere-se ao intenso esforço final de trabalho feito por arquitetos para cumprir o prazo de um projeto. Na École des Beaux Arts em Paris durante o século XIX, os inspetores universitários circulavam com carrocinhas para coletar os projetos dos estudantes, e os alunos pulavam na *charrette* para fazer os últimos retoques em suas apresentações minutos antes do prazo.

Cobertura Impermeável: Tudo o que evita a penetração da água da chuva no solo, incluindo vias, passeios, acessos de pedestres, estacionamentos, piscinas e edificações.

Código de Uso do Solo: Regras, regulamentações e posturas que orientam como e onde certos tipos de empreendimento podem ocorrer.

Glossário

Coeficiente de Ocupação do Lote (FAR): Área total de todas as edificações em um lote dividida pela área total do lote.

Contrapartidas: Custos impostos aos novos empreendimentos para financiar a melhoria de equipamentos públicos exigida por eles e amenizar os custos para o município.

Corredores de Bairro Tradicionais: Combinação entre um centro de atividade e as conexões de transporte que o ligam ao resto da cidade. Essas conexões podem ser feitas por meio de um serviço de transporte público frequente, a pé, de bicicleta ou de automóvel. A via principal em um corredor de bairro tradicional deve ser larga o suficiente para acomodar todos os modais de transporte veicular e o estacionamento na rua e oferecer espaço para que os passeios sejam seguros e agradáveis para os pedestres. Um corredor de bairro tradicional caracteriza-se por uma mistura de vários usos e densidades como lojas, escritórios e tipos diferentes de habitação.

Degradação: Condições físicas e econômicas que causam limitações no uso de uma área ou sua utilização inapropriada. Uma área degradada é aquela que foi deteriorada ou prejudicada em seu desenvolvimento por forças físicas, econômicas ou sociais.

Densidade: Número médio de pessoas, famílias ou unidades de habitação em uma unidade de solo. A densidade é expressa também em unidades de habitação por hectare.

Desapropriação: Direito legal que o governo tem de atribuir um uso público a uma propriedade privada, desde que seja oferecida ao proprietário uma compensação justa.

Desenho de Bairros Tradicionais (TND): Estratégia básica do Novo Urbanismo que visa criar um centro com espaço público e comércio, um limite identificável, distâncias entre equipamentos públicos ou destinos importantes que possam ser percorridas em até cinco minutos (de uma moradia ou local de trabalho), uma mistura de atividades e uma variedade de tipos de habitação, redes de ruas interconectadas (geralmente em uma grelha) e alta priorização dos espaços públicos, como edificações cívicas implantadas em locais proeminentes e espaços abertos que incluam parques, praças cívicas e praças com gramados.

Desenho de Edificação Compacto: Ato de construir edificações na vertical, em vez de na horizontal.

Downzoning: Mudança na classificação de zoneamento para um uso e/ou empreendimento menos intensivo.

Ecossistema: Espécies e comunidades naturais de uma implantação específica interagindo entre si e com o ambiente físico.

Edificação Sustentável ou Projeto Sustentável: Projeto de edificação que gera benefícios ecológicos, como a economia de energia, materiais de construção e consumo de água ou a redução da geração de resíduos.

Empreendimento com Agrupamentos: Padrão de empreendimento no qual equipamentos industriais e comerciais e moradias são agrupados em parcelas do solo, para que certas partes fiquem sem urbanização.

Empreendimento de Baixo Impacto: Abordagem de planejamento do uso do solo que visa manter a capacidade já existente em um terreno, a fim de gerir a água pluvial.

Empreendimento em Vazio Urbano: Tipo de empreendimento que ocorre em um terreno vazio dentro de uma área consolidada de uma cidade.

Empreendimento em Área não Urbanizada: Imóveis implantados onde antes havia um espaço aberto pouco urbanizado.

Empreendimento na Escala do Pedestre: Empreendimento desenhado para que uma pessoa possa caminhar confortavelmente de um lugar para outro, com detalhes visualmente interessantes e úteis como:
- Relógios públicos
- Bancos
- Arte pública
- Fontes de água potável
- Pisos texturizados, como tijolos, paralelepípedos ou pedra portuguesa
- Sombra
- Postes de luz interessantes
- Lixeiras
- Mapas do sistema de transporte público
- Paradas de transporte cobertas
- Lojas no nível das ruas e com vitrines

Empreendimento Neotradicional: Novo empreendimento criado para imitar um bairro tradicional, onde uma mistura de diferentes tipos de empreendimentos residenciais e comerciais forma uma unidade bastante coesa. Sinônimo de desenho urbano tradicional e crescimento urbano inteligente.

Empreendimento sem Recuos Obrigatórios: Opção de empreendimento na qual as restrições impostas aos pátios laterais são reduzidas e as edificações chegam à divisa lateral, o que faz com que as densidades gerais das unidades aumentem. Os empreendimentos sem recuos obrigatórios podem resultar em maior proteção dos recursos naturais.

Empreendimento Urbano Voltado para o Transporte Público (TOD): Tipo de empreendimento que enfatiza formas alternativas de transporte no lugar de automóveis – a pé, de bicicleta, em transporte de massa – como parte do desenho urbano. O empreendimento voltado para o transporte público tem suas lojas e seus escritórios sempre próximos a uma parada de transporte público. Esse centro de atividade é adjacente à área residencial, com uma variedade de opções de habitação, como casas em fita, edifícios de apartamentos baixos e sem recuos laterais, duplexes e moradias unifamiliares isoladas. É sinônimo de bairros tradicionais.

Escoamento Superficial da Água da Chuva: Água que escoa pela superfície do solo até chegar a córregos e corpos d'água, sem ser absorvida pelo solo.

Espaço Aberto: Área separada ou reservada para uso público ou privado com muito pouca intervenção. Os tipos de espaços abertos incluem:
- Campos de golfe
- Terras agrícolas
- Parques
- Cinturões verdes
- Reservas naturais

Espécies em Perigo: Espécies que estão em perigo de extinção. É também uma categoria de proteção por lei federal (a Lei das Espécies Ameaçadas).

Eutroficação: O processo natural de envelhecimento dos corpos d'água por causa da sedimentação e decomposição orgânica, que reduz tanto o volume de água quanto os níveis de oxigênio. O escoamento pluvial superficial ou a deposição aérea de nitrogênio e fósforo aceleram esse processo.

Financiamento de Imóveis com Localização Eficiente: Programa de financiamento que permite um empréstimo mais alto aos compradores de moradias com base na economia em transporte fruto da proximidade ao meio de transporte de massa.

Fonte de Poluição não Pontual: Poluição cuja fonte não consegue ser especificada e, assim, não pode ser controlada por meio de licenças. O escoamento superficial da água da chuva e alguns depósitos do ar encaixam-se nesta categoria.

Fragmentação do Habitat: Divisão de grandes áreas de habitat natural em partes menores e desconectadas.

Garage Apartment: Apartamento unifamiliar localizado em cima de uma garagem e implantado atrás de uma moradia principal.

"Granny Flat": Edifício de apartamento unifamiliar e independente (geralmente com apenas um pavimento) implantado atrás de uma moradia principal em uma área residencial.

Habitat: Ambiente onde uma espécie vive e encontra tudo o que precisa para sobreviver, como nutrientes, água e espaço.

Habitação Multifamiliar: Edificação projetada para abrigar mais de uma família. Por exemplo: um prédio com quatro pavimentos, um condomínio de casas ou uma torre de apartamentos.

Infraestutura: Redes de água e esgoto, vias, linhas de transporte público urbano, escolas e outros equipamentos públicos necessários para sustentar áreas urbanizadas.

Lei da Proteção Ambiental Nacional (NEPA): Lei federal abrangente dos Estados Unidos que exige a análise dos impactos ambientais de ações federais como a aprovação de subsídios; também exige a preparação de um relatório de impacto ambiental para toda ação federal de importância que afete significativamente a qualidade do ambiente humano.

Limites de Crescimento Urbano: Linhas traçadas em volta de uma cidade que proíbe que haja empreendimentos além dela. Criados para reduzir ou prevenir a urbanização dispersa, os estes limites devem acomodar o crescimento urbano por um determinado período de tempo e são usados para orientar o desenvolvimento da infraestrutura. Portland, em Oregon, é o exemplo mais citado de uma cidade com limites de crescimento urbano.

Loja de Conveniência: Pequeno estabelecimento comercial (de, no máximo, 300 metros quadrados) implantado/localizado em uma área residencial. Pode incluir uma unidade residencial unifamiliar. Este uso do solo limita-se a áreas que adotaram planos de bairros que especificamente o permitam.

Mata Ripária: Ecossistema com vegetação ao longo de um corpo d'água pelo qual passam energia, materiais e água. As áreas ripárias geralmente têm um lençol freático alto e são sujeitas a alagamentos periódicos.

NIMBY: Acrônimo para "não no meu quintal". Descreve o sentimento que existe entre algumas pessoas que não querem qualquer tipo de mudança em seu bairro.

Nível de Serviço: Medida qualitativa que descreve as condições operacionais em um fluxo de trânsito em termos de velocidade e tempo de deslocamento, liberdade para manobras, interrupções de trânsito, conforto e conveniência e segurança. O nível A indica as melhores condições de trânsito, e o F indica o congestionamento.

Novo Urbanismo: Tendência de desenho de bairros usada para promover o senso de comunidade e a qualidade de vida. Suas características incluem ruas estreitas, passeios largos, varandas e moradias mais próximas umas das outras que nas típicas comunidades suburbanas.

Paisagem da Rua: Espaço entre as edificações, em qualquer lado de uma rua, que define seu caráter. Os elementos de uma paisagem da rua incluem:
- Fachadas das edificações
- Canteiros e jardins
- Passeios
- Pavimentação da rua
- Mobiliário urbano

- Placas
- Toldos
- Iluminação

Pântano: Área cujo solo permanentemente inundado e lençol freático têm características específicas que são capazes de suportar uma típica vegetação aquática.

Planejamento: Processo de estabelecimento de metas e políticas de desenvolvimento urbano, coletando e avaliando informações e desenvolvendo alternativas para ações futuras baseadas nessa avaliação.

Planejamento de Bairro: Processo de duas fases no qual os membros da comunidade desenvolvem planos para gerenciar empreendimentos futuros em seus bairros. A primeira fase envolve o estabelecimento das metas e objetivos e as ações necessárias para solucionar os problemas do bairro. A segunda implementa as mudanças de uso do solo e zoneamento recomendadas no plano do bairro na forma de um Distrito com Planejamento de Bairros.

Plano: Declaração de políticas, incluindo textos e diagramas, estabelecendo os objetivos, os princípios, os parâmetros e as propostas de futuras intervenções físicas na cidade ou região.

Plano Integrado: Documento municipal – ou série de documentos – que serve para orientar as mudanças de uso do solo, a preparação de programas de aumento de capital e a velocidade, oportunidade e implantação do futuro crescimento urbano. Tem como base o estabelecimento de metas e objetivos de longo prazo para orientar o futuro crescimento de uma cidade. É conhecido também como plano diretor. Os elementos de um plano integrado incluem:
- Desenvolvimento econômico
- Meio ambiente
- Habitação
- Uso do solo
- Recreação e espaços abertos
- Transporte

Planície Aluvial: Área adjacente que fica quase no nível do corpo d'água. Sujeita à inundação quando há chuva forte ou bloqueios. Também chamada de área de transbordamento.

Programa de Melhoria de Capital: Plano de uma comunidade para combinar o custo das melhorias de grande escala – como a reforma de vias e redes de águas e de esgoto – com receitas previstas, como as de tributos e títulos.

Programa de Restrição para à Preservação Agrícola: Programa voluntário cujo objetivo é oferecer uma alternativa de não urbanização para fazendeiros e outros proprietários de terras agrícolas "primordiais" ou "importantes para o Estado" que precisam decidir sobre os futuros usos e regras de suas fazendas. Para isso, o programa oferece aos fazendeiros a diferença entre o valor justo de mercado e o valor agrícola de suas terras, em troca de uma restrição legal permanente que impede qualquer uso que possa ter um impacto negativo sobre a viabilidade agrícola da propriedade.

Projeto Sensível ao Contexto: Abordagem colaborativa e interdisciplinar que inclui todos os envolvidos no desenvolvimento de um equipamento que seja adequado ao seu contexto físico e preserve os recursos paisagísticos, estéticos, históricos e ambientais. O CSD é uma abordagem que leva em consideração o contexto total no qual um projeto será executado.

Qualidade de Vida: Aspectos do ambiente econômico, social e físico que afetam uma comunidade e seu apelo enquanto lugar para se viver ou trabalhar.

Recarga do Lençol Freático: Água que se infiltra no solo (geralmente vindo de cima), reabastece o lençol freático, umedece o solo e permite a evapotranspiração.

Renovação/Reciclagem: Transformação do uso antigo de uma edificação ou projeto em um uso novo.

Restrição Legal: Restrição jurídica ao uso, à atividade e/ou à limitação dos direitos de propriedade, que se encontra registrada em um cartório ou registro de imóveis.

Rezoneamento: Mudança na classificação de zoneamento de determinados lotes ou parcelas de solo.

"Salto da Rã" (*Leapfrog*)**:** Empreendimento que ocorre além dos limites dos empreendimentos já existentes e cria áreas de solo não ocupado entre áreas urbanizadas (vazios urbanos).

Sedimentação: Processo pelo qual o solo solto é carregado e se acumula em canais, rios e lagos, provocando mudanças no desenho e na profundidade dos corpos d'água.

Sustentabilidade: Conceito e estratégia usada por comunidades para buscar abordagens de desenvolvimento econômico que beneficiem o ambiente e a qualidade de vida local.

Táxi-Lotação: Veículo privado de transporte, de tamanho pequeno ou médio, que geralmente opera em uma rota fixa, mas sem horários fixos.

Terreno Contaminado Recuperado: Terreno ou lote que esteve subutilizado ou abandonado por estar poluído, mas que foi limpo e recuperado para o uso normal.

Unidade de Habitação Acessória: Unidade de habitação independente incorporada a uma moradia unifamiliar (não em edificações acessórias, exceto com uma licença especial), sendo claramente uma parte subordinada dessa moradia.

Urbanização Dispersa: Define padrões de crescimento urbano que incluem empreendimentos de

baixa densidade residencial em grandes áreas, usos residenciais e comerciais rigidamente separados, o "salto da rã" em áreas rurais distantes dos centros urbanos, métodos de transporte não motorizados com suporte mínimo e falta de integração entre o transporte e o planejamento do uso do solo. Suas características principais são as seguintes:
- Moradias muito distantes de lojas, parques e outros centros de atividade
- Empreendimentos descontínuos ou com o "salto da rã", que deixam grandes parcelas de terreno não urbanizado (vazios urbanos)
- Empreendimento linear comercial em ruas principais
- Grandes áreas urbanizadas com baixa densidade ou uso único, como centros comerciais sem usos empresariais ou residenciais ou áreas residenciais sem centros comerciais próximos
- A forma principal de transporte é o automóvel
- Empreendimento urbano ininterrupto e contíguo com densidade baixa ou média (2,5 a 15 unidades de habitação por hectare)
- Loteamentos residenciais ou condomínios murados que não se conectam a empreendimentos residenciais adjacentes

Uso Acessório: Edificação ou uso do solo que é complementar ao seu uso principal. Um apartamento em uma edícula ou garagem ou o apartamento de uma avó implantado atrás de uma moradia principal são exemplos de uso acessório.

Uso do Solo: Maneira como uma parcela de solo é usada ou ocupada.

Uso Misto: Empreendimento que combina o uso residencial, comercial e/ou empresarial, tanto de forma vertical (em uma única edificação) quanto horizontal (edificações adjacentes).
- Centro urbano de um bairro que permite uma variedade de tipos residenciais (condomínios de casas, apartamentos, edifícios de apartamentos baixos e sem recuos laterais) e usos comerciais e empresariais agrupados em um empreendimento menor que 16 hectares.
- Edificação de uso misto em um bairro que permite usos residenciais em cima dos usos comerciais do pavimento térreo.

Zoneamento: Classificação do solo, em uma comunidade, em diferentes áreas e bairros ou distritos. O zoneamento é um processo legislativo que regula dimensões, densidades, projetos de arquitetura, implantações e usos das edificações em cada bairro.

Zoneamento do Desempenho: Estabelece critérios mínimos para serem usados para se avaliar se um projeto particular é apropriado para determinada área; garante que o resultado final terá um nível aceitável de desempenho ou compatibilidade.

Zoneamento Socialmente Inclusivo: Sistema que exige a oferta de um percentual mínimo de habitações para pessoas de renda baixa ou limitada em novos empreendimentos.

Índice

A

acesso nas moradias, 154–157
Agência de Proteção Ambiental dos Estados Unidos (EPA), 3, 5–7, 13–15, 38–39
água da chuva, espaços abertos, 168–170. *Veja também* fontes de água
Alexander, Christopher, xi–xii
Allen, Eliot, 126–128
ambientalismo, 13–16, 112–117
ambiente construído, 3–26. *Veja também* infraestrutura de alto desempenho; urbanismo sustentável
    edificações de alto desempenho, 38–40
    estilo de vida, 3, 5–12
    urbanismo sustentável, 13–24
American Institute of Architects (AIA), 20–22
Anderson, Christina, 69–70
aquecimento global. *Veja* mudanças climáticas
áreas não urbanizadas, estudos de caso
    construídos, 244–265
    não construídos, 292–314
áreas verdes comunitárias, bairros e unidades de vizinhança, 122–123
Automóvel. *Veja também* corredores de sustentabilidade; transportes
    bairros e unidades de vizinhança, 132–133, 138–139, 165–167
    corredores de sustentabilidade, 106–108
    estilo de vida, 7–12
    gestão da demanda do transporte (TDM), 157–164
    infraestrutura de alto desempenho, 206–208
    urbanismo sustentável, 45–48

B

Bairro Holiday, projeto (Boulder, Colorado), 224–227
bairro(s), 118–167
    acesso nas moradias, 154–157
    automóveis, 132–133, 138–139, 165–167
    características, 120–125
    completude, 126–128
    desenho de vias urbanas, 150–155
    diagramas, 118–120
    empreendimentos comerciais, 134–141
    gestão da demanda do transporte (TDM), 157–164
    habitação, 128–133
    permeabilidade ao pedestre, 147–149
    saúde pública, 144–146
    sistemas de automóveis compartilhados, 165–167
    urbanismo sustentável, 28–30
    uso cívico, 122–123, 142–143
BedZED, aldeia ecológica (Sul de Londres, Inglaterra), 216–219, 313, 314
Benson, Jackie, 41–43
bicicletas, 163–164
biofilia, 168–189. *Veja também* natureza
    espaços abertos, 168–171
    iluminação, 171–173
    produção de alimentos, 177–183
    sistemas de gestão da água pluvial, 174–179
    tratamento de esgoto, 181, 184–189
    urbanismo sustentável, 35–38
Brower, David, 29–30
Bush, George W., 7–8

C

Calthorpe, Peter, 15–16, 18–19
capacidade de comunicação, liderança, 59–61
Carroll, Lewis, xi
Carson, Rachel, 13–14
Carta de Atenas (1943), 17–19
Centro Comercial Bethel (Chicago, Illinois), 313, 314
centros de bairro, 135–137
centros de conveniência, 135–136
Chalifoux, Alan, 190–194
Christie Walk (Adelaide, Austrália), 228–231, 313, 314
Cidade de Pulelehua (Maui, Havaí), 302–306
cidades. *Veja também* ambiente construído; infraestrutura de alto desempenho; urbanismo sustentável
    o automóvel e o estilo de vida, 10–12
    urbanismo sustentável, 13–24
Cisneros, Henry, 18–19
Civano, projeto de urbanismo sustentável (Tucson, Arizona), 258–261
Código Inteligente, 19–20
códigos, convenções e restrições (CCR), 83–86
códigos de edificações
    baseados na forma, 79–82
    códigos, convenções e restrições (CCR), 83–86
    edificações de alto desempenho, 38–40
    estilo de vida, 3, 5
comércio. *Veja* empreendimentos comerciais
compacidade, 30–33
completude, 32–33, 126–128
condenação dos direitos de propriedade, 61
conectividade, urbanismo sustentável, 32–34
Congresso Internacional de Arquitetura Moderna (CIAM)), 15–19
Congresso para o Novo Urbanismo (CNU), 15–22, 120–121. *Veja também* Leadership in Energy and Environmental Design (LEED); urbanismo sustentável
conservação, corredores de biodiversidade, 112–117
construção de autoestradas, automóveis e estilo de vida, 10
Corbett, Judy, 15–16
Corporate Average Fuel Economy (CAFE), padrões, 10–11
Corredor da Linha Verde (Chicago, Illinois), 313, 314

corredores de biodiversidade, 112–117
corredores de sustentabilidade, 105–117. *Veja também* automóveis; transportes
   corredores de biodiversidade, 112–117
   integração de funções, 106–112
   urbanismo sustentável, 33–35
crescimento inteligente, conceito, 13–16
Cunningham, Matt, 140–141
custos, infraestrutura de alto desempenho, 200

D

densidade, 94–104
   bairros e unidades de vizinhança, 121–122, 128–131, 157–161
   fontes de água, 100–103
   ilustrando a, 96–97
   reações emocionais, 94–95
   sistemas distritais de geração de energia, 201–205
   transecto urbano-rural, 98–99
   transportes, 103–104
desenho de bairros tradicionais (TND), 134–139
desenho de vias urbanas, bairros e unidades de vizinhança, 150–155
desenho urbano, urbanismo sustentável, 13–24
dióxido de carbono, 10–12
direitos de propriedade, 61
Distrito de Kronsberg (Hannover, Alemanha), 250–253
Dock, Fred, 150–155
Dockside Green (Vitória, Colúmbia Britânica, Canadá), 266, 268–270, 313, 314
Dover, Victor, 120–125
Duany, Andrés, 15–16, 19–20
Duany Plater-Zyberk, 118–120

E

Ecocidade Dongtan (Xangai, China), 292–295
eficiência em energia. *Veja também* petróleo
   ambiente construído, 10–11
   infraestrutura de alto desempenho, 190–194, 201–205
empreendedores, 87–89, 96–97, 107–112
empreendimentos comerciais, bairros e unidades de vizinhança, 122–123, 134–141. *Veja também* forças do mercado
emprego, bairros e unidades de vizinhança, 122–123, 158–160
Ennis, Thomas E., 181, 184–186
entradas de moradias sem degraus, 155–157
escalas de intervenção, 313–314
escuridão urbana, 171–173
espaços abertos, 168–171
estacionamentos
   automóveis e estilo de vida, 8–9
   bairros e unidades de vizinhança, 138–139
   gestão da demanda do transporte (TDM), 158–160, 163–164
estilo de vida, ambiente construído, 3, 5–12, 206–208
estratégia da *charrette*, 71–73

F

Farr, Doug, 105, 126–128
Fedrizzi, Richard, 20–22
fontes de água. *Veja também* água da chuva
   biofilia, 174–179
   densidade, 100–103
   tratamento de esgoto, 181, 184–189
forças de mercado. *Veja também* empreendedores comerciais
   corredores de sustentabilidade, 107–109
   processo de implementação, 87–89
   urbanismo sustentável, 43–45
Fuller, R. Buckminster, 17–18

G

gestão da demanda do transporte (TDM), 157–164
Gibbs, Robert J., 134–139
Gladwell, Malcolm, 43–44
Glendening, Parris, 15–16
Glenwood Park (Atlanta, Geórgia), 220–223
Gottfried, David, 20–22
Gwinner, James, 177–183

H

habitação
   acesso, 154–157
   bairros e unidades de vizinhança, 122–123, 128–133, 158–161

   capacidade de comunicação, 60–61
   corredores de sustentabilidade, 107–109
   sem automóveis, 132–133
Hackler, Jim, 57–58
High Point (Seattle, Washington), 238–243, 313, 314
Hight, Jason, 144–146
Hughes, April, 177–183

I

idosos, acesso a moradias, 154–157
iluminação, 171–173
iluminação pública, 171–173
implantação, bairros e unidades de vizinhança, 138–139
infraestrutura
   alto desempenho, 37–40
   automóveis e estilo de vida, 10–12
infraestrutura de alto desempenho, 190–214
   automóveis, 206–208
   características, 197–200
   eficiência em energia, 190–194
   mudanças climáticas, 195–196
   sistemas distritais de geração de energia, 201–205
   urbanismo sustentável, 37–40
integração de funções, 106–112, 200
Italiano, Michael, 20–22

J

Jackson, Henry "Scoop," 13–15
jardins, produção de alimentos, 177–183

K

Kelly, John, 201–205
Kelly, Walt, 3, 5
King, Jason, 120–125
Kokola, Carolee, 76–78

L

Leadership in Energy and Environmental Design (LEED)
   conquistas, 23–24
   dificuldades, 22–24
   forças de mercado, 43–45
   origem, 20–24
   política, 49–50
   United States Green Building Council (HSGBC), 38–39, 76–77

Lei das Espécies Ameaçadas (Estados Unidos), 112–113
Lei Nacional da Política do Uso do Solo de 1970 (Estados Unidos), 13–15
Leinberger, Christopher, 30–31
liderança, 57–63. *Veja também* capacidade de comunicação
    pauta de implementação, 62–63
    política, 59–61
    pontos para discussão, 57–61
Limites de Crescimento Urbano (UGBs), 13–15
lojas. *Veja* empreendimentos comerciais
lojas de conveniência, 134–136
Lund, Adam, 201–205

M

marcos construídos, bairros e unidades de vizinhança, 122–123
Mazria, Ed, 195–196
McCall, Tom, 13–15
McHarg, Ian, 13–14, 19–20
McLeod, Kathy Baughman, 144–146
moradias. *Veja* habitação
Morgan, Cathy, 177–183
Moule, Elizabeth, 15–16
mudanças climáticas
    capacidade de comunicação, 60–61
    infraestrutura de alto desempenho, 195–196, 206–208
    urbanismo sustentável, 45–48
Murrain, Paul, 121–122

N

natureza, estilo de vida, 5–8. *Veja também* biofilia
New Railroad Square (Santa Rosa, Califórnia), 280–284
Newington (Sydney, Austrália), 232–237
Newman, Doug, 201–205
Nixon, Richard M., 13–15
Novo Urbanismo, características, 18–20

O

Obama, Barack, 13–14
Oberholtzer, Leslie, 105
obesidade, estilo de vida, 3, 5–7, 37–38
Oldenburg, Ray, 142

P

Painel Intergovernamental sobre Mudanças Climáticas, xi
parâmetros, processo de implementação, 66–68
parques
    bairros e unidades de vizinhança, 122–123
    espaços abertos, 168–171
parques infantis
    bairros e unidades de vizinhança, 122–123
    espaços abertos, 169–170
Patchett, Jim, 174–179
pedestres, 121–122, 147–149, 163–164
Peemoeller, Lynn, 177–183
pegada ecológica, 7–8
permeabilidade ao pedestre, 147–149, 157–158. *Veja também* pedestres
Perry, Clarence, 28–29, 118–119
Pesquisa de Preferências de Imagens (IPS), 69–70
    códigos e regulamentos de projeto, 79–82
    profissionalismo, 64–65
    Protocolo de Análise do Crescimento Urbano Inteligente (SNAP), 74–78
petróleo. *Veja também* automóveis
    automóveis e estilo de vida, 7–12, 206–208
    urbanismo sustentável, 41–43, 45–48
Plater-Zyberk, Elizabeth, 15–16, 19–20
política, urbanismo sustentável, 46–50. *Veja também* liderança
Pollan, Michael, 7–8
poluição, automóveis e estilo de vida, 10–12
Polyzoides, Stephanos, 15–16
pontos para discussão, liderança, 57–61
Poticha, Shelley, 34–35
Poundbury (Dorchester, Inglaterra), 262–265
praças cívicas
    bairros e unidades de vizinhança, 122–123
    espaços abertos, 168–171
práticas de negócios, bairros e unidades de vizinhança, 138–139
Price, Tom, 174–179

processo de implementação, 64–93
    agenda, 62–63
    códigos, convenções e restrições (CCR), 83–86
    empreendedores e forças do mercado, 87–89
    estratégia da charrette, 71–73
    parâmetros, 66–68
produção de alimentos
    biofilia, 177–183
    estilo de vida, 7–8
profissionalismo, processo de implementação, 64–65
Projeto de Loreto Bay (Sul da Baixa Califórnia, México), 254–257
Projeto de Renovação Urbana de Uptown Normal (Normal, Illinois), 286–291
Projeto Lloyd Crossing (Portland, Oregon), 272–275
Protocolo de Análise do Crescimento Urbano Inteligente (SNAP), 74–78
qualidade do ar, ambiente construído, 5–7

R

Reserva Natural da Bacia Galisteo (Santa Fe, Novo México), 297–301
Romer, Roy, 15–16

S

Santa Monica, Califórnia, 66–68
saúde pública
    bairros e unidades de vizinhança, 126–128, 144–146
    biofilia, 35–38
    estilo de vida, 3, 5–12
    infraestrutura de alto desempenho, 206–208
Schaller, Christian, 105
Shoup, David, 8–9
Simmons, Melanie, 144–146
sistemas de automóveis compartilhados, 165–167
sistemas de gestão da água pluvial, biofilia, 174–179
sistemas distritais de geração de energia, 201–205
sistemas regionais de transporte público, 109–112
Slama, Jim, 177–183
Smith, Eleanor, 154–157
Solomon, Daniel, 15–16

T

tamanho, bairros e unidades de vizinhança, 121–122
tamanho das casas, 5–7
Thadani, Dhiru, 98–99
Thornton, Robert, 201–205
transecto urbano-rural, 98–99
transportes. *Veja também* automóveis; corredores de sustentabilidade
    bairros e unidades de vizinhança, 121–124, 157–164
    capacidade de comunicação, 59–61
    corredores de sustentabilidade, 33–35, 106–112
    densidade, 103–104
    desenho de vias urbanas, 150–155
    projeto integrado, 39–41
    tecnologia, 111–112
    uso do, 32–34
tratamento de esgoto, biofilia, 181, 184–189
Tregoning, Harriet, 15–16

U

United States Green Building Council (HSGBC), 20–24, 38–39, 76–77
Upton (Northampton, Inglaterra), 244–249
urbanismo sustentável, 13–24. *Veja também* processo de implementação
    biofilia, 35–38
    conceitos principais, 28–35
    Congresso para o Novo Urbanismo (CNU), 15–22
    crescimento inteligente, conceito, 13–16
    definição, 28–29, 55
    escalas de intervenção, 313–314
    infraestrutura de alto desempenho, 37–40
    origens, 13–15
    passos a serem tomados, 41–50
    projeto integrada, 39–41
    United States Green Building Council (HSGBC), 20–24
urbanização dispersa
    bairros e unidades de vizinhança, 120–121, 143
    urbanismo sustentável, 45–48
uso cívico, bairros e unidades de vizinhança, 122–123, 142–143
uso do solo
    bairros e unidades de vizinhança, 122–123
    capacidade de comunicação, 59–61
    corredores de sustentabilidade, 106–112
uso misto, bairros e unidades de vizinhança, 122–123, 126–128

V

Vale do Coiote (San Jose, Califórnia), 307–312
vazios urbanos, estudos de caso de projetos
    construídos, 216–243
    não construídos, 266, 268–291
velocidade de projeto, 123–124
vias públicas, 198–199
Volk, Laurie, 128–131

W

Wall Street Journal (jornal), 5–7

Z

Zimmerman, Todd, 128–131
zoneamento, limitações, 79
Z-Squared, projeto (Londres, Inglaterra), 276–279

IMPRESSÃO:

Pallotti
GRÁFICA EDITORA
IMAGEM DE QUALIDADE

Santa Maria - RS - Fone/Fax: (55) 3220.4500
www.pallotti.com.br